国情思政大课

青年红色筑梦之旅印记

应小陆 王艳茹 马飞 ◎ 主编

立信会计出版社
LIXIN ACCOUNTING PUBLISHING HOUSE

图书在版编目(CIP)数据

国情思政大课：青年红色筑梦之旅印记 / 应小陆，王艳茹，马飞主编. —上海：立信会计出版社，2023.2
ISBN 978-7-5429-7230-9

Ⅰ. ①国… Ⅱ. ①应… ②王… ③马… Ⅲ. ①思想政治教育—高等学校—教材 Ⅳ. ①G641

中国国家版本馆 CIP 数据核字(2023)第 110300 号

策划编辑　　孙　勇
责任编辑　　孙　勇
助理编辑　　倪丹燕

国情思政大课：青年红色筑梦之旅印记
Guoqing Sizheng Dake Qingnian Hongse Zhumeng Zhilü Yinji

出版发行	立信会计出版社
地　　址	上海市中山西路 2230 号　　邮政编码　200235
电　　话	(021)64411389　　传　真　(021)64411325
网　　址	www.lixinaph.com　　电子邮箱　lixinaph2019@126.com
网上书店	http://lixin.jd.com　　http://lxkjcbs.tmall.com
经　　销	各地新华书店
印　　刷	江苏凤凰数码印务有限公司
开　　本	787 毫米×1092 毫米　　1/16
印　　张	20　　插　页　1
字　　数	488 千字
版　　次	2023 年 2 月第 1 版
印　　次	2023 年 2 月第 1 次
书　　号	ISBN 978-7-5429-7230-9/G
定　　价	98.00 元

如有印订差错，请与本社联系调换

序

  2017年8月15日,习近平总书记给第三届中国"互联网＋"大学生创新创业大赛①"青年红色筑梦之旅"的大学生回信,勉励青年学生"扎根中国大地了解国情民情,在创新创业中增长智慧才干,在艰苦奋斗中锤炼意志品质,在亿万人民为实现中国梦而进行的伟大奋斗中实现人生价值,用青春书写无愧于时代、无愧于历史的华彩篇章"。5年来,广大青年学生走出实验室,走进革命老区、贫困地区和城乡社区,接受思想教育、加强实践锻炼,共有483万名红旅青年积极投身于革命老区乡村振兴,累计有98万个创新创业项目精准对接农户255万余户,签订合作协议7万余项。"青年红色筑梦之旅"引领青年学生用专业知识、创新创业成果精准对接革命老区、贫困地区和城乡社区的需求,助力更多青年学生为精准扶贫、乡村振兴贡献青春力量,把激昂的青春梦融入伟大的中国梦。

  "青年红色筑梦之旅"是一堂红色传承教育的思政课。党的十八大以来,习近平总书记高度重视在青年中开展红色教育、传承红色基因,指出"要用好这样的红色资源,讲好红色故事,搞好红色教育,让红色基因代代相传",这是习近平总书记站在确保党的事业薪火相传、确保红色江山永不变色的政治高度,提出的殷切嘱托和希望。习近平总书记的回信,充分肯定了"青年红色筑梦之旅"活动在开展红色教育、传承红色基因方面的重要作用。教育部历届"青年红色筑梦之旅"活动方案紧扣时代要求,不断拓展"青年红色筑梦之旅"时代内涵。多年来,"青年红色筑梦之旅"活动从陕西延安、福建古田、嘉兴南湖、深圳莲花山、江西井冈山到重庆红岩,积极探寻和挖掘红色党史与精神传承,青年学生受到了思想洗礼,厚植了家国情怀,赓续了奋斗传统,提升了社会责任。"青年红色筑梦之旅"已经成为引导青年学生走进革命老区、贫困地区和城乡社区,接受思想教育、传承红色基因、坚定理想信念、锤炼意志品质的重要载体。

  "青年红色筑梦之旅"是一堂了解国情民情的实践课。实事求是是马克思主义的根本观点,也是中国共产党人认识世界、改造世界的根本要求和制胜法宝。然而,作为党培养的社会主义建设者和接班人,当代青年学生生于和平年代、长于校园书斋,对革命的艰辛、现实的复杂普遍认识不足,极易出现简单化、机械化和教条主义倾向,容易受西方思潮的影响。因此,对青年学生进行"扎根中国大地了解国情民情"的实践教育十分必要。为此,教育部在"青年红色筑梦之旅"活动中增加了解国情民情的相关内容,在全国同上一堂"红色大课"的基础上,鼓励青年学生深入农村、扎根基层,从质量兴农、绿色兴农、科技兴农、电商兴农、教育兴农等方面开展帮扶工作,在精准扶贫助农、美丽乡村建设、社会公益开展、红色文化传播

---

① 从第六届起,大赛更名为"中国国际'互联网＋'大学生创新创业大赛"。

等领域作出实实在在的贡献。"青年红色筑梦之旅"已经成为青年学生用专业知识、创新创业成果精准对接基层需求,在创新创业中增长智慧才干,用创新创业行动扎根中国大地了解国情民情的生动实践。

"青年红色筑梦之旅"是一堂人才培养范式的创新课。教育部和各高校紧扣创新驱动发展、脱贫攻坚、乡村振兴等国家战略,精心组织中国国际"互联网+"大学生创新创业大赛"青年红色筑梦之旅"活动,聚集"新农村、新农业、新农民、新生态"建设,助力精准扶贫、乡村振兴和社区治理,有力推动了高校人才培养范式的创新,逐步形成了思想政治教育、专业教育与创新创业教育深度融合的人才培养新模式,探索出扎根基层创新创业、服务城乡社区发展的新路径。教育部明确提出,把"青年红色筑梦之旅"活动作为全面推进高校思政工作的重要抓手,培养学生敢闯的素质、会创的能力,不断提升高校立德树人的成效。"青年红色筑梦之旅"活动不断促进高等教育形成新的人才培养观和质量标准,注重教育链、人才链与产业链、创新链的有机衔接,推动高校人才培养范式深刻变革。

《国情思政大课:青年红色筑梦之旅印记》一书,通过"青年红色筑梦之现实意义""青年红色筑梦之旅行动指引""青年红色筑梦之旅媒体报道""青年红色筑梦之旅活动实录""青年红色筑梦之旅赛道纪事""青年红色筑梦之旅优秀案例概况"六篇,全景式真实记录5年(2017—2022)来教育部开展"青年红色筑梦之旅"活动和"青年红色筑梦之旅"赛道等创新创业实践教育所取得的成效。希望本书的出版能够推动各方开展或参加中国国际"互联网+"大学生创新创业大赛"青年红色筑梦之旅"活动。同时,也期望"青年红色筑梦之旅"这一抹"红"更加鲜艳夺目,红遍祖国的大江南北、长城内外,铸牢广大青年学生的初心使命,使他们敢于筑梦、勇于追梦、勤于圆梦,在创新创业中实现人生价值,在中国式现代化进程中贡献智慧与才干。

2023年2月

前　言

"青年红色筑梦之旅"是中国"互联网＋"大学生创新创业大赛的重要实践活动。2017年4月和7月,教育部依托中国"互联网＋"大学生创新创业大赛平台,组织开展了"青年红色筑梦之旅"活动,来自西安电子科技大学、南开大学、北京科技大学、厦门大学等高校的"互联网＋"大学生创新创业大赛参赛项目团队分两批赴延安参加实践活动,参赛项目团队的全体队员在延安革命圣地追寻革命前辈伟大而艰辛的历史足迹,在学习延安精神的同时,行走在田间地头,为帮扶当地农民增收致富出谋划策,用创新创业成果服务乡村振兴战略,助力当地精准扶贫。活动结束后,全体队员给习近平总书记写信汇报他们的收获和体会,表示要像习近平总书记青年时代那样,立下为祖国、为人民奉献自己的信念和志向,把自己的创新创业梦融入伟大中国梦,以青春和理想谱写信仰和奋斗之歌。2017年8月15日,习近平总书记给第三届中国"互联网＋"大学生创新创业大赛"青年红色筑梦之旅"的大学生回信,勉励青年学生扎根中国大地了解国情民情,在创新创业中增长智慧才干,在艰苦奋斗中锤炼意志品质,在亿万人民为实现中国梦而进行的伟大奋斗中实现人生价值,用青春书写无愧于时代、无愧于历史的华彩篇章。总书记的重要回信充分肯定了大学生服务革命老区、助力乡村脱贫致富奔小康的所作所为和奋发有为的精神风貌,体现了以习近平同志为核心的党中央对青年一代的关心厚爱和殷切期望。

为学习贯彻习近平新时代中国特色社会主义思想和党的十九大精神,深入落实习近平总书记给第三届中国"互联网＋"大学生创新创业大赛"青年红色筑梦之旅"大学生重要回信精神,教育部决定自2018年第四届中国"互联网＋"大学生创新创业大赛起,设立"青年红色筑梦之旅"专项赛道,在更大范围、更高层次、更深程度上开展"青年红色筑梦之旅"活动,组织大学生创新创业团队去到各自对接的县、乡、村和农户,充分运用所学专业知识,从质量兴农、绿色兴农、科技兴农、电商兴农、教育兴农等多个方面开展帮扶工作,推动当地社会经济建设,助力精准扶贫和乡村振兴。5年来,"青年红色筑梦之旅"以立德树人为出发点,有力促进了思政教育、专业教育和创新创业教育的深度融合。从延安、古田、嘉兴、莲花山、井冈山到重庆红岩,483万名"红旅"青年追寻革命前辈伟大而艰辛的奋斗足迹,从心灵深处感悟革命精神,努力成为社会主义核心价值观的坚定信仰者、积极传播者、模范践行者;20余万支"红旅"小分队深入城乡社区和老少边区,书写出新时代青年的使命担当;98万个大学生创新创业项目参与"青年红色筑梦之旅"活动,高校的智力、技术、文化资源和社会资源精准对接,为实现共同富裕贡献青春智慧,累计对接农户255万余户、企业6.1万余家,签订合作协议7万余项。敢闯会创的"红旅"青年把激昂的青春梦融入伟大的中国梦,把青春的奋斗写在了广袤的中华大地,交出了一份关于教育"培养什么人、怎么培养人、为谁培训人"的厚重答卷。

  2022年是习近平总书记给第三届中国"互联网＋"大学生创新创业大赛"青年红色筑梦之旅"的大学生回信5周年。为深入贯彻落实习近平总书记关于教育的重要论述和给第三届中国"互联网＋"大学生创新创业大赛"青年红色筑梦之旅"大学生重要回信精神，落实《国务院办公厅关于深化高等学校创新创业教育改革的实施意见》《国务院办公厅关于进一步支持大学生创新创业的指导意见》等文件要求，进一步指导高校开展中国"互联网＋"大学生创新创业大赛"青年红色筑梦之旅"活动，在全面搜集、梳理5年来"青年红色筑梦之旅"活动、主流媒体报道和优秀案例的基础上，我们组织人员编写了《国情思政大课：青年红色筑梦之旅印记》。

  本书通过"青年红色筑梦之现实意义""青年红色筑梦之旅行动指引""青年红色筑梦之旅媒体报道""青年红色筑梦之旅活动实录""青年红色筑梦之旅赛道纪事""青年红色筑梦之旅优秀案例概况"六篇，以纪实的方式，全面回顾记录了5年来教育部开展"青年红色筑梦之旅"活动和"青年红色筑梦之旅"赛道的基本情况，真实还原了教育部在推进高校开展创新创业实践教育方面所取得的成效。本书的出版将为相关院校和社会各方进一步开展中国国际"互联网＋"大学生创新创业大赛"青年红色筑梦之旅"活动，深化新时代高校创新创业教育改革，促进专业教育、思政教育与创新创业教育深度融合，培养德智体美劳全面发展，有理想、有本领、有担当的社会主义事业合格建设者和可靠接班人提供实践指导。

  本书由应小陆、王艳茹、马飞担任主编，应小陆、王艳茹、马飞、吴茜、谭晓倩参与编写，应小陆负责总纂定稿。本书引用了许多学者近年来发表在人民网、新华网、央广网，以及人民日报、光明日报、经济日报、中国教育报、中国青年报、陕西日报、江西日报、重庆日报等媒体的文章，在此对所有作者表示感谢！由于编写时间仓促，加之编者水平有限，能搜集到的"青年红色筑梦之旅"活动方面的文献有限，本书难免存在疏漏之处，敬请读者批评指正。

  感谢上海立信会计金融学院陈洁副校长对本书编写给予的关心、支持和指导，并在百忙之中为本书写序！感谢立信会计出版社孙勇编辑对本书出版的辛勤付出！

编者
2022年10月

目　录

第一篇　青年红色筑梦之旅现实意义

青年红色筑梦之旅的背景 3
青年红色筑梦之旅的意义 9
青年红色筑梦之旅的育人作用 12
青年红色筑梦之旅的价值导向 17

第二篇　青年红色筑梦之旅行动指引

习近平总书记给第三届中国"互联网＋"大学生创新创业大赛"青年红色筑梦之旅"的大学生
　的回信 21
中共教育部党组关于学习贯彻习近平总书记给第三届中国"互联网＋"大学生创新创业大赛
　"青年红色筑梦之旅"大学生重要回信精神的通知 22
教育部致第四届中国"互联网＋"大学生创新创业大赛"青年红色筑梦之旅"活动全体学生
　的信 24
学习习近平总书记回信精神的倡议书 25
在第五届中国"互联网＋"大学生创新创业大赛"青年红色筑梦之旅"全国启动仪式上的讲话
　... 26
在第七届中国国际"互联网＋"大学生创新创业大赛"青年红色筑梦之旅"活动全国启动仪式
　上的讲话 28

第三篇　青年红色筑梦之旅媒体报道

第三届中国"互联网＋"大学生创新创业大赛"青年红色筑梦之旅"首批实践团出征
　——梁家河初忆红色岁月 33
第三届中国"互联网＋"大学生创新创业大赛"青年红色筑梦之旅"延安集中会师
　——"互联网＋"青年乡村创客市集同时启动 35
不忘初心　共创精彩
　——记第三届中国"互联网＋"大学生创新创业大赛"青年红色筑梦之旅" 36
"青年红色筑梦之旅"走进延安　四十三个项目落地助力精准扶贫 38
扎根中国大地了解国情民情　用青春书写无愧于时代、无愧于历史的华彩篇章 39

用青春和理想谱写信仰和奋斗之歌
　　——习近平总书记回信在大学生中引发热烈反响 ………………………………… 41
把激昂青春梦融入伟大中国梦
　　——习近平总书记回信在"青年红色筑梦之旅"大学生创新创业团队中引发热烈反响 …… 43
以青春和理想谱写信仰和奋斗之歌
　　——习近平总书记给第三届中国"互联网＋"大学生创新创业大赛"青年红色筑梦之旅"
　　的大学生的回信引发强烈反响 ……………………………………………………… 46
在创新创业中绽放青春光彩 ……………………………………………………………… 48
让"创客梦"融入"中国梦"
　　——习近平总书记给第三届中国"互联网＋"大学生创新创业大赛"青年红色筑梦之旅"
　　的大学生回信引起强烈反响 ………………………………………………………… 50
全国学联召开座谈会
　　——专题学习习近平总书记给第三届中国"互联网＋"大学生创新创业大赛"青年红色
　　筑梦之旅"的大学生的回信 …………………………………………………………… 52
引导青年学生踏实谋事做人　在时代大潮中展现青春力量 …………………………… 54
燃青春之火　谱创业之歌
　　——参加"青年红色筑梦之旅"江西高校师生热议习近平总书记回信 ……………… 56
从延安精神中汲取力量　在创新创业中增长才干
　　——我省高校学习习近平总书记给"青年红色筑梦之旅"大学生回信热情持续高涨 …… 58
把激昂青春梦　融入伟大中国梦
　　——陕西省青年学习习近平总书记给"青年红色筑梦之旅"大学生回信精神 ……… 60
为实现中国梦贡献青春和力量
　　——我省高校持续学习习近平总书记给"青年红色筑梦之旅"大学生回信精神 …… 63
青年"创客"受鼓舞　表示将用知识技能服务老区 ……………………………………… 65
把激昂青春梦融入伟大中国梦
　　——我市高校师生学习贯彻习近平总书记给"青年红色筑梦之旅"大学生的回信精神 …… 67
汇聚青春的创业激情　奏响延安精神的时代音符
　　——创业代表畅谈"青年红色筑梦之旅" ………………………………………………… 68
教育部党组学习贯彻习近平总书记给"青年红色筑梦之旅"大学生重要回信精神 …… 70
扎实推进高校创新创业教育改革
　　——教育厅厅长谈学习贯彻习近平总书记重要回信精神 ………………………… 72
服务乡村振兴战略　助力精准扶贫
　　——陕西"青年红色筑梦之旅"项目落地研讨会在西电召开 ……………………… 78
用青春书写无愧于时代、无愧于历史的华彩篇章
　　——习近平总书记给"青年红色筑梦之旅"的大学生回信 ………………………… 81
第四届中国"互联网＋"大学生创新创业大赛启动　增设"青年红色筑梦之旅"赛道 …… 84
青年红色筑梦之旅:推动创新创业教育与思想政治教育相融合 ……………………… 86
十万学子踏上红色筑梦之旅 …………………………………………………………… 87
学习贯彻习近平总书记回信精神一周年座谈会在延安召开 ………………………… 88

书写新时代的青春之歌
　　——习近平总书记给"青年红色筑梦之旅"大学生回信一年回眸 …………… 89
扎根中国大地，在创新创业中书写青春故事
　　——"青年红色筑梦之旅"活动在全国展开 …………………………………… 94
"青年红色筑梦之旅"在中华大地蓬勃开展
　　——把激昂的青春梦融入伟大的中国梦 ……………………………………… 96
"全国最大的思政课"这样落地生根
　　——"互联网+"大学生创新创业大赛"青年红色筑梦之旅"赛道观察 …… 99
"红色筑梦之旅"上的科技扶贫 ……………………………………………………… 103
"青年红色筑梦之旅"：在乡村扶贫的路上点亮人生 ……………………………… 105
谱一曲壮丽的新时代青春之歌
　　——写在习近平总书记给"青年红色筑梦之旅"活动大学生回信两周年之际 …… 107
"青年红色筑梦之旅"活动情况介绍 ………………………………………………… 110
2020年"青年红色筑梦之旅"活动正式启动 ……………………………………… 113
青春领航脱贫攻坚　红色筑梦创业人生
　　——2020年"青年红色筑梦之旅"活动正式启动 …………………………… 115
聚焦52个未脱贫摘帽贫困县　青年红色筑梦之旅启动 ………………………… 117
筑梦路上　脚步不停
　　——3年来170万大学生参与"青年红色筑梦之旅"活动的创新创业助力脱贫攻坚
　　……………………………………………………………………………………… 118
贯彻落实习近平总书记给"青年红色筑梦之旅"学生重要回信精神　引导青年学生
　　把激昂的青春梦融入伟大的中国梦 …………………………………………… 121
扎根祖国大地　贡献青春力量
　　——第六届中国国际"互联网+"大学生创新创业大赛"青年红色筑梦之旅"
　　赛道观察 ………………………………………………………………………… 124
将激昂青春梦融入伟大中国梦
　　——写在第七届中国国际"互联网+"大学生创新创业大赛"青年红色筑梦之旅"
　　启动之际 ………………………………………………………………………… 127
"双创"+"红旅"：一堂精彩的红色筑梦大课 ……………………………………… 129
红色筑梦之旅　点亮青春人生
　　——写在第七届中国国际"互联网+"大学生创新创业大赛"青年红色筑梦之旅"
　　启动之际 ………………………………………………………………………… 131
筑梦路上　青春昂扬 ………………………………………………………………… 134
"青年红色筑梦之旅"在井冈山启动 ………………………………………………… 136
"青年红色筑梦之旅"开启一堂扎根乡村的思政"金课" …………………………… 137
以热情激昂的青春实践勇担时代使命
　　——写在习近平总书记给第三届中国"互联网+"大学生创新创业大赛"青年红色
　　筑梦之旅"大学生回信四周年之际 …………………………………………… 139

推动高校创业创新　第七届中国国际"互联网＋"大学生创新创业大赛开展"七个一百"活动 ·············· 141

红色筑梦之旅　书写新时代青春答卷 ·············· 142

以青春和理想谱写信仰和奋斗之歌 ·············· 145

在红色筑梦之旅中书写新时代青春答卷
　　——中国国际"互联网＋"大学生创新创业大赛"青年红色筑梦之旅"活动综述 ·············· 148

"青年红色筑梦之旅"：一堂极具特色和标志意义的中国金课 ·············· 150

汇聚青春力量　培养"双创"大军
　　——中国国际"互联网＋"大学生创新创业大赛"青年红色筑梦之旅"活动综述 ·············· 153

第八届中国国际"互联网＋"大学生创新创业大赛"青年红色筑梦之旅"活动正式启动 ·············· 156

"青年红色筑梦之旅"全国联动　"云"上传承红色基因 ·············· 158

学习贯彻习近平总书记给"青年红色筑梦之旅"活动大学生重要回信精神五周年座谈会在渝召开 ·············· 159

将创新创业梦融入伟大中国梦
　　——"青年红色筑梦之旅"五年成就综述 ·············· 161

用青春书写新时代华彩篇章 ·············· 163

第四篇　青年红色筑梦之旅活动实录

第三届中国"互联网＋"大学生创新创业大赛同期活动"青年红色筑梦之旅"启动仪式在陕西延安举行 ·············· 169

第四届中国"互联网＋"大学生创新创业大赛"青年红色筑梦之旅"活动全国启动仪式在福建古田举行 ·············· 171

第五届中国"互联网＋"大学生创新创业大赛"青年红色筑梦之旅"活动全国启动仪式在浙江嘉兴举行 ·············· 173

第六届中国国际"互联网＋"大学生创新创业大赛"青年红色筑梦之旅"活动全国启动仪式在北京深圳两地举行 ·············· 175

第七届中国国际"互联网＋"大学生创新创业大赛"青年红色筑梦之旅"活动全国启动仪式在江西井冈山举行 ·············· 177

第八届中国国际"互联网＋"大学生创新创业大赛"青年红色筑梦之旅"活动全国启动仪式在北京重庆两地举行 ·············· 179

第四届中国"互联网＋"大学生创新创业大赛"青年红色筑梦之旅"全国对接活动（山东）成功举办 ·············· 181

"青年红色筑梦之旅"全国对接活动（江西）在南昌出征 ·············· 183

第四届中国"互联网＋"大学生创新创业大赛"青年红色筑梦之旅"全国对接活动（江西）在吉水、井冈山和瑞金举行 ·············· 185

第四届中国"互联网＋"大学生创新创业大赛暨"青年红色筑梦之旅"全国对接活动（安徽）在蚌埠举行 ·············· 187

第四届中国"互联网+"大学生创新创业大赛"青年红色筑梦之旅"全国对接活动
（闽宁专场）在银川市闽宁镇举行 ················· 189

第四届中国"互联网+"大学生创新创业大赛"青年红色筑梦之旅"全国对接活动（河北）
在西柏坡举行 ················· 190

第五届中国"互联网+"大学生创新创业大赛山东省"青年红色筑梦之旅"暨全国项目对接
活动（山东）启动仪式在威海举行 ················· 192

第五届中国"互联网+"大学生创新创业大赛黑龙江省"青年红色筑梦之旅"全国对接
活动（黑龙江）启动仪式在大庆举行 ················· 194

第五届中国"互联网+"大学生创新创业大赛"青年红色筑梦之旅"全国对接活动（江西）
在上饶举行 ················· 197

第五届中国"互联网+"大学生创新创业大赛暨"青年红色筑梦之旅"全国对接活动（安徽）
在金寨县举行 ················· 198

第六届中国国际"互联网+"大学生创新创业大赛"青年红色筑梦之旅"（江西）线上对接
活动在南昌举行 ················· 199

第六届中国国际"互联网+"大学生创新创业大赛"青年红色筑梦之旅"52个未脱贫
摘帽贫困县全国线上对接活动成功举办 ················· 200

第六届中国国际"互联网+"大学生创新创业大赛"青年红色筑梦之旅"10个未摘帽
贫困县全国线上对接活动成功举行 ················· 202

第五篇　青年红色筑梦之旅赛道纪事

"青年红色筑梦之旅"活动主题和主要目标 ················· 205
"青年红色筑梦之旅"赛道参赛组别和对象 ················· 209
"青年红色筑梦之旅"活动组织实施情况和工作要求 ················· 212
"青年红色筑梦之旅"赛道奖项设置和实际奖项情况 ················· 216
"青年红色筑梦之旅"赛道奖项省、自治区、直辖市分布 ················· 217
"青年红色筑梦之旅"赛道奖项高校分布 ················· 233

第六篇　青年红色筑梦之旅优秀案例概况

小满良仓 ················· 245
"草芝源"金银花精准扶贫：新品种与种植技术推广 ················· 247
游鲜生
——生鲜电商助力精准扶贫 ················· 249
木吉农创
——农业爆品操盘"专家" ················· 252
一世花开：优质月季切花助力精准扶贫 ················· 255
引凤计划
——全国领先的乡村人才振兴服务机构 ················· 258

野生黑枸杞全产业链综合扶贫项目 ················· 261
夕阳再晨
　　——全国最大的青年社区治理公益组织 ··············· 263
博艾兴农
　　——荒地变金山,艾草助增收 ················· 266
扶瑶织梦
　　——瑶族扶贫之路的先行者 ·················· 269
柑橘扶贫:四川云萃农业科技有限公司 ·············· 271
洪宇
　　——涉罪未成年人一站式帮教服务助力社会治理 ········· 274
博士村长
　　——贵州脱贫攻坚的一线战士 ················· 277
海蟹富盐碱
　　——全球首创内陆盐碱地海洋牧场开拓者 ············ 281

附　录

国务院办公厅关于深化高等学校创新创业教育改革的实施意见 ····· 287
国务院关于推动创新创业高质量发展　打造"双创"升级版的意见 ··· 292
国务院办公厅关于进一步支持大学生创新创业的指导意见 ······ 300
参考文献 ···························· 304

第一篇

青年红色筑梦之旅现实意义

自 2017 年"青年红色筑梦之旅"活动启动以来,全国大学生创新创业团队走进延安、井冈山、西柏坡、古田、沂蒙等革命老区,追寻革命前辈伟大而艰辛的创业史;走进安徽小岗村、黑龙江大庆、宁夏闽宁、山东威海等地,感受不畏艰辛、敢为人先的奋斗精神。大学生们传承红色基因,了解国情民情,接受思想洗礼,锤炼意志品质,把激昂的青春梦融入伟大的中国梦,体现了当代青年学生奋发有为的精神风貌。"青年红色筑梦之旅"活动将思政教育、专业教育和创新创业教育深度融合,把大学生的创新创业实践与精准扶贫、乡村振兴紧密结合,已经成为一堂融党史教育课、国情思政课、创新创业课、乡村振兴课、红色筑梦课于一体的中国金课,交出了一份关于教育"培养什么人、怎么培养人、为谁培养人"的厚重答卷。

视频 1

青年红色筑梦之旅的背景

一、青年红色筑梦之旅的缘起

中国改革开放 40 多年以来,中国的城市和乡村都发生了巨大的变化。随着城市的快速发展,党的十九大报告提出乡村振兴战略,给中国农村描绘了一个崭新的未来。党的十九大报告提出,要坚持农业农村优先发展,按照产业兴旺、生态宜居、乡风文明、治理有效、生活富裕的总要求,建立健全城乡融合发展体制机制和政策体系,加快推进农业农村现代化。这是党中央从党和国家事业全局出发、着眼于实现"两个一百年"奋斗目标、顺应中国特色社会主义进入新时代的新要求作出的重大决策部署。

在中国迈向新时代的大背景下,中国"互联网＋"大学生创新创业大赛组委会在总结前两届成功举办的大赛的基础上,依托 2017 年第三届中国"互联网＋"大学生创新创业大赛平台,利用大赛承办单位西安电子科技大学地处陕西、红色资源丰富的优势,面向全国参赛学生公开招募适合推动革命老区社会经济发展、创新性强的大学生创业团队,引导他们奔赴延安开展"青年红色筑梦之旅"活动,旨在贯彻落实全国思想政治工作会议精神,将创新创业项目对接革命老区的经济发展需求,用创新创业成果服务国家和社会发展,以实际行动和实际成果为实现中国梦作出积极贡献。

第三届中国"互联网＋"大学生创新创业大赛期间,参赛项目团队分两批分别于 2017 年 4 月和 7 月赴延安参加"青年红色筑梦之旅"活动,对接革命老区经济社会发展需求,助力精准扶贫。团队围绕"青春之歌""红色记忆""筑梦踏实"3 个主题,通过寻访梁家河、重走长征路、参观纪念馆、走访敬老院、聆听专题辅导、开展青年乡村创客沙龙、举办乡村创客高峰论坛,深入延安各地进行了对接考察,学习和感受当地的精神财富,实地了解老红军、下乡知青们伟大而艰辛的青春创业史。当地为创业青年提供了一次继承延安精神、涵养创业精神、坚定文化自信的精神飨宴。在活动中,17 个参赛项目团队和延安当地政府部门、学校、合作社、企业以及农户签订了 43 项落地合作协议,就一批项目达成落地意向。此外,10 余个项目团队与延安当地中小学、各区(县)青年驿站签订长期支教帮扶和电商服务培训协议,以实际行动助力精准扶贫工程,为服务革命老区经济建设贡献了青年学生的双创力量。

活动结束后,参加活动的全体队员给习近平总书记写信汇报他们的收获和体会,表示要像习近平总书记青年时代那样,立下为祖国、为人民奉献自己的信念和志向,把自己创新创业梦融入伟大中国梦,以青春和理想谱写信仰和奋斗之歌。2017 年 8 月 15 日,习近平总书记回信勉励第三届中国"互联网+"大学生创新创业大赛"青年红色筑梦之旅"的大学生。习近平总书记在信中表示，得知全国150万大学生参加本届创新创业大赛，其中上百支大学生创新创业团队参加了走进延安、服务革命老区的"青年红色筑梦之旅"活动，帮助老区人民脱贫致富奔小康，既取得了积极成效，又受到了思想洗礼，感到十分高兴。

拓展阅读

第三届中国"互联网+"大学生创新创业大赛"青年红色筑梦之旅"全体队员写给习近平总书记的信

敬爱的习总书记：

您好！

我们是第三届中国"互联网+"大学生创新创业大赛"青年红色筑梦之旅"实践活动的队员，是一群来自全国各地有志于创新创业的大学生。今年4月和7月，我们带着自己的创业项目两次来到革命圣地延安，学习践行您在全国高校思政会上的讲话精神，"把视线投向国家发展的航程，把汗水洒在艰苦创业的舞台"。通过实践，我们深感使命在肩、大有可为，给您写信汇报我们的成长和收获。

"深入实际、服务人民"是您的情怀。您曾说陕北七年的艰苦生活"让我懂得了什么叫实际，什么叫实事求是，什么叫群众"。这次深入区县实地考察，我们深切体会了农村的实际情况和乡亲们的真正需求。通过实地接洽，我们有17个项目与延安当地政府部门、学校、合作社、企业以及农户签订了43项落地合作协议，帮助建档贫困户超过200户。我们将继续优化拓展项目，为更广大农村地区百姓服务。作为青年创客，我们深深感到，用知识本领帮助老乡脱贫致富，用创业项目助推农村经济发展，在为群众服务中实现自我价值，正是当代大学生服务人民、奉献祖国的正确方向。

"艰苦奋斗、实干创新"是您的精神。在梁家河村，我们聆听了老支书梁玉明讲述您当年带领乡亲们"创业"的故事，凿井修池、打坝淤地，"捅开陕西第一口沼气池""扛二百斤麦子，十里山路不换肩"，战天斗地、移山填海、迎难而上、勇往直前，在艰苦卓绝的环境中创造奇迹，令人心潮澎湃、热血沸腾。信天游唱响理想，黄土地孕育伟大。"黄土地的儿子"教会我们：创业艰难，唯有坚强意志、艰辛努力、"撸起袖子加油干"才能成功。我们全体队员壮怀激烈，将以青春和理想谱写信仰和奋斗之歌，不畏创新创业路上艰难险阻，将天马行空的想法脚踏实地去实现。

"到基层和人民中去建功立业，让青春之花绽放在祖国最需要的地方"是您的殷切期望。我们坚决响应您的号召，到农村去、到人民百姓中去、到发展最需要的地方去，将青春燃烧在祖国的大地上，在创新创业中锤炼品德，真正做到知行合一。在实践活动中，我们追寻革命前辈伟大而艰辛的"创业史"，更加明白我们从哪里来、要到哪里去。我们将用行动倡导"大创扶贫"，通过大学生创新创业项目对接农村需求，助力国家精准扶贫，帮助乡亲们的日子越过越红火；坚定理想信念，践行社会主义核心价值观，不辜负您对青年学子的希望和要求，以昂扬的精神面貌，迎接党的十九大胜利召开！

敬爱的习总书记，在实践活动将要告一段落之际，我们怀着激动的心情给您写信，希望得到您的教导和鼓励。宝塔山下、延河水畔，真切的革命历史、感人的革命故事让"全心全意为人民服务"的思想在我们心里更加清晰。站在陕北的沟壑梁峁上,我们像您当年那样,立下"为祖国、为人民奉献自己"的信念和志向,把自己"创新创业梦"融入伟大的中国梦。您说"陕西是根,延安是魂,延川是我的第二故乡",生逢这个伟大的时代,中华民族伟大复兴的巨轮劈波斩浪、勇往直前,我们这代青年一定扎下根、守住魂,矢志奉献祖国,努力书写无愧于时代的华彩篇章。

祝福伟大祖国繁荣昌盛!

"青年红色筑梦之旅"全体队员于延安

2017年7月

习近平总书记指出,延安是革命圣地,青年学生奔赴延安,追寻革命前辈伟大而艰辛的历史足迹,学习延安精神,坚定理想信念,锤炼意志品质,把激昂的青春梦融入伟大的中国梦,体现了当代中国青年奋发有为的精神风貌。

习近平总书记强调,实现全面建成小康社会奋斗目标,实现社会主义现代化,实现中华民族伟大复兴,需要一批又一批德才兼备的有为人才为之奋斗。艰难困苦,玉汝于成。今天,我们比历史上任何时期都更接近实现中华民族伟大复兴的光辉目标。祖国的青年一代有理想、有追求、有担当,实现中华民族伟大复兴就有源源不断的青春力量。希望同学们扎根中国大地了解国情民情,在创新创业中增长智慧才干,在艰苦奋斗中锤炼意志品质,在亿万人民为实现中国梦而进行的伟大奋斗中实现人生价值,用青春书写无愧于时代、无愧于历史的华彩篇章。

二、青年红色筑梦之旅的深入推进

为学习贯彻习近平新时代中国特色社会主义思想和党的十九大精神,深入落实习近平总书记给第三届中国"互联网+"大学生创新创业大赛"青年红色筑梦之旅"大学生重要回信精神,教育部决定2018年第四届中国"互联网+"大学生创新创业大赛在更大范围、更高层次、更深程度上开展"青年红色筑梦之旅"活动,鼓励青年用创新创业成果服务乡村振兴战略、助力精准扶贫;推动创新创业教育与思想政治教育相融合,打造中国最大的思政课堂,引导青年走进革命老区、贫困地区,接受思想洗礼、学习革命精神、传承红色基因,重温革命前辈伟大而艰辛的创业史,走好新时代青年的新长征路,为中国特色社会主义事业培养更多全面发展的合格建设者和可靠接班人。

第四届中国"互联网+"大学生创新创业大赛增设"青年红色筑梦之旅"赛道,专门制定了"青年红色筑梦之旅"活动方案,明确以"红色筑梦点亮人生,青春领航振兴中华"为活动主题,大赛组委会于2018年3月30日在福建省上杭县古田会址举办"青年红色筑梦之旅"活动全国启动仪式。按活动方案要求,各省(自治区、直辖市)教育厅(教委)负责组织本地的"青年红色筑梦之旅"活动,做好需求对接、培训、宣传等工作。组织理工、农林、医学、师范、法律、人文社科等各专业大学生以及企业家、投资人等建立团队到对接的县、乡、村和农户,从质量兴农、绿色兴农、科技兴农、电商兴农、教育兴农等多个方面开展帮扶工作。

2017年,1 000多名大学生、106支团队分两批奔赴延安,实地感受老一辈革命家伟大而艰辛的创新创业史,开启了"大学生创新创业扶贫"实践新模式。2018年,70万名大学生、

14万个团队参加第四届中国"互联网+"大学生创新创业大赛"青年红色筑梦之旅"活动,在古田、井冈山、延安、沂蒙山、西柏坡、小岗村等地参加对接活动,对接农户24.9万户、企业6 109家,签订合作协议4 200余项,产生直接经济效益近40亿元。2019年,100万名大学生、22万名教师、23.8万个创新创业项目参加第五届中国"互联网+"大学生创新创业大赛"青年红色筑梦之旅"活动,从嘉兴南湖启航,在江西上饶、安徽六安、黑龙江大庆、山东威海、云南临沧等地开展了全国对接活动,各地各高校广泛组织省级和校级对接活动,对接农户74.8万户、企业24 204家,签订合作协议16 800余项,产生经济效益约64亿元;设立公益基金480余项,基金规模达3.6亿元。2020年,全国有132万名大学生、20多万个团队参加第六届中国国际"互联网+"大学生创新创业大赛"青年红色筑梦之旅"活动,对接农户46.2万户、企业1.3万家,1.9万余项合作协议落地,产生经济效益约64亿元。2021年,全国181万名大学生、40万个团队参加第七届中国国际"互联网+"大学生创新创业大赛"青年红色筑梦之旅"活动,对接农户105万户、企业2.1多万家,签订合作协议3万余项。2022年,全国246万名大学生、57.9万个团队参加第八届中国国际"互联网+"大学生创新创业大赛"青年红色筑梦之旅"活动。

5年来,全国共有483万名大学生参加"青年红色筑梦之旅"活动,累计有98万个创新创业项目精准对接农户255万余户、企业6.1万余家,签订合作协议7万余项。学生们走进革命老区、贫困地区、城乡社区,用专业知识和创新创业成果,为脱贫攻坚、乡村振兴交出一份沉甸甸的青春答卷。

5年来,"青年红色筑梦之旅"活动建立起国家-省-校三级活动机制,全国理工、农林、医学、师范、法律、人文社科等各专业大学生组成一批批"科技中国小分队""健康中国小分队""幸福中国小分队""教育中国小分队""法治中国小分队""形象中国小分队""政策宣讲小分队",走进各自对接的县、乡、村和农户,在现代农业、美丽乡村建设、弱势群体帮扶等方面作出了实实在在的贡献。

5年来,"青年红色筑梦之旅"活动汇聚起磅礴的青春力量,培养了一支创新创业大军,他们紧扣创新驱动发展、精准扶贫、乡村振兴等国家战略,注重发挥高校的新工科、新医科、新农科、新文科优势,推动高校资源助力乡村产业发展、公共卫生事业发展、文化建设等,引导广大青年学生在基层一线用脚步丈量祖国大地,在实现中华民族伟大复兴的时代洪流中踔厉奋发、勇毅前进。广大高校学生立下为祖国、为人民奉献自己的信念和志向,把自己创新创业梦融入伟大中国梦,以青春和理想谱写信仰和奋斗之歌。

拓展阅读

牢记嘱托,把激昂的青春梦融入伟大的中国梦

日前,习近平总书记在中南海同团中央新一届领导班子成员集体谈话时再次强调,"青年一代有理想、有本领、有担当,国家就有前途、民族就有希望"。历史的发展证明,青年一代的健康成长,关系党和国家的未来,关系中华民族伟大复兴中国梦的实现。而青年一代的健康成长,离不开党的优良精神的滋养。延安精神是对中华民族优良传统的继承和发展,是我们党的性质和宗旨的集中体现。新时代青年要自觉传承和发扬延安精神,坚定理想信念,为实现党在新时代的奋斗目标贡献力量。

新时代青年,面临着前所未有的机遇和使命。新时代蕴含着新机遇。党的十九大开启了全面建设社会主义现代化强国的新征程,作出了"两步走"的战略安排,为青年一代干事创业提供了广阔的空间和舞台。新时代面临着新使命。当前,我们党仍然面临发展不平衡不充分、脱贫攻坚任务艰巨、社会矛盾和问题交织叠加、生态环境保护任重道远等种种新难题,克服这些新难题需要青年一代付出更为艰巨的努力。青年一代要站在群众的角度想问题、看问题,想群众之所想,急群众之所急,设身处地为群众着想,凡事以群众的利益为出发点和落脚点,认真扎实地工作,不忘初心、牢记使命,筑牢攀登的阶梯,夯实筑梦的征程。我国正处在前所未有的大变革时期,我们比历史上任何时期都更加接近也更有信心实现中华民族的伟大复兴,对广大青年来说,这无疑是一个大有可为的新时代,因此要抓准时机,肩负使命,撸起袖子加油干,才能无愧于人民和时代。

新时代青年也面临着前所未有的挑战。一方面,新时代青年成长的困惑多,最易受到社会不良风气的影响,最易受到西方资产阶级腐朽思想、拜金主义的影响,深受电子游戏、日本动漫等文化影响,特别是由于片面追求物质刺激、感官享受,不少青年人的人生观、价值观和世界观因此被严重扭曲,造成严重的社会问题。另一方面,新时代青年在成长成才的过程中面临诸多的社会压力,如升学压力、就业压力、工作压力、生活压力等,所有这些都影响着青年人的健康成长。

延安精神具有鲜明的时代性、先进性和传承性,是我们党的优良传统和宝贵财富,为青年一代所向往与追求。延安精神是培育新时代青年健康生长所必需的土壤。鲁迅先生曾说过,"譬如想要有乔木,想看好花,一定要有好土;没有土,便没有花木了"。历史早已证明,延安精神是青年茁壮成长的沃土,新时代青年只有植根这片沃土才能成长为参天大树、栋梁之才。

当年的延安,青年是主角。绝大多数红军将领风华正茂,他们是青年人的榜样和先锋。会师陕北的三支红军队伍以青年为主体。更有无数知识青年冲破重重阻挠,冒着生命危险,不远千里到延安,寻求救国救民的真理,一心追求光明、一心施展抱负。正是这些青年在中国共产党的领导下,投身到轰轰烈烈民族革命战争的时代大潮中,创造了伟大的延安精神。从这种意义上讲,延安精神是属于青年人的一部历史教科书,延安精神与青年有着割舍不掉的历史渊源。为此,习近平总书记指出,"代表广大青年、赢得广大青年、依靠广大青年是我们党不断从胜利走向胜利的重要保证"。

新时代青年代表着未来和希望。当前,我国经济社会正处于发展的重要战略机遇期,各种不良思潮层出不穷,我国要加强青年的思想政治教育,必须加强对延安精神的学习,大力弘扬党的光荣历史和优良传统、优良作风,始终保持和发扬艰苦奋斗、艰苦创业精神,兢兢业业,埋头苦干,用延安精神塑造青年高尚品行。习近平总书记在七年知青岁月中深受延安精神的洗礼与鼓舞,自觉从延安精神中汲取力量,形成了坚定信念、不怕吃苦、心向人民、永跟党走的优秀政治品格。青年一代是新时代的主人。许多优秀青年的成长经历告诉我们,青年一代的前途离不开国家的前途,青年只有把理想与全民族的共同理想融合在一起,坚定共产主义信仰,始终保持正确的政治方向,才能在国家发展和社会进步中准确定位,实现真正的人生价值。

延安精神与青年成长相融合,青年一代自觉传承延安精神,是新时代的要求。习近平总书记指出,"学习延安精神,坚定理想信念,锤炼意志品质,把激昂的青春梦融入伟大的中国梦,体现了当代中国青年奋发有为的精神风貌"。

青年一代重温党在延安时期的历史,唱响延安时期的歌曲,朗诵延安时期的诗文,讲述延安时期的故事,讲述延安窑洞与中国革命的关系,举办延安时期历史图片展,这些都是用延安精神占领青年意识形态这块阵地的重大举措,意义重大。让延安精神进校园、进军营、进机关、进社区、进工厂、进农村,是弘扬和传承延安精神的六大基本方式。

青年一代传承延安精神,就要在学习和工作中坚持"事不避难,义不逃责"的精神,把学习习近平新时代中国特色社会主义思想作为首要政治任务,把新思想贯彻落实到具体学习和工作中,坚持高标准、严要求,勇于面对一切困难和挑战,真正做到不避事、不怕事、能干事、干成事;既能锐意创新、狠抓落实,又善于团结和带领群众,以"人无我有、人有我优"的本领赢得群众信赖、勇立时代潮头。

宝塔山巍峨依旧,延河水奔腾不息。历史经验告诉我们,只有让延安精神的火炬点亮每一个当代青年的心灵,让延安精神的光辉照亮青年一代心灵深处的每一个角落,青年一代才能继承和发扬党的优良传统和优良作风,为实现中华民族的伟大复兴而奋斗。延安精神与中华民族同在,早已融入中华民族光荣历史,成为青年一代不可或缺的精神食粮,哺育他们健康成长,激励他们不忘初心、继续奋斗。

(司春燕.牢记嘱托,把激昂的青春梦融入伟大的中国梦[EB/OL].(2018-07-04)[2018-09-10]. https://baijiahao.baidu.com/s?id=1605054524461675278&wfr=spider&for=pc.)

青年红色筑梦之旅的意义

"青年红色筑梦之旅"是中国"互联网+"大学生创新创业大赛的同期实践活动,在活动中,大学生创新创业团队围绕革命老区、贫困地区经济发展的需求,通过创新创业项目与之相对接,既弘扬了"奉献、友爱、互助、进步"的精神,又为精准扶贫和乡村振兴贡献了力量。

一、"青年红色筑梦之旅"活动是贯彻落实习近平总书记重要回信精神的重要举措

2017年8月15日,习近平总书记在给第三届中国"互联网+"大学生创新创业大赛"青年红色筑梦之旅"的大学生回信,勉励青年学生:"希望你们扎根中国大地了解国情民情,在创新创业中增长智慧才干,在艰苦奋斗中锤炼意志品质,在亿万人民为实现中国梦而进行的伟大奋斗中实现人生价值,用青春书写无愧于时代、无愧于历史的华彩篇章。"习近平总书记的回信,情真意切、语重心长、立意高远、内涵丰富,从实现全面建成小康社会奋斗目标、实现社会主义现代化、实现中华民族伟大复兴的战略全局高度,进一步深刻回答了培养什么人、如何培养人以及为谁培养人的根本问题,为我们指明了新时代努力的方向。

从习近平总书记的回信中,我们可以解读出青年人三个方面的责任。一是扎根中国大地,肩负起民族复兴的重任。自1840年以来,无数仁人志士为实现中华民族伟大复兴而矢志奋斗,一百多年过去了,今天我们与实现这一目标的距离最为接近,这是激动人心的,青年一代需要接过历史的接力棒,为最终实现这一伟大目标而继续奋斗。二是艰苦奋斗,肩负起成长成才的重任。艰难困苦,玉汝于成。青年一代只有在新的伟大长征路上不断锻造自己的意志,才能够具备战胜一切困难的能力,也才能够创造更加辉煌的业绩。三是融入伟大奋斗中,肩负起社会发展的重任。每一代青年人都有自己的人生际遇,都要在自己的时代环境中建功立业。当代青年人要接受思想洗礼、学习革命精神、传承红色基因,将高校的智力、技术和项目资源辐射到广大农村地区,推动当地经济社会建设,助力精准扶贫和乡村振兴。当代青年生正逢时,只要融入这个伟大的时代之中,在新时代的历史定位中找准自己的位置,就一定能够创造出无愧于时代的业绩。

习近平总书记在给第三届中国"互联网+"大学生创新创业大赛"青年红色筑梦之旅"大学生的回信中,高度肯定了参加"青年红色筑梦之旅"活动大学生奋发有为的精神风貌,殷切勉励青年学生扎根中国大地了解国情民情,用青春书写无愧于时代无愧于历史的华彩篇章,

为青年一代成长成才指明了方向。学习好、贯彻好、落实好回信精神,对于高校深入学习贯彻习近平总书记系列重要讲话精神和治国理政新理念新思想新战略,全面落实立德树人根本任务,着力加强和改进新形势下高校思想政治工作,全面深化创新创业教育教学改革,努力培养社会主义现代化事业合格建设者和可靠接班人,具有重大而深远的指导意义。

二、"青年红色筑梦之旅"活动是打造全国最大思政课堂的重要载体

"青年红色筑梦之旅"活动作为中国"互联网+"大学生创新创业大赛同期举办的实践活动,以创业大学生为主力,以"红色"为主题,以"筑梦"为主旨,旨在打造一堂全国最大的思政课,通过活动推动创新创业教育与思想政治教育相融合,创新创业实践与乡村振兴战略、精准扶贫相结合。

"修身齐家治国平天下"展现了一种阶梯式的人生意义实现过程,青年人需要实现这样的阶梯式人生意义。参加中国"互联网+"大学生创新创业大赛的大学生创新创业团队,通过参加走进延安、服务革命老区的"青年红色筑梦之旅"活动,帮助革命老区人民脱贫致富奔小康,这正是用自己的行动把激昂的青春梦融入伟大的中国梦,慢慢实现阶梯式人生意义。

怎样实现梦想最有意义和价值?让小梦想与大梦想牵手,将自己的梦想与国家的梦想联系起来,用行动为实现中国梦贡献自己的力量就是最有意义、最有价值的。现在一些地区不缺乏"财源",缺乏的是"人才",缺少人才将财源变为百姓实实在在的幸福生活。这些地区就需要最富有梦想、激情的青年人投身其中,青年人有了"用武之地",将自己的知识化作老百姓的致富路,而这一点无论是对于一些偏远地区、革命老区还是国家、青年人而言都十分重要,正所谓"吃水不忘挖井人"。让自己的青春梦想多一抹红色,多一片赤子之心,青年人的青春之路才会走得更加坚定。

青年人应该让自己的梦想融入"家国情怀",通过"红色筑梦"让青春更加多彩。在"互联网+"和大众创业、万众创新时代背景下,互联网经济、分享经济已经成为崭新的风口。新时代的青年人正是在互联网的影响下成长起来的一代,接受新鲜事物快,对互联网熟悉,操作熟练,想法多,创意多,可以利用所学,发挥专业所长,以科技助推偏远地区、革命老区发展,这正是"推进创新转型、加快富民进程"的具体行动,会使青年人的梦想之路走得更坚定。

自2017年以来,大学生创业团队从延安到古田、从井冈山到西柏坡、从安徽小岗村到闽宁镇、从沂蒙老区到大庆油田、从中国共产党诞生地上海和嘉兴南湖到改革开放前沿深圳,接受思想洗礼、学习革命精神、传承红色基因,重温革命前辈伟大而艰辛的创业史。"青年红色筑梦之旅"活动推动了创新创业教育与思想政治教育相融合,打造了中国最大的思政课堂,引导青年人走好新时代青年的新长征路,为中国特色社会主义事业培养德智体美劳全面发展的合格建设者和可靠接班人。

三、"青年红色筑梦之旅"活动是学习革命精神、传承红色基因的重要途径

"青年红色筑梦之旅"活动通过"红色文化体验",让新时代青年感受红色经典文化,是一堂感人至深的思政课,是爱国主义教育的重要形式,是弘扬社会主义核心价值观的重要手段,是传承红色基因、打造精神高地的生动教材;通过"红色基地探访",让新时代青年接受思

想洗礼、学习革命精神、传承红色基因,重温时代的红色记忆,传承革命先辈舍生忘死、精忠报国的高尚精神。成就大业,首在立人,青年一代既要胸怀家国理想,登高望远;也要学以致用,脚踏实地。从书本到躬行、从象牙塔到社会大天地,以实践之行,感悟新知,新时代青年通过"红色精神传承",以"科技中国小分队""幸福中国小分队""健康中国小分队""教育中国小分队""法治中国小分队""十九大宣讲小分队"或项目团队组团等形式,走进革命老区、贫困地区,将高校的智力、技术和项目资源辐射到广大农村地区。"青年红色筑梦之旅"活动组织团队到各自对接的县、乡、村和农户,从质量兴农、绿色兴农、科技兴农、电商兴农、教育兴农等多个方面开展帮扶工作,推动当地社会经济建设,助力精准扶贫和乡村振兴。

2018年8月31日,教育部在致第四届中国"互联网+"大学生创新创业大赛"青年红色筑梦之旅"活动全体学生的信中指出:"当代青年将成为实现中华民族伟大复兴的亲历者和见证者,生逢其时、重任在肩、大有可为。希望你们认真学习习近平总书记的重要回信精神,牢记总书记的亲切关怀和殷切嘱托,充分展现新时代创新创业生力军的昂扬风貌,红色筑梦点亮人生、青春领航振兴中华。希望你们遵循总书记的指引,传承红色基因,坚定前进方向。坚定一生跟党走的理想信念,同人民一起奋斗、同人民一起前进、同人民一起圆梦,把个人成长成才与国家命运紧密结合,与时代发展同频同振,接过前辈火炬,走好新时代青年的长征路。""青年红色筑梦之旅"活动,以"红色"为主题,是一次红色之旅,也是一次心灵之旅,新时代青年通过参加活动学习和弘扬革命前辈优秀的爱国主义情怀,传承红色基因,坚定理想信念,培养家国情怀。

从2017年最初106个团队、1 000多名大学生参加,到2021年40万个团队、181万名大学生参加,再到2022年57.9万个团队、246万名大学生参加,"青年红色筑梦之旅"活动正以立德树人为出发点,呈现出勃勃生机。累计有483万名大学生参与"青年红色筑梦之旅"活动,它在精准扶贫助农、美丽乡村建设、社会公益开展、红色文化传播等领域作出了实实在在的贡献,帮助新时代青年实现了以青春力量扎根中国大地,以创新创业书写青春华章。

青年红色筑梦之旅的育人作用

育人是教育的本质和根本任务。"青年红色筑梦之旅"活动是在全国开出的最大的一堂"有温度的思政大课",它通过追溯前人的足迹,加深青年学生对"不忘初心"的理解、增加其"艰苦奋斗"的动力,让青年学生真学、真懂、真行动,走好新时代青年的"长征路"。

一、加深爱国主义情感

习近平总书记强调"要在厚植爱国主义情怀上下功夫,让爱国主义精神在学生心中牢牢扎根"。新时代的爱国主义教育应该丰富教育内容、创新教学形式,努力实现历史和现实、当下和长远的有机结合,以满足青年学生成长成才的需求与期待。"青年红色筑梦之旅"活动会在青年学生心中播撒爱国的种子,培育青年学生浓浓的爱国之情。

在历史文化层面,青年学生走进革命老区,了解中国悠久的历史文化和传统,会增强对历史文化的自豪感、归属感和荣誉感,并将其内化于心,外化为自觉行动,不断传承,这是今天的深化爱国主义教育的理论根基。在现实层面,青年学生走入革命老区深刻地感受中国共产党人为了崇高的理想不懈奋斗的革命精神和品质,会增强为建设中国特色社会主义事业而奋斗的决心和勇气。实践层面,青年学生通过深入革命老区、贫困地区,引导他们正视社会发展问题,并站在主人翁的立场去思考如何破解社会发展问题。这样的爱国主义教育富有建设性,既不会回避现实问题,又不会止于简单批判,而是引导青年学生发现问题和分析问题,用自己的实际行动改变中国,使我们国家更加繁荣昌盛。

二、增强社会责任感

社会责任感是青年学生成才和发展的必备品质和素养。"青年红色筑梦之旅"活动正是遵循社会责任感培养的内在机制,即"情感体验—社会认知—意志担当—践行转化"的规律逐步展开的。"青年红色筑梦之旅"活动承载着责任感教育的信息,传达着责任感教育的意蕴,是青年学生接受责任感教育的重要载体。

青年学生对责任行为的选择取决于情感因素。责任感教育不仅需要深化青年学生对责任的认知,还要提升其对实际行动的情感认同,增强青年学生在现实社会生活中自觉主动履责的动力。"青年红色筑梦之旅"活动带领青年学生参观革命遗址、博物馆、纪念碑,利用红色文化资源中真实的"人""事",为青年学生提供真实的案例和可知、可感的素材,使其在重温光辉的革命和建设史中,增强社会责任感和社会担当,进而将对革命和建设史的深刻思考和对现实生活的感悟相结合,正确认识国家发展、社会责任与个人责任之间的关系,不断增强履行责任的自觉意识。青年学生通过创业实践能够把自己所学知识应用于处理社会现实问题,既能巩固自身专业知识和技能,又能增强为社会服务的能力。由此可见,青年学生通过实践体验能够更客观地认识自我、社会、国家,更加明确自身肩负的社会责任,从而带着强烈的社会责任感投入学习工作,投入伟大的社会实践。

三、培育劳动情怀

劳动情怀是对建立在正确的劳动认知的基础上,经过长期实践而逐步形成的、升华为个人价值观层面的、较为稳固的劳动情感、劳动价值、劳动习惯等内容的总称。相对于直接的、外显的、灌输的传统教育,"青年红色筑梦之旅"活动注重躬身践行,是培育青年学生劳动情怀的重要手段,能够增强青年学生对劳动的感情,使青年学生认识劳动的价值和劳动的光荣,养成劳动的习惯。

首先,"青年红色筑梦之旅"活动能够增强青年学生的劳动情感。在鼓励创新创业的时代背景下,我们必须顺应社会发展需要,大力倡导创新创业,创新创业并非一句口号,创新创业是一种创造性劳动。青年学生通过生动的创新创业实践可以体会劳动实践的艰辛和乐趣。其次,能够让青年学生认识到劳动的价值和劳动的光荣。青年学生依托"公益创业+扶贫"平台,直接参与公益创业,直接对接国家的精准扶贫政策,直接深入社会问题,将智力成果转化成解决社会问题的手段,用自己的公益创业梦想支持社会公共价值的创造。青年学生可以在劳动中实现自己的人生价值,体悟幸福的真正内涵。最后,能够让青年学生掌握劳动知识和技能,逐渐养成劳动的习惯。青年学生通过公益劳动不仅能够掌握劳动知识和技能,而且能在看到自身的劳动成果能给他人带来帮助时,提升对国家和民族的情怀,这种精神上的满足,会推动青年学生进一步热爱劳动,进而逐渐养成自觉劳动的习惯。

四、提升公益创业素养

青年学生的公益创业素养指的是青年学生在教育和环境的影响下,所具备的与公益创业相关的知识、能力、品质。哈佛大学戴维·麦克利兰认为,创业团队成员具备的知识、技能和品质等素养内容要与岗位需求匹配。可以说,一个具备高品质公益创业素养的青年学生,应当具备充足的公益创业知识和令人满意的公益创业品质,能在实践中主动探索产品创新的内容,保证创业持续进行,满足群众需要和增进社会福祉。公益创业素养并非与生俱来的,青年学生公益创业素养的培育需要环境引导和青年学生自身努力的共同作用。从这一角度来看,"青年红色筑梦之旅"活动能够提升青年学生的公益创业素养。

首先,从意识层面看,在乡村振兴和国家精准扶贫工作中,青年学生慢慢融入社会,不仅能够体悟到"个体"是社会的一部分,而且还能够认识到社会进步需要每个"个体"的努力,这会促使青年学生将自我价值和社会价值紧密联系起来,有助于青年学生确定自己的价值取向和人生定位,激发青年学生的公益创业意识。其次,从价值层面看,公益创业为青年学生提供了实践和检验所学内容的现实渠道,使青年学生对公益创业活动形成客观和全面的理解,在充实情感的基础上,形成高层次的价值认同,实现思想观念的升华和道德规范的彻底内化。最后,从行为层面看,各种创新实践能够激发青年学生群体社会意识的觉醒,培育他们的公益精神和创造能力,引导他们积极充分地开拓思路,大胆设想,实现专业知识、创新知识的客观化和对象化。

> 拓展阅读

"青年红色筑梦之旅"精神的内涵

一、"红旅精神"[①]的内涵来源

"红旅精神"在形成过程中受到了伟大建党精神的滋润。历史川流不息,精神代代相传,在新时代的新征程上,"红旅精神"不断从党史中汲取精华,从历史中吸取经验,了解过去为什么能够成功、未来怎样才能继续成功的内在奥秘。不同的革命老区,不同的乡村,不同的文化,有着不同的历史发展过程,有着不同的伟大精神,它们都对"红旅精神"的产生与发展有着深刻的影响。在"红旅精神"形成初期,上百支创新创业团队走进延安,寻访梁家河,开展"青年红色筑梦之旅"实践活动。因此,延安精神等一批伟大建党精神对"红旅精神"的初起之源有着深刻而长远的影响。

(一)从延安精神中汲取"红旅精神"的内涵

延安精神是中国共产党创造的一种精神,是第一批被纳入中国共产党人精神谱系中的伟大精神。延安精神的主要内容是:实事求是、理论联系实际的精神,全心全意为人民服务的精神和自力更生艰苦奋斗的精神。延安精神对新时代的"红旅精神"有着本质的影响,在首次参加"青年红色筑梦之旅"的学生中,有上百支参赛团队深入延安圣地,接受红色教育,学习传承延安精神。学生们深入革命老区,参观革命旧址,聆听专题辅导,与当地农民一起回顾党的光辉历程,学习和感受当地的精神财富。参与活动的学生不仅在延安等地受到思想的洗礼,而且在梁家河被习近平总书记一心为民的理想抱负深深震撼。因此,"红旅精神"从根本上受到了延安精神的滋润,是广大青年扎根祖国大地,艰苦创业的精神;是新时代青年艰苦奋斗,服务实践的精神。

(二)从老区精神中汲取"红旅精神"的内涵

老区精神也是第一批被纳入中国共产党人精神谱系的伟大精神,我国革命老区的党政军民在共产党的带领下,不断进行革命斗争,形成了伟大的革命老区精神。老区精神的精神内核是:爱党信党、坚定不移的理想信念;舍生忘死、无私奉献的博大胸怀;不屈不挠、敢于胜利的英雄气概;自强不息、艰苦奋斗的顽强斗志;求真务实、开拓创新的科学态度;鱼水情深、生死相依的光荣传统。在广大青年学生投身革命老区,服务乡村振兴的过程中所形成的"红旅精神"也是对革命老区精神在新时代的传承与发扬。在新时代社会经济快速发展的情形下,青年学生积极响应号召,关心关注革命老区的发展,用自己的所学、用实际行动助力老区经济发展,以习近平总书记为榜样立志报效祖国,为人民服务。"红旅精神"是广大师生投身革命老区、开拓创新的精神;是当代青年学子自强不息、爱国爱民和无私奉献的精神。

---

① 作者原文用的是"红旅精神"简称,编者未作改动。——编者注。

（三）从习近平总书记的回信中汲取"红旅精神"的内涵

"青年红色筑梦之旅"是第三届中国"互联网＋"大学生创新创业大赛的一项实践活动。在习近平总书记对参赛学生回信后，"青年红色筑梦之旅"活动向着更高、更广及更深层次开展，逐渐形成了"青年红色筑梦之旅"精神。习近平总书记在信中提到，"实现全面建成小康社会奋斗目标，实现社会主义现代化，实现中华民族伟大复兴，需要一批又一批德才兼备的有为人才为之奋斗。艰难困苦，玉汝于成""希望你们扎根中国大地了解国情民情，在创新创业中增长智慧才干，在艰苦奋斗中锤炼意志品质"。"红旅精神"是新时代青年不畏艰险，砥砺成长的精神；是坚定理想，将美好的青春投身于伟大民族复兴事业的精神。

（四）从"青年红色筑梦之旅"实践活动中汲取"红旅精神"的内涵

"青年红色筑梦之旅"实践活动是"红旅精神"内涵的生产者。马克思主义认为："实践决定认识，认识对实践具有能动的反作用。"只有经过实践，"红旅精神"才得以形成和发展。自2017年增设"青年红色筑梦之旅"赛道以来，截至第七届大赛，累计300余万大学生走进革命老区，深入贫困乡村，重走长征路、参观纪念馆，实地感受革命先辈伟大而艰辛的创业史，感受不畏艰辛、敢为人先的奋斗精神。他们深入乡村展开对接考察，用自己的专业知识，结合当地的实际情况，带动当地农民致富，精准帮扶老区建设，用一个个扎实的实践活动、一个个创业项目完成他们的梦想和初衷。"红旅精神"是新时代青年人坚定信念、知行并进、吃苦耐劳和敢为人先的精神。

二、"红旅精神"的内涵特点

"红旅精神"的内涵特点主要有以下几个方面。

（一）坚定信念，勇担使命

伟大的理想和信念是新时代青年能够不断前进的动力，拥有坚定的信念和爱党爱国的情怀是新时代青年能够深入革命老区，助力当地农民脱贫奔小康的内在动力。马克思提出："人们自己创造自己的历史，但是他们并不是随心所欲地创造，并不是在他们自己选定的条件下创造，而是在直接碰到的、既定的、从过去承继下来的条件下创造。"在深入实践过程中，艰难困苦、挫折不断，一批批有为青年坚定信念，牢记初心和使命，以"咬定青山不放松"的执着，不断学习本领，提升能力，勇担使命，凝聚起走向未来的勇气和力量，努力成为可堪大任，能担重任的栋梁之才。

（二）自强不息，艰苦奋斗

青春需要在艰苦奋斗中不断磨砺，青年需要在艰苦奋斗中历练本领。鲁迅先生也曾寄语中国青年当有一分热，发一分光。在中国国际"互联网＋"大学生创新创业大赛"青年红色筑梦之旅"活动中，一批批青年学子将自己的青春无私奉献给了祖国，深入革命老区，扎根农村地区，了解了国情民情，在艰难困苦中不断地提升自我，锤炼自己的意志品质。在实践活动中，遇到了各种意想不到的困难，青年学生们没有畏惧和退缩，而是迎难而上，克服各种困难，积极助力乡村振兴，用生动的实践传承着自强不息、艰苦奋斗的伟大精神。

（三）创新创业，传承红色基因

勇于创新是"红旅精神"内涵的核心所在。习近平总书记强调："创新是引领发展的第一动力。"中国国际"互联网＋"大学生创新创业大赛是我国最大的创新创业交流平台，教育部等各部门围绕着创新驱动发展战略，精心组织大赛与相关活动，创新精神早已融入大赛的血液中。"青年红色筑梦之旅"活动不仅仅是一堂生动的艰苦创业实践课，而且是一堂富有创新活力的红色教育实践课。广大的青年学生们敢于走出校园,在创新实践中增长知识才干,在生动的实践中学习了解革命先辈们的英雄事迹,传承感悟革命英烈们的伟大精神。事业需要发展,精神需要传承,新时代青年正是这伟大精神的火炬手。自2017年"青年红色筑梦之旅"活动开展5年以来,一共有98万个创新创业项目,对接农户万余户、企业6.1万余家,483万名青年学子走进革命老区、贫困地区及城乡社区,用专业知识、创新创业成果精准对接基层需求。青年学子用实际行动把先辈开创的伟大事业延续下去,在奉献青春之时,厚植爱国情怀,传承红色基因。

(四)知行并进,服务乡村建设

扎根于农村,服务于基层,务实工作,努力促进乡村振兴的建设是"红旅精神"内涵的重要内容。李大钊先生曾说:凡事都要脚踏实地去作,不驰于空想,不骛于虚声,而唯以求真的态度做踏实的工作。在"青年红色筑梦之旅"活动中,一批又一批的有志青年扎根乡村开展工作,不是空谈报国振兴之理想,而是切切实实地将理论运用于实践,服务于百姓。改革开放以来,中国的工业化和城镇化进程加快推进,吸引了大量的农村劳动力流入城市,革命老区和众多乡村地区因为缺乏新鲜的"血液"而发展落后,无法跟上新时代的步伐。面对乡村振兴战略,青年学子积极响应号召,走进革命老区、贫困地区,到各自对接的县、乡、村和农户,从质量兴农、绿色兴农、科技兴农、电商兴农和教育兴农等多个方面有针对性地开展帮扶工作,取得了积极成效。"青年红色筑梦之旅"活动将高校的智力资源及社会优质资源辐射到广大乡村,改变了农村"失血贫血"的状态,推动了经济社会的发展。

[刘静,李谙卓."青年红色筑梦之旅"精神的内涵与价值[J].高教学刊,2022(25):193-195.]

青年红色筑梦之旅的价值导向[①]

"青年红色筑梦之旅"活动经过多年的实践和探索,已成为高校思想政治教育和创新创业教育的新时尚,其成果的转化不仅面向教育教学,也带来了巨大的经济效益和社会效益。"青年红色筑梦之旅"活动内在体现的思政教育、实践育人、教育生态、社会发展四方面的价值导向,也起到了良好的典范引领作用,为其他领域提供了宝贵的经验和有益的借鉴。

一、注重突出思政教育

"红"即红色,是力量、精神、文化的象征。这里的"红"指特定文化精神和文化形态,如"红船精神""红色文化""红色基因""红色记忆"等。"青年红色筑梦之旅"活动作为全国最大的一堂思政课,毫无疑问,它"红"在思想政治教育。"青年红色筑梦之旅"活动和"青年红色筑梦之旅"专项赛道,能够引领当代大学生坚定理想信念,不忘初心跟党走,传承和弘扬革命前辈的红色精神,让红色基因在实践活动中、在创新创业大赛中融入青年学生的血脉。第三届中国"互联网+"大学生创新创业大赛"青年红色筑梦之旅"活动引导青年学生从红色革命根据地延安出发,通过寻访梁家河、参观革命旧址、实地了解老红军等实践活动,让青年学生重温红色历史,在"青年红色筑梦之旅"现场教育活动中接受"红色思想"的洗礼。例如,玉林师范学院"四点半课堂"项目立足西部革命老区、贫困地区、少数民族地区,开展教育扶贫,助力当地文化建设。

二、强化实践育人

"旅"即出行、在外之意,可理解为广大青年学生走出校门、走上社会、深入基层开展社会实践活动。"青年红色筑梦之旅"活动在实践育人方面发挥着重要作用,是高校抓好实践育人的重要渠道,也是创新创业项目真正落地的前提。中国"互联网+"大学生创新创业大赛"青年红色筑梦之旅"活动的开展在地域方面有特定安排,教育部要求主办方把活动"旅"到革命老区、贫困地区、西部地区、经济发展相对落后的城乡社区和农村地区,持续推动形成

[①] 严耀燕,冯健秋.大学生参加"青年红色筑梦之旅"的价值探究——以玉林师范学院"四点半课堂"为例[J].现代职业教育,2020,23:84-85.编者对相关内容进行了一些改动。

"延安一把火,全国一片红"的发展态势,把青年学生的智慧、技术和资源带到祖国最需要的地方,切实为老百姓解决实际困难,助力当地社会经济建设、乡村振兴和精准脱贫。让青年学生在"青年红色筑梦之旅"的平台上增长智慧和才干,在社会实践中锤炼意志品质,用创新创业的生动实践为经济社会发展、为中华民族伟大复兴的中国梦贡献源源不断的青春力量。

三、着力构建教育生态

自"青年红色筑梦之旅"活动和"青年红色筑梦之旅"赛道开设以来,各主办单位、全国各大高校、参赛青年学生、社会各界相关企业单位不断探索和实践,形成了"高校＋社会"可持续发展的良好育人环境,建立了"创新创业教育＋思想政治教育＋创新创业实践＋社会各界企业单位"协同育人的教育生态链。在高校层面,"青年红色筑梦之旅"是深化教育领域综合改革、实现产学研深度融合的有效举措,促进了创新创业教育、大学生思想政治教育、实践育人的多方结合。各大高校在积极参与"青年红色筑梦之旅"活动的过程中不断创新育人理念,将"青年红色筑梦之旅"活动融入人才培养的全过程。"青年红色筑梦之旅"活动不仅为高校人才培养厚植了成长的沃土,青年学生也将在"青年红色筑梦之旅"平台上成长为有理想、有本领、有担当的社会主义事业合格建设者和可靠接班人。

四、切实推动社会发展

习近平总书记强调:"发展是第一要务,人才是第一资源,创新是第一动力。""青年红色筑梦之旅"深刻领会了这一要义,把发展、人才、创新进行了整合,充分运用青年学生这一人才资源,将当代大学生的青春力量汇聚成民族复兴的磅礴力量,结合国家经济、政治、文化建设的实际需要,对接革命老区、贫困地区、城乡社区的实际需求,从绿色兴农、科技兴农、教育兴农等多个方面开展创新创业实践和帮扶工作,为全面建成小康社会、加快推进社会主义现代化建设贡献智慧。"青年红色筑梦之旅"活动自2017年举办以来,在不同程度上促进了社会的进步,产生了一定的经济效益和社会效益。例如,"彩云本草——基于保水剂的云南中药材种植""小满良仓——帮贫困户打赢价格战"等项目,切实带动了当地的经济发展;"'四点半课堂'精准扶贫扶智教育——为信念坚守、为孩子奉献,全力助力脱贫攻坚决战胜利""光明影院——无障碍电影制作与传播"等项目,则通过教育扶贫和文化传播助推社会主义文化建设。

第二篇

青年红色筑梦之旅行动指引

"青年红色筑梦之旅"是中国"互联网+"大学生创新创业大赛同期实践活动。2017年8月15日,习近平总书记给第三届中国"互联网+"大学生创新创业大赛"青年红色筑梦之旅"的大学生回信,勉励青年学生把激昂的青春梦融入伟大的中国梦,扎根中国大地了解国情民情,在创新创业中增长智慧才干,在艰苦奋斗中锤炼意志品质,在亿万人民为实现中国梦而进行的伟大奋斗中实现人生价值,用青春书写无愧于时代、无愧于历史的华彩篇章。重要回信充分肯定了大学生服务革命老区、助力乡村脱贫致富奔小康和奋发有为的精神风貌,体现了以习近平同志为核心的党中央对青年一代的关心厚爱和殷切期望。

习近平总书记给第三届中国"互联网＋"大学生创新创业大赛"青年红色筑梦之旅"的大学生的回信

第三届中国"互联网＋"大学生创新创业大赛"青年红色筑梦之旅"的同学们：

　　来信收悉。得知全国150万大学生参加本届大赛，其中上百支大学生创新创业团队参加了走进延安、服务革命老区的"青年红色筑梦之旅"活动，帮助老区人民脱贫致富奔小康，既取得了积极成效，又受到了思想洗礼，我感到十分高兴。

　　延安是革命圣地，你们奔赴延安，追寻革命前辈伟大而艰辛的历史足迹，学习延安精神，坚定理想信念，锤炼意志品质，把激昂的青春梦融入伟大的中国梦，体现了当代中国青年奋发有为的精神风貌。

　　实现全面建成小康社会奋斗目标，实现社会主义现代化，实现中华民族伟大复兴，需要一批又一批德才兼备的有为人才为之奋斗。艰难困苦，玉汝于成。今天，我们比历史上任何时期都更接近实现中华民族伟大复兴的光辉目标。祖国的青年一代有理想、有追求、有担当，实现中华民族伟大复兴就有源源不断的青春力量。希望你们扎根中国大地了解国情民情，在创新创业中增长智慧才干，在艰苦奋斗中锤炼意志品质，在亿万人民为实现中国梦而进行的伟大奋斗中实现人生价值，用青春书写无愧于时代、无愧于历史的华彩篇章。

习近平

2017年8月15日

视频2

中共教育部党组关于学习贯彻习近平总书记给第三届中国"互联网＋"大学生创新创业大赛"青年红色筑梦之旅"大学生重要回信精神的通知

教党〔2017〕45号

各省、自治区、直辖市党委教育工作部门、教育厅（教委），新疆生产建设兵团教育局，部属各高等学校党委：

8月15日，习近平总书记给第三届中国"互联网＋"大学生创新创业大赛"青年红色筑梦之旅"大学生回信，对上百支参赛团队走进延安，学习延安精神，服务革命老区的行动予以充分肯定，对广大青年学生提出殷切期望，充分体现了以习近平同志为核心的党中央对教育工作的高度重视和对青年一代的亲切关怀。现就学习贯彻习近平总书记重要回信精神有关要求通知如下。

一、充分认识习近平总书记重要回信的深刻内涵和重大意义

习近平总书记的重要回信，充分肯定了第三届中国"互联网＋"大学生创新创业大赛"青年红色筑梦之旅"大学生走进延安、服务革命老区，帮助老区人民脱贫致富奔小康，奋发有为的精神风貌；高度赞扬了他们追寻革命前辈历史足迹，接受思想洗礼，学习延安精神，坚定理想信念，积极进取的意志品质；深切勉励青年学生扎根中国大地了解国情民情，用青春书写无愧于时代无愧于历史的华彩篇章，为青年一代成长成才指明了方向。回信情真意切、语重心长、立意高远、内涵丰富，从实现全面建成小康社会奋斗目标、实现社会主义现代化、实现中华民族伟大复兴的战略全局高度，进一步深刻回答了培养什么人、如何培养人以及为谁培养人的根本问题。学习好、贯彻好、落实好回信精神，对于深入学习贯彻习近平总书记系列重要讲话精神和治国理政新理念新思想新战略，全面落实立德树人根本任务，着力加强和改进新形势下高校思想政治工作，全面深化教育教学改革，努力培养社会主义现代化事业合格建设者和可靠接班人，具有重大而深远的指导意义。

二、全面贯彻落实习近平总书记重要回信精神

各地各高校要认真组织学习，广泛开展宣传，深刻领会精神实质，自觉把思想和行动统一到回信精神上来，切实抓好关键环节和重点领域，努力推动各项工作迈上新台阶。

1. 切实加强理想信念教育,引导青年学生在艰苦奋斗中锤炼意志品质。各地各高校要切实抓好深入学习习近平总书记系列重要讲话精神和治国理政新理念新思想新战略,培育和践行社会主义核心价值观,推动中华优秀传统文化融入教育教学,加强革命文化和社会主义先进文化教育,弘扬民族精神和时代精神,多形式全方位开展主题教育,坚定青年学生中国特色社会主义道路自信、理论自信、制度自信、文化自信,教育引导他们有理想、有追求、有担当,把激昂的青春梦融入伟大的中国梦,紧跟时代砥砺前行,为实现中华民族伟大复兴奉献青春力量。

2. 全面提高人才培养能力,造就德才兼备的有为人才。各地各高校要牢固确立人才培养中心地位,切实提高人才培养质量。要坚持教育为人民服务、为中国共产党治国理政服务、为巩固和发展中国特色社会主义制度服务、为改革开放和社会主义现代化建设服务。坚持以学生发展为中心,积极推动专业教育与思想政治教育紧密结合,切实提高学生思想道德品质和职业道德素养,不断强化适应时代发展的专业知识教育,更加注重面向未来发展的综合能力培养,努力提高培养各类卓越拔尖和创新创业人才的能力和水平。

3. 着力强化社会实践育人,引导青年学生扎根中国大地了解国情民情。各地各高校要进一步提高实践教学比重,积极组织学生参加社会实践活动;进一步完善科教融合、校企合作等协同育人模式;进一步加强实践教学基地建设,促进教学和科研紧密结合、学校和社会密切合作;进一步广泛开展社会公益活动,引导学生奔赴革命老区、走进贫困地区、深入广大基层,了解体验国情民情,在亿万人民为实现中国梦而进行的伟大奋斗中实现人生价值。

4. 深入推进高校创新创业教育改革,引导青年学生在创新创业中增长智慧才干。各地各高校要把创新创业教育改革作为高等教育综合改革的重要突破口,持续向纵深推进。要加快修订完善各专业人才培养方案,开发用好创新创业教育课程,着力深化教学方法和管理制度改革,切实加强教师创新创业教育教学能力建设,大力强化创新创业实践,促进专业教育与创新创业教育有机融合,把创新精神、创业意识和创新创业能力培养融入人才培养全过程,加快培养规模宏大、富有创新精神、勇于投身实践的创新创业人才队伍。

5. 全力办好中国"互联网+"大学生创新创业大赛。切实抓好大赛及各项同期活动的筹备和组织工作,广泛开展"青年红色筑梦之旅"活动。以大赛为抓手,强化创新创业实践,创新组织形式,汇聚更多优质资源,在更大范围、更高层次、更深程度上推动"大众创业、万众创新"。

三、迅速掀起学习宣传贯彻习近平总书记重要回信精神热潮

各地各高校要把认真学习、深刻领会、贯彻落实习近平总书记重要回信精神作为教育系统当前和今后一个时期的一项重要政治任务,与"两学一做"学习教育常态化制度化紧密结合,与贯彻落实全国高校思想政治工作会议精神紧密结合,与学习贯彻党中央国务院有关重要决策部署紧密结合,切实加强领导、增强宣传力度、作出周密部署、强化落实举措,把回信精神转化为推动本地本校事业发展的实际行动,努力开创我国教育事业发展新局面,以优异成绩迎接党的十九大胜利召开。

各地各高校学习贯彻习近平总书记重要回信精神的有关情况,请及时报告我部。

中共教育部党组

2017 年 8 月 18 日

教育部致第四届中国"互联网＋"大学生创新创业大赛"青年红色筑梦之旅"活动全体学生的信

第四届中国"互联网＋"大学生创新创业大赛"青年红色筑梦之旅"活动的全体同学：

你们好！2017年8月15日，习近平总书记给第三届中国"互联网＋"大学生创新创业大赛"青年红色筑梦之旅"大学生回信，深切勉励青年学子把激昂的青春梦融入伟大的中国梦，用青春书写无愧于时代、无愧于历史的华彩篇章，为实现中华民族伟大复兴提供源源不断的青春力量。

今年，习近平总书记得知全国有70万名大学生参加第四届大赛"青年红色筑梦之旅"活动，学习革命精神、传承红色基因、助力乡村振兴，感到非常高兴和欣慰，专门委托教育部向参加"青年红色筑梦之旅"活动的70万名大学生和参加第四届大赛的260万名大学生转达亲切问候！

当代青年将成为实现中华民族伟大复兴的亲历者和见证者，生逢其时、重任在肩、大有可为。希望你们认真学习习近平总书记的重要回信精神，牢记总书记的亲切关怀和殷切嘱托，充分展现新时代创新创业生力军的昂扬风貌，红色筑梦点亮人生、青春领航振兴中华。

希望你们遵循总书记的指引，传承红色基因、坚定前进方向。坚定一生跟党走的理想信念，同人民一起奋斗、同人民一起前进、同人民一起圆梦，把个人成长成才与国家命运紧密结合、与时代发展同频共振，接过前辈火炬，走好新时代青年的长征路。

希望你们践行总书记的要求，扎根中国大地、矢志艰苦奋斗。通过创新创业实践，练就敢闯会创的过硬本领，把时代的召唤、创新的力量、青春的活力注入广袤的中华大地，用每一个创新创业的生动实践汇聚起民族腾飞的磅礴力量。

希望你们不负总书记的殷切期待，奏响团结起来、振兴中华的时代强音。以社会主义建设者和接班人的使命担当，把报国之志转化为实际行动，以青春之我、奋斗之我，为民族复兴铺路架桥，为祖国建设添砖加瓦，以"青春梦"托起伟大的"中国梦"！

教育部
2018年8月31日

学习习近平总书记回信精神的倡议书

亲爱的大学生志愿服务西部计划志愿者们:

或许,此刻,你们正以一名新上岗志愿者的身份忙着适应一心向往的祖国中西部大好河山,忙着融入当地老百姓平凡的生活,忙着为实现光荣的志愿者使命而奋斗……又或许,此刻,你们已经在基层服务了一年、两年,习惯了在那片土地上挥洒汗水,喜欢上了与那里的百姓谈论生活,深深地体会到了勿忘初心的笃定和自身的价值所在……

不论何者,远离家乡,志愿服务基层,本身就是一种情怀;不论何者,远离家乡,志愿服务基层,都期盼收到云中锦书诉衷肠。这锦书,或许来自皆为志愿者的你我,或许来自远方师长亲朋,或许来自我们敬爱的习近平总书记。

8月15日,习近平总书记给第三届中国"互联网+"大学生创新创业大赛"青年红色筑梦之旅"的大学生回信,勉励他们扎根中国大地了解国情民情,在创新创业中增长智慧才干,在艰苦奋斗中锤炼意志品质,在亿万人民为实现中国梦而进行的伟大奋斗中实现人生价值,用青春书写无愧于时代、无愧于历史的华彩篇章。信中充满"青年""青春"字眼,这封信,更是写给千千万万的中国青年的,写给扎根基层奉献青春的西部计划志愿者们的。

大学生创新创业团队将所学知识与革命老区经济社会发展对接,既取得了显著成效,又接受了思想洗礼。西部计划志愿者们,你们服务在基层,距离中国的乡土大地最接①近,距离老百姓最接近,是扎根中国大地去了解国情民情的青年人;你们在服务社会中增长智慧才干,在基层的艰苦奋斗中锤炼意志品质、实现人生价值,是用青春书写无愧时代的华彩篇章的青年人。来自习近平总书记的希望要求,必将激励奋斗的青春在奉献祖国中西部的大地上激情燃烧!②

我们在此发出倡议,倡议广大的西部计划志愿者们认真学习习近平总书记给第三届中国"互联网+"大学生创新创业大赛"青年红色筑梦之旅"的大学生的回信,将希望要求转化为鞭策自己前行的巨大力量,转化为为实现中华民族伟大复兴中国梦而不懈奋斗的动力!

倡议者:西部计划全国项目办
2017 年 8 月 2 日

---

① 从语法上看应为"最近"。——编者注。
② 原文语句值得商榷。——编者注。

在第五届中国"互联网+"大学生创新创业大赛"青年红色筑梦之旅"全国启动仪式上的讲话①

(教育部副部长钟登华 2019年6月14日)

老师们,同学们,同志们:

今天,我们相聚在神圣而美丽的嘉兴南湖,举行第五届中国"互联网+"大学生创新创业大赛"青年红色筑梦之旅"全国启动仪式,这是一次弘扬爱国精神的生动实践,也是一次奋进新时代的青春献礼。在此,我代表教育部向同学们寄予最美好的祝愿!同时,向承办和支持本次活动的各有关单位表示衷心的感谢!

创新创业天地广阔,青年一代大有可为。刚才,我们参观了"互联网+"大赛和"青年红色筑梦之旅"活动成果展,看到你们创业奋斗的青春足迹和富有价值的创新成果,我感到十分欣慰、非常振奋。前四届大赛,共有近500万大学生、120万个团队参赛,展示了当代青年奋发有为、昂扬向上的精神风貌,释放出"青年创新创业"的无穷力量。"红旅"活动开展两年来,70万青年学子、14万支团队奔赴革命老区、深入广大乡村,接受思想洗礼,服务乡村振兴战略。红色筑梦的旗帜红遍了全国,星星之火已经燎原。

习近平总书记非常关注"青年红色筑梦之旅"活动,先后两次给参加活动的同学们回信,表达亲切问候,深切勉励青年学子把激昂的青春梦融入伟大的中国梦,扎根中国大地了解国情民情,在创新创业中增长智慧才干,在艰苦奋斗中锤炼意志品质,用青春书写无愧于时代、无愧于历史的华彩篇章。这是总书记对同学们的殷切希望,也是对深化高校创新创业教育改革提出的更高要求。我们要再接再厉,深入贯彻总书记重要回信精神,在更大范围、更高层次、更深程度开展"红旅"活动,上好一堂最大的创新创业课、一堂最大的国情思政课,激励更多青年学生以青春奋斗领航民族振兴。这里,我提三点希望:

一是要传承红色基因。红色基因是中国共产党人的精神内核,是中华民族的精神纽带。习近平总书记在刚刚召开的"不忘初心、牢记使命"主题教育工作会议上强调,要传承红色基因,坚定理想信念,接受思想洗礼。面对实现"两个一百年"奋斗目标的任务要求,青年一代必须勇敢担负起艰巨而光荣的历史使命,坚定一生跟党走的理想信念,走好新时代青年的长征路,用实际行动把红色基因一代代传下去,做对国家对人民对社会有用的人。各地各高校要深入推动创新创业教育与思想政治教育紧密结合,引导广大青年学子把个人理想与国家的前途命运紧密结合起来,让自己的成长与时代发展同频共振、与人民群众血脉相连,以青

---

① 本书编写组.中国互联网+大学生创新创业大赛指南(2019)[M].北京:高等教育出版社,2019:16.

春梦托起伟大的中国梦。

二是要扎根祖国大地。青年创新创业离不开中国的国情民情,只有扎根大地、立足实际,梦想才有实现的土壤,才有开花结果的根基。高校要充分发挥人才、智力和技术优势,组织"科技中国小分队""健康中国小分队""法治中国小分队""政策宣讲小分队"等,深入革命老区、贫困地区和乡村社区,将高校的优质资源辐射到广大乡村,推动新理念、新技术、新产品、新业态和新模式在农村蓬勃兴起。项目团队要深入调研实际需求,广泛开展对接活动,用专业知识和智慧使广袤大地焕发出新的生命。

三是要增长智慧才干。实践出真知、磨砺长才干。要广泛开展创新创业实践活动,让当代大学生走出书斋、走出课堂、走出校园,走进更广阔的社会大舞台,在实践锻炼中磨练意志、练就本领。当前,世界新一轮科技革命和产业变革同我国转变发展方式发生历史性交汇,关键核心技术是要不来、买不来、讨不来的。同学们要敢于面对挑战,努力提升自身综合素质和创新创业本领,为解决国家"卡脖子"的技术难题贡献我们的青春和智慧。

创新创业教育需要社会力量共同参与、共同推进。希望企业家、投资人和社会各界共同助力高校深化创新创业教育改革,为大学生创新创业实践提供更多指导,为深入开展"红旅"活动对接社会资源,形成全社会关心支持大学生创新创业的良好生态。

同学们,新时代中国青年要发扬爱国精神,以扎根中国、胸怀天下的使命与担当,放飞梦想,勇立潮头建功新时代!

最后,祝愿本次活动取得圆满成功!

在第七届中国国际"互联网+"大学生创新创业大赛"青年红色筑梦之旅"活动全国启动仪式上的讲话[①]

(教育部部长陈宝生 2021年6月11日)

老师们,同学们,同志们:

今天,作为教育系统献礼建党百年的系列活动之一,我们在革命摇篮井冈山,以一堂庄重朴实的课程思政"金课",感悟跨越时空的井冈山精神,启动第七届中国国际"互联网+"大学生创新创业大赛"青年红色筑梦之旅"活动。首先,我代表教育部向承办、参与和支持本次活动的有关单位和各界人士表示衷心的感谢!向即将启程的同学们致以最美好的祝愿!

2020年,一场人类历史上规模最大的脱贫攻坚战取得了全面胜利。在习近平总书记给第三届大赛"青年红色筑梦之旅"大学生回信精神指引下,一大批青年学生用智慧和汗水投身脱贫事业,用最美的年华书写了时代华章。累计300余万大学生、58.3万个创新创业项目,对接农户近150万户、企业4万余家,签订合作协议4万余项,在美丽乡村建设、现代创意农业、医疗健康扶贫、红色文化传播等领域作出了实实在在的贡献。这是当代大学生与新时代同向同行、发出的最有力量的青春宣言!你们每一个人都非常了不起,为你们点赞!

雄关漫道真如铁,而今迈步从头越。同学们!你们即将从这里出发,踏上服务乡村振兴的新征程。我们要认真学习贯彻习近平新时代中国特色社会主义思想,传承发扬革命传统,坚定执着追理想,实事求是闯新路,艰苦奋斗攻难关,依靠群众求胜利,让井冈山精神放射出新的时代光芒。同学们要扎扎实实上好这堂"思政金课"、实践大课,坚定前行信心,立大志、明大德、成大才、担大任。

在此,我提三点希望:

一是要学好党史,明理增信。波澜壮阔的百年党史,记录了我们党在民族危亡之际诞生、在硝烟炮火之中壮大、在革命和建设中走向辉煌的光辉历程。同学们要从中汲取智慧和力量,学懂弄通中国共产党为什么"能"、马克思主义为什么"行"、中国特色社会主义为什么"好"三个问题,心中常怀"国之大者",在学党史、悟思想的过程中传承基因、赓续传统、坚定信念、淬炼思想、磨砺本领。

二是要扎根实践,服务基层。脱贫摘帽不是终点,而是新生活、新奋斗的起点,实现全体人民共同富裕仍然任重道远。同学们要走进革命老区、偏远山区和城乡社区,脚下沾有多少

[①] 本书编写组.中国国际互联网+大学生创新创业大赛指南(2021)[M].北京:高等教育出版社,2021:24—25.

泥土，心中就沉淀多少真情。要将专业知识与创新创业相结合，发挥新时代青年在信息技术领域的优势，带动一批乡村创新创业项目，催生出更多小微供应链，激活乡村发展内生动力。

三是要学真本领，堪当大任。生逢盛世，肩负重任，行胜于言。同学们要把个人理想与党和国家的前途命运紧密结合，把"爱国爱民""锤炼品德""勇于创新""实学实干"作为行动自觉，敢为人先、敢于突破，以聪明才智贡献国家，以开拓进取服务社会，让青春在为祖国、为民族、为人民、为人类的不懈奋斗中绽放绚丽之花。

谢谢大家！

第三篇

青年红色筑梦之旅媒体报道

习近平总书记勉励大学生扎根中国大地、了解国情民情、在创新创业中增长智慧才干、在艰苦奋斗中锤炼意志品质、在亿万人民为实现中国梦而进行的伟大奋斗中实现人生价值的谆谆教诲和殷切期望,在高校师生中引发积极响应,成为大学生创客勇立创新创业潮头的强大力量,亦是大学生阔步新时代的精神驱动力。自2017年7月,中央广播电视总台、人民网、新华网、央广网,以及人民日报、光明日报、经济日报、中国教育报、中国青年报、科技日报、陕西日报、江西日报、重庆日报等多家媒体聚焦习近平总书记给第三届中国"互联网+"大学生创新创业大赛"青年红色筑梦之旅"的大学生的回信,以"把激昂青春梦融入伟大中国梦""以青春和理想谱写信仰和奋斗之歌""为实现中国梦贡献青春和力量""书写新时代的青春之歌""谱一曲壮丽的新时代青春之歌"等为题进行了多角度、多维度的报道。

视频3

第三届中国"互联网＋"大学生创新创业大赛"青年红色筑梦之旅"首批实践团出征

——梁家河初忆红色岁月

（西电青年网　2017年4月24日　作者：李时宇　黄成龙　高鹏　王磊　郑淇公）

4月21日，第三届中国"互联网＋"大学生创新创业大赛"青年红色筑梦之旅"首批实践团出征仪式在西安电子科技大学南校区礼仪广场举行。西安电子科技大学党委副书记龙建成教授出席了仪式，首批实践团工作人员及志愿者参加了仪式。

龙建成在动员讲话中表示，"青年红色筑梦之旅"作为本届"互联网＋"大赛创新增设的两项支撑活动之一，旨在为创业青年提供一次继承延安精神、涵养创业精神、坚定文化自信的精神飨宴。他希望实践团各项目成员充分依托大赛平台，深入对接老区项目，将创新创业与精准扶贫工程相结合，不断促进项目成果落地。

仪式由西安电子科技大学校团委书记朱文凯主持。在仪式上，龙建成为"红色记忆""青春之歌""筑梦踏实"三支实践队授旗。

实践团随即奔赴延安，前往实践活动首站梁家河村。在这片土地上，习近平总书记深情讲道："我人生第一步所学到的都是在梁家河获得。不要小看梁家河，这是有大学问的地方。"

据介绍，20世纪60年代末，习近平总书记在知识青年上山下乡的热潮中来到梁家河村落户插队。不满21岁的习近平同志担任梁家河大队支部书记，在他的带领下，广大群众积极创新农业生产条件，修通了道路，还创办了铁业社、磨面房、代销店，成立了缝纫组，创建了全省第一口沼气池和全省第一个沼气村，村容村貌发生了重大变化。

习近平的入党介绍人、梁家河村村民党员梁玉明接待了实践团一行，他向前来参观学习的大赛项目团队表示了欢迎，向大家介绍了当年习总书记插队落户时克服困难、自觉接受艰苦生活磨练的事迹。"离开梁家河后，习总书记还多次回信鼓励乡亲脚踏实地、真抓实干，把日子过得越来越红火。他始终与人民群众站在一起，对我们影响很深，值得我们敬佩。"梁玉明说。

第三届大赛参赛项目——西安电子科技大学"小满粮仓"创业团队负责人张旺说："听习近平总书记的入党介绍人梁玉明老人讲述当年知青们的'创业'故事，看了他们的知青旧居——住的是最简单的土窑洞，睡的是大通铺式的土炕，我仿佛感悟到了一个城市青年到农村插队的思想转变和意志磨练过程，也切实体会到了习总书记插队时在梁家河展现的创新创业精神。"

参观了当年梁家河第一口沼气池后,大连理工大学粮仓内部环境远程监测系统项目的周旭说:"当时习总书记在沼气项目上,也受到较多的非议。而最后的事实证明,这确实是一个成功的项目,是值得的一试、精彩的一搏。我们也应当如此,做一个科技创新的项目,我们的思路不能被禁锢。即使他人无法理解,坚持下去,时间会给我们答案。"

"看到梁家河40多年来的沧桑巨变,我感受到了习总书记当年艰苦朴素的精神,也让我体会到了青年人在创新创业的路上必须脚踏实地、认真工作。"首日实践活动结束后,清华大学的八度阳光(清华光伏)项目团队代表张志强这样对记者说。

据悉,实践团还将观看中国首部大型红色历史舞台剧《延安保育院》,重温红色记忆;寻访枣园革命旧址、宝塔山,砥砺青春意志;走访八一敬老院,领悟老一辈革命家的创新精神和创业意识。

第三届中国"互联网+"大学生创新创业大赛"青年红色筑梦之旅"延安集中会师

——"互联网+"青年乡村创客市集同时启动

（延安日报 2017年7月17日 记者：谷嫦瑜）

7月15日上午，第三届中国"互联网+"大学生创新创业大赛"青年红色筑梦之旅"延安集中会师暨"互联网+"青年乡村创客市集开幕式在枣园宾馆举行，教育部、省教育厅相关领导出席活动，市委常委、副市长赵璟出席活动并致辞。

赵璟在致辞中说，近年来，延安大力实施创新驱动发展战略，加大研发和创新投入，加强产学研合作，积极打通科技与经济结合的通道，不断创新新技术、培育新产业、推出新产品，为全市经济社会发展提供人才保障和智力支撑。她表示，第三届中国"互联网+"大学生创新创业大赛"青年红色筑梦之旅"延安集中会师，对延安来讲是一次机遇，对于助力延安精准脱贫、服务延安经济建设，必将产生重要意义和深远影响。赵璟要求，市教育、发改、科技、农业、扶贫等部门和洛川、黄陵等有关县区要高度重视此次活动，全力做好活动各项实施工作和项目的落地转化工作，扩大成果，取得实效。全市广大青少年要以此次活动为契机，强化创新意识，积极参与和投身创新创业实践，为实现中华民族伟大复兴的中国梦而不懈奋斗。

会上，省委高教工委还为"青年创客红色筑梦联盟"进行了授牌。

不忘初心　共创精彩

——记第三届中国"互联网+"大学生创新创业大赛"青年红色筑梦之旅"

（光明校园传媒　2017年7月19日）

响亮的口号,整齐的步伐。一支身着八路军军装的队伍正向南泥湾进发。乍看之下,犹如三五九旅的先辈们又回到了他们当初开垦的地方。其实不然,这是来自全国36所高校的40余支项目团队的150余名实践队员。此次来到南泥湾,重走长征路,正是第三届中国"互联网+"大学生创新创业大赛"青年红色筑梦之旅"一个重要实践活动。本次活动由教育部、陕西省人民政府主办,延安市人民政府和西安电子科技大学承办。

延安是中国革命的红色根据地,南泥湾更是延安精神的发源地。1941年3月,八路军三五九旅在南泥湾开展了著名的大生产运动。"自力更生,奋发图强"的南泥湾精神,激励着一代又一代中华儿女。

千里之行,始于足下。来自各地的大学生代表正是在南泥湾精神的鼓舞及第三届中国"互联网+"大学生创新创业大赛的宗旨的影响下开始了这次重走长征路。

雨后的南泥湾,道路变得泥泞不堪,即便如此,在到达目的地的那一刻,同学们还是抑制不住激动的心情,迅速换装、列队、整理妆容,犹如一支将要奔赴前线的生力军。

为了更好地领悟到先辈们自力更生、勇于奋斗的精神,同学们顶着炽热的太阳,徒步走在南泥湾泥泞的道路上,步伐整齐一致,俨然是一支训练有素的队伍;口号不绝于耳,在山峦之间回荡。

行军队伍中,还有个别来自国外的留学生。长征这段历史对于他们来说可能很陌生,但长征精神以及这次重走长征路之行带给他们的将会是一段难忘的记忆。正是第三届中国"互联网+"大学生创新创业大赛将他们带到了这里,创新创业队伍的不断壮大,正体现了大赛"搏击'互联网+'新时代,壮大创新创业生力军"的主题。

沿途正在耕种的农民见到如此壮观的场面不禁感慨:之前也有不少单位组织来这里进行拉练,但这是着装最统一、列队最整齐、步伐最一致的一次。在得知这些都是全国创新创业大赛的获奖选手后,当地农民很为当代大学生不忘本、敢于创新、敢于挑战自己的精神所动容。

在到达营地后,同学们分成了两个连队进行了诸如扔手榴弹、匍匐前进之类的军事训练比赛。比赛中,有同学表示,虽然军事训练比拼的是体力和技能,但在比赛中团队合作和不抛弃不放弃的精神同样在第三届中国"互联网+"大学生创新创业大赛中淋漓尽致地体现了出来，大赛的每一个项目都凝聚了团队所有人的智慧和创意，可以说两者是相辅相成的。

当年，针对根据地日益严峻的经济困难局面，毛主席提出"自己动手，丰衣足食"的口号作为各根据地克服经济困难，实现了生产自给的努力目标。之后便就有了南泥湾精神。党的十八大以来，习近平总书记一直强调，"抓创新就是抓发展，谋创新就是谋未来"。在丰衣足食的今天，大学生作为国家未来的栋梁，更应当学习和实践老一辈无产阶级革命家的精神，不忘初心，共创精彩。

"青年红色筑梦之旅"走进延安
四十三个项目落地助力精准扶贫

(中国教育报 2017年7月20日 记者:冯丽 通讯员:李时宇)

"我们将帮助黄陵县挖掘当地优质农产品、建立仓配物流体系、开展营销、打造品牌,为发展县域经济贡献力量。"7月17日,西安电子科技大学"小满良仓"项目负责人张旺说。

在当天举行的"青年红色筑梦之旅"实践团签约现场,包括"小满良仓"在内的17个参赛项目与延安当地签订了43项落地合作协议。

7月14日至17日,第三届中国"互联网+"大学生创新创业大赛同期实践活动"青年红色筑梦之旅"在革命圣地延安举办,近100支来自中国人民大学、南开大学、厦门大学、西安电子科技大学等高校的"互联网+"大学生创新创业大赛参赛项目团队、在陕高校创新创业学生代表及"互联网+"行业青年创新创业领军人物参加了活动。

实践团通过寻访梁家河、重走长征路、参观纪念馆、走访敬老院,实地感受老一辈革命家伟大而艰辛的创新创业史。

活动期间,大赛组委会还安排了部分重点项目的团队深入区县进行对接考察,开展了第三届中国"互联网+"大学生创新创业大赛项目落地签约仪式,举办了"互联网+"青年乡村创客论坛。17个参赛项目与19个延安当地政府部门、学校、合作社、企业以及农户签订了43项落地合作协议,一批项目达成落地意向,预计帮助建档贫困户不少于200户。

扎根中国大地了解国情民情　用青春书写无愧于时代、无愧于历史的华彩篇章

（人民日报　2017年8月16日）

第三届中国"互联网＋"大学生创新创业大赛"青年红色筑梦之旅"的同学们：

来信收悉。得知全国150万大学生参加本届大赛，其中上百支大学生创新创业团队参加了走进延安、服务革命老区的'青年红色筑梦之旅'活动，帮助老区人民脱贫致富奔小康，既取得了积极成效，又受到了思想洗礼，我感到十分高兴。

延安是革命圣地，你们奔赴延安，追寻革命前辈伟大而艰辛的历史足迹，学习延安精神，坚定理想信念，锤炼意志品质，把激昂的青春梦融入伟大的中国梦，体现了当代中国青年奋发有为的精神风貌。

实现全面建成小康社会奋斗目标，实现社会主义现代化，实现中华民族伟大复兴，需要一批又一批德才兼备的有为人才为之奋斗。艰难困苦，玉汝于成。今天，我们比历史上任何时期都更接近实现中华民族伟大复兴的光辉目标。祖国的青年一代有理想、有追求、有担当，实现中华民族伟大复兴就有源源不断的青春力量。希望你们扎根中国大地了解国情民情，在创新创业中增长智慧才干，在艰苦奋斗中锤炼意志品质，在亿万人民为实现中国梦而进行的伟大奋斗中实现人生价值，用青春书写无愧于时代、无愧于历史的华彩篇章。

视频4

习近平

2017年8月15日

（新华社北京8月15日电）

中共中央总书记、国家主席、中央军委主席习近平15日给第三届中国"互联网＋"大学生创新创业大赛"青年红色筑梦之旅"的大学生回信。他在信中表示："得知全国150万大学生参加本届大赛，其中上百支大学生创新创业团队参加了走进延安、服务革命老区的'青年红色筑梦之旅'活动，帮助老区人民脱贫致富奔小康，既取得了积极成效，又受到了思想洗礼，我感到十分高兴。"

习近平指出，延安是革命圣地，你们奔赴延安，追寻革命前辈伟大而艰辛的历史足迹，学习延安精神，坚定理想信念，锤炼意志品质，把激昂的青春梦融入伟大的中国梦，体现了当代中国青年奋发有为的精神风貌。

习近平强调，实现全面建成小康社会奋斗目标，实现社会主义现代化，实现中华民族伟

大复兴，需要一批又一批德才兼备的有为人才为之奋斗。艰难困苦，玉汝于成。今天，我们比历史上任何时期都更接近实现中华民族伟大复兴的光辉目标。祖国的青年一代有理想、有追求、有担当，实现中华民族伟大复兴就有源源不断的青春力量。希望你们扎根中国大地了解国情民情，在创新创业中增长智慧才干，在艰苦奋斗中锤炼意志品质，在亿万人民为实现中国梦而进行的伟大奋斗中实现人生价值，用青春书写无愧于时代、无愧于历史的华彩篇章。

今年4月和7月，教育部依托中国"互联网＋"大学生创新创业大赛平台，组织开展了"青年红色筑梦之旅"实践活动，两批参赛团队分赴延安，通过大学生创新创业项目对接革命老区经济社会发展需求，助力精准扶贫脱贫。实践活动结束后，全体队员给习近平总书记写信汇报了他们的收获和体会，表示要像习近平青年时代那样，立下为祖国、为人民奉献自己的信念和志向，把自己创新创业梦融入伟大中国梦，以青春和理想谱写信仰和奋斗之歌。

用青春和理想谱写信仰和奋斗之歌

——习近平总书记回信在大学生中引发热烈反响

(中国青年报 2017年8月17日 记者:孙庆玲)

习近平总书记15日给第三届中国"互联网+"大学生创新创业大赛"青年红色筑梦之旅"的大学生回信,勉励祖国的青年一代"在亿万人民为实现中国梦而进行的伟大奋斗中实现人生价值,用青春书写无愧于时代、无愧于历史的华彩篇章",在广大青年群体中引起热烈反响。不少大学生当天纷纷表示,将学习老一辈革命家艰苦奋斗的精神,脚踏实地,再接再厉,为实现中国梦奉献自己的青春和力量。

据了解,今年4月和7月,教育部依托中国"互联网+"大学生创新创业大赛平台,组织开展了"青年红色筑梦之旅"实践活动,两批参赛团队分赴延安,通过大学生创新创业项目对接革命老区经济社会发展需求,助力精准扶贫脱贫。实践活动结束后,全体队员给习近平总书记写信汇报了他们的收获和体会,表示要像习近平青年时代那样,立下为祖国、为人民奉献自己的信念和志向,把自己创新创业梦融入伟大中国梦,以青春和理想谱写信仰和奋斗之歌。

8月15日,习近平回信勉励第三届中国"互联网+"大学生创新创业大赛"青年红色筑梦之旅"的大学生,并于信中写道,"得知全国150万大学生参加本届大赛,其中上百支大学生创新创业团队参加了走进延安、服务革命老区的'青年红色筑梦之旅'活动,帮助老区人民脱贫致富奔小康,既取得了积极成效,又受到了思想洗礼,我感到十分高兴。"

看到习近平的回信后,北京科技大学孟子居"一棵树"团队十分激动。在过去的3年里,孟子居所在的团队共计组织了北京科技大学等11个实践团队133名同学前往贫困地区与农民交流,在体验贫苦生活的同时也想方设法帮他们策划销售农产品。"接下来我们一定再接再厉,发动更多的同学参与到扶贫工作中来,参与到为我国全面建成小康社会的奋斗中来!希望有机会能够请总书记吃我们在延安扶贫的苹果。"孟子居"一棵树"团队负责人说。

中南大学青普科技云平台团队成员覃瑞寒则表示,收到总书记的来信,我们觉得之前创业路上克服种种困难、咬牙挺过来是值得的。我们是做实业的,此次延安之行让我们意识到实业对经济发展的重大意义。无论是在歌舞剧《延安保育院》中由于实业落后导致革命烈士们的牺牲,还是梁家河在总书记的带领下发展实业,使人民群众生活得到极大改善,都让我们坚定初心、勇往直前,不惧困难、百折不挠。感谢总书记的回信,我们一定会在"互联网+实业"的道路上竭尽全力,为实现中华民族的伟大复兴贡献我们的青春。

习近平在回信中表示,今天,我们比历史上任何时期都更接近实现中华民族伟大复兴的光辉目标。祖国的青年一代有理想、有追求、有担当，实现中华民族伟大复兴就有源源不断的青春力量。希望你们扎根中国大地了解国情民情，在创新创业中增长智慧才干，在艰苦奋斗中锤炼意志品质，在亿万人民为实现中国梦而进行的伟大奋斗中实现人生价值，用青春书写无愧于时代、无愧于历史的华彩篇章。

　　对此，沈阳师范大学的延安非遗文化活态传承与红色旅游创新扶贫方案项目组成员罗丽潇认为，总书记的回信不仅饱含了对青年一代的关怀，更是饱含了对青年一代的认可和期盼。"有了这份鼓励，我们会一如既往地扎根实处，整合延安红色文化资源和以梁家河、路遥故居、文安驿文化园为代表的旅游资源，设计开发更多的文化衍生品，使延安非遗文化永续传承，带动当地更多人增收致富。我们也会将延安精神传递给身边的每一个人，将习近平总书记的嘱托传递给身边的创业者们。"罗丽潇说。

把激昂青春梦融入伟大中国梦

——习近平总书记回信在"青年红色筑梦之旅"大学生创新创业团队中引发热烈反响

(人民日报 2017年8月17日 记者:董洪亮 张烁 丁雅诵)

"祖国的青年一代有理想、有追求、有担当,实现中华民族伟大复兴就有源源不断的青春力量……"中共中央总书记、国家主席、中央军委主席习近平15日给第三届中国"互联网+"大学生创新创业大赛"青年红色筑梦之旅"大学生的回信,在广大青年学子中引起强烈反响。

大家表示,要按照习近平总书记的指示和嘱托,为祖国、为人民奉献青春。要在今后的人生历程中,学习和发扬革命前辈的精神品格,学习延安精神,坚定理想信念,锤炼意志品质,把激昂的青春梦融入伟大的中国梦,在亿万人民为实现中国梦而进行的伟大奋斗中实现人生价值,用青春书写无愧于时代、无愧于历史的华彩篇章。

扎根中国大地了解国情民情

捧读习近平总书记的回信,大学生们激动不已。他们表示,一定要向老一辈革命家学习,扎根中国大地了解国情民情,脚踏实地,不忘初心,勇往直前。

"总书记真的给我们回信了!"作为团队给习近平总书记写信的发起人之一,西安电子科技大学2010级校友、"小满良仓"项目团队负责人张旺难掩兴奋,"参观了梁家河,让我们深受教育、备受鼓舞,更坚定了我们青年'创客'创新创业的梦想!"张旺说,"我们要将延安精神融入自己的创业实践,用知识、技能服务老区人民,让'互联网+电商'助力老区发展,以实际行动和实际成果为实现中国梦作出自己的贡献!"

同学们白天在梁家河参观,晚上就住在窑洞里,大家热烈讨论着,心中充满了震撼和感动,久久不能平静。

收到习近平总书记的回信,同学们更加感受到肩上的担子。青年学子表示,要像习近平总书记青年时代那样,立下为祖国、为人民奉献自己的信念和志向,用知识和本领帮助老乡脱贫致富,用创业项目助推农村经济发展。

北京科技大学孟子居创业团队负责人杨国庆,正在和团队成员为延安的果农们制订果树认购扶贫计划和方案。"无悔的青春离不开奋斗的实践,在过去3年里,我们累计帮助80余户贫困户,他们的收入有了明显增长。接下来我们一定再接再厉,发动更多的同学参与到扶贫工作中来,参与到为我国全面建成小康社会的奋斗中来。"杨国庆说。

南京晓庄学院创客教育团队项目旨在提高青少年创新意识,团队成员胡鹏程表示:"我们将牢记总书记的教诲,脚踏实地做好服务,将项目带到祖国最需要的地方去。"

"收到总书记的回信,我们团队全体成员都很振奋!"来自延边大学的鸿鹄文化团队多年来致力于通过新媒体弘扬民族文化、传承红色基因,团队成员邵春国表示,"未来我们将更加努力,立足边疆、扎根人民,不断提升自身的专业素养,推出更多优秀作品,肩负起时代赋予我们的责任。"

在创新创业中增长智慧才干

实现全面建成小康社会奋斗目标,实现社会主义现代化,实现中华民族伟大复兴,需要一批又一批德才兼备的有为人才为之奋斗。

走进延安、服务革命老区,对大学生创新创业团队的成员来说,是一次特别的体验,而习近平总书记的回信,更让他们坚定了创新创业的决心。

"来到革命圣地学习革命精神、学习老一辈革命家的感人故事,更加深了我们对创业之路的认识,让我明白了作为一名青年创业者,脚踏实地、艰苦奋斗、自强不息是必备的精神气质。"广西大学惠农共享团队的杨波说,"总书记的回信让我们激动万分,让我们觉得之前创业路上咬牙挺过来的一切都是值得的。我们一定不忘初心,在创新创业中增长智慧才干,为祖国的繁荣发展贡献自己的力量。"

"在延安,我们感受到老区人民脱贫致富奔小康的强烈愿望,也通过创新创业项目对接革命老区经济社会发展需求,助力精准扶贫脱贫。"重庆邮电大学微姿态仪团队的陈自然表示,"我们会继续努力,把自己激昂的青春梦融入伟大的中国梦。"

"延安之行让我们意识到实业对经济发展的重大意义,我们更加坚定了实业报国之心。"中南大学青普科技云平台团队成员覃瑞寒说,"我们会运用'互联网+实业'模式,干出一番事业,为祖国燃烧我们的青春。"

在艰苦奋斗中锤炼意志品质

艰难困苦,玉汝于成。创新创业团队奔赴延安,追寻革命前辈伟大而艰辛的历史足迹,学习延安精神,坚定理想信念,锤炼意志品质,体现了当代中国青年奋发有为的精神风貌。

总书记的谆谆教导让青年学子感受到一股催人奋进的力量。"这是一场思想的洗礼。革命先辈们坚忍不拔的精神,无时无刻不激励我们艰苦奋斗。"云南大学滇池学院彩云本草团队成员表示,"站在创业者的角度去理解革命的精神,去培养为国为民的情怀,能让我们的创业更有力量。"

延安精神是中华民族的精神财富。沈阳师范大学的延安非遗文化活态传承与红色旅游创新扶贫方案项目组,致力于将非遗文化的保护、传承与当地旅游资源开发相融合。团队成员罗丽潇说:"我们希望推进红色旅游,带动当地更多人增收致富,也将延安精神传递给身边的每一个人。"

收到总书记回信,许多青年创业者在激动之余,更坚定了目标。"'功崇惟志,业广惟勤',这次筑梦之旅在我心中埋下了一颗红色种子,让我更加明确了方向,不迟疑、不动摇地在红色创新创业的征途上勇往直前。"西安电子科技大学学生孙啸说,"锤炼意志品格,补足精神之'钙',心怀中华民族伟大复兴的中国梦,我们青年学子才能将自身命运与国家民族紧紧联系在一起,才能用实干和坚守铸就梦想,书写出慷慨激昂的时代新篇章。"

以青春和理想谱写信仰和奋斗之歌

——习近平总书记给第三届中国"互联网+"大学生创新创业大赛"青年红色筑梦之旅"的大学生的回信引发强烈反响

(光明日报 2017年8月17日 记者:柴如瑾)

8月15日,中共中央总书记、国家主席、中央军委主席习近平给第三届中国"互联网+"大学生创新创业大赛"青年红色筑梦之旅"的大学生回信,勉励青年一代扎根中国大地了解国情民情,在创新创业中增长智慧才干,在艰苦奋斗中锤炼意志品质,在亿万人民为实现中国梦而进行的伟大奋斗中实现人生价值,用青春书写无愧于时代、无愧于历史的华彩篇章。

习近平总书记的回信在社会各界特别是青年中引发强烈反响。大家表示,总书记的回信体现了党和国家对青年一代的亲切关怀和殷切期望,要把自己的创新创业梦融入伟大中国梦,做有理想、有追求、有担当的一代,为实现中华民族伟大复兴贡献力量。

"总书记的亲切来信让我们倍感激动、备受鼓舞。"作为"青年红色筑梦之旅"的志愿者,谭伟晟难抑激动,"在延安,我们追寻革命前辈伟大而艰辛的历史足迹,感受其中的惊心动魄。那不畏前路困难重重,心怀理想、敢教日月换新天的昂扬斗志与豪情为我们带来了一次又一次的思想洗礼,再一次坚定了我们的理想信念。"

西安电子科技大学的孙啸,立志走出一条当代红色创业之路:"筑梦之旅在我心中埋下了一颗红色种子,让我将自身命运与国家和人民绑在一起。总书记的鼓励更让我坚定目标、坚定信仰、坚定立场,在红色创新创业的坦途上大踏步前行。"

因为"对实事求是、勇于创新、艰苦奋斗的精神有了更深层的理解",华北电力大学的麻腾威表示:"创业是一个困难而又漫长的过程,总书记的鼓励无疑坚定了我们的信念,我们定当志存高远、奋勇向前。"

"实现全面建成小康社会奋斗目标,实现社会主义现代化,实现中华民族伟大复兴,需要一批又一批德才兼备的有为人才为之奋斗。"习近平总书记的话激荡在广大青年心中。

南通大学杏林学院的韩寒阳使命感和责任感倍增,他说:"我们要把艰苦奋斗、顽强拼搏的延安精神与团队的创新创业道路相结合,为老区的发展贡献自己的青春热血。"

"再苦再难也要坚持!"黄冈职业技术学院的刘海瑞表示,"总书记的鼓舞,更加坚定了我们的创业决心,让我们带动老区发展的决心更加强烈。"

"脚踏实地,艰苦奋斗,自强不息。"作为"惠农共享"的一名青年创业者,广西大学杨波认识到:"创业如此,人生如此。我们将不忘初心,为祖国的繁荣发展贡献力量。"

作为非物质文化遗产翟家大院撕纸艺术的传承人,翟天麟既感到光荣,也倍感压力:"传承与传播、创造与创新,文化自信是更基础、更广泛、更深厚的自信。让中国的文化自信走向世界,让世界更好地了解中国,这是我创业的梦想,更是我奋斗的目标。"

沈阳农业大学美梦成"榛"团队集体表示:"总书记的教诲如同指路明灯,照亮了我们的人生道路,我们必将牢记总书记的嘱托,将其作为前进的不竭动力,努力为实现中国梦奉献自己的青春和力量!"

在创新创业中绽放青春光彩

（中国教育报　2017年8月17日　记者：李薇薇）

8月15日,习近平总书记给第三届中国"互联网＋"大学生创新创业大赛"青年红色筑梦之旅"的大学生回信。收到回信的大学生们备受鼓舞,纷纷分享学习体会及创新创业感悟。

西北农林科技大学"现代设施农业服务项目"负责人曹凯说："延安精神值得参与扶贫活动的大学生创新创业者体悟和学习。面对新机遇,大学生创新创业扶贫项目团队要抱着'敢创业、能创业、创成业'的决心坚定前行。"

"总书记的回信,我看了一遍又一遍,还给不太懂汉语的父母亲翻译了一遍。父亲听后非常激动,要求我深刻学习回信精神。"厦门大学"毓成优选"项目团队负责人、新疆籍大学生艾萨·阿尤普说。

西安电子科技大学"小满良仓"项目团队负责人张旺说："总书记的回信恰似指挥棒,凝聚了我们的青春热血,也指引创新创业青年以第三届中国'互联网＋'大学生创新创业大赛为契机,用知识、技能和创新创业实践重振老区雄威,矢志不渝,不负家国梦。"

曾获全国大学生创业英雄十强、重庆雅明教育科技股份有限公司创始人郑兴伟表示："总书记的回信给全国青年创业者很大激励,作为当代创新创业大学生,内心应该有所坚守,只有扎根中国大地了解国情民情,辛勤耕耘默默付出,才可能享受到创业成功的喜悦。"

"'青年红色筑梦之旅',是我们创业路上的一次珍贵实践,我们学习了老一辈革命家艰苦奋斗、积极探索、自强不息、勇于创新的精神和品质。总书记的回信,让我们更加自信,相信用我们的双手定能为人民造福。"江西机电职业技术学院"家庭光伏高端定制"团队成员张海林说。

南通大学杏林学院童梦公益服务项目组成员韩寒阳收到总书记的回信,心潮澎湃。他表示："作为在校大学生的我们,肩负着实现中国梦的重任,总书记曾说'青年当不忘初心跟党走,要立志做大事,未来属于青年'。我们今后一定会励志勤学,加强磨炼,把艰苦奋斗、顽强拼搏的延安精神内涵与团队的创新创业道路相结合,面对挫折与困境,不忘初心,奋勇向前。"

中国农业大学喔乡信生态养鸡项目组成员陈鹏枭收到总书记回信激动万分。他表示,在农业创业的路上,一定紧跟党的步伐,争取走在时代前列,把自己的知识、力量、青春挥洒在祖国的大地上。

郑州轻工业学院榆枣红项目组成员方航宇表示:"相信这份珍贵的回信会带给每位创业者强大的力量,即使遇到再大困难,想想总书记对我们的期望,想想自己的初心,我们也会迎难而上。"

让"创客梦"融入"中国梦"

——习近平总书记给第三届中国"互联网+"大学生创新创业大赛"青年红色筑梦之旅"的大学生回信引起强烈反响

（经济日报 2017年8月18日 记者：张毅 通讯员：吴华）

"总书记给我们回信了！太意外了！"8月15日下午，习近平总书记给"青年红色筑梦之旅"的大学生回信后，给总书记写信的发起人和主笔，来自西安电子科技大学"小满良仓"项目的"创客"张旺与伙伴们兴奋不已。

一个月前，作为即将拉开大幕的第三届"互联网+"大赛全国总决赛的同期实践活动，大赛承办方——西安电子科技大学在革命圣地延安启动了"青年红色筑梦之旅"。

继4月首批实践团奔赴延安后，来自全国31个省份、港澳台地区、"一带一路"沿线国家的近百个大赛项目代表、高校创新创业师生代表及"互联网+"行业青年创新创业领军人物会师宝塔山下。

活动期间，青年"创客"们寻访梁家河、重走长征路、参观纪念馆、走访敬老院，实地感受革命先辈伟大而艰辛的创业史。同时，青年"创客"们还深入延安老区基层进行了对接考察，精准帮扶老区建设，最终与当地政府部门、学校、合作社、企业以及农户签订了43项落地合作协议，帮助建档贫困户200余户；与延安当地中小学、各区县青年驿站签订了10余个长期支教帮扶和电商服务培训协议。

"在西安电子科技大学的组织下，我们参观了总书记当年上山下乡插队生活了7个年头的梁家河，与总书记的入党介绍人进行了座谈交流。"作为实践团给习近平总书记写信的发起人，张旺难掩兴奋，"那天晚上，来自全国各地的创业青年，住在窑洞里，睡在大通铺上，大家你一言我一语，聊着聊着就发现，总书记在梁家河的经历，和大家做创业项目的经历很相似，当年总书记为梁家河引入沼气池，通过科学技术服务帮助农民；带领村民种植蔬菜，提升生活水平；开设代销店，方便大家进行商品交易——总书记就和今天的我们一样，为了理想，不断进行着创新实践。因此，我们萌生了向总书记汇报参加这次活动收获心得的念头。活动组织方西安电子科技大学十分支持我们的想法，就组织大家一起撰写了给总书记的信"。

"总书记的回信让我们倍受鼓舞，更坚定了我们青年'创客'创新创业的梦想！"张旺说，"我们将结合自身实际，以第三届'互联网+'大赛为契机，将延安精神融入自己的创业实践，用知识、技能服务老区人民，通过我们项目的落地，让'互联网+电商'服务现代农业，为老区'三农'增收，让农民回到土地，让青年深入农村，让土地和汗水更有价值，以实际行动和实际成果为实现'中国梦'作出自己的贡献！"

西安电子科技大学"蒜泥乐博客教育"项目"创客"徐志伟告诉记者:"我们已经和延安五所学校签订了协议,举办'创客教育之行'活动,帮助当地青年开展创新创业。"经济与管理学院大四学生李子晗是这次"互联网+"大赛的志愿者之一,她说:"在南泥湾,刚好赶上下大雨,路变得很泥泞,在互相扶持的行进中,我们对革命先辈当时的艰苦卓绝有了更深的体会。就像习近平总书记在信中说的,我们受到了思想洗礼,体现了当代中国青年奋发有为的精神风貌。"

全国学联召开座谈会

——专题学习习近平总书记给第三届中国"互联网＋"大学生创新创业大赛"青年红色筑梦之旅"的大学生的回信

(中国青年报 2017年8月18日 记者：李立红)

今天下午，全国学联在京召开座谈会，专题学习习近平总书记给第三届中国"互联网＋"大学生创新创业大赛"青年红色筑梦之旅"的大学生的回信。团中央书记处书记傅振邦出席座谈会并讲话。北京科技大学"孟子居"创业团队负责人杨国庆和首都体育学院"中礼"团队红色旅游文化产品开发项目负责人魏梓萌受邀参会。团中央学校部相关负责同志，清华大学、东北大学团委负责同志，北京、天津、河北、广东、四川等省级学联负责同学，南京大学研究生会、内蒙古大学学生会、南开大学学生会、厦门大学学生会负责同学参加会议。会议由全国学联驻会执行主席王泰蒙主持。

会上，杨国庆和魏梓萌分享了他们在梁家河参观实践的所见所感所悟，介绍了他们给习近平总书记写信的动机和考虑，并表示要像青年时代的习近平总书记那样，立下为祖国、为人民奉献自己的信念和志向，用知识和本领帮助老乡脱贫致富，用创业项目助推农村经济发展。清华大学团委副书记铁强和东北大学团委副书记史鉴表示，高校团委要提高政治站位，把思想政治引领融入日常各项工作，引导学生扎根中国大地了解国情民情、投身创新创业实践。北京市学联驻会执行主席孙士伦、天津市学联驻会执行主席张弛、河北省学联驻会执行主席刘艺颖以及广东省学联主席赵泽群、四川省学联主席袁凌云表示，学联组织要积极服务广大同学投身大众创业、万众创新火热实践，把学习同思考、观察同思考、实践同思考紧密结合起来，不断培养广大同学的创新精神、创业意识和实践能力。南京大学研究生会主席徐延、内蒙古大学学生会主席阿斯茹、南开大学学生会主席陈镜宇、厦门大学学生会主席洪怀彬结合自己的学习工作实践经历，分享了学习总书记回信精神的体会和感受，并表示将按照习近平总书记要求，引领和带动广大同学坚定理想信念，锤炼意志品质，把激昂的青春梦融入伟大的中国梦，充分展现当代中国青年学生奋发有为的精神风貌。

傅振邦在讲话中指出，习近平总书记的回信在广大青年特别是青年大学生中引起了强烈反响，对当代青年学子成才成长具有重大的指导意义。要深刻认识习近平总书记回信的重大意义，在广大青年学子中持续深入地掀起学习热潮。总书记的回信充分体现了以习近平同志为核心的党中央对广大青年的关心、厚爱和殷切期待，深刻阐明了当代青年学子为何奋斗、同谁奋斗、怎样奋斗的重大问题，广大同学要认真学习领会、主动贯彻实践。要准确把握总书记回信的核心精神与本质要求，通过学习宣传总书记回信，激发广大同学砥砺前进的内生动力,努力争做"有理想、有追求,有担当、有作为,有品质、有修养"的当代大学生。总书记在回信中充分肯定了当代中国青年奋发有为的精神风貌,深刻阐明了当代大学生的时代责任和历史使命,精辟指明了当代大学生健康成长不懈奋斗的道路,是当前和今后一个时期广大同学一切行动的基本遵循和指南。

傅振邦强调,广大青年学子要切实遵循习近平总书记的谆谆教诲,增强政治意识、大局意识、核心意识、看齐意识,不断强化道路自信、理论自信、制度自信、文化自信,积极投身进行伟大斗争、建设伟大工程、推进伟大事业、实现伟大梦想,扎根中国大地了解国情民情,在创新创业中增长智慧才干,在艰苦奋斗中锤炼意志品质,在亿万人民为实现中国梦而进行伟大奋斗中实现人生价值,用青春书写无愧于时代、无愧于历史的华彩篇章。各级团学组织要把学习宣传总书记回信精神与贯彻落实总书记青年工作思想结合起来,与"学习总书记讲话做合格共青团员"教育实践结合起来,与"四进四信"活动结合起来,精心抓好宣传传播,精心抓好贯彻践行,特别是要筹办好第十五届"挑战杯"大学生课外学术科技作品竞赛等创新创业活动,以优异的成绩迎接党的十九大胜利召开。

据悉,下一步,全国学联还将下发专门通知,对各级学联学生会组织贯彻落实习近平总书记回信精神进行统一部署。

引导青年学生踏实谋事做人
在时代大潮中展现青春力量

(中国教育报 2017年8月18日 记者:李薇薇 冯丽 董少校)

8月15日,习近平总书记给第三届中国"互联网+"大学生创新创业大赛"青年红色筑梦之旅"的大学生回信。连日来,回信在全国高教系统引发热烈反响,各高校积极组织师生认真学习回信精神,交流讨论学习感想。师生们表示,要把回信精神转化为强大动力,在创新创业实践中增长知识才干,为祖国发展贡献力量。

作为第三届中国"互联网+"大学生创新创业大赛的承办学校,8月15日晚,西安电子科技大学组织大赛筹备组工作人员、"青年红色筑梦之旅"实践团队代表和部分师生代表集体收看新闻联播,并组织召开三场座谈会,认真学习回信精神。

西安电子科技大学党委书记、校长郑晓静说,总书记的回信是在新的发展阶段做好高等教育工作的重要遵循,深刻阐明了高等教育事业的根本任务是培养一批批德才兼备的有为人才。学校要把学习贯彻总书记回信精神作为最重要的政治任务,站在国家改革发展的高度、高等教育人才培养的高度,办好本届大赛,为广大同学了解国情民情、实现创新创业梦想搭建广阔平台。

陕西省委高教工委书记董小龙说,总书记的回信情真意切、语重心长,体现了总书记对青年一代的深切关怀和殷切厚望。作为肩负着立德树人职能的教育部门,我们要将学习回信精神和学习总书记系列重要讲话结合起来,全面贯彻好、落实好全国高校思想政治工作会议精神和回信精神,做好"四个服务",培养有理想、有追求、有担当的青年一代。

北京大学党委书记郝平说,我们要时刻牢记大学使命、砥砺前进。要继续坚持建设一支品德高尚、业务精湛的"四有好老师"队伍,做优秀青年的引路人,使青年的个性和才华得以充分发挥;要引领青年树立远大志向,带领他们扎根祖国热土、立足社会发展和人民的需要,抓住大好机遇,艰苦创业、开拓创新,踏踏实实谋事做人,在时代大潮中展现青春的力量。

中国人民大学党委书记靳诺表示,中国人民大学的前身陕北公学诞生于革命圣地延安,延安精神所体现的坚定信仰和使命意识始终流淌在一代代人大人的红色血脉里。我们将深入学习贯彻总书记回信精神,扎根中国大地办学,以创新创业教育为载体,引导广大青年学子自觉践行社会主义核心价值观,以中国梦激励青春梦,更好肩负起时代赋予的光荣使命。

复旦大学今年6月正式发布了《2020一流本科教育提升行动计划》,其核心要素之一,就是通过"2+X"培养体系,将创新创业教育融入全过程。复旦大学校长许宁生说,总书记的回信让广大复旦学子振奋,也让高校教育工作者深感责任重大。下一步,复旦将依托学科综合优势,构建优秀人才培养和科技成果转化支撑体系,使学子们在大众创业、万众创新的热潮中实现自身价值。

浙江大学党委书记邹晓东说,总书记在浙江工作期间十分重视对青年学生的创新创业教育,亲自联系浙江大学,并18次来校调研指导。浙江大学一定按照总书记的谆谆教导,继续秉承求是创新的校训,革故鼎新、开物前民,巩固和加强创新创业教育,培养更多的一流创新人才,为早日建成创新型国家、实现中华民族伟大复兴的中国梦作出新的贡献。

武汉大学校长窦贤康认为,大学最重要的职责是人才培养,高校开展大学生创新创业教育,不仅是落实立德树人、培养拔尖创新人才的重要举措,也是对国家"双创"政策的积极响应和重要支持。总书记的回信既给当代青年大学生指明了奋斗方向,也赋予了高校创新创业教育新的时代内涵。

中国美术学院历来重视青年师生思想政治教育、创新创业教育和实践育人工作。中国美术学院党委书记钱晓芳说,我们相信,在以习近平同志为核心的党中央的坚强领导下,中华民族伟大复兴的中国梦一定会实现,青年学子的理想也一定能伴着中国梦的实现而实现。

上海财经大学10年来坚持组织在校生于暑期深入农村开展"千村调查",先后有1.6万余名学生参与。"学生通过实地调查了解我国农村农业发展情况,'千村调查'转化了不少学生的创新创业项目成果,充分调动了学生的创新创业积极性。这也是践行总书记所说的扎根中国大地的具体举措。"上海财经大学副校长、创业学院院长刘兰娟说。

"在日常工作中,我要鼓励学生在科研创新中增长智慧,也要引导学生扎根祖国大地,把个人的发展与国家和民族的需要紧密相连,将科研成果转换为现实的创业项目,用青春书写无愧于时代、无愧于历史的华彩篇章。"复旦大学生命科学学院辅导员李一苇说。

温州大学机电工程学院党总支书记周荣说:"创新创业要因事而化、因时而进、因势而新。创新创业不是刻板的文字与定义,不是抽象的概念与逻辑,必须要通过了解社会现实、将奇思妙想转换为现实生活中的产品,激发青年大学生的创造潜能,把先进技术转化为生产力。"

扬州大学师生表示,总书记的回信催人奋进,大家要化知识为"双创"力量,深入基层、走进社会,创造并实现青春价值,勇担时代使命,把青春梦融入中国梦,助力中华民族伟大复兴的中国梦早日实现。

燃青春之火　谱创业之歌

——参加"青年红色筑梦之旅"江西高校师生 热议习近平总书记回信

(江西日报　2017年8月18日　记者：杨静)

8月15日,习近平总书记给第三届中国"互联网＋"大学生创新创业大赛"青年红色筑梦之旅"的大学生回信。他在信中,对大学生创新创业团队帮助老区人民脱贫致富奔小康给予了充分肯定,也表达了对青年成长成才的殷切期望。回信让代表江西参加大赛的南昌航空大学和江西机电职业技术学院师生热血沸腾。连日来,师生们结合回信,进行了热烈的讨论。

今年4月和7月,教育部依托中国"互联网＋"大学生创新创业大赛平台,组织开展了"青年红色筑梦之旅"实践活动,两批参赛团队分赴延安,通过大学生创新创业项目对接革命老区经济社会发展需求,助力精准扶贫。实践活动结束后,全体队员给习近平总书记写信汇报了他们的收获和体会,表示要像习近平总书记青年时代那样,立下为祖国、为人民奉献自己的信念和志向,把自己创新创业梦融入伟大中国梦,以青春和理想谱写信仰和奋斗之歌。

将VR技术与航空航天科普教育深度嫁接的南昌航空大学"天宫开悟"项目在这次大赛中获得了"新锐创意奖",并与陕西省的5所学校签订了合作协议,成为"青年红色筑梦之旅"活动中签约最早、"订单"最多的落地项目。

"当时,我们在延安和梁家河实地感受了革命历史和延安精神,想起习近平总书记当年在梁家河的帮农经历,于是有人提议,给总书记写信汇报学习心得和体会,得到了队员们的积极响应。"说起当初的情形,"天宫开悟"项目负责人、南昌航空大学软件学院学生唐佳欣仍很兴奋。她告诉记者,大家在信中汇报了参加"青年红色筑梦之旅"活动的成长与收获,以及大家在延安正在做的创业帮农项目,表达了要通过大学生创新创业项目对接农村需求、助力国家精准扶贫、帮助乡亲们把日子越过越红火的愿望。

"收到总书记的回信,我们既激动又感到了沉甸甸的责任,进一步坚定了我们学好本领、以创业实绩致力于青少年航空航天创新素质教育的决心和动力。""天宫开悟"项目团队成员熊轩表示,能帮扶陕西5所中学的青少年进行创新素质教育,免费搭建"天宫开悟"体验馆,拓宽革命老区青少年的视野,教会他们把VR技术运用于脱贫致富,自己感到很自豪。"接下来,我们一定要按照总书记回信要求,落实创业项目,为更多的贫困地区青少年提供更好的创新素质教育资源与服务。"

代表我省参赛的"家庭光伏高端定制"创新创业项目由江西机电职业技术学院推送。该项目通过家庭光伏高端定制,帮助贫困地区居民在满足自身用电需求的同时创造经济效益。

"让大学生创业者深入革命圣地,学习延安精神,这是党中央对青年大学生的希望和要求。延安精神不但没有过时,而且历久弥新。""家庭光伏高端定制"项目指导老师王定友表示,将继续指导学生,用知识、技能服务老区人民,帮助老区增收,以实际成果为实现中国梦作贡献。

"习总书记的回信为我们的创新创业教育赋予新的内涵,明确指出了广大青年学生的成长方向,深刻阐明了高等教育事业的根本任务。"南昌航空大学党委书记郭杰忠认为,习总书记的回信极大鼓舞了高校教育工作者,下一步,学校将通过完善人才培养方案,打造专业的创新创业通识课程,拓宽实践平台,让创新创业教育融入人才培养全过程,吸引更多的青年学子投入创新创业,更好地服务江西经济社会发展。

从延安精神中汲取力量　在创新创业中增长才干

——我省高校学习习近平总书记给"青年红色筑梦之旅"大学生回信热情持续高涨

（陕西日报　2017年8月21日　记者：吕扬　雷魏添）

8月15日以来，陕西省高校学习习近平总书记给参加第三届中国"互联网＋"大学生创新创业大赛"青年红色筑梦之旅"大学生回信的热情持续高涨，高校师生通过多种方式学习领会习近平总书记回信精神。

坐落在革命圣地的延安大学，是由毛泽东同志亲自命名、中国共产党创办的第一所综合性大学。习近平总书记的回信让延安大学师生倍感振奋，学校党委副书记、校长张金锁表示，延安精神是坚定理想信念、锤炼意志品质的精神之"钙"。习近平总书记在回信中对广大青年大学生奔赴延安、学习延安精神给予了充分肯定，使我们受到极大鼓舞。我们将不忘初心，用延安精神立校办学；牢记使命，用延安精神铸魂育人；与时俱进，用延安精神服务社会。

"作为一名延安大学的学生，身处红色圣地，我从进校起就深受延安精神的熏陶和感染，被其中的故事感动着、激励着，延安精神赋予了我强大的精神动力。"延安大学化学与化工学院2016级学生姬硕代表团队成员说："我们的参赛项目是'小红专全国高校思想政治教育指尖上的课堂'，习近平总书记的回信让我深刻认识到这个项目的重大意义，坚定了做好这个项目的信心和决心。小红专，又红又专，这不仅是我们项目的特色，也是我们团队中每个人的价值追求。"

西安外国语大学创新创业联合会师生代表葛轶蒙、宋啸、罗姝、范楚楚等人在学习了习近平总书记回信后一致认为，在此次"青年红色筑梦之旅"活动中，同学们把优秀的教育资源和创新创业项目带到革命老区，以"互联网＋"思维助力老区经济发展，用创新创业项目帮助老区人民脱贫。作为当代大学生，我们一定牢记习近平总书记的谆谆教诲和殷殷嘱托，在立足自身学业的同时，将自己与国家、与民族的命运紧密相连，利用学到的科学文化知识，投身社会主义现代化建设，用知识和汗水将青春梦融入中国梦。

正在延安等地开展暑期社会实践的陕西科技大学的同学们，以不同形式学习习近平总书记的回信。陕科大第19届研究生支教团队长贾峰峰说："扎根中国大地了解国情民情，在创新创业中增长智慧才干，在艰苦奋斗中锤炼意志品质，这是习近平总书记对我们的期望，是青年学子不断努力追求的方向。我们支教团这次积极响应党的号召，在暑假成立了三下乡社会实践队伍，在延川县进行了布堆画产业调研，希望能为当地的扶贫工作贡献自己的力量。"

宝鸡文理学院马克思主义学院党总支书记张全省教授在认真学习了习近平总书记给"青年红色筑梦之旅"大学生的回信后说:"总书记的回信指明了青年学生成长成才的方向,我们要及时将回信精神学习好、宣传好,并贯彻到教学当中,指引青年大学生永远跟党走,为培养一批又一批德才兼备的有为人才贡献自己的力量。"

"总书记的回信激起了我满满的责任感,我们当代青年人要'一寸丹心图报国',感悟和学习延安精神这一宝贵的精神财富,把延安精神转化为实实在在的行动。"宝鸡文理学院2015级汉语言1班学生韩直娟说,"如今正是我们青年人追求理想,在创新创业路上充分发挥智慧才干的时刻,每一个青年大学生都应该奋发图强、积极创新,为实现中华民族的伟大复兴而奋斗。"

把激昂青春梦　融入伟大中国梦

——陕西省青年学习习近平总书记给"青年红色筑梦之旅"大学生回信精神

（三秦都市报　2017年8月21日　记者：赵丽莉）

8月18日下午，团省委组织召开座谈会，深入学习贯彻习近平总书记8月15日给第三届中国"互联网＋"大学生创新创业大赛"青年红色筑梦之旅"的大学生回信精神。部分县区、高校团委负责同志，创业青年代表共计50余人参加了座谈会，团省委书记、党组书记段小龙出席座谈会并讲话，团省委副书记贾琳主持座谈会。

大学生"创客"给总书记写信汇报成长收获

7月14日至17日，第三届中国"互联网＋"大学生创新创业大赛同期实践活动"青年红色筑梦之旅"在延安启动。继4月首批实践团奔赴延安后，内地31个省份、港澳台地区、"一带一路"沿线国家的近百个大赛项目、高校创新创业师生代表及"互联网＋"行业青年创新创业领军人物齐聚延安。

同时，大学生"创客"深入延安区县进行了对接考察，精准帮扶老区建设，最终，17个项目与政府部门、学校、合作社、企业、农户签订了43项落地合作协议，帮助建档贫困户200余户；10余个项目与延安中小学、各区县青年驿站签订了长期支教帮扶和电商服务培训协议。

活动期间，西安电子科技大学2010级校友张旺和另外两名"创客"伙伴一起给习近平总书记写信，汇报他们参加中国"互联网＋"大学生创新创业大赛"青年红色筑梦之旅"活动的成长与收获。

他们在信中对习近平总书记说，在延安参观体验，感觉到延安精神对大学生的创业有很大的鼓舞。"为人民服务"就是做好服务找准需求，"自力更生、艰苦奋斗"是创业的方法论，"实事求是"讲的是执行力，他们在思考为什么共产党能够成功，就是因为他们有一种在艰苦的条件下练好内功、在资源有限的条件下把事情做好的精神理念。

他们还向习近平总书记汇报了他们在延安正在做的创业帮农项目，并告诉习近平总书记，他们将继续通过大学生创新创业项目对接农村需求，助力国家精准扶贫，帮助乡亲们把日子越过越红火。

总书记回信：把激昂的青春梦融入伟大的中国梦

8月15日,习近平总书记给"青年红色筑梦之旅"实践活动全体队员回信说:"得知全国150万大学生参加本届大赛,其中上百支大学生创新创业团队参加了走进延安、服务革命老区的'青年红色筑梦之旅'活动,帮助老区人民脱贫致富奔小康,既取得了积极成效,又受到了思想洗礼,我感到十分高兴。

延安是革命圣地,你们奔赴延安,追寻革命前辈伟大而艰辛的历史足迹,学习延安精神,坚定理想信念,锤炼意志品质,把激昂的青春梦融入伟大的中国梦,体现了当代中国青年奋发有为的精神风貌。

实现全面建成小康社会奋斗目标,实现社会主义现代化,实现中华民族伟大复兴,需要一批又一批德才兼备的有为人才为之奋斗。艰难困苦,玉汝于成。今天,我们比历史上任何时期都更接近实现中华民族伟大复兴的光辉目标。祖国的青年一代有理想、有追求、有担当,实现中华民族伟大复兴就有源源不断的青春力量。希望你们扎根中国大地了解国情民情,在创新创业中增长智慧才干,在艰苦奋斗中锤炼意志品质,在亿万人民为实现中国梦而进行的伟大奋斗中实现人生价值,用青春书写无愧于时代、无愧于历史的华彩篇章。"

弘扬延安精神 书写青春华章

在昨日的座谈会上,青年代表们围绕学习近平总书记回信精神,结合自身实际,交流了学习心得和体会,并就如何更好地实现创新创业梦想,助力脱贫攻坚,落实"五新"战略,实现追赶超越目标作了发言,同时,对团省委促进青年创新创业工作提出了意见和建议。

执笔给习近平总书记写信的张旺说:"习近平总书记肯定了我们帮助老区人民脱贫致富奔小康,说祖国的青年一代有理想、有追求、有担当,这三个评价让我们备受鼓舞。我们创业的过程并不是一帆风顺的,要深入农村,经常在山沟沟里跑。习近平总书记的鼓励更加坚定了我们的方向,深入农村帮助农民是有价值有意义的,这种吃苦受累的活就该我们年轻人去做,我们一定不能辜负习近平总书记的期望。我们会更好地落实创业项目,用知识、技能服务'三农',让农民回到土地,让青年深入农村,让土地和汗水更有价值。我们发现,农民思想的转变非常重要,这仅靠一个团队的单打独斗是不够的,需要各个不同团队合作互补,一起助力农民脱贫致富。"

来自杨凌普兆农业科技有限公司代表蔡仕彪说:"收到习近平总书记的回信,令他们这个尚且年轻的创业团队激动不已,备受鼓舞。延安精神所倡导的'实事求是、艰苦奋斗'是中国共产党的优秀品格,也是青年做人为人、做事成事的优秀品质。做农业创业非常不容易,需要脚踏实地、实事求是的实干精神,我们希望通过自己的努力,助力我国农业现代化,农民职业化,让农民成为一个体面的职业。"

蒜泥科技——蒜泥乐博教育总经理徐志伟说:"收到习近平总书记的回信,对我们来说是一份太大的惊喜,学习完习近平总书记的回信,我们备受鼓舞。习近平总书记在信中鼓舞我们说,'在创新创业中增长智慧才干,在艰苦奋斗中锤炼意志品质'。这正是我们在创业过程中需要的品质,也更加坚定了我们坚持创业之路的决心。我们目前已经与交口河镇小学对接并开展相关创客教育帮扶工作,将创客机器人教育资源引进乡村。从明年开始,将会以每年对接5~10所学校的速度,开展乡村创客帮扶计划,并且向西北五省区更大范围的区域传播创新创业的教育火种。"

把个人理想融入中国梦的伟大实践

　　团省委书记、党组书记段小龙在座谈会上说,广大团员青年要深入学习习近平总书记的回信和省委书记娄勤俭的批示精神,以实际行动贯彻好回信精神。希望全省各级团组织和广大团员青年,进一步深刻领会习近平总书记回信精神实质,在深入学习的基础上,将个人理想融入中国梦的伟大实践,在弘扬延安精神中进一步坚定理想信念,在学习和实践中练就过硬本领。要切实把学习宣传贯彻回信精神工作引向深入,把学习回信精神作为当前和今后一个时期的重要政治任务,把握实质、突出实效、广泛宣传,迅速掀起学习热潮。

　　要紧密结合工作实际,切实把回信精神落实到当前的各项工作中去,以学习回信精神为契机,抓好喜迎党的十九大系列宣传教育活动,激励各行各业的团员青年勤奋学习,勇于实践,争做贡献,努力为党的十九大胜利召开营造良好局面和氛围;以回信精神为遵循,持续为脱贫攻坚作贡献,在产业扶贫、人才扶贫、教育扶贫、公益扶贫等方面有所作为,积极参与电商扶贫、西部计划志愿者、暑期三下乡实践等工作;以回信精神为指导,继续加强促进青年创新创业工作,在创业园区、青创导师、资本对接等方面,加强统筹、整合资源、建设"一站式"服务体系,打造服务青年创新创业的生态链。

为实现中国梦贡献青春和力量

——我省高校持续学习习近平总书记给"青年红色筑梦之旅"大学生回信精神

(陕西日报 2017年8月22日 记者:吕扬 雷魏添)

我省高校师生学习习近平总书记给参加第三届中国"互联网+"大学生创新创业大赛"青年红色筑梦之旅"大学生回信的热情持续高涨。大家结合实际,畅谈学习心得,一致表示要扎根中国大地,了解国情民情,投身创新创业实践,为实现中华民族伟大复兴贡献自己的力量。

西北工业大学副教授、"翱翔"系列微小卫星创业团队CEO于晓洲说,和国外微小卫星已经全面商业化相比,我们国家在该领域起步较晚,在未来创新创业的过程中也会遇到种种困难。习近平总书记在回信中鼓励广大青年把激昂的青春梦融入伟大中国梦,坚定了我们攻坚克难的信心,让我们青年创业者深受鼓舞,我们一定能在创新创业之路上勇往直前,追赶超越,不辜负习近平总书记的期望。

卢晓东是西北工业大学参加本届"互联网+"大赛"高层建筑快速灭火精准投送飞行器"团队项目的老师,郭宗易同学是项目负责人。对习近平总书记的回信,他们非常激动地表示,青年创业者要铭记习近平总书记的教导和鼓励,为实现中国梦贡献自己的青春和力量。

高扬和石磊是陕西师范大学参加此次大赛两个不同项目的指导老师和团队负责人,习近平总书记的回信令他们深受鼓舞。他们表示,习近平总书记的回信为广大青年学生指出了成长成才的方向,他们将坚定不移地做好社会实践与科技创新工作,弘扬延安精神,将理想、追求、担当融入创新创业的事业,用青春书写无愧于时代、无愧于历史的华彩篇章。

习近平总书记的回信,让长安大学师生十分振奋。该校团委谢雨阳、刘扬及研究生支教团负责人陈柯帆和参加大赛的李乐灿同学表示,习近平总书记的回信是对当代青年的嘱托,更是青年学子不断前行的不竭动力,为广大青年师生奋发图强、创新创业,积极有为、勇于担当,投身中华民族伟大复兴的中国梦提供了强大的精神动力。当前,他们要以第三届"互联网+"大赛为契机,把延安精神发扬光大,通过创新创业,在实现自我价值的同时,将成果更好地应用于社会,造福于国家和人民。

西安工程大学研究生支教团和参加暑期社会实践的刘子阳、殷洪伟、赵鑫等同学表示,习近平总书记回信中的每一段寄语、每一句勉励,都语重心长、意义深远,坚定了他们把激昂的青春梦融入伟大中国梦的决心。作为当代大学生,树立远大理想,在实践中增长智慧才干,是他们义不容辞的责任,他们将牢记习近平总书记嘱托,不辱使命,在创新创业大潮中砥砺自己的意志品质。

习近平总书记的回信在西安航空职业技术学院师生中引起强烈反响。学院党委宣传部组织党员干部和广大师生,通过校园网、电视、广播、新媒体互动平台等学习习近平总书记的回信。学院党委书记周岩表示,习近平总书记给"青年红色筑梦之旅"大学生的回信,饱含着对青年学生的诚挚关怀和殷切期望,为高等教育在新的历史时期应该肩负的使命作出了深刻阐释。高校要始终把立德树人作为人才培养的中心环节,实现全程育人、全方位育人,努力培养一批又一批德才兼备的社会主义合格建设者和可靠接班人,为实现中华民族伟大复兴的中国梦提供强大的智力和人才支持。

青年"创客"受鼓舞　表示将用知识技能服务老区

(西安晚报　2017年8月22日　记者:任娜)

"总书记给我们回信了!"8月15日,西安电子科技大学2010级校友、"小满良仓"项目团队负责人张旺惊喜地在微信朋友圈晒出一封回信。

今年7月,张旺和"创客"小伙伴一道给习近平总书记写信,汇报大家参加第三届中国"互联网+"大学生创新创业大赛"青年红色筑梦之旅"活动的成长与收获。

8月15日,习近平总书记给"青年红色筑梦之旅"实践活动全体队员回信。他在信中勉励大家,"在为群众服务中实现自我价值",希望他们"扎根中国大地了解国情民情""用青春书写无愧于时代无愧于历史的华彩篇章"。

大学生"创客"走进老区——助力精准脱贫

据悉,今年4月和7月,教育部依托中国"互联网+"大学生创新创业大赛平台,组织开展了"青年红色筑梦之旅"实践活动。

7月14日至17日,继首批实践团奔赴革命圣地延安后,全国31个省份、港澳台地区、"一带一路"沿线国家的近百个大赛项目,西安电子科技大学、北京科技大学等高校的创新创业师生代表及"互联网+"行业青年创新创业领军人物"会师"老区,寻访梁家河、重走长征路、参观纪念馆、走访敬老院,全体队员实地感受了老一辈革命家伟大而艰辛的创新创业史。

同时,大学生"创客"深入延安区县进行对接考察,精准帮扶老区建设,最终17个项目与当地政府部门、学校、合作社、企业以及农户签订了43项落地合作协议,帮助建档贫困户200余户;与延安当地中小学、各区县青年驿站签订了长期支教帮扶和电商服务培训协议。此外,作为"青年红色筑梦之旅"的线上活动,"百万青年点亮中国"在网络平台启动后,广大高校青年学子积极响应,纷纷为革命老区未来发展建言献策。

萌生念头——向总书记汇报活动收获心得

"就是在参观实践中,我们萌生了向总书记汇报参加活动收获心得的念头。"忆起当日,作为实践团给习近平总书记写信的发起人,张旺仍难掩兴奋:"大家参观了总书记当年上山下乡插队生活了7个年头的梁家河,与总书记的入党介绍人进行了座谈交流。"

那天晚上,来自全国各地的创业青年住在窑洞里,睡在大通铺上,大家你一言我一语,聊着聊着就发现："总书记在梁家河的经历,和大家做创业项目的经历很相似。当年总书记为梁家河引入沼气池,通过科学技术服务帮助农民;带领村民种植蔬菜,提升生活水平——总书记就和今天的我们一样,为了理想,不断进行着创新实践。向总书记汇报活动收获心得的念头就这样萌生了。"张旺表示。

实践活动结束后,全体队员给习近平总书记写信汇报了他们的收获和体会,表示要像习近平青年时代那样,立下为祖国、为人民奉献自己的信念和志向,把自己创新创业梦融入伟大中国梦,以青春和理想谱写信仰和奋斗之歌。

收到回信备受鼓舞——青年"创客"将用知识技能服务老区

"没想到习总书记真的回信了,大家快激动疯了。"张旺表示,8月15日,习近平总书记给"青年红色筑梦之旅"实践活动全体队员回了信。回信字里行间充满深切关怀,更带着殷殷嘱托。

习近平总书记在回信中表示,大家用知识本领"帮助老区人民脱贫致富奔小康,既取得了积极成效,又受到了思想洗礼,我感到十分高兴"。希望同学们"扎根中国大地了解国情民情,在创新创业中增长智慧才干,在艰苦奋斗中锤炼意志品质,在亿万人民为实现中国梦而进行的伟大奋斗中实现人生价值,用青春书写无愧于时代、无愧于历史的华彩篇章"。

"总书记的回信让我们备受鼓舞,更坚定了我们青年'创客'创新创业的梦想。"15日,张旺与其他"创客"小伙伴们激动地表示,"我们将以第三届'互联网＋'大赛为契机,将延安精神融入自己的创业实践,用知识、技能服务老区人民,通过我们项目的落地,让'互联网＋电商'服务现代农业,为老区'三农'增收,让农民回到土地,让青年深入农村,让土地和汗水更有价值,以实际行动和实际成果为实现'中国梦'作出自己的贡献!"

把激昂青春梦融入伟大中国梦

——我市高校师生学习贯彻习近平总书记给"青年红色筑梦之旅"大学生的回信精神

(重庆日报 2017年8月26日   记者:黄乔)

视频5

8月25日,团市委、市学联组织召开座谈会,深入学习贯彻习近平总书记8月15日给第三届中国"互联网+"大学生创新创业大赛"青年红色筑梦之旅"大学生的回信精神。我市部分高校团委负责人、高校学生会干部及参加第三届中国"互联网+"大学生创新创业大赛"青年红色筑梦之旅"大学生代表、指导老师等参加会议。

在座谈会上,参会人员围绕学习贯彻习近平总书记回信精神,结合自身实际,交流学习心得和体会。大家表示,习近平总书记的回信是对当代青年的极大鼓舞,为广大青年指明了方向,作为青年一代,将按照习总书记要求,扎根中国大地,了解国情民情,在创新创业中增长智慧才干,在艰苦奋斗中锤炼意志品质,用青春书写无愧于时代、无愧于历史的华彩篇章。

"青年红色筑梦之旅"实践活动的参与者、重庆邮电大学微姿态仪项目团队成员陈自然与大家分享了参加"青年红色筑梦之旅"的所见和感悟。"接到习近平总书记的回信,我的内心激动不已。"陈自然说,"青年红色筑梦之旅"给自己提供了一个非常好的平台,自己感受到来自全国各地创业青年们的热血和激情。"我会把习总书记对我们的鼓励化作前行的动力,和团队成员共同奋进。我们的下一步计划是,打破技术封锁,将自主研发的'微姿态仪'实现产业化,走出国门,走向世界。"

"在参加'青年红色筑梦之旅'实践活动后,我们全体成员共同给习近平总书记写了一封信,汇报了我们的收获和体会。"另一位"青年红色筑梦之旅"实践活动的参与者、重庆大学经管学院支教保研研究生杨剑南说,"没想到习总书记给我们回了信。信中提到的'艰难困苦,玉汝于成'八个字,给我留下深刻印象。"

"习总书记的回信,是对我们青年在创新创业征途中的最大鼓励!"杨剑南说,作为一名青年创业者,他将结合自身实际,把习总书记对青年一代的嘱托,融入自己的创业实践中,用知识、技能服务人民,以实际行动和成果为实现"中国梦"作出自己的贡献。

重庆邮电大学团委副书记杨奇凡、重庆工商大学融智学院团委书记李刚表示,高校团委将深入学习贯彻习近平总书记的回信精神,全面引导青年一代深入了解国情民情,在创新创业中增长智慧才干,在艰苦奋斗中锤炼意志品质,把激昂的青春梦融入伟大的中国梦。

汇聚青春的创业激情　奏响延安精神的时代音符
——创业代表畅谈"青年红色筑梦之旅"

（西安日报　2017年8月29日　记者：姜泓）

"把激昂青春梦融入伟大中国梦。"习近平总书记给第三届中国"互联网＋"大学生创新创业大赛"青年红色筑梦之旅"活动实践团的回信，让创业学子备受鼓舞。"习近平总书记的鼓励，让我们信心倍增，充满干劲。"8月25日参加"青年红色筑梦之旅"创业者代表座谈会的西北农林科技大学2017届研究生、青年创业者、"光伏智能温室项目"负责人蔡仕彪，昨日兴奋地说："现在西安的创业环境氛围非常好，希望更多怀揣梦想的创业者鼓起勇气，增强信心，共同携手，在大西安追赶超越中发挥更大作用。"

8月25日下午，省委常委、市委书记王永康第四次来到西安电子科技大学，与参加第三届中国"互联网＋"大学生创新创业大赛"青年红色筑梦之旅"的30多位创业青年代表进行座谈。王永康书记与大家共同学习了习近平总书记给青年学子的回信，畅谈体会，对落实习近平总书记的回信精神提出殷切希望。

据了解，西安电子科技大学在承办中国"互联网＋"大学生创新创业大赛时，与该校"青年红色筑梦之旅"活动结合，将创新创业实践与精准扶贫工程相结合，依托陕西红色教育资源，为创业青年了解国情民情、助力老区经济发展提供了广阔舞台。今年4月和7月，来自国内各高校的近100支"互联网＋"大赛参赛项目团队、在陕高校创新创业学生代表等分两批汇聚在延安，其中17个项目和延安当地签订43项落地合作协议，10余个项目与当地中小学、区县签订了长期支教帮扶和电商服务培训协议。"习近平总书记的回信，为当前高等教育、大学生创新创业指明了方向。"第三届中国"互联网＋"大学生创新创业大赛指挥部副秘书长、西安电子科技大学团委书记朱文凯说。

在座谈会上，张旺、孙斌、蔡仕彪、韩冬、王磊、杨少毅、尚渭萍等创业青年代表，围绕学习贯彻习近平总书记回信精神，结合自身实际，交流学习心得，畅谈创业体会。

"革命老区之行，给我留下了非常深刻的印象。我们参观了习近平总书记当年上山下乡插队生活了7个年头的梁家河，与习总书记的入党介绍人进行了座谈交流。"作为实践团给习近平总书记写信的发起人、"小满粮仓"项目负责人张旺说，"那天晚上，来自全国各地的创业青年，住在窑洞里，睡在大通铺上，大家你一言我一语，聊着聊着就发现，总书记在梁家河的经历，和大家做创业项目的经历很相似：当年习近平为梁家河引入沼气池，通过科学技术服务帮助农民；带领村民种植蔬菜，提升生活水平；为村里建起了磨坊、裁缝铺、铁匠铺、代销社等，方便群众生产生活。习近平为了理想，不断进行着创新实践。因此，我们萌生了向习近平总书记汇报参加这次活动收获的念头。"

"习近平总书记的回信,充满深切关怀和殷切嘱托,让我们备受鼓舞,更坚定了我们创新创业的梦想!"张旺说,"我们将结合自身实际,以第三届'互联网+'大赛为契机,将延安精神融入自己的创业实践,用知识、技能服务老区人民,通过我们项目的落地,服务现代农业和老区'三农'增收,以行动和成果为实现'中国梦'作出自己的贡献!"

西安建筑科技大学2016级在读研究生、"污水处理站智能管理平台"项目负责人韩冬在座谈中谈到,学习了习近平总书记的回信深受鼓舞,同时深感政府对大学生创新创业的潜力和发展给予的重视。他说,西安开展的行政效能革命等"三个革命",为改变古城风貌注入一股强劲的春风。尤其是今年西安放宽了人才落户政策,吸引了很多高端人才,一大批优秀的企业落户西安,为西安创新创业注入了活力。"作为一个西安人,为此感到骄傲和自豪,对未来发展充满信心。"韩冬希望政府更加重视生态环境建设,打造一个更加美丽舒适的西安,吸引更多大学生留在西安,也期望能够继续给创业者在政策上以更大的扶持,激发大学生的创业热情。

"总书记在信中勉励广大学子'扎根中国大地了解国情民情,在创新创业中增长智慧才干,在艰苦奋斗中锤炼意志品质,在亿万人民为实现中国梦而进行的伟大奋斗中实现人生价值,用青春书写无愧于时代、无愧于历史的华彩篇章。'这对于我们广大青年红色筑梦之旅的学子来说,是莫大的激励。"参与"青年红色筑梦之旅"活动组织的朱文凯说,西安电子科技大学组织实施了大赛的"青年红色筑梦之旅"活动,目的是将创新创业教育与理想信念教育相结合,将创新创业实践与精准扶贫工程相结合,依托陕西红色教育资源,为创业青年了解国情民情、助力老区经济发展提供广阔舞台,为他们提供一次传承延安精神、涵养创业精神、坚定文化自信的精神盛宴。

"作为延安精神滋润的西电人,将不负习总书记的期望和关怀,为办一届出彩的'互联网+'大赛贡献力量,力争为广大学子搭建一个在创新创业中增长才干,在艰苦奋斗中锤炼意志、品质的更广阔更好的平台。"朱文凯同时期待在西安成立一个"青年红色筑梦联盟",吸引全国青年人才汇聚西安,把青年人的力量拧成一股绳,共同推动项目落地,以实际行动继承延安精神。

教育部党组学习贯彻习近平总书记给"青年红色筑梦之旅"大学生重要回信精神

（教育部网站　2017年8月30日）

2017年8月17日，教育部党组书记、部长陈宝生主持召开党组会，传达学习习近平总书记给第三届中国"互联网＋"大学生创新创业大赛"青年红色筑梦之旅"大学生重要回信精神，研究部署贯彻落实工作。会议强调，要充分认识总书记重要回信的深刻内涵和重大意义，自觉把思想和行动统一到回信精神上来，切实加强理想信念教育，全面提高人才培养能力，着力强化社会实践育人，深入推进高校创新创业教育改革，以优异成绩迎接党的十九大胜利召开。

会议指出，习近平总书记的重要回信，高度肯定了"青年红色筑梦之旅"大学生们奋发有为的精神风貌，殷切勉励青年学生扎根中国大地了解国情民情，用青春书写无愧于时代无愧于历史的华彩篇章，为青年一代成长成才指明了方向。回信情真意切、语重心长、立意高远、内涵丰富，从实现全面建成小康社会奋斗目标、实现社会主义现代化、实现中华民族伟大复兴的战略全局高度，进一步深刻回答了培养什么人、如何培养人以及为谁培养人的根本问题。学习好、贯彻好、落实好回信精神，对于深入学习贯彻习近平总书记系列重要讲话精神和治国理政新理念新思想新战略，全面落实立德树人根本任务，着力加强和改进新形势下高校思想政治工作，全面深化教育教学改革，努力培养社会主义现代化事业合格建设者和可靠接班人，具有重大而深远的指导意义。

会议强调，各地各校要把深入学习贯彻落实习近平总书记重要回信精神作为一项重大政治任务，与学习贯彻总书记关于青年学生的系列重要讲话精神紧密结合起来，开展形式多样的学习活动，迅速掀起学习热潮。要加大宣传力度，全面深入解读，及时报道教育系统热烈反响和贯彻落实进展举措，引导广大师生干部自觉把思想和行动统一到回信精神上来。

会议要求，要以学习贯彻回信精神为重大契机，切实抓好关键环节和重点领域，努力推动各项工作迈上新台阶。一是切实加强理想信念教育。要切实抓好深入学习习近平总书记系列重要讲话精神和治国理政新理念新思想新战略，培育和践行社会主义核心价值观，推动中华优秀传统文化融入教育教学，加强革命文化和社会主义先进文化教育，弘扬民族精神和时代精神，坚定青年学生中国特色社会主义道路自信、理论自信、制度自信、文化自信。二是全面提高人才培养能力。要牢固确立人才培养中心地位，切实提高人才培养质量。坚持以学生发展为中心，切实提高学生思想道德品质和职业道德素养，不断强化适应时代发展专业知识教育，更加注重面向未来发展综合能力培养，努力提高培养各类卓越拔尖和创新创业人才的能力和水平。三是着力强化社会实践育人。要进一步提高实践教学比重,积极组织学生参加社会实践活动。进一步完善科教融合、校企合作等协同育人模式。进一步加强实践教学基地建设,促进教学和科研紧密结合、学校和社会密切合作。进一步广泛开展社会公益活动,引导学生奔赴革命老区、深入贫困地区和广大基层,在亿万人民为实现中国梦而进行的伟大奋斗中实现人生价值。四是深入推进高校创新创业教育改革。要把创新创业教育改革作为高等教育综合改革的重要突破口,持续向纵深推进。加快修订完善各专业人才培养方案,开发用好创新创业教育课程,着力深化教学方法和管理制度改革,切实加强教师创新创业教育教学能力建设,大力强化创新创业实践,促进专业教育与创新创业教育有机融合,加快培养规模宏大、富有创新精神、勇于投身实践的创新创业人才队伍。

会议强调,要全力办好第三届中国"互联网+"大学生创新创业大赛。切实抓好大赛及各项同期活动的筹备和组织工作。以大赛为抓手,强化创新创业实践,创新组织形式,汇聚更多优质资源,在更大范围、更高层次、更深程度上推动"大众创业、万众创新"。

扎实推进高校创新创业教育改革

——教育厅厅长谈学习贯彻习近平总书记重要回信精神

(中国教育报 2017年9月19日)

双创教育融入人才培养全过程

陕西省教育厅厅长　王建利

8月15日,习近平总书记给第三届中国"互联网＋"大学生创新创业大赛"青年红色筑梦之旅"大学生回信,勉励广大青年学生把青春梦融入伟大的中国梦,在创新创业中增长智慧才干,扎根中国大地了解国情民情,用青春书写无愧于时代、无愧于历史的华彩篇章。作为本届全国大赛的承办省份和活动的发起组织者,陕西省高教系统坚持把认真学习、深刻领会、全面贯彻总书记重要回信精神作为首要任务,作为全省高校"开学第一课"的重要内容,坚决把回信精神贯穿到落实立德树人根本任务、加强和改进新形势下高校思想政治工作、全面深化教育教学改革的各个环节,全面提高办学水平和育人质量。

一、迅速掀起学习贯彻习近平总书记重要回信精神的热潮

省委书记娄勤俭就学习贯彻回信精神、弘扬延安精神、加强大学生思想政治教育、全力筹办好大赛活动进行专门部署。全省高校迅速掀起学习习近平总书记重要回信精神的热潮,引导广大青年努力成为有理想、有追求、有担当,德才兼备的有为之才。

深刻领会回信的精神实质和丰富内涵,把思想和行动统一到回信精神上来,落实好立德树人的根本任务,充分发挥好延安精神在教育引导大学生成长成才中的重要作用,教育和动员广大青少年在实践中增强创新创业能力;全力以赴办好第三届中国"互联网＋"大学生创新创业大赛。

二、全面推进高校创新创业教育改革融入人才培养全过程

加强顶层设计。陕西省委、省政府先后印发《关于全面深化高等教育综合改革的意见》《关于建设"一流大学、一流学科、一流学院、一流专业"的实施意见》等系列文件,把创新创业教育纳入陕西省"十三五"高等教育综合改革、作为"四个一流"建设的重要支撑进行系

部署。

全面深化改革。启动实施高等学校创新创业教育推进计划,坚持以教育教学创新为主阵地,以创新创业活动为主抓手,丰富课程、创新教法、强化师资、改进帮扶,推进教学、科研、实践紧密结合,全过程深化创新创业教育改革。

集聚社会合力。组织高校与一大批企业签订了共建创新创业学院协议,聘任一批优秀企业家、创投机构负责人担任创新创业导师,为学生提供个性化深度指导,初步形成了全社会关心支持创新创业教育和学生创新创业的良好生态环境。

三、以总书记重要回信精神为指引全力办好大赛

系统推进全国总决赛筹备工作。按照"创新、开放、节俭、特色"原则,精心组织青年红色筑梦之旅、"一带一路"大学创新创业教育校长论坛等特色活动。加强综合协调,做好各项工作,做好大赛经费保障、宣传保障、服务保障、安全保障等。

以勇立潮头的精神推进改革

浙江省教育厅厅长　郭华巍

以立德树人为根本,加强大学生创新创业教育。大学是一个人世界观、人生观和价值观形成的关键期,必须加强对大学生的理想信念教育,用科学的理论和正确的思想对其加以教育引导,使其扣好人生的第一粒扣子。建立和完善大学生创新创业的政策制度和服务体系,全面推进高校创业学院建设,完善人才培养质量标准,制订创新创业教育实施方案,教育引导广大青年学生深入农村、深入企业,服务浙江的"五水共治""两美"建设和创新驱动发展,开展"青年学子学青年习近平""大学生助力剿灭劣Ⅴ类水""百校联百镇"等教育实践活动,把创新创业的青春梦想融入浙江现代化建设的伟大实践之中,取得了很好的效果。

以能力培养为重点,深入推进大学生创新创业教育改革。首先,以课堂教学创新为先导推进专业教育与创新创业教育的有机融合。扩大小班化教学,推广分层分类教学,全面减少必修课。鼓励高校设立创新学分或制定创新创业活动替代相关课程学分政策,改革教学评价机制,激励和引导大学生创业。引导高校多渠道开发开设创新创业教育课程,将创新创业教育的理念融入通识教育和专业教育等人才培养环节。其次,大力推进协同育人,深化产教融合、校企合作。鼓励学校建立行业特色二级学院等混合所有制学院,积极支持学校和行业企业、科研院所等用人单位共同培养人才。再次,实施"创业导师培育工程",培育一支数量充足、质量较高的创业导师队伍,建设创业导师数据库,建立创业导师专业发展、能力提升和锻炼成长的长效机制。最后,多渠道搭建创新创业实践平台。整合科研训练、学科竞赛、校外实践等资源,营造学生自由探索、敢于实践、勇于创新的氛围,坚持"面上普及、点上培育",建立"创新项目＋创新团队＋创新基地"模式。建设大学生校外实践教育基地,强化实践育人,提升学生的创新精神、实践能力、社会责任感和就业能力。

以文化培育为目标,着力营造敢于创新、勇于担当的创新创业浓厚氛围。创新创业人才的培养离不开创新创业土壤的厚植,否则就会成为无源之水、无本之木。我们特别注重创新

创业文化培育,引导高校努力营造"敢为人先、敢冒风险、宽容失败"的校园氛围和环境。如温州大学立足"崇商文化、市场激荡"的温州,形成了特色鲜明的"温大模式";宁波大学传承与发扬"宁波帮"精神文化,形成"爱国爱校,创新创业"的校园文化。加大创新创业精神宣传,弘扬创新创业正能量,以榜样力量激发学生创新创业激情。激励大学生把个人的奋斗与国家的前途、民族的命运、人民的幸福结合在一起。绍兴文理学院张秀龙同学主持的"格桑梅朵——致力人人公益的结对类互联网平台"公益项目,专注于帮助解决四川藏区贫困孩子的教育问题,探索"互联网+"精准帮扶新方法。诸多案例激发大学生把个人的创新创业和国家、民族、家乡的命运联系在一起,营造了全社会关心支持创新创业教育和大学生自主创业的良好生态环境。

站在新的起点,我省进一步深化大学生创新创业教育改革,培育一大批扎根中国大地、了解国情民情的创新创业生力军,使浙江的高等教育在创新创业教育改革方面走在全国前列,为浙江"高水平全面建成小康社会""高水平推进社会主义现代化建设"提供强大的人才支撑。

为双创人才培养厚植成长沃土

福建省教育厅厅长　黄红武

深入学习贯彻习近平总书记重要回信的精神实质和丰富内涵,必须聚焦创新创业教育从1.0版本向2.0版本时代迸发的新趋势,推动创新融合专业、创新引领创业、创业融入专业、创业带动就业,为创新创业人才培养厚植成长沃土。

教育的自觉与自觉的教育相结合。一方面,全省高校主动融入"新福建"建设,实施创新创业教学体系建设、创新创业实践平台建设、创新创业导师队伍建设、创新创业指导服务的"三建设一服务"专项举措;主动融入"双一流"建设、本科高校向应用型转变、"二元制"现代职业教育体系建设等重大发展大势。另一方面,88所高校及相关行业企业自主成立福建省创新创业教育联盟;30所高校成立创新创业学院,20所高校通过省级大学生创新创业示范园评估验收,6所高校入选全国创新创业教育改革示范校,"有形载体、有形运作"模式在自主探索中逐渐成熟。

教育的普及与普及的教育相结合。一方面,省教育厅通过"管""评"结合推进教育普及,对全省高校实施"一校一策"目标管理,明确目标任务,开展"奖优罚劣"的绩效考核;实行第三方专项评价,发布福建省高校创新创业教育年度报告,推动高校全面深化创新创业教育改革。另一方面,通过实施省级示范校和创新创业学院创建、试点专业改革、精品课建设等举措,推动高校在"学科专业上调、培养方案上动、课堂教学上变、实践资源上建、评价方式上改",实现全过程育人、全领域育人。

教育的专业与专业的教育相结合。一方面,省教育厅通过实施服务产业的特色专业、创新创业教育改革项目和创新创业教育课程体系等建设计划,打造"闽版"精品创新课程群。另一方面,建成省级优秀创新创业导师库,实施千名创新创业教师能力提升计划,打造一支"专兼结合"的高水平教师队伍。

教育的实践与实践的教育相结合。一方面,省教育厅通过实行"政府主导、社会参与、市场运作、学校联盟"的新模式,设立区域性、行业性的校外"创新创业"基地,搭建"产学研用"协同创新通道;开展高校大学生创新创业标准园区创建工作,推动高校建设高质量的创新示范园区。另一方面,省教育厅以大赛为载体,以赛促教、以赛促学,激发大学生创新创业热情。

教育的有效与有效的教育相结合。一方面,省教育厅建立专项资金用于支持高校创新创业教育与指导;建设大学生创新创业与就业服务平台,做好一站式创新创业就业教育服务指导。另一方面,建立创新创业学分积累与转换制度,实施弹性学制,在校生休学创业的修业年限可延长2~5年;实施万名创业大学生训练计划,提升创新创业教育的量与质;整合高校教学资源、产学研合作基地和创业孵化载体,降低大学生参与创新创业的成本和门槛。

抓好实践育人这个关键环节

湖北省教育厅厅长 陶宏

深化高校创新创业教育改革,关键是要抓好实践育人这一环节。

一是把实践育人作为创新创业教育的目标内容。湖北省把实践育人作为落实立德树人根本任务的重要举措,作为创新创业教育的重要内容,不断丰富实践育人内涵,引导大学生到基层、到贫困地区开展社会实践和就业创业;不断增强实践育人合力,调动、整合社会各方面资源;不断创新实践育人方式,建立大学生实践创新制度体系,着力打造高校实践育人和创新创业教育新模式。

二是把教育精准扶贫作为实践育人的重要阵地。湖北省制定实施了《湖北省教育精准扶贫行动计划(2015—2019)》,推进高校与地方结对帮扶,组织1所本科高校对口支援1个贫困县,在人才培养、科学研究、产业发展、规划制定等方面提供支持。充分发挥大学生创新创业生力军作用,积极为有创新思维、有创业理想、有奉献精神的青年学子搭建施展自身才华、追逐人生梦想的舞台,鼓励和引导广大学生深入革命老区和贫困地区进行实习实训和就业创业。省教育厅通过大学生创新创业项目对接当地经济社会发展需求,助力精准扶贫脱贫。

三是把社会优质资源作为实践育人的重要力量。打破高校和社会之间的体制机制壁垒,将实际工作部门的优质教学资源引进高校。把产业和技术发展的最新需求、最新成果应用于高校的创新创业教育改革,使大学生创新创业体现先进技术和前沿动态。加强校企合作、校地合作,推动产业界、投资界深度、全程参与高校创新创业教育。

四是把实习实训基地作为实践育人的重要载体。为解决人才培养实践环节相对薄弱、大学生创新能力不强的问题,湖北重点建设一批实践教学基地,着力补齐实践教学短板,有效改善了高校实践教学条件。湖北省委、省政府大力实施"我选湖北"计划,重点面向即将毕业、面临职业选择的在校学生,以构建实习实训平台为特色,在各级机关、企业和事业单位积极建立大学生实习实训基地,为大学生提供实习实训岗位;同时利用闲置学校、厂房、房产、园区、孵化基地等建立大学生实习实训生活基地,为大学生提供住宿、用餐、网络等服务,吸引和促进大学生在鄂就业创业。

五是把创新创业大赛作为实践育人的重要抓手。湖北将举办中国"互联网+"大学生创新创业大赛作为实践育人的重要抓手,确立"面向所有高校、面向全体学生"的小赛理念,坚持以赛促教、以赛促学、以赛促练、以赛促创,加强创新创业教育实战演练,改进创新创业教育工作。

在脱贫攻坚中深化教育改革

江西省教育厅厅长　叶仁荪

习近平总书记的回信对大学生创新创业团队开展红色筑梦之旅,走进延安、服务革命老区给予充分肯定。

深化创新创业教育改革,培养双创人才是新时期高等教育改革发展的新使命。我省呈现出良好态势:一是双创机制深入推进。江西省构建了由政府部门引导、以高校作为主体、企业和社会协同的"三位一体"创新创业人才培养机制,搭建校企合作平台,开展专项督导,建立协同推进机制。二是双创氛围日渐浓厚。江西省率先在全国编写大学生创新创业系列教材,组织开展大学生创业公开课。三是双创效果初步显现。3年来全省有注册登记创业大学生4.35万人。17所学校和34家企业签署了35项合作协议。

服务革命老区,投身革命老区脱贫攻坚的伟大实践,是当代青年大学生开展创新创业的应尽职责。

一要深化培养目标定位改革。培养目标要从培养学生创新创业精神、意识、能力转向锤炼学生理想信念,充分挖掘以井冈山精神为代表的江西丰厚红色文化的育人功能,将双创精神与井冈山精神紧密结合起来,坚定执着追理想,实事求是闯新路。为确保定位落地,江西省教育厅将高校思想政治工作和立德树人等内容纳入江西省普通高校本科专业综合评价指标体系,让大学生创新更有情怀,创业更有力量。

二要深化培养机制改革。江西省推进人才培养由供给导向向需求导向转变。高校要主动对接产业发展需求,调整学科专业结构,满足老区经济社会发展需要。江西省教育厅先后实施了定向教师、定向医学毕业生培养计划专项,组织高校学生赴边远农村小学开展支教志愿服务;推进产教融合、校企合作,互聘教师、共享基地等方式,强化学校与相关部门协同培养机制;支持相关高校开设旅游专业,联合旅发委等部门办好"金牌讲解班";与公安、司法等部门协同培养干警、司法专业人才。

三要深化高校科技服务改革。江西省教育厅引导高校科技创新既要顶天,又要立地。针对老区产业发展对科技的需求,开展专项行动,建立"江西省校企合作信息服务平台",让高校与企业实现全天候、无缝对接交流。支持"三农""八个一"的工作举措,鼓励、支持和引导学校师生面向农村、面向老区开展科技扶贫,推动老区创新发展,实现产业升级,助力老区人民脱贫致富。

把青春梦融入中国梦

吉林省教育厅厅长　张伯军

　　近年来,吉林省用改革的思路和办法推动高校开展创新创业教育,全省高校创新创业教育工作迈上了一个新的台阶。

　　一是形成发展格局。吉林省将创新创业教育作为深化高等教育综合改革的突破口,制定出台一系列鼓励支持大众创业、万众创新的政策措施。全面推进高校创新创业教育的吉林格局初步形成。二是打造创新平台。全省高校立足实际、迅速行动,有效聚合校内外创新创业教育资源,建设了国家重点实验室、工程中心等21个国家科研创新平台。三是升级课程体系。按照专业教育与创新创业教育有机融合,面向全体学生开设创新创业课程的要求,全省高校将创新创业教育纳入人才培养方案、融入人才培养全过程。全省高校创新创业教育课程建设实现了从单一向多元、从零散向系统的转型升级。四是建设师资队伍。大力推进产教融合校企合作、各方力量协同育人,让大师走进校园,让老师成为专家,努力打造专兼结合的创新创业导师队伍。五是构建展示舞台。高度重视组织开展"互联网+"大学生创新创业大赛、本科院校学科竞赛等一系列创新创业赛事活动。这些创新创业竞赛为全省大学生提供了多元化的展现青春风采、放飞人生梦想的舞台。

　　高等院校要承担起时代赋予的新使命,把思想和行动统一到党中央和省委的决策部署上来,深入推进创新创业教育改革,不断提升支撑创新驱动发展的能力和水平。要突出思想观念改革,落实立德树人根本任务,树立全面发展的思想,努力造就德智体全面发展的高素质人才;要加快高校转型改革,通过分类管理、高水平大学和学科专业建设,引导更多高校和专业明确定位、凝练特色、转变发展方式,为创新创业教育提供强大动力;要推进体制机制改革,充分激发学校办学活力、师生创造活力,进而激发创新创业教育发展活力;要深化培养模式改革,进一步深化产学研结合,推进校校、校企、校地、校所合作育人,实现创新创业教育与生产实践相融合,不断提高创新创业教育质量水平。

　　"下好创新这步先手棋"。培养德才兼备的有为人才,在创新创业中增长他们的智慧才干,在艰苦奋斗中锤炼他们的意志品质,这也是总书记对青年学子的殷殷期待和教导。吉林省高校将按照习近平总书记的指示精神,努力激励和引导广大青年学子投身到振兴东北老工业基地的创新创业伟大实践中,在锻炼中成长,把青春梦融入伟大的中国梦,为实现中华民族伟大复兴贡献力量。

服务乡村振兴战略　助力精准扶贫

——陕西"青年红色筑梦之旅"项目落地研讨会在西电召开

（西安电子科技大学新闻网　2017年12月22日　通讯员：刘毅）

"总书记的回信坚定了我们扶贫的初心。党的十九大之后,我们认真学习贯彻大会精神以及中央经济会议精神,通过以电商为载体,开展电商培训,建设供应链体系,将一二三产业融合,通过区域性平台,聚集对农产品的需求,用订单指导农户种植,打造一个良性循环的脱贫生态。"第三届中国"互联网+"大学生创新创业大赛"青年红色筑梦之旅"实践团成员、西安电子科技大学"小满良仓"创始人张旺激动地讲述着自己的扶贫故事。"我们希望组织更多的高校大学生创客加入我们的'青年红色筑梦之旅',加入我们的电商平台生态,用我们青年的行动帮助贫困户脱贫,同时希望成立相应的科技扶贫研究院,为我们提供理论支撑和科学指导,助力精准扶贫,服务整个乡村振兴战略。"

12月21日上午,由陕西省教育厅主办、西安电子科技大学承办的"服务乡村振兴战略　助力精准扶贫——陕西'青年红色筑梦之旅'项目落地研讨会"在西安电子科技大学南校区行政楼603会议室召开,本次会议旨在推动"青年红色筑梦之旅"常态化,促进"青年红色筑梦之旅"项目落地转化、助力精准扶贫、促进老区经济转型升级。出席研讨会的有陕西省教育厅高教处副处长李铁绳,中国教育报记者李薇薇,新华社"我要去创业"栏目记者方正雄,西安电子科技大学教务处处长、创新创业学院院长郭宝龙以及陕西省参加第三届"互联网+"大赛"青年红色筑梦之旅"项目成员和高校代表,共计40余人。会议由西安电子科技大学创新创业学院副院长朱伟主持。

西北农林科技大学"光伏智能温室项目"团队分享了他们团队利用温室帮助农民提高苹果产量的经历。他讲到,团队通过采用节水灌溉、科学施肥提高农民的收成,但是由于缺乏有效的销售途径,卖苹果的收益一直不能最大化。他希望借助类似于张旺的"小满良仓"电商销售平台,确保苹果的销售,让农民的切实经济利益得到保障。在此基础上,各项目团队充分发挥各自项目的优势和作用,形成合力。

西安建筑科技大学"污水处理站智能管理平台"团队讲到,"作为'青年红色筑梦之旅'实践团的成员,我们非常高兴能够参加'服务乡村振兴战略　助力精准扶贫'计划。我们团队利用自身专业优势,研发的'清水β狗'可以实现污水设备远程监控,实现对污水处理的预警。项目已经与延安市污水处理厂进行了落地合作,在运行期间效果很理想,通过预警帮忙厂方节省了一定的经济损失。"他希望,相关政府部门可以加大对这方面的扶持力度,持续改善革命老区环境。

西安交通大学代表陈立斌汇报了学校对青年红色筑梦之旅的一些举措。他讲到,一方面,学校联合延安市政府签订合作协议,建立产学研办公室,组织专家教授、青年教师前往革命老区,开展技术培训,推进当地脱贫攻坚工作;另一方面,学校坚持"扶贫先扶志"的思想,组织贫困家庭的学子到学校来,依托学校的丰富资源,帮助他们树立刻苦读书、改变命运的信念。

西北农林科技大学代表陈龙在发言中讲到,我国社会主要矛盾已经发生重要变化。"青年红色筑梦之旅"就是要围绕党和国家要着力解决的发展不平衡不充分问题,落实国家战略,发挥陕西不同高校的特色和优势,形成合力,策划陕西行动。

陕西省教育厅高教处副处长李铁绳在听取了团队交流和发言后讲到,"青年红色筑梦之旅"实践活动体现了五个元素:一是推进创新创业,二是传承红色文化,三是精准脱贫,四是促进产业升级,五是贯彻全国思政会议精神。他指出,陕西省是"青年红色筑梦之旅"实践活动的策源地,陕西省委、省政府确定将"青年红色筑梦之旅"活动常态化,陕西省教育厅将进一步策划和推进"全国青年红色筑梦联盟"的组建和成立,将"青年红色筑梦之旅"活动进一步做实做强做好。

郭宝龙介绍了"青年红色筑梦之旅"策划的全过程,以及学校通过大赛促进学校创新创业教育改革和持续推进青年红色筑梦之旅的主要做法。他在发言中讲到,党的十九大报告提出,要以"一带一路"建设为重点,形成陆海内外联动、东西双向互济的开放格局。西安是古丝绸之路的起点。"青年红色筑梦之旅"就是要勇立潮头,积极二次利用"互联网+"大赛"一带一路"大学创新创业教育校长论坛的资源,探索发展"一带一路"跨境电商,在全面开放新格局中寻找新的增长点。李薇薇在研讨会上讲到,刚刚召开的中央经济工作会议提出要实施乡村振兴战略。除了延安革命老区,我国还有大批集中连片特困区及深度贫困县。农村拥有广阔天地,"青年红色筑梦之旅"大有可为,我们青年就是要响应国家战略,服务"三农"问题,构建现代农业产业体系、生产体系、经营体系,服务国家乡村振兴战略。

研讨会结束后,中国教育报、新华社"我要去创业"栏目对陕西省参加第三届"互联网+"大赛"青年红色筑梦之旅"活动的成员和高校代表进行了专题采访。据了解,第三届中国"互联网+"大学生创新创业大赛由教育部等国家九部委和陕西省政府共同主办,西安电子科技大学承办。在大赛筹备设计之初,为了充分发挥陕西省的红色文化资源优势,传承西电红色基因,西安电子科技大学提议将学校2015年就已经启动的"走进梁家河、踏寻红色路"主题教育实践活动纳入大赛同期活动,逐步形成"青年红色筑梦之旅"活动并实施。

学校先后于2017年4月和7月组织了百余支全国高校的"互联网+"大赛参赛项目团队参加实践活动。活动期间,实践团成员齐聚革命圣地,围绕"青春之歌""红色记忆""筑梦踏实"3个主题,通过寻访梁家河、重走长征路、参观纪念馆、走访敬老院等活动,实地感受老一辈革命家伟大而艰辛的创新创业史。与此同时,大学生创客兵分三路,精准帮扶老区建设,既取得了积极成效,又受到了思想洗礼,17个项目与19个延安当地政府、企业及农户签订了43项落地合作协议,预计帮助建档立卡贫困户超过200户;10余个项目与延安当地中小学、各区县青年驿站签订长期支教帮扶和电商服务培训协议。其中,陕西有4个项目签订了落地扶贫协议,包括西安电子科技大学小满良仓和蒜泥乐博创客教育两个项目。

活动之后,"青年红色筑梦之旅"实践团队员、小满良仓创始人张旺和实践团其他成员一起,将他们在实践活动的成长与收获写信给习近平总书记,并收到了习近平总书记充满深切关怀、带着殷切嘱托的回信。在信中,习近平总书记对参加活动的大学生亲切回信,总书记在回信中肯定了大学生用自己所学知识与技能帮助老区人民脱贫致富奔小康的活动,认为青年大学生"追寻革命前辈伟大而艰辛的历史足迹,学习延安精神,坚定理想信念,锤炼意志品质,把激昂的青春梦融入伟大的中国梦,体现了当代中国青年奋发有为的精神风貌"。总书记勉励青年大学生扎根中国大地了解国情民情,在创新创业中增长智慧才干,在艰苦奋斗中锤炼意志品质,在亿万人民为实现中国梦而进行的伟大奋斗中实现人生价值,用青春书写无愧于时代、无愧于历史的华彩篇章。

用青春书写无愧于时代、无愧于历史的华彩篇章

——习近平总书记给"青年红色筑梦之旅"的大学生回信

(西安日报 2018年1月2日 记者:姜泓)

"总书记真的给我们回信了!"2017年8月15日,第三届中国"互联网+"大学生创新创业大赛"青年红色筑梦之旅"实践团的同学们,收到了习近平总书记的回信。作为实践团给习总书记写信的发起人、西安电子科技大学2010级校友、"小满粮仓"项目负责人张旺,难掩兴奋。

"像总书记青年时代那样,立下为人民奉献的信念和志向"

"得知全国150万大学生参加本届大赛,其中,上百支大学生创新创业团队参加了走进延安、服务革命老区的'青年红色筑梦之旅'活动,帮助老区人民脱贫致富奔小康,既取得了积极成效,又受到了思想洗礼,我感到十分高兴。"捧读习近平总书记的回信,张旺和伙伴们激动不已。

习近平在信中指出,延安是革命圣地,你们奔赴延安,追寻革命前辈伟大而艰辛的历史足迹,学习延安精神,坚定理想信念,锤炼意志品质,把激昂的青春梦融入伟大的中国梦,体现了当代中国青年奋发有为的精神风貌。习近平强调,实现全面建成小康社会奋斗目标,实现社会主义现代化,实现中华民族伟大复兴,需要一批又一批德才兼备的有为人才为之奋斗。艰难困苦,玉汝于成。今天,我们比历史上任何时期都更接近实现中华民族伟大复兴的光辉目标。祖国的青年一代有理想、有追求、有担当,实现中华民族伟大复兴就有源源不断的青春力量。希望你们扎根中国大地了解国情民情,在创新创业中增长智慧才干,在艰苦奋斗中锤炼意志品质,在亿万人民为实现中国梦而进行的伟大奋斗中实现人生价值,用青春书写无愧于时代、无愧于历史的华彩篇章。

据了解,西安电子科技大学在承办第三届中国"互联网+"大学生创新创业大赛时,与该校"青年红色筑梦之旅"活动结合,将创新创业实践与精准扶贫工程相结合,依托陕西红色教育资源,为创业青年了解国情民情、助力老区经济发展提供了广阔舞台。2017年4月和7月,他们与来自国内各高校的近100支"互联网+"大赛参赛项目团队、在陕高校创新创业学生代表等,分两批汇聚在延安。活动中,大学生们在延安革命圣地追寻革命前辈伟大而艰辛的历史足迹,在学习延安精神的同时,行走在田间地头,学以致用,为帮扶当地农民增收致富出谋划策,通过创新创业项目对接革命老区经济社会发展需求,助力精准扶贫、精准脱贫。

其中,17个项目团队和延安当地签订43项落地合作协议,十余个项目团队与当地中小学、区县签订了长期支教帮扶和电商服务培训协议。

"革命老区之行,给我留下了非常深刻的印象。我们参观了习近平总书记当年上山下乡插队生活了7个年头的梁家河,与习总书记的入党介绍人进行了座谈交流。"张旺说,"那天晚上,来自全国各地的创业青年,住在窑洞里,睡在大通铺上,大家你一言我一语,聊着聊着就发现,总书记在梁家河的经历,和大家做创业项目的经历很相似:当年习近平为梁家河引入沼气池,通过科学技术服务帮助农民;带领村民种植蔬菜,提升生活水平;为村里建起了磨坊、裁缝铺、铁匠铺、代销社等,方便群众生产生活。习近平为了理想,不断进行着创新实践。因此,我们萌生了向习近平总书记汇报参加这次活动收获的念头。"

于是,在实践活动结束后,全体队员给习近平总书记写信汇报了自己的收获和体会,表示要像习近平总书记青年时代那样,立下为祖国、为人民奉献自己的信念和志向,把自己创新创业梦融入伟大中国梦,以青春和理想谱写信仰和奋斗之歌。

"总书记的回信更坚定我们创新创业的梦想"

习近平总书记给第三届中国"互联网+"大学生创新创业大赛"青年红色筑梦之旅"活动实践团的回信,让西安创业学子备受鼓舞。

"蒜泥乐博创客教育"项目的徐志伟备受鼓舞,他说总书记回信中"在创新创业中增长智慧才干,在艰苦奋斗中锤炼意志品质"这一句话给他留下深刻印象。"我们已与延安当地的5所学校签订合作意向,举办'创客教育之行'活动,帮助当地学生开展创新创业学习与实践。"他表示,"我们将以红色发源地延安作为创客教育开展的坚实土壤,一定不辜负总书记的谆谆教诲和殷切期望。"

收到总书记回信,许多青年创业者在激动之余,更坚定了目标。"'功崇惟志,业广惟勤',这次筑梦之旅在我心中埋下了一颗红色种子,让我更加明确了方向,不迟疑、不动摇地在红色创新创业的征途上勇往直前。"西安电子科技大学学生孙啸说,"锤炼意志品格,补足精神之'钙',心怀中华民族伟大复兴的中国梦,我们青年学子才能将自身命运与国家和民族命运紧紧联系在一起,才能用实干和坚守铸就梦想,书写出慷慨激昂的时代新篇章。"

"习近平总书记的回信,充满深切关怀和殷切嘱托,让我们备受鼓舞,又感到沉甸甸的责任,更坚定了我们创新创业的梦想!"张旺说,"我们要将延安精神融入自己的创业实践,用知识、技能服务老区人民,通过我们项目的落地,服务现代农业和老区'三农'增收,以行动和成果为实现'中国梦'作出自己的贡献,用青春书写无愧于时代、无愧于历史的华彩篇章。"

"把青年人的力量拧成一股绳,以实际行动继承延安精神"

2017年8月25日下午,省委常委、市委书记王永康第四次来到西安电子科技大学,与参加第三届中国"互联网+"大学生创新创业大赛"青年红色筑梦之旅"的30多位创业青年代表进行座谈。王永康书记与大家共同学习了习近平总书记给青年学子的回信,畅谈体会,对落实习近平总书记的回信精神提出殷切希望。

他希望青年创业者要争做红色精神的传承者,自觉从延安精神中汲取营养和力量,立足社会发展和人民需要,投身创新创业大潮,把青春梦、创业梦融入中国梦,展现新时代大学生的力量。要争做城市创业精神的引领者,从西安深厚文化土壤中汲取营养,涌现更多创业英雄,引领城市创业精神,推动西安经济社会发展,努力将西安打造成海内外年轻人向往的创业热土。要争做新西商精神的践行者,以优秀西商、优秀校友为榜样,践行和弘扬新时期西商精神,通过科技兴业、创新兴业,在新时期续写西商辉煌。

西安建筑科技大学 2016 级在读研究生、"污水处理站智能管理平台"项目负责人韩冬在座谈中谈道,学习习近平总书记的回信深受鼓舞,同时深感政府对大学生创新创业的潜力和发展给予的重视。他说,西安开展的行政效能革命等"三个革命",为改变古城风貌注入一股强劲的春风。尤其是今年西安放宽了人才落户政策,吸引了很多高端人才,一大批优秀的企业落户西安,为西安创新创业注入了活力。"作为一个西安人,为此感到骄傲和自豪,对未来发展充满信心。"韩冬希望政府更加重视生态环境建设,打造一个更加美丽舒适的西安,吸引更多大学生留在西安,也期望能够继续给创业者在政策上以更大的扶持,激发大学生的创业热情。

"习近平总书记的鼓励,让我们信心倍增,充满干劲。"参加"青年红色筑梦之旅"创业者代表座谈会的西北农林科技大学 2017 届研究生、青年创业者、"光伏智能温室项目"负责人蔡仕彪兴奋地说,"现在西安的创业环境氛围非常好,希望更多怀揣梦想的创业者鼓起勇气,增强信心,共同携手,在大西安追赶超越中发挥更大作用。"

"习近平总书记的回信,为当前高等教育、大学生创新创业指明了方向。"参与"青年红色筑梦之旅"活动组织的西安电子科技大学团委书记朱文凯说,西安电子科技大学组织实施了大赛的"青年红色筑梦之旅"活动,目的是将创新创业教育与理想信念教育相结合,将创新创业实践与精准扶贫工程相结合,依托陕西红色教育资源,为创业青年了解国情民情、助力老区经济发展提供广阔舞台,为他们提供一次传承延安精神、涵养创业精神、坚定文化自信的精神盛宴。

"作为延安精神滋润的西电人,我将不负习总书记的期望和关怀,力争为广大学子搭建一个在创新创业中增长才干,在艰苦奋斗中锤炼意志品质的更广阔更好的平台。"朱文凯同时期待在西安成立一个"青年红色筑梦联盟",吸引全国青年人才汇聚西安,把青年人的力量拧成一股绳,共同推动项目落地,以实际行动继承延安精神。

第四届中国"互联网+"大学生创新创业大赛启动 增设"青年红色筑梦之旅"赛道

(人民网厦门　2018年3月29日　记者:孙竞)

第四届中国"互联网+"大学生创新创业大赛新闻发布会今天上午在厦门大学举行。教育部高等教育司司长吴岩表示,本届大赛将在全国31个省、自治区、直辖市全面启动"青年红色筑梦之旅"活动,在更大范围、更高层次、更深程度推动创新创业教育与思想政治教育相融通,创新创业实践与乡村振兴战略、精准扶贫脱贫相结合,打造一堂全国最大的有温度的高校思政课。

吴岩介绍,本届大赛的主题是"勇立时代潮头敢闯会创,扎根中国大地书写人生华章",由厦门大学承办。大赛将扩大参赛规模,实现区域、学校、学生类型全覆盖和国际赛道大拓展。利用福建省处于海峡西岸的区位优势,本届大赛突出"海丝"特色,加强"海上丝绸之路"沿线国家创新创业教育合作,将成立"21世纪海上丝绸之路"大学联盟、举办"一带一路"大学校长创新创业教育论坛,深化"一带一路"沿线国家双创教育合作和青年交流。

"大赛的亮点之一是要上好一堂全国最大的高校思政课。"吴岩特别介绍,今年将组织理工、农林、医学、师范、法律、新闻等人文社科各专业的大学生以及企业家、投资人一起,以"科技中国小分队""幸福中国小分队""健康中国小分队""教育中国小分队""法治中国小分队""十九大宣讲小分队"或项目团队组团等形式,走进革命老区、农村地区,接受思想洗礼、学习革命精神、传承红色基因,将高校的智力、技术和项目资源辐射到广大农村地区,推动当地社会经济建设,助力精准扶贫和乡村振兴。

记者注意到,本届大赛将增设"青年红色筑梦之旅"赛道,参加此赛道的项目须为参加"青年红色筑梦之旅"活动的项目。

根据安排,本届大赛在校赛、省赛基础上,举办全国总决赛。每年3月至5月为报名阶段,6月至9月为初赛复赛阶段,全国总决赛将于10月中下旬举行。除举办"青年红色筑梦之旅"活动,还将举办"21世纪海上丝绸之路"系列活动、"大学生创客秀"、改革开放40年优秀企业家对话大学生创业者活动、改革开放40年优秀企业家对话大学生创业者活动共5项同期活动。

据发布会介绍,本届大赛主赛道进入全国总决赛现场比赛的项目数量,从上届的120个增加到150个,金奖从30个增加到50个,银奖从90个增加到100个。新增设的"青年红色筑梦之旅"赛道,设金奖10个、银奖30个、铜奖160个,高校集体奖20个,省市优秀组织奖8个及单项奖若干。

"奖项的增加丝毫没有稀释奖牌的含金量,和首届相比,我们参赛学生已经增加了10倍。每一块奖牌都是熠熠生辉的'金字招牌'。"吴岩强调。

值得关注的是,本届大赛还将大学生创新创业的生动故事搬上大荧幕。目前,展现青年学子创造精神、奋斗精神、团结精神、梦想精神的教育电影《当我们海阔天空》正在紧张筹备中,计划于12月首映。

青年红色筑梦之旅：推动创新创业教育与思想政治教育相融合

(新华网福州 2018年3月30日 记者：王妍)

30日上午,"青年红色筑梦之旅"活动在福建省上杭县古田会址启动。该活动将覆盖全国31个省(自治区、直辖市),预计有1万个"青年红色筑梦之旅"团队、10万名大学生参加。

"青年红色筑梦之旅"活动为第四届中国"互联网+"大学生创新创业大赛同期活动。本次大赛增设"青年红色筑梦之旅"赛道。

"这次活动以青年为主力,以'红色'为主题,以'筑梦'为主旨,上好一堂全国最大的高校思政教育课。"教育部高等教育司司长吴岩在启动仪式上说,今年的活动范围更大、层次更高、程度更深,将通过活动推动创新创业教育与思想政治教育相融合,创新创业实践与乡村振兴战略、精准扶贫脱贫相结合。

活动将组织理工、农林、医学、师范、法律、新闻等各专业的大学生以及企业家、投资人一起,以"科技中国小分队""幸福中国小分队""健康中国小分队""教育中国小分队""法治中国小分队""十九大宣讲小分队"或项目团队组团等形式,走进革命老区、农村地区,学习革命精神、传承红色基因,将高校的智力、技术和项目资源辐射到广大农村地区,推动当地社会经济建设,助力精准扶贫和乡村振兴。

启动仪式结束后,近300支大学生创新创业团队和当地的农户、合作社、学校、政府部门进行了项目对接交流。南昌航空大学大四学生过淙鸣带来了团队研发的智能植保无人机,吸引了不少人的目光。该产品通过语音控制技术和智能驾驶模块,能实现智能作业,让农民更轻松上手。"这个活动提供了一个平台,既能和其他高校创业团队交流,也能让我们的技术、产品直接和农村、企业对接。"过淙鸣说。

十万学子踏上红色筑梦之旅

(光明日报 2018年3月31日 记者:陈鹏)

"青年红色筑梦之旅"活动30日在福建省上杭县古田会址启动。活动将覆盖全国31个省(自治区、直辖市),是第四届中国"互联网＋"大学生创新创业大赛的同期活动,预计将有1万个"青年红色筑梦之旅"团队、10万名大学生踏上红色筑梦旅程。

教育部高等教育司司长吴岩在启动仪式上表示,将努力把"青年红色筑梦之旅"活动打造成一堂全国最大最生动的思政课,提高高校思想政治工作的亲和力和针对性,并将其固化为每年中国"互联网＋"大学生创新创业大赛的制度安排。

在活动形式上,教育部要求各地各高校推动创新创业教育与专业教育相融通,组织理工、农林、医学、师范、法律、新闻等专业的大学生和企业家、投资人一起,以"科技中国小分队""幸福中国小分队""健康中国小分队""教育中国小分队""法治中国小分队""十九大宣讲小分队"或项目团队组团等形式,走进革命老区、农村地区,接受思想洗礼、学习革命精神、传承红色基因,将高校的智力、技术和项目资源辐射到广大农村地区,推动当地社会经济建设,助力精准扶贫和乡村振兴。

启动仪式结束后,近300支大学生创新创业团队和当地的农户、合作社、学校、政府部门进行了项目对接交流。后续这些团队还将分别在部分有代表性的地区举行全国性对接活动。

学习贯彻习近平总书记回信精神
一周年座谈会在延安召开

(人民网 2018年8月3日 记者:刘婧婷)

近日,学习贯彻习近平总书记给第三届中国"互联网+"大学生创新创业大赛"青年红色筑梦之旅"活动大学生回信精神一周年座谈会在延安召开。本次会议由教育部高教司主办,陕西省委高教工委、省教育厅承办。

教育部高教司副司长林东伟指出,2017年8月15日,习近平总书记给参加第三届中国"互联网+"大学生创新创业大赛"青年红色筑梦之旅"活动的大学生回信,充分肯定了大学生服务革命老区、帮助老百姓脱贫致富奔小康和奋发有为的精神风貌,体现了以习近平同志为核心的党中央对青年一代的殷切期望。今年,教育部以"红色筑梦点亮人生,青春领航振兴中华"为主题,组建"科技中国""幸福中国""健康中国""教育中国""法治中国""十九大宣讲"等6个小分队,在更大范围、更高层次、更深程度上开展"青年红色筑梦之旅"活动,为民族振兴汇聚青春动能。

陕西省委高教工委书记董小龙介绍,2017年百余支大学生创新创业团队走进延安,助力延安的乡村振兴,助力延安的精准扶贫,22个项目团队与延安当地政府部门、学校、企业、合作社签订了43项落地的合作协议。延安市委常委、副市长孙矿玲强调,本次座谈会对于鼓励青年学生把激昂的青春梦融入伟大的中国梦、传承红色基因、助力乡村振兴、服务延安经济发展、推进精准脱贫具有重要意义。

"青年红色筑梦之旅"活动的22个项目团队参与了本次座谈会,其中12个项目代表发言介绍了一年以来项目的进展情况,部分高校校长、延安市教育局、科技局、扶贫局负责人,签约农户、企业代表也就活动项目开展情况交流发言。

会上,去年收到习近平总书记回信的青年创客之一的张旺表示,"总书记的回信,充满了对我们的鼓励与期待,也更加激励了我们,不仅要自己深入农村,还要带更多青年人去服务农村、帮助农村"。据了解,2015年,他组建"小满良仓"创业团队,创业方向为农产品电商扶贫,设立了"青桃云客"计划,为在校学生、返乡青年、大学生村官开展电商培训。目前,共建设"三有电商服务小站"73个,培训电商学员累计2万余人,帮助贫困地区销售农产品5 500余万元。张旺最后说,"我们要用实际行动去践行总书记的回信精神,做有理想、有本领、有担当的新时代青年人"。

书写新时代的青春之歌

——习近平总书记给"青年红色筑梦之旅"大学生回信一年回眸

(中国教育报 2018年10月10日 记者:高靓 柯进)

金秋时节,陕西省洛川县的苹果树上又挂满了红彤彤的果实。与去年不同,今年,洛川老庙镇果农老韩不再望果兴叹,为销路担心。

包装、拍照,再用手机上传到网络平台后,老韩居然以高于线下收购价一倍的价格找到了买家。这就是互联网的力量!

而把这种力量输送给村民的,是"去年夏天来到这里的一群学生娃"。

2017年4月和7月,第三届中国"互联网+"大学生创新创业大赛组委会从全国近150万名参赛学生中公开招募了百余支大学生创业团队,分两批走进延安,组织实施了"青年红色筑梦之旅"活动,了解国情民情,帮助革命老区人民脱贫致富。

当年8月15日,中共中央总书记、国家主席、中央军委主席习近平给参加第三届中国"互联网+"大学生创新创业大赛"青年红色筑梦之旅"活动的大学生回信。在信中,总书记勉励实践团大学生,要扎根中国大地了解国情民情,用青春书写无愧于时代、无愧于历史的华彩篇章。

一年来,那些曾被总书记"点赞"过的大学生创业团队在服务革命老区中收获了什么?"青年红色筑梦之旅"在扎根中国大地的过程中,又书写了怎样的传奇?

红色之旅,奋斗的青春有了全新打开方式

"那天晚上,来自全国各地的创业青年,住在窑洞里,睡在大通铺上,大家你一言我一语,聊着聊着就发现,习近平总书记在梁家河的经历,和大家做创业项目的经历很相似。""小满良仓"项目负责人、西安电子科技大学学生张旺的回忆把时光带回了一年前。

彼时,备受关注的中国"互联网+"大学生创新创业大赛已走到第三届。规模、影响力都有了,如何以大赛为契机,使大学生创新创业教育更深入、更有内涵、更贴近时代需求?活动主办方苦苦思索着。

"高校立身之本,在于立德树人。"从习近平总书记在全国高校思政工作会上的重要讲话中汲取力量,教育部决定,利用大赛承办单位西安电子科技大学地处陕西、红色资源丰富的优势,面向全国近150万名参赛学生公开招募百余支适合推动革命老区社会经济发

展、创新性强、前瞻性好、落地性实的大学生创业团队,奔赴延安开展"青年红色筑梦之旅"活动。

"通过大学生创新创业项目对接革命老区经济社会发展需求,助力精准扶贫脱贫。同时,为创业青年提供一次传承延安精神、涵养创业精神、了解国情民情的机会。"活动甫一推出,便"引爆"了大学生创业圈。

"当时,项目正处于困境之中,我正准备研究一下'世界最牛创业团队'——中国共产党的创业经历,一看到通知马上报了名。""月亮湾胶囊连锁酒店"项目负责人、来自华南理工大学的张红说,自己得知申请通过时激动万分。

2017年4月和7月,来自全国各地的500多名大学生创客分两批奔赴延安。围绕"青春之歌""红色记忆""筑梦踏实"3个主题,他们寻访梁家河、重走长征路、参观纪念馆、走访敬老院,实地感受老一辈革命家伟大而艰辛的创新创业史,并深入延安区县进行了对接考察,精准帮扶老区建设,开启了"大学生创新创业扶贫"的新模式。

在创业者的眼里,一景一物都有着不同的意义。"习近平为梁家河引入沼气池,通过科技服务帮助农民;带领村民种植蔬菜,提升生活水平;为村里建起了磨坊、裁缝铺、铁匠铺、代销社等,方便群众生产生活。"在张旺看来,"这其实都是为了理想不断进行的创新实践。"

在这次旅行中,那支"最牛创业团队"走过的历史也让张旺找到了答案,那就是"坚定的理想信念"。

从枣园到杨家岭,再到梁家河,青年学子们一路学习一路实践,历史与现实向他们不断印证着:"青年兴则国家兴,青年强则国家强。青年一代有理想、有本领、有担当,国家就有前途,民族就有希望。"

在延安的窑洞里,跨越时空的对话,让这些奋斗在创业扶贫领域的青年内心里产生了共鸣。"于是,我们萌生了给习近平总书记写信汇报参加这次活动收获的念头。"张旺是这次写信的主要发起人之一。

让张旺们没有想到的是,几周后,大家就收到了习近平总书记热情洋溢的重要回信。

在信中,总书记说:"希望你们扎根中国大地了解国情民情,在创新创业中增长智慧才干,在艰苦奋斗中锤炼意志品质,在亿万人民为实现中国梦而进行的伟大奋斗中实现人生价值,用青春书写无愧于时代、无愧于历史的华彩篇章。"

"总书记的回信,充满深切关怀和殷切嘱托,让我们备受鼓舞,更坚定了我们创新创业的梦想。"张旺说。

一年来,全国共有17个"互联网+"大学生创新创业大赛项目与19家延安当地政府部门、学校、合作社、企业签订了43项落地合作协议,一批项目达成落地意向,成功帮助建档立卡贫困户200余户。以"小满良仓"为代表的"互联网+"农村电商项目与延安当地各区县青年驿站签订了长期电商服务帮扶协议,并成立了"延安青年红色筑梦联盟",在延安新区落地建设了"延安青年红色筑梦基地"。

"用知识、技能服务老区人民,通过我们的项目落地,服务现代农业和老区'三农'增收,以实际行动和成果为实现中国梦作出自己的贡献。"这已成为"青年红色筑梦之旅"创业团队共同的奋斗目标。

筑梦之旅，青年扎根中国大地有了踏实支点

"很多农业的细节问题，只有深入农村，走进基层，才能看到、体会到、思考到。对于刚走出象牙塔的我们，最该做的，也许就是双脚坚实地踏在中国的土地上。"谈起一年来的收获，张旺感慨地说。

习近平总书记在梁家河的岁月里度过了"四大关"，"小满良仓"的成员们也给自己总结出了"四大难关"——没无线网、没外卖、没空调、没认可。其中最难的，还是"村民不相信，怎么都卖不出去的苹果，通过手机就能卖出去了？"

为了融入农村、了解老乡们的真实想法，团队成员利用自己的专业优势，主动帮村民修电器、调试路由器，帮他们和外地打工的子女视频连线，为乡亲们排忧解难。熟识之后，老乡们也很热心，教大学生们怎么挑选红枣、告诉他们什么样的苹果好吃、猕猴桃该怎么存放。

"以前，客商来村里收苹果，一斤最多两元。后来通过网络，卖到50元10斤，刨去邮费包材一斤也能卖4元。苹果畅销了，更多农户开始试水电商。"张旺告诉记者，"我们的电商平台主打小米、核桃、猕猴桃等农特产品，去年的销售额有800多万元。我们还开始培训陕北农村的电商人才，希望通过互联网，让农村的土地和农民的汗水更有价值。"

事实上，像这样的农产品电商销售及培训团队，在这次"青年红色筑梦之旅"中还有很多。其中，既有从农产品加工包装开始的"孟子居"，也有从农业科技信息服务开始的"农掌门"。今年7月，"农掌门"还登上了央视"创业英雄汇"节目，并成功获得社会融资1 000万元人民币。

在众多创业大学生的努力下，农产品坐上了互联网快车。而让做农村电商的大学生感到不便的信息隔绝与网络基础设施落后问题，则让中南大学学生廖熙田找到了创业项目。为解决互联网连接困难的问题和消除村民低收入与上网高资费之间的矛盾，廖熙田所在的团队从湘东到湘西、从湘北到湘南、从深山苗族到郊区乡镇，走访调查并整理出一套符合广大乡村实际情况和村民使用习惯的解决方案，以及配套的人员培训模式。通过参加"青年红色筑梦之旅"，"无线乡村计划"从湖南走到了山东、海南。

有了扶贫这条主线，大学生创新创业项目也更接地气，更贴近老区的实际。

"扶贫要精准对接到每一户、每个人，但那些劳动能力比较弱的老年人、残疾人怎么办？"清华大学热能系学生张志强结合自己的专业，依托学校资源，推广光伏扶贫。"光伏发电只利用闲置的屋顶、荒地或者村集体的公共建筑屋顶，由企业投资建设，贫困户只需进行平时的简单清洗维护，就可以获得每年3 000元左右的收益，有效期长达25年。"

"交通是摆脱贫困不可或缺的因素。近10年，我国高等级公路、普通公路交通事业发展迅猛，但交通荷载增长也很快，遍布城乡的桥梁是否安全？如何及时发现隐患？"内蒙古科技大学学生陈鹏反复琢磨。

"我公司的产品利用模块化集成技术，用四翼无人机平台搭载多种桥梁检测模块，对桥梁进行'体检'。"陈鹏告诉记者，参加完"青年红色筑梦之旅"活动后，团队已经初步制订桥梁监测计划，涉及35座桥梁。"除了对正常营运的桥梁的勘测体检，我们还组织了针对危桥、老桥、旧桥的特色体检活动，用以评估桥梁安全等级。下一步，我们的旋翼无人机系统还可以承担诸如房屋安全等级评估或危房旧房的无人探测工作。"

"如何能让这些孩子长大以后有能力走出大山?"跟随"青年红色筑梦之旅"到洛川县交口河镇小学支教时,西安电子科技大学2012级电路与系统专业学生杨少毅不断地思考这个问题。"我们从孩子们对科学教育充满渴望中意识到,通过创客教育对他们进行创新思维和技能培养,或许是实现'扶贫先扶智'的一项有效措施。"

目前,由杨少毅担任首席执行官的蒜泥科技公司从一家业务相对单纯的科技企业,调整扩充为涵盖了科技、教育、文化三大业务板块的综合型服务公司。目前,该企业已与交口河镇小学对接并开始创客教育帮扶工作,与水利希望小学等5所学校签订合作协议,将创客机器人教育资源引入革命老区和农村。

"以大学生创客带动青少年创客,'青年红色筑梦之旅'的创业项目在全国落地生根,呈现燎原之势","杨少毅"们的这个心愿,也正是当初参与"互联网+"大学生创新创业大赛前学校、辅导老师对他们的期待——"通过创客教育让更多老区的孩子们拓宽视野,为他们插上理想的翅膀!"

接力之旅,扶贫创业有了更多的青春色彩

创新创业之路,永无止境。对于打开了新天地的大学生创客来说,只要他们扎根中国大地,就往往能从一个项目生发出另一个项目。

今年,"桥梁卫士"团队的一名成员杨世俊便结合自己家乡敖汉旗的实际情况,为这个国家级贫困县的特色农产品敖汉小米制订了详细的扶贫营销计划,成为今年内蒙古自治区"青年红色筑梦之旅"项目,并获得了一个国家级项目的立项。

来自新疆的艾萨·阿尤普,是厦门大学"毓成优选"项目负责人,他在搭建新疆、福建两地的电商销售渠道的同时,开展了新的项目——"百尔帕'一带一路'+扶贫"。百尔帕在维吾尔语中的意思是创造、建设,意在为新疆维吾尔族群众开发一套国语学习、法律普及系统,目前已完成了全部的软件设计、开发工作。

梦想继续,奋斗继续,精彩继续。2018年,"青年红色筑梦之旅"与第四届"互联网+"大学生创新创业大赛一起再度起航。

教育部高教司相关负责人介绍:"和去年相比,在保持原有的立足红色传承、立足实际需求、立足广袤大地的特色之上,今年大赛更加注重立足强国建设,充分发挥高校的人才智力资源和技术优势,通过'科技中国小分队''幸福中国小分队''健康中国小分队''教育中国小分队''法治中国小分队''党的十九大宣讲小分队'等形式,走进贫困地区,将高校的优质资源辐射到广大乡村,推动新理念、新技术、新产品、新业态和新模式在农村蓬勃兴起,为乡村振兴注入新动能。"

截至目前,全国已有70多万名大学生、14万个团队参加"青年红色筑梦之旅"活动;261万名大学生、63万个团队参加第四届中国"互联网+"大学生创新创业大赛。教育部先后组织他们在福建古田、江西井冈山、陕西延安、山东沂蒙山、河北西柏坡、安徽小岗村、宁夏闽宁镇等地开展了大学生创新创业项目与当地需求的全国对接活动,各地各高校广泛组织省级和校级对接活动,累计有2 238所高校的70万名大学生、14万个创新创业项目参与活动,对接农户24.9万户、企业6 109家,签订合作协议4 200余项,产生经济效益近40亿元。

在习近平总书记回信一周年之际,参加过"青年红色筑梦之旅"的全体大学生再次提笔,

给总书记写信,汇报一年来的收获和成长。

——"在井冈山的神山村,我们开展黄桃产业等多领域帮扶,帮助神山村 20 户贫困户于 2017 年底成功脱贫。"

——"在延安,我们创建了一批'三有(有理想、有本领、有担当)扶贫小站',培训了 2 万余名农村青年电商人才,帮助贫困地区销售农产品 5 500 余万元。"

——"在浙江余姚,我们落实您给梁弄镇横坎头村全体党员的回信精神,创建梁弄红色电台,制作 30 余期节目,播放 20 余万次,厚植红色沃土、弘扬红色文化。"

——"在湖南十八洞村,我们组织苗绣合作社绣娘骨干培训班,打造'绣色十八洞',助力村民奔小康。"

——"在福建上杭,我们利用互联网大数据技术,整合农业生产、运输、销售资源,实现'菜园子直通菜盘子',帮助 800 多贫困户平均每人年增收 1 000 元。"

……

在信中,青年学子们用一年扎根中国广袤乡村结出的累累硕果,向时代交出了一份份沉甸甸的青春答卷。

"我们将牢记您的殷殷嘱托,以青春之我、奋斗之我,为民族复兴铺路架桥,为祖国建设添砖加瓦,发出新时代青年振兴中华的时代最强音!"在信中,青年学子们以青春的名义,向党、国家和人民作出了庄严的承诺。

扎根中国大地,在创新创业中书写青春故事
——"青年红色筑梦之旅"活动在全国展开

(新华网 2018年10月11日 记者:胡浩)

让菜园子"直通"菜盘子,帮助农民对接供需;用稻草、秸秆等生产低聚木糖,既减少秸秆焚烧,又实现增收;将废弃生物资源转化利用,助力盐碱地和沙漠改善问题……自中国"互联网+"大学生创新创业大赛"青年红色筑梦之旅"活动开展以来,全国70多万名大学生、14万个团队积极参加,释放出"青年+创新创业"的无穷力量。

2017年,第三届中国"互联网+"大学生创新创业大赛开展了首次"青年红色筑梦之旅"活动,200多支大赛团队先后赴延安梁家河接受红色教育,参与精准扶贫,服务乡村振兴。

"在延安,我们意识到,延安精神其实就是一种创业精神。"毕业于西安电子科技大学的张旺参加了首次"青年红色筑梦之旅"活动。他和其他参加活动的伙伴们将自己对延安精神的理解、矢志报国的愿望、创新创业的成绩,写信向习近平总书记汇报。

2017年8月15日,中共中央总书记、国家主席、中央军委主席习近平给参加第三届中国"互联网+"大学生创新创业大赛"青年红色筑梦之旅"活动的大学生回信。在信中,总书记勉励大家,扎根中国大地了解国情民情,在创新创业中增长智慧才干,在艰苦奋斗中锤炼意志品质,在亿万人民为实现中国梦而进行的伟大奋斗中实现人生价值,用青春书写无愧于时代、无愧于历史的华彩篇章。

"习近平总书记的回信,充满了对我们的鼓励与期待,更加激励我们不仅要自己深入农村,还要带动更多青年人去服务农村、帮助农村。"张旺说,大学生们在延安成立了"青年创客红色筑梦联盟",针对乡村精准扶贫、环境治理、生态改造、文化挖掘等各方面,发挥自己的力量,"去年年底,我们就和其他几个团队合作,帮助西北的贫困农户销售了累计5 000余万元农产品。"

2018年,以"红色筑梦点亮人生,青春领航振兴中华"为主题,教育部在全国组织开展"青年红色筑梦之旅"活动,在更大范围、更高层次、更深程度上推动创新创业教育与思想政治教育相融通,创新创业实践与乡村振兴战略、精准扶贫脱贫相结合,着力打造全国最大的高校思政课。

走进革命老区、深入贫困地区,各地各高校的大学生创新创业团队,以"科技中国小分队""幸福中国小分队""健康中国小分队""教育中国小分队""法治中国小分队""十九大宣讲小分队"等形式,将高校的智力、技术和项目资源辐射到广大农村地区,推动当地社会经济建

设,助力精准扶贫和乡村振兴。

今年7月至8月,山东临沂、江西井冈山、陕西延安、安徽小岗村、宁夏闽宁镇、河北西柏坡等地举行6场全国性对接活动,对接农户24.9万户、企业6 109家,签订合作协议4 200余项,产生经济效益约40亿元。

"青年红色筑梦之旅"在中华大地蓬勃开展

——把激昂的青春梦融入伟大的中国梦

(人民日报 2018年10月12日 记者:赵婀娜 丁雅诵)

视频6

"希望你们扎根中国大地了解国情民情,在创新创业中增长智慧才干,在艰苦奋斗中锤炼意志品质,在亿万人民为实现中国梦而进行的伟大奋斗中实现人生价值,用青春书写无愧于时代、无愧于历史的华彩篇章。"

这是2017年8月,习近平总书记给参加第三届中国"互联网+"大学生创新创业大赛"青年红色筑梦之旅"的大学生回信中的一段话。

1年多来,全国大学生时刻牢记,并切实践行总书记的嘱托:

在井冈山神山村,大学生创业团队开展黄桃产业等多领域帮扶,帮助神山村20户贫困户于2017年底成功脱贫;

在浙江余姚,大学生创业团队创建梁弄红色电台,制作30余期节目,播放20余万次,厚植红色沃土、弘扬红色文化;

在湖南十八洞村,大学生们组织苗绣合作社绣娘骨干培训班,打造"绣色十八洞",助力村民奔小康;

……

从2017年106支团队奔赴延安,实地感受老一辈革命家伟大而艰辛的创新创业史,开启"大学生创新创业扶贫"新实践,到2018年来自全国高校的70万名大学生、14万支团队积极投身乡村振兴、精准扶贫。一年多来,"青年红色筑梦之旅"队伍日渐壮大,青年人扎根大地,在创新创业中增长智慧才干,在艰苦奋斗中锤炼意志品质的精神追求激荡中华大地。

一封信:点燃青春梦想

这个秋天,陕西省延安市吴起县的残疾小伙小韩不再整日为农产品的销售而忧心。

"以前卖东西,都是依靠大家的爱心,但收益难以保证。去年夏天,在几位大学生的培训下,我用手机就能向全国各地卖特产,销路一下子打开了。"今年,小韩还根据顾客需求,种植小黄瓜,通过先预定后种植的营销方案,产品销路彻底有了保障。"学生娃们的培训真管用!"小韩兴奋地说。

小韩口中的"学生娃们",正是去年参加"青年红色筑梦之旅"活动的"小满良仓"团队。

时光回到一年前。中国"互联网+"大学生创新创业大赛已是第三届。如何进一步以大赛为契机,引领大学生创新创业教育更深入、更有成效、更贴近时代需求？大赛亟待在新起点上再出发。

利用大赛承办单位西安电子科技大学地处陕西、红色资源丰富的优势,大赛组委会面向全国参赛学生公开招募适合推动革命老区社会经济发展、创新性强的大学生创业团队,奔赴延安开展"青年红色筑梦之旅"活动,一方面,以创新创业项目对接革命老区经济社会发展需求,助力革命老区精准扶贫脱贫;另一方面,鼓励当代青年扎根大地、了解国情。

于是,2017年4月和7月,百余支大学生创业团队分两批走进延安,实地感受老一辈革命家伟大而艰辛的创新创业史,并深入延安区县对接考察,精准帮扶老区建设,开启"大学生创新创业扶贫"的新模式。

"我们从枣园到杨家岭,再到梁家河,听着习近平总书记带领梁家河村民和插队知青打坝淤田、修沼气池、种蔬菜、建磨坊等'创业'故事,我们受益匪浅。"回想起一年前的情景,"小满良仓"项目负责人、西安电子科技大学学生张旺仍难掩激动。

而更让大学生们骄傲的是,当他们把所见所闻、所思所感,落成文字,写信给习近平总书记之后,很快收到了总书记的回信。

"总书记的回信进一步点燃了我们的青春梦想。艰苦奋斗、不忘初心,把激昂的青春梦融入伟大的中国梦,作为当代青年,我们责无旁贷。"张旺说出了广大青年学子的心声。

一堂课：将筑梦之旅打造为全国最大的高校思政课

一年多来,大学生创业团队从"星星之火,可以燎原"的福建古田,走到中国革命摇篮的江西井冈山;从改革开放的源头安徽小岗村,走到东西携手、精准扶贫的样本典范宁夏闽宁镇……学生们重温前辈们伟大而艰辛的创业史,上了一堂有温度的思政课。

而如何让这堂课更有温度、覆盖更多人群,也成为教育部认真思考的内容。

于是,将于12日在厦门召开的第四届中国"互联网+"大学生创新创业大赛,以"勇立时代潮头敢闯会创,扎根中国大地书写人生华章"为主题,在全国31个省(自治区、直辖市)全面启动"青年红色筑梦之旅"活动,并专门增设"青年红色筑梦之旅"赛道。

"要打造一堂全国最大的有温度的高校思政课。"教育部高等教育司司长吴岩表示。

3月以来,大赛完成从启动、报名到组织实施的整个过程,来自全国高校的70万名大学生、14万支团队以"科技中国小分队""幸福中国小分队""健康中国小分队""教育中国小分队""法治中国小分队""十九大宣讲小分队"或项目团队组团等形式,走进革命老区、农村地区,传承红色基因,将高校的智力、技术和项目资源辐射到广大农村地区,助力精准扶贫和乡村振兴。

在北京,来自北京林业大学的学生创业团队希望能够利用"互联网+阜平大枣"项目,培育"智慧大枣"。

在山西,来自山西农业大学的学生创业团队努力利用大数据技术,架构起山西农业大学与太行山革命老区贫困村之间的大数据全方位交互式平台,帮助贫困群众脱贫致富。

在黑龙江,来自东北农业大学的学生创业团队在当地贫困县推广种植东农豆252高油、高蛋白、大粒大豆新品种,旨在打造一条"新时代铁人的奋'豆'之路"。

在浙江,温州大学学生团队通过提供"生态规划""环境治理""文明创建"等服务,为乡村旅游开发提供环境治理解决方案。

……

红色筑梦点亮人生，青春领航振兴中华。

"青年红色筑梦之旅"在各地已成燎原之势，学生创业团队开展项目的广度、深度、质量均令人眼前一亮。

今年7月至8月，教育部还分别在山东临沂、江西井冈山等地举行6场全国性对接活动。参加第四届大赛"青年红色筑梦之旅"活动的14万个创新创业项目对接农户24.9万户、企业6 109家，签订合作协议4 200余项，产生经济效益约40亿元。

一股力量：将青春梦、创新创业梦与中国梦紧密结合

一年多来，"青年红色筑梦之旅"已不仅是一次活动，更成为一股力量。

来听大学生们的心声——

"农业生产中的很多现实问题，只有深入农村、深入基层才能明白。走进革命老区、农村地区，学习革命精神、传承红色基因，对于身处象牙塔中的我们，有着非同一般的意义"。

"用知识技能服务老区人民、服务农业现代化，广袤大地，我们能做的很多"；"追寻前辈们的足迹，我们加深了对不忘初心的理解、增添了艰苦奋斗的动力，我们将用实际行动接过革命火炬，坚定一生跟党走的理想信念，走好新时代青年的长征路"。

"越来越多的有志大学生挥洒青春与热血，把时代的召唤、科技的力量、青春的活力注入田野乡村，在中华大地上书写着熠熠生辉的时代华章，用每一个创新创业的生动实践汇聚起民族腾飞的力量"。

……

而更重要的，通过"互联网+"大学生创新创业大赛，日益蓬勃的"青年红色筑梦之旅"活动的影响人群不仅覆盖了参赛学生，也覆盖了全国高校未参赛的其他广大学生。

不少高校思政课教师谈道：落实立德树人根本任务，要用理想信念铸魂。"青年红色筑梦之旅"活动推进思想政治教育与创新创业教育相融合，探索并实践了一种"滴灌式""浸润式""体验式"的思想政治教育模式，给高校思政工作带来启发。

广大青年学生深入学习贯彻习近平总书记给"青年红色筑梦之旅"大学生回信的指示精神，把激昂的青春梦融入伟大的中国梦。各地各高校要持续推进创新创业教育改革，在课程体系建设、教学方法改革、教师队伍建设、管理制度创新等方面下大功夫，加快培养创新创业生力军。

一次筑梦之旅，一次创业大赛，成就一股前行的力量。

从2017年的100多支团队，到2018年的14万支团队，再到未来的3 000多万全体高校在校生，"青年红色筑梦之旅"活动正以立德树人为出发点，呈现出勃勃生机。一代青年正努力传承红色基因，以勇立时代潮头、奋发有为、昂扬向上的精神风貌，释放出青年的无穷力量。

"全国最大的思政课"这样落地生根

——"互联网+"大学生创新创业大赛"青年红色筑梦之旅"赛道观察

(中国教育报 2018年10月14日 记者:王家源 董鲁皖龙 刘博智 龙超凡)

"曾经我的理想是离开家乡,去外面的世界看看。毕业后我的理想是回到家乡,推动野生黑枸杞种植和加工产业化,带动老百姓脱贫致富。"2013年从天津商业大学毕业后,黄俊科回到家乡甘肃,深入挖掘黑枸杞的药用价值,研发黑枸杞深加工系列产品。

这些黑黢干瘪、以往都被当地人认为"有毒"的果子也能卖到几千上万元?黄俊科的决定曾遭到一家人反对。如今,"野生黑枸杞全产业链综合扶贫项目"为当地提供了150个工作岗位,当地人均收入突破4万元,并带动800户贫困人口增收致富。

在10月13日举行的第四届中国"互联网+"大学生创新创业大赛"青年红色筑梦之旅"赛道金奖争夺赛上,黄俊科讲述着自己的创业故事。

作为今年新增设的赛道,"青年红色筑梦之旅"赛道引人关注。新增该赛道的原因是什么?

该赛道项目的评判标准有哪些独特之处?体现了怎样的"双创"教育导向?

高校资源与精准扶贫的对接

91分的成绩一公布,"青年红色筑梦之旅"赛道金奖争夺赛的观摩室便出现一阵窃窃私语。"还是要有核心技术,这是基础。"有观众感叹说。

他们谈论的,是来自西安交通大学的"金刚模/高端热作模具——改善农村生态、带动农民再就业"项目。这一项目依托西安交通大学国家重点实验室的技术,拥有5项国家专利授权,以及项国家发明专利。

这些技术不仅把模具产品的使用寿命提升了3至13倍,更重要的是,它从源头上避免了模具产品生产和使用过程中的环境污染,实现了污染零排放。目前,该项目的团队已注册公司,获得山东临沂国资委100万元天使轮融资,将为当地的模具厂提供技术和设备支持。

临沂是中国著名的模具城,模具产业是其重要的支柱产业,而在整个产业的企业构成中,农村中小企业占据了相当大的比例。"2014年后,落后工艺带来的产品寿命短、成本高以及污染严重等问题逐渐显现出来,模具产业的产值持续滑坡。"项目组成员范成瑜说。

"作为从沂蒙和沂蒙周边走出的大学生,面对家乡的困境我们感到十分痛心,非常想利用高新科技带动家乡的模具产业升级换代。"谈起项目初衷,范成瑜说。

由于可复制性强,又顺应山东省新旧动能转换的风向,项目公司在当地迅速收获了口碑。"目前,我们已与17家企业签订了金额近2000万元的订单,与53家企业签订了技术合作协议,成功让多家企业复工生产,带动3 500名农民工实现了再就业,预计增加产值近10亿元。"范成瑜介绍。

把高校的智力、技术和项目资源辐射到广大农村地区,助力精准扶贫和乡村振兴,是今年"青年红色筑梦之旅"赛道的设立初衷之一。

而在比赛之外,从去年开始,先后有70多万名大学生、14万个创新创业项目参与了这一"红色旅程"。他们走进井冈山、古田、瑞金、遵义、西柏坡、沂蒙山等革命老区,学习革命精神,重温革命前辈的创业史。

70万大学生走进乡村大地,他们用专业知识和智慧探索更好的乡村建设模式、传承乡村文脉、呵护乡村生态,把年轻人的力量、科技的力量、时代的力量辐射到广阔的田野乡村,使之焕发出新的生命和价值,不仅激发了大学生的潜力,也带动越来越多的人从"逃离土地"转向"回归土地、尊重土地",唤醒和盘活了处于"休眠"状态的乡村资源。各地各高校累计对接农户近万户、企业6 109家,签订合作协议4 200余项,产生经济效益近40亿元。

江西科技师范大学"桃醉井冈"团队在黄桃种植技术、营销策划等环节大力支持合作社,帮助神山村20户贫困户脱贫;常州大学"贵在植染"团队在贵州省三都县种植蓝草858亩,帮助143户贫困户实现了脱贫,户均年增收9 600元;山东农业大学"一世花开:优质月季切花助力精准扶贫"带动山东等6省10个贫困镇的农民人均年收入由种植小麦、玉米时的1 000元,增至种植鲜切花时的2.5万元。

教育部高等教育司司长吴岩说,要上好"这堂全国最大的高校思政课",在更大范围、更高层次、更深程度开展"青年红色筑梦之旅活动",推动创新创业教育与思想政治教育相融合,创新创业实践与乡村振兴战略、精准扶贫脱贫相结合。

实效性是第一得分点

在上午的"青年红色筑梦之旅"金奖争夺赛中,中国医科大学的"红丝塔远疆医疗帮扶项目"没能获得金奖,团队指导教师、中国医科大学党委书记朱京感到有点委屈。

红丝塔的成绩有目共睹:帮助西藏那曲地区将婴儿死亡率控制到6‰以下;对延安市人民医院进行21个临床医技科室改造,将其打造为国际现代化三甲医院;投身哈萨克斯坦白内障项目等。自2008年成立至今,红丝塔团队历经8代传承,派出帮扶成员1 378人,覆盖全国96家医院及乡村卫生所。

"红丝塔项目为国家边远贫困地区的医疗事业作出了贡献,在创新性上也有突破。"朱京说,"而作为一个公益项目,评委不停追问商业模式、盈利性,这本身就不符合我们做这个项目的初心。"

恰巧,本次大赛委员会委员尚蓬勃当时也在现场。

"上午'青年红色筑梦之旅'3个赛场我都转了一圈,发现因盈利点不清晰而落选的项目并不少。这可能跟第一次设置该赛道,高校对该项目的理解还不到位有关。"尚蓬勃说。

作为"青年红色筑梦之旅"赛道评分规则的参与者和制定者,他介绍该赛道有4个评分项：实效性(30分)、团队(30分)、可持续性(20分)、创新性(20分)。

"首先，'青年红色筑梦之旅'赛道要看项目带领多少农民脱贫致富，产生了多少社会价值，这是精准扶贫的落脚点，最具说服力。其次，学生做公益最大的问题是人员流动性大，团队不可持续，这对一个创业项目来说也是致命的。再次，如果项目自身不能造血，只靠政府或学校资金支持也难以长久。最后，我们才看项目的创新性。"尚蓬勃说。

对照此标准，就不难理解稻鱼工程、橘友生物等项目获得评委青睐的原因。

乾丰资本董事长沈洪是"青年红色筑梦之旅"赛道的评委，在他看来，该赛道的创业项目亮点颇多。"新疆农业职业技术学院的土壤改良项目、厦门大学的治理荒漠的水溶性生物基材料等，专注于减少农药化肥、降低农残、改良土壤等，提出了我国农业产业转型升级的高校方案，不同于平台对接、农产品销售等扶贫项目，让人眼前一亮。"沈洪说。

不过，他也观察到，同一个赛道上不同地区学生表现差异较大。"地域、眼界、思维方式，甚至教师水平，在大赛的平台上一对比，一览无余。不同区域高校学生在项目挖掘、技术创新、现场展演等创新创业能力方面还有差距。"沈洪说。

要盈利，但更重要的还是扶贫

"乡村振兴靠什么？最根本的还是靠人才。这就是我打造引凤计划的初心。"在"青年红色之旅"赛道上，福建农林大学硕士毕业生裴锦泽的项目"引凤计划——打造乡村人才振兴的一站式服务"项目赢得评委好评，荣获金奖。

裴锦泽来自福建省德化县偏远农村，农业是他家主要收入来源，他初二时家里因为一场天灾颗粒无收。那时裴锦泽就立志学农，为农民脱贫致富、为改变家乡面貌努力。

2012年，刚读大一的裴锦泽就成立了"三农爱心社"，带着社团成员住到乡村，开展关爱老人、关爱留守儿童活动，进行"三农"调查和帮扶活动。从本科到硕士的7年时间，裴锦泽不断摸索，寻找振兴乡村之路，他说："如果只是去关爱老人、关爱留守儿童，不能解决根本问题，意义不大。改变农村最根本的还是要带领农民脱贫致富。"

然而，对公益项目来说，最大的困难是没有盈利点，项目无法持续。

"现在我们已经确认了3个盈利点。乡村振兴工作站的人力成本全部由当地政府支付。此外我们还有农资销售收入、特色农产品销售收入。"裴锦泽说，不盈利项目就无法持续，但从初心出发，对项目来说，更重要的还是帮助农民。

目前，该平台已引入27名金凤(高校院士、教授等领军人才)、340名玉凤(本地创业者)和1.2万名雏凤(大中专学生)，成立了8个乡村振兴工作站。由金凤负责推广项目，玉凤将项目落地，雏凤开展乡村实践。

在福建农林大学经济学院党委副书记陈玲凤看来，裴锦泽最大的特点就是他发自内心地想要帮助农民，并坚持不懈地为此奋斗了7年。

"从大一成立'三农爱心社'到每个节假日都泡在农村，裴锦泽知道自己想做什么，也知道农民需要什么。"陈凤玲说，他的创业活动真正体现了农林院校培养"一懂两爱"(懂农业，爱农村、爱农民)涉农人才的宗旨，他的项目体现了"青年红色筑梦之旅"活动的精髓，不光自己挣钱，更多的是还要带动农民脱贫致富。

现在，裴锦泽利用自己的乡村工作站，吸引了清华、北大、中科院等众多高校1.2万余名对"三农"感兴趣的"凤雏";每个暑期都会有高校学生来这里开展"三下乡活动"。

"该赛道的意义在于向学生传递了一种为社会作贡献的精神,创业不仅仅是为了自己,还要帮助更多的人。这种社会责任感是一名创业者必须具备的素质。"在海南经贸职业技术学院教务处校企合作科科长李转风看来,大赛的这种变化势必会带动学校创新创业教育更加关注学生的内心驱动。

"红色筑梦之旅"上的科技扶贫

(科技日报 2018年10月15日 记者:张盖伦)

1年前的8月15日,习近平总书记给参加第三届中国"互联网+"大学生创新创业大赛(以下简称"互联网+"大赛)"青年红色筑梦之旅"的青年学生写了封回信,希望他们扎根中国大地了解国情民情,在创新创业中增长智慧才干。

1年来,31个省(自治区、直辖市)的70多万名大学生、14万支团队参加了这一活动。一堂全国最大规模的思政课,正在中华大地展开。

10月14日,第四届"互联网+"大赛在厦门进行。本次大赛专门增设了"青年红色筑梦之旅"赛道,18支队伍拿到该赛道的金奖。

科技兴农,正是金奖团队的一大特色。

"看到农民的产品通过我们的平台卖出去,还是很有成就感的。"厦门大学"我知盘中餐"项目成员江建烽是研究生二年级学生,他做的属于当下最为热门的行当——人工智能。不过,这个项目人工智能落地的场景却和传统的互联网公司稍有不同——团队用它帮助农民解决"种什么"和"怎么卖"的问题。

"我知盘中餐"搭建的是一个大数据精准助农新平台,基于大数据和人工智能技术,解决农产品供销问题,为农村与农户提供农产品价值链四大核心环节的服务:种植规划服务、种植技术服务、市场营销服务和品牌建设服务。

江建烽记得,去年3月团队到了福建省白柚种植县云霄县,团队通过算法预测出,来年白柚的价格会下跌,建议当地农户将一部分土地改种百香果。"他们采纳了我们的建议,百香果卖得很好,还给我们寄来了好几箱。"江建烽说。

到贫困县走家串户,宣传"我知盘中餐"的理念,是这个计算机专业男生不那么"计算机"的生活。走入乡村后,江建烽坦言,农民生活确实有待改善。"能帮助他们享受到现代化的服务,为他们做点事,也挺好的。"

"果蔬卫士"项目负责人贾玉龙连连感慨,走上青年红色筑梦之旅后,他们去了很多乡村。高铁转大巴,大巴转摩托,然后再坐牛车,花上五六个小时到贫困村,聆听最真实的需求,成为这群创业者的常态。

他们的产品以"新一代果蔬保鲜剂"为创新理念。他们通过提取植物天然活性成分,构建能够抑制果蔬内源性褐变和微生物腐败的果蔬保鲜剂,延长果蔬储藏期,提高果蔬等农产品经济价值。贾玉龙说:"到乡村我们就知道,农户能从农产品中拿到的利润很低。比如说农户种葡萄,从种植到挂果到销售,有的腐损率甚至高达50%。"

为响应精准扶贫的号召，公司与企业、合作社合作，优惠提供产品。在试点的福建省三明市建宁县，在 2018 年年底将有 1 600 户 4 900 余人因"果蔬卫士"人均收入增收近 10 000 元。

大赛青年红色筑梦之旅赛道评委张锐告诉科技日报记者，评委考核该赛道项目时，看重的是它们的社会效益和经济效益，要求这些项目必须有可持续性，有创新性。只有高校和科研单位不断投入人力、智力，才能真正整合各类资源，提升农村的生产效率。"我相信这些项目能够真正点燃万亿级的农村市场。"张锐强调。

教育部高等教育司副司长范海林表示，青年红色筑梦之旅启动以来，累计有 2 238 所高校的大学生创新创业项目对接农户 24.9 万户、企业 6 109 家，签订合作协议 4 200 余项，产生经济效益近 40 亿元。

范海林透露，下一步将建立"青年红色筑梦之旅"活动长效机制，推动高校通过专项支持、师生共创等形式，努力实现大学生创新创业项目与农村需求的长期对接；主动争取社会企业、投资机构等各方支持，推动形成政府、企业、社会联动共推的机制。"助力青年实践创新、建功立业，培养想干事、能吃苦、肯奋斗的时代新人。"

"青年红色筑梦之旅":在乡村扶贫的路上点亮人生

(福建日报　2019年1月15日　记者:罗小春　罗菊熙)

厦门大学"我知盘中餐"项目搭建利用大数据精准助农新平台;

福建农林大学"引凤计划"项目打造全国领先的乡村人才振兴服务机构;

福州大学"禾泽环保"项目致力于绿色扶贫带动精准扶贫;

……

记者在第四届"互联网+"大学生创新创业大赛采访中发现,经常被提及的另外一个活动就是"青年红色筑梦之旅"。

据了解,"青年红色筑梦之旅"活动于2017年第三届中国"互联网+"大学生创新创业大赛期间首次提出。活动旨在推动创新创业教育与思想政治教育相融通,推动创新创业实践与乡村振兴战略、精准扶贫脱贫相结合,成为全国最大的高校思政课。

1年多来,福建省教育厅和各高校通过政策引导、经费支持、培训辅导、对接落地等多项措施,促进"青年红色筑梦之旅"在全省如火如荼开展,有效助力革命老区和贫困地区乡村振兴、脱贫攻坚,取得了可喜成效。2018年10月中旬,在厦门大学举行的第四届"互联网+"大学生创新创业大赛"青年红色筑梦之旅"赛道中,我省高校报名项目5 000余个,并获得3金6银4铜的佳绩,参赛项目数和获奖数均位列全国第一。

振兴乡村,助力扶贫

"不久前,团队到了福建省白柚种植县云霄县,通过算法预测出,来年白柚的价格会下跌,建议当地农户将一部分土地改种百香果。他们采纳了我们的建议,百香果卖得很好,还给我们寄来了好几箱。我们在为农户高兴的同时,也觉得很有成就感。"近日,厦门大学"我知盘中餐"项目成员对记者说。

这一项目成立于2012年,搭建的是一个大数据精准助农新平台,基于大数据和人工智能技术,解决农产品供销问题,为农村与农户提供种植规划、种植技术、市场营销和品牌建设等服务。在10月中旬举行的第四届"互联网+"大学生创新创业大赛上,该项目荣获金奖。截至目前,项目已实地对接了贫困村400多个、农村合作社300多家,并与全国50多个贫困县签署了合作协议,帮助每个农户年均增收2 100元。

福建农林大学硕士毕业生裴锦泽的项目"引凤计划——打造乡村人才振兴的一站式服

务"项目则从人才角度为乡村振兴提供助力,该项目在第四届"互联网＋"大学生创新创业大赛"青年红色之旅"赛道上荣获金奖。由金凤负责项目推广,玉凤推动项目落地,雏凤开展乡村实践。2018年2月4日至今,该项目为乡村对接金凤(高校院士、教授等领军人才)27名,培养玉凤(本地创业者)340名,引导雏凤(大中专学生)12万名,在服务乡村和推动产业兴旺上起到了重大作用。

这些只是福建省"青年红色筑梦之旅"活动所取得成就的一小部分。一年来,福建省教育厅和各高校采取多项措施,扎实推进"青年红色筑梦之旅"活动深入开展:专门印发《关于进一步深入扎实开展"青年红色筑梦之旅"活动的通知》,组织开展了"青年红色筑梦之旅"活动巡讲、调研和培训活动,组织60多所高校部门负责人组成9个活动调研组,深入省级扶贫开发工作重点县开展调研和项目对接,收集县、乡项目需求600项。成立"青年红色筑梦之旅·助力脱贫攻坚"福建公益基金,筹集"青年红色筑梦之旅"活动优秀项目奖补专项资金1 655万元,331个优秀项目各获得5万元奖补。

努力耕耘,结出硕果。据了解,在第四届"互联网＋"大学生创新创业大赛"青年红色筑梦之旅"活动中,福建省项目数和获奖数均名列全国第一。一年来,福建省高校2.5万余名师生报名参加"青年红色筑梦之旅"活动,参加项目5 000余个,吸收公益基金6 389万元,对接农户、合作社、企事业单位8 000余个,帮扶4万余人。

双创思政,全新融合

"希望你们扎根中国大地了解国情民情,在创新创业中增长智慧才干,在艰苦奋斗中锤炼意志品质,在亿万人民为实现中国梦而进行的伟大奋斗中实现人生价值。"这是2017年8月,习近平总书记给参加第三届中国"互联网＋"大学生创新创业大赛"青年红色筑梦之旅"活动的大学生回信中的一段话。

为了深入贯彻落实习近平总书记给第三届中国"互联网＋"大学生创新创业大赛"青年红色筑梦之旅"活动大学生重要回信精神,一年来,福建省教育厅和各高校持续推进创新创业教育改革,广泛动员,深入开展"青年红色筑梦之旅"活动,同时将思政教育贯穿于课堂教学、实践活动全过程,致力于打造一堂"双创"与思政全新融合的高校课堂。

一年来,除了省内革命老区的扶贫对接活动,福建省教育厅还组织各高校100余个优秀项目团队与江西井冈山、陕西延安、宁夏闽宁镇、河北西柏坡等地对接,助力当地经济建设和脱贫攻坚。从省内到省外,从田间地头到高新科技……八闽高校学子们充分发挥优势,积极参与脱贫攻坚,同时也在实践中了解国情民情,经受了一场思想上的洗礼。

"今年暑假期间去漳州云霄参加'红旅'活动,了解到种植业的不容易和新时代农民对技术的强烈需求,更深刻感受到了我们肩负的责任。"厦门大学陈兆权说。

福州大学"禾泽环保"项目主要提供环境和生态工程技术咨询,2017年成立至今共完成开发建设项目水土保持方案报告书30余项,其中贫困地区21项。其间,团队成员多次到宁德屏南县等贫困乡镇走访调研,并到当地红色文化实践教育基地参观学习,接受革命教育。团队成员表示:"习总书记说'绿水青山就是金山银山'。我们会继续关注贫困地区的环保生态问题,助力当地政府和居民以绿色扶贫带动精准扶贫,实现可持续发展。"

谱一曲壮丽的新时代青春之歌

——写在习近平总书记给"青年红色筑梦之旅"活动大学生回信两周年之际

(教育部网站 2019年8月23日)

"希望你们扎根中国大地了解国情民情,在创新创业中增长智慧才干,在艰苦奋斗中锤炼意志品质,在亿万人民为实现中国梦而进行的伟大奋斗中实现人生价值,用青春书写无愧于时代、无愧于历史的华彩篇章……"

习近平总书记对参加"青年红色筑梦之旅"活动(以下简称"红旅")学生的一语寄托,成为今天460余万名大学生创客勇立创新创业潮头的强大力量,亦是3 000万大学生阔步新时代的精神驱动力。

8月15日是习近平总书记给中国"互联网+"大学生创新创业大赛(以下简称大赛)"青年红色筑梦之旅"活动大学生回信两周年,各省各高校纷纷组织座谈会,交流"红旅"项目进展,谈使命担当,展青春风采。

以青年为主力,造就一支创新创业创造生力军

"红旅"是一场以青年大学生创客为先锋、政产学研用创投金各界广泛参与的助力乡村振兴活动,是一堂新时代青年将个人梦融入伟大中国梦、实现人生价值、凝聚民族力量而形成的思政大课堂,是一次强化人才培养模式、创新实践教育的高校创新创业教育改革,为促进经济社会发展添上浓墨重彩的一笔。

两年来,各省(自治区、直辖市)立足大赛组委会发布的全国"红旅"活动方案,纷纷探索各具特色的"红旅"模式,造就创新创业创造生力军。

福建打造"双百三级三创联动"活动模式,以在项目上联建党支部的方式带动百校与百乡、千院与千村、万队与万户融合共创;湖北将"红旅"活动同大学生暑期社会实践活动、校企合作、"我选湖北"大学生实习实训计划项目相结合;云南、江苏等省均成立"青年红色筑梦"联盟;浙江成立大赛优秀项目综合金融服务平台——浙江省"高校双创板"等,充分调动广大师生参与积极性。

从延安到古田、从井冈山到西柏坡、从小岗村到闽宁镇,春秋两载,"红旅"活动已成星火燎原之势:2018年,70万名莘莘学子、14万支团队将活动的旗帜插遍广袤的中华大地;以"小满粮仓""彩云本草""我知盘中餐"等为代表的优秀创业项目,共计实现经济效益增收近

40亿元。

"2019年,要吸引100万大学生参与到'红旅'活动中来",教育部高教司司长吴岩指出,"不断为社会经济发展注入澎湃新动能。"截至8月15日,全国已有98万大学生、24万个项目参加了今年的"红旅"活动。

以红色为主题,上好一堂全国最大的思政课

红色文化,是国家之根、民族之魂。"红旅"活动指引青年学生深入革命老区,探寻和挖掘更多红色资源与文化。

走进延安圣地,感悟梁家河精神;登上革命摇篮井冈山,星星之火点亮初心;驻足不朽丰碑西柏坡,实事求是思想映人心;行至嘉兴南湖岸,"红船精神"代代相传;福建古田、甘肃会宁、龙江大庆、安徽小岗村、宁夏闽宁镇等等蕴含的红色文化,都为青年学生开设了丰富的思想政治教育课,使红色文化凝结成创新创业中的精神力量,砥砺前行。

"青年,是人生中不断叩问自己应该如何担当使命的时期;红色,让大家学习扎根大地了解国情民情、接受革命传统教育;筑梦,是一种行动,用创新创业成果服务乡村振兴、服务国家治理。""绿色浙江"乡村生态振兴公民行动项目负责人忻皓表示,"青年红色筑梦之旅"八字相连,就是新时代新青年新长征的召唤。

传承红色基因,凝聚前行力量。"韶关学院青红苏区志愿服务协会"公益组织代表朱燕梅表示,将积极拓展志愿者规模,扩大扶贫地区范围,扶助更多粤北苏区的孤寡老人。

"我们希望凭借在西北多年开展创客教育的丰富经验和强大优势,以每年帮助5~10所学校的速度,开展乡村创客帮扶计划,为红色老区乃至全国各贫困地区学校的创客教育提供帮助。"蒜泥乐博创客教育项目创始人徐志伟希望能用自己的双手造出一张走出乡村的"通行证"。

在总书记回信两周年之际,南宁学院"不惑青春英雄精神体验传承基地"揭牌成立,分设"浴血卫国""热火建设""青春不惑"三大主题展区,分别展出戍边卫国英雄事迹、复员建设家乡事迹、新时代年轻人传承爱国精神三方面内容,是学校培养"做人有品格、创业有本领"应用型人才的新举措,亦是与时俱进的双创思政课的新实践。

为促进思政教育与双创教育深度结合,各高校通过分赴红色革命纪念地、重走长征路、参观历史革命纪念馆、聆听红色文化专题报告会等形式大力丰富"红旅"活动内容,让学生近距离体验红色文化,培养有理想有本领有担当的时代新人。

今年全国"红旅"启动活动创新采用"互联网+"技术,首次实现"红船精神"和"两山理论"跨越时空联接,吸引来自全国300余所高校的近40万名师生同时在线观看,一堂全国最有温度的思政金课正在形成。

以筑梦为主旨,把青春梦融入伟大中国梦

在总书记回信两周年之际,全国高校学子重温总书记回信精神,牢记总书记殷殷嘱托,深入交流"红旅"项目进展和实效:

厦门大学"我知盘中餐"团队对接103个合作社,帮助农民215户,每户平均增收

2 100元。今年,团队新增帮扶合作社80余家,平台新增入驻农产品300多款,已销售扶贫产品50多万元。

浙江大学"渔米香——科学助力千万农民稻渔丰收"项目奔赴江西、湖南、贵州、宁夏等地开展技术帮扶,累计实现脱贫8 350户,更是实现了多村的整村脱贫等。

一系列"红旅"项目为传统农业升级转型探索出不同路径,使农民看到信息时代的生活希望,重拾对土地的信心。

"富口袋",也要"富脑袋"。红树林农村中小学公益教育项目依托自主研发的红树林双向互动视频授课教室技术,已为全国20个省份的215个教育资源稀缺地区提供线上辅导,为2 000余名农村中小学生带去远程知识陪伴和成长关怀,有利于从根源上解决贫困代际传递问题。

通过在福建、江西、广西、广东4省62村有效对接数字博物馆62处,重点挖掘记录红色记忆,形成红色文化遗产信息链,"数字乡建——信息服务平台·振兴美丽乡村"项目使更多红色文化被挖掘出来,形成红色文化遗产信息链,丰富社会主义核心价值观内涵,为新时代新青年思想政治教育提供了更多内容。

从"红旅"活动中涌现的众多优秀项目,以"科技中国小分队""健康中国小分队""幸福中国小分队""教育中国小分队""法治中国小分队""形象中国小分队""政策宣讲小分队"等多种形式,生动展现了团队在城乡社区和老少边区的"红旅"实践,在现代创意农业、美丽乡村建设、健康脱贫攻坚、红色文化传播、新时代城市新弱势群体扶助、经济发达地区乡村振兴、老少边地区和欠发达地区的精准扶贫等领域作出实实在在的贡献,书写出新时代高校学子的使命担当:将个人梦融入中国梦,将自己锻造为有理想、有本领、有担当的热血青年,成为这个时代核心竞争力。

"青年红色筑梦之旅"活动情况介绍

(教育部网站　2019年10月10日)

"青年红色筑梦之旅"活动是中国"互联网＋"大学生创新创业大赛的重要活动,旨在鼓励广大青年学生扎根中国大地了解国情民情,接受革命传统教育,用创新创业成果服务乡村振兴战略、助力精准扶贫脱贫,走好新时代青年的新长征路。2017年8月15日,习近平总书记给大赛"青年红色筑梦之旅"大学生回信,深切勉励青年学子把激昂的青春梦融入伟大的中国梦,扎根中国大地了解国情民情,在创新创业中增长智慧才干,在艰苦奋斗中锤炼意志品质,在亿万人民为实现中国梦而进行的伟大奋斗中实现人生价值,用青春书写无愧于时代、无愧于历史的华彩篇章。重要回信充分肯定了大学生服务革命老区、助力乡村脱贫致富奔小康和奋发有为的精神风貌,体现了以习近平同志为核心的党中央对青年一代的关心厚爱和殷切期望。

一、新突破,"青年红色筑梦之旅"星火燎原

为全面贯彻落实习近平总书记重要回信精神,教育部以"红色筑梦点亮人生　青春领航振兴中华"为主题,在更大范围、更高层次、更深程度实施"青年红色筑梦之旅"活动,一堂全国最大、最有温度的国情思政课落地生根。从延安到古田、从井冈山到西柏坡、从小岗村到闽宁镇、从嘉兴南湖到大庆油田,春秋两载,"青年红色筑梦之旅"活动已成星火燎原之势。

2018年,累计有2 238所高校的70万名大学生、14万个团队参加"青年红色筑梦之旅"活动,对接农户24.9万户、企业6 109家,签订合作协议4 200余项,产生直接经济效益近40亿元。习总书记在得知全国有70万大学生参加活动之后,又专门委托教育部向同学们表达亲切问候。

今年,"青年红色筑梦之旅"从嘉兴南湖正式启航,先后在江西上饶、安徽六安、黑龙江大庆、山东威海、云南临沧等地开展了全国对接活动,各地各高校广泛组织省级和校级对接活动,累计100万名大学生、22万名教师、23.8万个创新创业项目深入革命老区、贫困地区和城乡社区,对接农户74.8万户、企业24 204家,签订合作协议16 800余项,产生经济效益约64亿元;设立公益基金480余项,基金规模达3.6亿元。6月,在全国大众创业万众创新活动周期间,李克强总理重点观看了大赛成果展,听取了大赛情况汇报,并亲切慰问了来自全国各地参加第五届大赛"青年红色筑梦之旅"的大学生代表,勉励青年大学生以创新创业成果奋力推动国家发展,实现人民对美好生活的向往,对大学生代表提出的"我敢闯、我会创"表示肯定。

二、新变革,创新创业教育改革创新发展

一是创新教育理念,促进目标融合。大赛紧扣国家创新驱动发展、乡村振兴等战略,丰富"青年红色筑梦之旅"活动的内涵,深入推动创新创业教育与思想政治教育相融合,创新创业实践与乡村振兴战略、精准扶贫脱贫相融合。通过"两个融合",引导青年大学生把个人理想与党和国家的前途命运紧密结合起来,让自己的成长发展与时代发展同频共振、与人民群众血脉相连,做创新创业、服务人民、建设美好富强国家的奋进者、开拓者、奉献者,以"青春梦""创新创业梦"托起伟大的中国梦。

二是创新组织方式,促进精准对接。大赛建立国家-省-校三级活动机制,广泛动员全国大学生参与活动。促进各级教育、农业、扶贫等多部门联动,深入调研乡村振兴和精准扶贫脱贫需求,便于大学生创新创业团队根据需求,结合专业优势、项目特点实现精准对接和帮扶。来自理工、农林、医学、师范、法律、新闻等各专业的大学生以"科技中国小分队""健康中国小分队""幸福中国小分队""教育中国小分队""法治中国小分队""形象中国小分队""政策宣讲小分队"等形式,走进革命老区、贫困地区,到各自对接的县、乡、村和农户,从质量兴农、绿色兴农、科技兴农、电商兴农、教育兴农等多个方面有针对性地开展帮扶工作,取得了积极成效。

三是创新工作模式,汇聚各方资源。大赛鼓励企业、民营资本、公益组织与政府、高校合作,共同推进"青年红色筑梦之旅"活动,将更多的优质社会资源转化为育人资源,为大学生提供实践平台、指导服务和融资支持。政府、高校在和社会机构合作的过程中,不是被动等资源送上门,而是主动了解社会机构的"需求点""兴趣点",分析明确高校的"短板""痛点",找准政府、高校与社会机构协同合作的"结合点",探索协同合作的最优路径,充分激发社会机构参与教育事业的动力,实现多方共赢。

三、新成效,创新创业教育改革可喜成果

一是构建了高校育人的新模式。"青年红色筑梦之旅"不仅是一堂创新创业实践课,也是一堂生动的思政课。各地大学生创新创业团队走进延安、井冈山、西柏坡、古田等革命老区,追寻革命前辈伟大而艰辛的创业史;走进安徽小岗村、黑龙江大庆、宁夏闽宁等地,感受不畏艰辛、敢为人先的奋斗精神。学生们既受到了思想洗礼,提升了社会责任感、创新精神和实践能力,同时也推动了当地社会经济发展。学生们表示,当代青年不仅要有敢于冒险、矢志不移的魄力与坚持,而且要有扎根中国、心怀天下的使命与担当。

二是为乡村振兴注入了新动能。习近平总书记在给全国涉农高校的书记校长和专家代表的回信中指出,中国现代化离不开农业农村现代化,农业农村现代化关键在科技、在人才。"青年红色筑梦之旅"将高校的智力资源以及社会优质资源辐射到广大乡村,改变了农村"失学贫血"的状态,推动了当地经济社会的发展。例如,厦门大学"我知盘中餐"团队对接103个合作社,帮助农民215户,每户平均增收2 100元。团队今年新增帮扶合作社80余家,平台新增入驻农产品300多款,已销售扶贫产品50多万元。浙江大学"渔米香"项目奔赴江西、湖南、贵州、宁夏等地开展技术帮扶,累计实现脱贫8 350户,更是实现了多村的整

村脱贫等。云南"彩云本草"团队针对乌蒙山区干旱缺水、土地贫瘠问题研究开发了绿色环保保水剂，带领乌蒙山区老百姓种植近千亩中药材，帮助农户年均收入由原来的3 000元提高到1.2万元。陕西"小满良仓"团队用电商模式帮助贫困农户销售了5 000余万元农产品。江西"稻渔工程"项目在江西多地推广了"稻虾、稻蟹、稻鱼"等模式，服务面积10万余亩，实现"一水两用、一田双收"，帮助农户增产增收。

三是完善了产学研用结合的新机制。各地各高校以"青年红色筑梦之旅"活动为抓手，推动科教结合、产教融合、校企合作，加强教育界与科技界、产业界、投资界的合作，将高校的智力资源、技术资源、文化资源与企业和投资机构的金融资源、市场资源、社会资源等精准对接，促进产学研用紧密结合。通过师生共创，进一步激活了高校的专利资源，让"躺"在实验室的科研成果真正产生市场价值和社会价值，促进新理念、新技术、新产品、新业态和新模式的蓬勃兴起。

习总书记指出：创新决胜未来，改革关乎国运。对于高等教育发展来讲，改革是第一动力，创新是第一引擎，要成就伟大的教育，教育创新就不能停顿。当前，我国高等教育改革发展已经进入深水区，某些领域也开始进入无人区，没有现成的经验可以模仿复制，需要有旱路不通走水路、水路不通走山路、山路不通开新路的敢为天下先的勇气，不断推动思想创新、理念创新、方法技术创新和模式创新，以更大的勇气、更大的魄力、更大的智慧推动高等教育创新发展，培养造就有理想、有本领、有担当的青春力量，把我国建设成世界主要高等教育中心和创新人才培养高地，为民族复兴作出更大的贡献。

2020年"青年红色筑梦之旅"活动正式启动

(央广网 2020年6月30日 记者:郑澍 通讯员:许颖 赵春旭)

6月30日,第六届中国国际"互联网+"大学生创新创业大赛"青年红色筑梦之旅"活动全国启动仪式在深圳、北京两地采取线上线下同步举行。本届大赛由教育部等十二部委与广东省人民政府联合主办,华南理工大学与广州市人民政府、深圳市人民政府联合承办。

教育部党组成员、副部长钟登华指出,面对突如其来的新冠肺炎疫情,新时代的大学生们,坚决响应党的号召,接受了一场人生大考,坚持停课不停学,积极参加各类志愿服务、参与疫情防控科研攻关,展现了新时代大学生昂扬向上的精神风貌。他强调,要弘扬伟大的改革开放精神,聚焦脱贫攻坚,用创新创业的生动实践贡献源源不断的青春力量。

华南理工大学党委书记章熙春表示,"青年红色筑梦之旅"是传承红色基因,不忘初心、牢记使命的"再学习";是保持奋斗姿态,弘扬改革开放精神的"再深化";更是投身脱贫攻坚,决胜全面建成小康社会、实现"两个一百年"奋斗目标的"再出发"。

聚焦决战决胜脱贫攻坚

2020年是脱贫攻坚决战决胜之年,今年的"青年红色筑梦之旅"活动聚焦决战决胜脱贫攻坚和全面建成小康社会最后的"硬骨头",号召各地各高校大学生深入脱贫攻坚主战场,围绕52个未摘帽贫困县的创新创业、乡村振兴、环境保护、全面小康等开展活动。

活动现场,音诗画《红旅青年助力扶贫,广阔天地大有作为》以"视频+诗朗诵"的形式呈现,奋斗在脱贫攻坚一线的党员干部们为学子们送上寄语,现场红旅学子代表誓师,一同呐喊"决胜脱贫攻坚,红旅青年再出发"作出回应,展现他们助力脱贫攻坚的热情与决心。来自全国的代表队伍挥舞着代表青春与梦想的旗帜,从闯关赛道出发,奋力奔向决战脱贫攻坚的"最后一公里"。与会嘉宾两地联动,同步点亮脱贫地图,正式启动"青年红色筑梦之旅"活动。

给青年搭建更广阔的舞台

"青年红色筑梦之旅"活动由教育部主办,自2017年启动以来已举办三届。

2018年,累计有2 238所高校的70万名大学生、14万个团队参加"青年红色筑梦之旅"活动,对接农户24.9万户、企业6 109家,签订合作协议4 200余项,产生直接经济效益近

40亿元。

2019年,"青年红色筑梦之旅"活动吸引了更多的师生参与,累计100万名大学生、22万名教师、23.8万个创新创业项目深入革命老区、贫困地区和城乡社区,对接农户74.8万户、企业24 204家,签订合作协议16 800余项,产生经济效益约64亿元;设立公益基金480余项,基金规模达3.6亿元。

曾获得"青年红色筑梦之旅"赛道商业组银奖的陈可,是华南理工大学建筑学院城乡规划专业博士研究生,现为广州方略乡创文化有限公司创始人、CEO,华南理工大学建筑学院乡建扶贫志愿者服务队团队负责人。陈可说:"在红旅的舞台上,我们结识了来自全国不同省份的队伍。大家有着不同的模式,但是却对脱贫攻坚事业有着共同的热情,这坚定了我们团队的信念。同时,青年红色筑梦之旅比赛进一步激发了我们团队创新的热情,为我们将创新创业和脱贫攻坚、乡村振兴相结合,提供了更明确的前进方向。"

据悉,第六届中国国际"互联网+"大学生创新创业大赛将举办"1+6"系列活动。"1"是主体赛事,包括高教主赛道、"青年红色筑梦之旅"赛道、职教赛道、萌芽赛道。"6"是6项同期活动,包括"智闯未来"青年红色筑梦之旅活动、"智创未来"全球创新创业成果展、"智绘未来"世界湾区高等教育峰会、"智联未来"全球独角兽企业尖峰论坛、"智享未来"全球青年学术大咖面对面、"智投未来"投融资竞标会。

青春领航脱贫攻坚　红色筑梦创业人生

——2020年"青年红色筑梦之旅"活动正式启动

(新华网　2020年6月30日)

6月30日,第六届中国国际"互联网+"大学生创新创业大赛"青年红色筑梦之旅"(以下简称"红旅")活动启动仪式在北京和深圳同时举行。教育部党组成员、副部长钟登华,广东省副省长覃伟中出席并讲话。教育部高等教育司、深圳市人民政府、华南理工大学等相关单位负责人和31个省(自治区、直辖市)师生代表参加启动仪式。

新方案,聚焦决胜脱贫攻坚

本次"红旅"活动全面聚焦52个未摘帽贫困县的实际需求,引导广大青年学生扎根中国大地了解国情民情,用创新创业实践助力精准扶贫脱贫,推动高校的智力、技术和项目资源在各贫困县落地生根,帮助当地老百姓脱贫致富,带动当地经济社会发展,助力走好脱贫攻坚"最后一公里"。

3年来,"青年红色筑梦之旅"活动紧扣国家创新驱动发展、脱贫攻坚、乡村振兴等战略,不断丰富"青年红色筑梦之旅"活动的内涵,深入推动创新创业教育与思想政治教育相融合,创新创业实践与精准扶贫、乡村振兴战略相融合。通过"两个融合",引导青年大学生把个人理想与党和国家的前途命运紧密结合,让自身的成长发展与时代发展同频共振,做创新创业、服务人民、助力脱贫攻坚的奋进者、开拓者、奉献者,以"青春梦"托起"小康梦"。与此同时,大赛建立了国家-省-校三级活动机制,广泛动员全国大学生参与活动。促进各级教育、农业、扶贫等多部门联动,深入调研乡村振兴和精准扶贫脱贫需求,便于大学生创新创业团队根据需求,结合专业优势、项目特点实现精准对接和帮扶。

钟登华表示,面对突如其来的疫情,新时代的青年大学生们接受了一场人生大考,坚持停课不停学,积极参加各类志愿服务、参与疫情防控科研攻关,展现了新时代大学生昂扬向上的精神风貌。他希望广大青年大学生积极投身脱贫攻坚伟大实践,用青春书写华彩篇章,要传承红色基因,坚定理想信念,走好新时代青年的长征路。

新平台,助力创新创业教育

从延安到古田、从井冈山到西柏坡、从小岗村到闽宁镇、从嘉兴南湖到大庆油田,春秋三载,"青年红色筑梦之旅"活动已呈星火燎原之势。全国170万名大学生、38万个团队参加"青年红色筑梦之旅"活动,走进革命老区、农村地区、城乡社区,传承红色基因、了解国情民情、接受思想洗礼,助力乡村振兴和精准扶贫。对接农户近100万户、企业3万余家,签订合作协议21 000余项,产生直接经济效益百亿元。"青年红色筑梦之旅"活动将高校的智力资源、优质的社会资源辐射到广大乡村,推动了当地经济社会的发展。例如,厦门大学"我知盘中餐"团队对接103个合作社,帮助295户农民每户平均增收2 100元。浙江大学"渔米香"项目奔赴江西、湖南、贵州、宁夏等地开展技术帮扶,累计帮助8 350户农民脱贫,而且实现了多村的整村脱贫等。云南"彩云本草"团队针对乌蒙山区干旱缺水、土地贫瘠问题研究开发了绿色环保保水剂,带领乌蒙山区老百姓种植近千亩中药材,帮助农户实现年均收入由原来的3 000元提高到1.2万元。陕西"小满良仓"团队用电商模式帮助贫困农户销售了5 000余万元农产品。江西"稻渔工程"项目在江西多地推广了"稻虾、稻蟹、稻鱼"等模式,服务面积10万余亩,实现"一水两用、一田双收",帮助农户增产增收。

新模式,实现三全育人

"青年红色筑梦之旅"活动不仅是一堂创新创业实践课,也是一堂最有温度的国情思政大课。这堂课引导青年学生坚定理想信念、锤炼意志品质,以青春梦托起中国梦。各地大学生创新创业团队走进延安、井冈山、西柏坡、古田等革命老区,追寻革命前辈伟大而艰辛的创业史;走进安徽小岗村、黑龙江大庆、宁夏闽宁等地,感受不畏艰辛、敢为人先的奋斗精神。学生们既受到了思想洗礼、提升了社会责任感、创新精神和实践能力,同时也推动了当地社会经济发展。学生们表示,当代青年不仅要有敢于冒险、矢志不移的魄力与坚持,而且要有扎根中国、心怀天下的使命与担当。

第五届大赛"红旅"赛道获奖选手陈可是华南理工大学建筑学院城乡规划专业学生,现为广州方略乡创文化有限公司创始人、CEO,华南理工大学建筑学院乡建扶贫志愿者服务队团队负责人。回忆起参加活动的经历,陈可说:"在'红旅'的舞台上,大家有着不同的模式,但对脱贫攻坚事业却有着共同的热情,这坚定了我们团队的信念。"在华工建筑学院叶红副教授等教师的指导下,陈可创新建立了规划、设计、建设、运营"一体化"的乡建模式,已在粤北和珠三角地区70余个村庄(含省级贫困村)付诸实践,并于2019年11月被国家住建部推荐为全国试点示范案例。

教育部高等教育司司长吴岩表示,我们希望通过"红旅"探索中国高等教育人才培养新模式,让"红旅"活动把思政教育、专业教育和创新创业教育深度融合起来,走出一条新路,树立新的人才培养观、新的教学质量观。

据悉,本次"红旅"活动还充分融入深圳经济特区建立40周年、深圳建设中国特色社会主义先行示范区一周年等内容,进行"红旅日"12小时线上直播,开展"脱贫致富青年先行"红旅优秀案例线上汇报、"相约红旅"访谈、"我为扶贫带货"等活动,数百万师生参与并实时互动。还开展了线下"勇闯脱贫攻坚奋进之路"闯关越野赛等活动。

聚焦 52 个未脱贫摘帽贫困县 青年红色筑梦之旅启动

(科技日报　2020 年 6 月 30 日　记者:张盖伦)

　　30 日,第六届中国国际"互联网＋"大学生创新创业大赛"青年红色筑梦之旅"活动启动仪式在北京和深圳同时举行。本次"红旅"活动全面聚焦 52 个仍未脱贫摘帽贫困县的实际需求,引导广大青年学生扎根中国大地了解国情民情,助力走好脱贫攻坚"最后一公里"。

　　教育部党组成员、副部长钟登华在启动仪式上指出,新时代青年大学生要弘扬伟大的改革开放精神,聚焦脱贫攻坚,用创新创业的生动实践贡献源源不断的青春力量。

　　"青年红色筑梦之旅"活动由教育部主办。自 2017 年启动以来已举办三届,累计有 170 万大学生走进革命老区、贫困地区和城乡社区,接受思想洗礼、加强实践锻炼,为全国青年学生打造了一堂"红色大课"、一堂最大最有温度的国情思政课。3 年来,有近 38 万个创新创业项目参与活动,对接农户近 100 万户、企业 3 万余家,签订合作协议 2 万余项,产生直接经济效益逾 100 亿元,帮助一大批农村青年解决了就业问题。"这也是当代大学生发出的最有力的青春宣言:脱贫攻坚、乡村振兴必定有我!"教育部高等教育司司长吴岩表示,"青年红色筑梦之旅"活动引导青年学生坚定理想信念、锤炼意志品质,以"青春梦"托起中国梦。

　　"我们需要风花雪月的'小情小调',但是这些素质还远远不够。进入新时代,我们的素质教育必须在此基础之上有新突破。我们更需要'敢闯会创'和有家国情怀的'大情大调'。"吴岩希望,今天的年轻人、今天的大学生要少一点精致的利己主义者,多一点"敢闯会创"有家国情怀的奋斗者,青年要投身于脱贫攻坚的伟大斗争中,投身于乡村振兴的伟大事业中。"这就是这一代青年大学生的历史责任和时代担当,这就是我们新时代的素质教育观。"吴岩强调。

筑梦路上　脚步不停

——3年来170万大学生参与"青年红色筑梦之旅"活动的创新创业助力脱贫攻坚

（人民日报　2020年10月9日　记者：赵婀娜）

中国"互联网+"大学生创新创业大赛"青年红色筑梦之旅"活动自2017年举办以来，累计吸引了170万大学生走进革命老区、贫困地区和城乡社区，开展了近38万个创新创业项目，对接农户近100万户。大学生们走出校园，扎根祖国大地，了解国情民情，增长经验才干。本报记者采访了3名参与活动的大学生，来听他们讲述在红色筑梦之旅中的所思、所感、所悟。

——编者

搭建平台，拓展销售渠道

讲述者：电子科技大学电子科学与工程学院2015届硕士刘沈厅

年初，我回到家乡四川省眉山市彭山区创业，流转了130余亩土地种植柑橘和猕猴桃。

经过几年时间，家乡的果业发展已经初具规模，种植面积近17万亩，覆盖葡萄、柑橘、猕猴桃等品类。

去年年初，我和其他9名返乡创业的大学生一起成立了彭山区果业商会和微梦志愿服务队。

今年年初，全区7 000多万斤晚熟柑橘面临滞销。我们商会对接政府、收集问题、反馈需求、讨论方案，用7天时间建成了"零接触式"水果中转站。

打通物流只是第一步，拓展销售渠道才是关键。接下来的1个月，我们通过电商协会对接直播带货平台。近100位主播走进果园，开展直播300余场，累计销售300万斤，销售额约2 000万元。

此后，我们又培训140余位农场主运用新媒体平台，实现农商信息共享、远程视频洽谈、直播看货、监控采摘等，并辅以冷链物流储运、"零接触式"中转站转运，销售柑橘1 200万斤，价值4 860万元。在这个过程中，我们以每斤4.5元的好价格帮一名刚脱贫的老果农卖出了8万斤柑橘。他十分感动，还主动加入服务队，成为队伍中年龄最大的志愿者。

受到中转站模式的启发，我又搭建起公益性"数字农业服务平台"，整合新媒体矩阵资源，让政府、果农、客商等实现一站式无缝对接。6月初,平台搭建完成,现已有200余家农场、60余家客商陆续入驻,销售产品超过500种,线上劳务中心也已入驻农民工1 000余人。

今年8月,为减少洪水灾害对果农的影响,平台紧急通过线上直播引流和线下平台对接,助销葡萄500万斤,挽回损失5 000余万元。看到这些数字,我的幸福感和成就感油然而生。虽然我做的跟自己的专业不对口,但却是对乡亲们实实在在有帮助的事业。

我们立志做有梦想、有情怀、有担当的青年人,希望通过我们的努力,让农业成为令人向往的产业,让农民成为令人羡慕的职业,助力乡村振兴。

传承技艺,编织青春梦想

讲述者:贺州学院2018级学生潘水珍

"五岭山歌就是多,出门两步脚绊歌;世代种地又种歌,盼望走出大山窝!"这是我的家乡广西壮族自治区贺州市富川瑶族自治县的瑶族蝴蝶歌,听着这首歌长大的我,一直希望走出大山看看,并帮助我的家乡脱贫,让乡亲们过上更好的日子。

参与"扶瑶织梦"创新创业团队后,我才真正体会到瑶族服饰中蕴含的文化魅力。在校内老师和校外传承人的指导下,我们团队拜访了600多位瑶乡绣娘,录制了2 600多小时的视频,拍摄了3.7万多张照片,收集了963件(套)原生态瑶族服饰,共绘制了1 254种瑶族纹样,建立了瑶族服饰图案IP数据库。

依托"国家级非遗名录《瑶族服饰》贺州学院传承基地"和国家旅游商品研发中心(贺州)联合研发基地,在实践中,我们探索出"高校(设计生产研发中心)+基地(瑶绣传承培训体验、乡村扶贫车间)+绣娘(刺绣工坊和绣娘家庭)"的瑶乡扶贫新模式,年产服饰1.02万件(套)、各类工艺衍生产品3.6万件,带动了瑶乡的发展。

不仅如此,团队设计的瑶绣作品还被许多博物馆收藏,有两种瑶绣图案作品还被联合国开发计划署征集,用于联合国商务笔记本的装饰。现在,贺州市的瑶绣绣娘有500多人,其中360余人是建档立卡贫困户农民和返乡农民工,每年人均可增收1.5万元以上,富川县也成功脱贫摘帽。

今年暑假,我们团队两次前往河池市都安瑶族自治县,与当地企业合作研发一批瑶族文创产品,开展网上直播带货,还建立了"都安瑶族自治县国家级非物质文化遗产《密洛陀》传承基地"、贺州学院教学科研实习实践基地和"扶瑶织梦"非遗+文创产学研基地,助推都安瑶族文化传承与瑶乡脱贫攻坚。

今后,我会好好珍惜大学的学习时光,继续参与"扶瑶织梦",实现我的梦想。

返乡创业,助力黔货出山

讲述者:北京科技大学经济管理学院2018级研究生肖祥应

我出生在贵州省石阡县农村,2018年9月开学前,我们村的村支书对我说:"你去北京好好读书,以后回来支持家乡建设。"进入大学后,我常听同学讲参加"青年红色筑梦之旅"活动的经历。渐渐地,返乡创业、助农脱贫的种子在我心中发芽。

辣椒是贵州特产,仅铜仁市沿河土家族自治县、石阡县等地种植的辣椒就有上万亩。今年,乡亲们种植的辣椒大面积丰收,却因销量不好而发愁。我也替大家着急,希望能为老乡们做点实事。

经过反复思考,我想到,如果能通过直播带货宣传,家乡的农产品或许就不愁销路了。于是,我与有助农带货经验的同学组建了由14人构成的北科大"黔小哥"青年返乡创业实践队,在我的家乡铜仁开展电商助农活动,帮助乡亲们解决农产品滞销问题。

经过前期调研,我们与石阡县和记绿色食品开发有限公司签订生产协议,对口支援沿河县,将沿河县的辣椒作为原料,开发出系列产品,借助直播拓展销路。如今,每个月销售的五香辣椒面达到500斤以上。

未来,我会继续创新直播营销方式,助力黔货出山、促进家乡经济发展。

贯彻落实习近平总书记给"青年红色筑梦之旅"学生重要回信精神 引导青年学生把激昂的青春梦融入伟大的中国梦

(教育部网站 2020年11月11日)

2017年8月15日,习近平总书记给第三届中国"互联网+"大学生创新创业大赛"青年红色筑梦之旅"的大学生回信,深切勉励青年学生扎根中国大地了解国情民情,在创新创业中增长智慧才干,在艰苦奋斗中锤炼意志品质,在亿万人民为实现中国梦而进行的伟大奋斗中实现人生价值,用青春书写无愧于时代、无愧于历史的华彩篇章。2018年,习近平总书记得知全国有70万大学生参加"青年红色筑梦之旅"活动后,又专门委托教育部向参加活动的青年学生表达亲切问候。习近平总书记的重要回信和亲切问候,既是对"青年红色筑梦之旅"活动的高度肯定,也为进一步深入开展活动指明了方向、提出了更高要求。

4年来,教育部认真贯彻落实总书记重要回信精神,推动全国高校在更大范围、更高层次、更深程度开展"青年红色筑梦之旅"活动,激励广大青年学生以青春奋斗领航民族振兴,奋力走好新时代的长征路,取得了阶段性成效。

一、形成了思想政治教育、专业教育与创新创业教育深度融合的人才培养新模式

自2017年以来,累计有302万大学生参加"青年红色筑梦之旅"活动,他们走进革命老区、贫困地区和城乡社区,接受思想洗礼、锤炼意志品质,同上一堂"红色大课"、同上一堂最大、最有温度的国情思政课,"互联网+"大赛和"青年红色筑梦之旅"活动有力推动了高校人才培养范式变革。

(一)红色传承,将思想政治教育与创新创业教育相融合

各地各高校组织开展了内涵丰富、形式多样的活动,引导广大青年学生走进革命老区亲身实践体验,从心灵深处感悟和领会红色精神。福建省着力打造"双百三级三创联动"活动模式,以在项目上联建党支部的方式带动百校与百乡、千院与千村、万队与万户融合共创。南宁学院专门建立"不惑青春英雄精神体验传承基地"。参加"青年红色筑梦之旅"活动的江西科技师范大学学生表示,先辈们的革命精神与新时代创业精神一脉相传,这样的大课激励自己不断前行,让自己心中燃烧的青春梦想变成了服务乡村振兴、服务国家创新发展的美好现实。

(二)学以致用,将专业教育与创新创业教育相融合

"青年红色筑梦之旅"活动组织了理工、农林、医学、师范、法律、人文社科等各专业大学生,以"科技中国小分队""健康中国小分队""幸福中国小分队""教育中国小分队""法治中国小分队""形象中国小分队""政策宣讲小分队"等形式,走进贫困地区、城乡社区,充分运用所学专业知识,在现代创意农业、美丽乡村建设、健康脱贫攻坚、红色文化传播、弱势群体扶助、乡村振兴等领域作出实实在在的贡献。

二、探索了扎根基层创新创业、服务城乡社区发展的新路径

"青年红色筑梦之旅"活动紧扣创新驱动发展、乡村振兴等国家战略,组织广大青年学生积极开展创新创业实践活动,通过创新引领创业、创业带动就业,促进地方经济健康绿色发展。

(一)对接搭台,汇聚全国创新创业资源,助力城乡社区发展

从延安到古田、从井冈山到西柏坡、从小岗村到闽宁镇、从嘉兴南湖到大庆油田,"青年红色筑梦之旅"活动通过举行全国对接活动,主动联系城乡社区的科技、农业、文旅等部门,深入调研地方经济结构,征集当地在农产品种植和销售、文化旅游规划等方面的需求,制定需求清单向全国各地各高校发布,帮助大学生创新创业项目团队与需求方取得联系,开展项目前期接洽、需求沟通,最终签订落地合作协议,实现大学生创新创业与地方发展需求的精准对接。4年来,已有近58万个创新创业项目参与活动,对接农户近150万户、企业4万余家,签订合作协议4万余项,产生直接经济效益逾200亿元。

(二)扎根基层,实施优秀创新创业项目,激活乡村发展内生动力

参加"青年红色筑梦之旅"活动的大学生通过信息咨询、技术指导、产业辅导,有力推动当地社会经济建设,催生出一些小微供应链,有效带动了当地就业。2018年,以"小满粮仓""彩云本草""我知盘中餐"等为代表的优秀创业项目,实现直接经济效益近40亿元。2019年,"青年红色筑梦之旅"活动金奖项目"伴农行者——数字孪生共享助农车间",通过农民培训、金融服务、订单农业销售,在山东临沂、湖南桂东、云南临沧等地落地开花,形成合作社16家,带动就业2 846人,带动农户人均增收1 490元。

三、取得了线上线下融合、助力脱贫攻坚决胜"最后一公里"的新成效

教育部把2020年的"青年红色筑梦之旅"活动作为决战教育脱贫攻坚的关键一招,全面聚焦52个未摘帽贫困县实际需求,引导广大青年学生用创新创业实践助力精准脱贫,帮助百姓脱贫致富,带动当地经济社会发展。

(一)线上线下融合,北京、深圳联动举行全国"青年红色筑梦之旅"启动仪式

6月30日,第六届中国国际"互联网+"大学生创新创业大赛"青年红色筑梦之旅"活动

全国启动仪式在北京和深圳同步举行,启动仪式重温了改革开放奋进之路,聚焦52个未摘帽贫困县脱贫攻坚,展示在全面建成小康社会征途中敢闯敢为的青年力量。全国31个省(市、区)和新疆生产建设兵团的师生代表参加了现场启动仪式,线上观看启动仪式和参与"青年红色筑梦之旅"微博话题阅读量总人次突破3 284万。

(二)电商直播扶贫带货,助力脱贫攻坚"最后一公里"

为克服新冠肺炎疫情带来的不利影响,今年的"青年红色筑梦之旅"活动从"线下"发展到"线上线下融合",积极开展电商直播扶贫带货等活动,打造了"青年红色筑梦之旅"活动新模式。截至今年11月,全国已有60万青年学生通过电商平台直播带货,销售额达4.3亿元,扶贫实效超出预期。其中,52个未摘帽贫困县所属的7个省(自治区)行动迅速,充分发挥直播电商在助力脱贫攻坚和乡村振兴方面的积极作用,短短一个月,一个个直播间、一个个微信群,"'红旅'+互联网直播电商"的模式形成巨大能量,为贫困地区激发了强劲的发展动能。电子科技大学的"青年红色筑梦之旅"项目"沈厅筑梦家庭农场"助力晚熟柑橘销量逆势大涨,一个月内销售超1 500万斤,销售收入超6 000万元,增加岗位6万人次。而在没有疫情危机的去年同期,当地用常规渠道仅实现销售收入1 000多万元。

下一步,教育部将持续深化创新创业教育改革,继续办好中国国际"互联网+"大学生创新创业大赛,把"青年红色筑梦之旅"活动作为全面推进高校思政工作的重要抓手,以"敢闯会创"为核心要素,引领高校人才培养范式变革,培养学生敢闯的素质、提高学生会创的能力,不断提升高校立德树人的成效,真正将"互联网+"大赛和"青年红色筑梦之旅"活动打造成高等教育战线响应党中央号召、服务国家战略的有力举措,打造成大学生创新创业教育、促进高质量就业创业的品牌活动。

扎根祖国大地　贡献青春力量

——第六届中国国际"互联网＋"大学生创新创业大赛"青年红色筑梦之旅"赛道观察

（中国教育报　2020年11月19日　记者：于珍　董鲁皖龙）

穿着黑色窄袖且镶有花边的彝族开襟上衣的贵州大学"博士村长"团队的路演人高磊一出场，便以一身民族特色服饰吸引了评委的目光。

"你们被称为'博士村长'，有行政权力吗？"评委发问。"当然没有。"高磊憨然一笑，"我们的目标是做公益扶贫。因为每天在田间地头和老乡们一起劳作，他们就'博士村长''博士村长'地叫着。"

11月19日，第六届中国国际"互联网＋"大学生创新创业大赛"青年红色筑梦之旅"赛道总决赛结果出炉，"博士村长"等24个项目获得大赛金奖。从黄土高原的"花馃馃"，到鄱阳湖边的"鱼米米"，从"太行潞党参"到西部"参芪草"，从掌上"智"村到蚁巢伞……大学生创客们从祖国各地会聚而来，演绎着一个相同的主题——扎根祖国大地，扶智扶志，以燎原之势的星星之火，贡献澎湃的青春力量。

扎根泥土，一场有温度的扶贫战役

北上太行山，艰哉何巍巍。海拔最高可达2 800米的太行山区因其独特的地理位置和气候条件，孕育了优质药材潞党参。

这里是集中连片特困地区，种植潞党参一直是当地百姓的主要收入来源。作为太行儿女，在"太行潞党参"项目负责人曹亚玲的记忆里，到了采收季节，潞党参总是铺满院子，"为什么这么好的潞党参卖不出去呢？"

带着这个从小就有的困惑，曹亚玲入读山西医科大学中药学专业，从本科到博士阶段一直研究潞党参。

"如今，一等品每公斤售价200元，卖同样的潞党参，农户收入增加3倍。"在路演现场，曹亚玲自豪地说，10年间，项目团队共服务了6个县，免费提供潞党参苗10万株，先后与33家合作社签订产学研合作协议，实现了潞党参产业扶贫与就业扶贫。

曹亚玲带领团队定期下田、指导农户种植潞党参时，王倩、高磊等贵州大学博士生也在苦苦思索着：他们这些走出大山的孩子，能用自己的力量为家乡做些什么？2017年11月，"博士村长"项目诞生了。

"我身上的这件彝族衣服,就是在乌蒙山区下乡扶贫时,当地一位阿公送给我的,一般情况下,这种衣服只会给自己的儿子。"高磊介绍。"博士村长"项目以产业帮扶、科技帮扶、文化帮扶、人才振兴为主导,开创了产业振兴、造血扶贫的全新模式。

找准痛点,贡献"最强大脑"

陕西蒲城是典型的农业县和贫困县,也是西安电子科技大学的扶贫对接点。学校的"农掌门"团队走访调研蒲城70余次,发现当地的自然条件十分适合种西甜瓜。

当地老乡却抱怨:"一是种子不好,二是技术不行,卖不出去,真是愁死人了。"路演现场,"农掌门"学生团队负责人韩鹤林将团队发挥电子信息特色学科和智力人才优势,进行产业赋能的故事娓娓道来。

在选种上,西安电子科技大学汇集全国30余家科研院所提供的优良品种,在"农掌门"产学研一体化示范基地进行试种,选出10种适合在蒲城种植的品种。

选好了种子再教农民种。团队基于西甜瓜病虫害数据库开发了智能识别系统,并整合了培训内容,开展线上线下培训。

最后,带着农民赚钱。"我们依托校友企业拓宽销售渠道,通过农掌门数据库,精准匹配供需关系,赋予蒲城西瓜品牌价值。"韩鹤林说。这样一来,农民的瓜不仅卖得出去,价格还更高了。

像"农掌门"项目一样,针对产业发展痛点,充分发挥学科优势,精准对接需求,量身打造平台,是此次"青年红色筑梦之旅"赛道项目的一大亮点。

赛道商业组全场最高分是宁波大学科研团队的"海蟹富盐碱"项目。项目组攻关4年,不仅申请了两个发明专利,而且将东海青蟹成功养在了黄河滩上,为当地村民蹚出一条家门口的致富路。

浙江大学"石蛙规模化生态养殖精准扶贫领军者"项目团队经过7年探索,攻克石蛙养殖业30年未解决的难题,并提供独家疫苗、专利饲料和高效生态规模化养殖技术,致力于科技扶贫。

深度赋能,"双创"大树才能根深叶茂

南宁学院创新创业学院院长马骏发现,"青年红色筑梦之旅"赛道的很多项目已经走出了围墙,不局限于师生合作,而是更多地寻求与企业、政府和社会合作,进行深度赋能。"大学生朝气蓬勃,充满热情,但是往往缺乏实践经验,外部的投资人和其他资源,是他们创业的培养基和加速器。"

参赛项目"孟子居'一棵树'公益扶贫项目"就呈现出这样的特点,项目负责人杨国庆介绍,项目发轫于校园,以学生为运营主体,以社会实践作为切入点,联系高校、企业、政府、研究所运作精准扶贫。

"项目与全国20余所高校合作进行实践调研,团队已经与北京科技大学、山东省农科院等高校和科研院所进行深入合作。"杨国庆说。

项目发展到一定阶段,还可以形成一种良性互动。"我们成立了50余个产学研基地,带

领更多学生到基地进行技术实验，真正做到了产学研一体化结合。"厦门大学嘉庚学院"中夭创客"项目负责人陈玉萍介绍，团队不仅孵化出了区域公共自有品牌，而且打通了商品流通体系，形成了完整的产业链，反哺学校的"双创"教育。

大赛评委、古村之友董事长汤敏认为，"青年红色筑梦之旅"赛道的很多项目真正走到基层，踏踏实实去解决实际问题，不搞花架子和噱头，非常有意义。但他也指出，真正好的"双创"项目既要有情怀有创新，又要有可持续性。

"现在有一个新的提法，叫社会企业，坚持一种以义为先，义、利并重的商业模式，大学生们不妨尝试以公益情怀为内核、以可持续发展路径为目标，借用该方式来解决社会问题。"汤敏说。

将激昂青春梦融入伟大中国梦

——写在第七届中国国际"互联网+"大学生创新创业大赛"青年红色筑梦之旅"启动之际

(新华网 2021年6月10日 记者:余俊杰 胡浩)

视频7

第七届中国国际"互联网+"大学生创新创业大赛"青年红色筑梦之旅"(简称"红旅")全国启动仪式将于6月11日在江西井冈山举行,全国青年学子从井冈山出发"走读"百年伟业。

经过5年的实践探索,300余万大学生参与"红旅"活动。广大青年学生走进革命老区、贫困地区和城乡社区,接受思想洗礼、加强实践锻炼。"红旅"已成为一堂融党史教育课、国情思政课、创新创业课、乡村振兴课、红色筑梦课为一体的中国金课。

一堂最为鲜明的党史教育课

党史教育传承,是国家之根、民族之魂。多年来,"红旅"活动积极探寻和挖掘红色党史与精神传承,引导广大青年学生在学党史、悟思想中传承基因、坚定信念、磨砺本领,让"红旅"成为一堂鲜红的党史教育大课。

本届大赛的"红旅"活动紧扣"建党百年"主题,大力弘扬井冈山精神,激励广大青年学子在为祖国、为民族、为人民的不懈奋斗中立大志、明大德、成大才、担大任。

"红旅"活动全国启动仪式将通过六地(上海、嘉兴、井冈山、延安、深圳、雄安)联动,串起建党百年历史。与此同时,"红旅"启动仪式还将开展现场红色教学、"青年红色筑梦之旅"项目分享会等同期活动,让党史教育入耳、入脑、入心。

一堂最有温度的国情思政课

5年来,全国大学生创新创业团队走进延安、井冈山、西柏坡、古田等革命老区,追寻革命前辈伟大而艰辛的创业史;走进安徽小岗村、黑龙江大庆、宁夏闽宁等地,感受不畏艰辛、敢为人先的奋斗精神。学生们受到了思想洗礼,提升了社会责任感、创新精神和实践能力,使"红旅"成为一堂最有温度的国情思政大课。

从"红旅"活动中涌现的众多优秀项目,以"科技中国小分队""健康中国小分队""教育中国小分队""法治中国小分队"等多种形式,生动展现了团队在城乡社区和老少边区的"红旅"

实践,书写出新时代高校学子的使命担当。

一堂最富活力的创新创业课

5年来,"红旅"推动高校的智力、技术、文化资源与企业、投资机构的金融、市场、社会资源精准对接,推动了各地经济社会的发展。截至目前,全国累计组织58.3万个创新创业项目参与"红旅"活动,对接农户近150万户、企业4万余家,签订合作协议4万余项,使"红旅"成为一堂最富活力的创新创业大课。

2018年,以"小满粮仓""我知盘中餐"等为代表的优秀创业项目,实现直接经济效益近40亿元。2019年"红旅"活动金奖项目"伴农行者——数字孪生共享助农车间"通过农民培训、金融服务、订单农业销售,在山东临沂、湖南桂东、云南临沧等地落地开花,形成合作社16家,带动就业2 846人,带动农户人均增收1 490元。2020年,"红旅"活动从"线下"发展到"线上线下融合",全国共有60万青年学生通过电商平台直播带货,销售额超过4.3亿元。

一堂最具成效的乡村振兴课

5年来,"红旅"活动紧扣脱贫攻坚、乡村振兴等国家战略,不断丰富活动的内涵,组织广大青年学生积极开展创新创业实践活动,使"红旅"成为一堂最具成效的乡村振兴大课。

与此同时,大赛建立了国家-省-校三级活动机制,广泛动员全国大学生参与活动。通过举行全国对接活动,主动联系城乡社区的科技、农业、文旅等部门,深入调研地方经济结构,征集当地在农产品种植和销售、文化旅游规划等方面的需求,开展项目前期接洽、需求沟通,最终签订落地合作协议,实现大学生创新创业与地方发展需求的精准对接。

一堂最有力量的红色筑梦课

自2017年第三届大赛开始,百余支大学生创业团队走进延安,开启"红旅"活动,形成"大学生创新创业扶贫"新模式,广大青年学生将激昂的青春梦融入伟大的中国梦,使"红旅"成为一堂最有力量的红色筑梦大课。

2018年第四届大赛期间全国31个省(自治区、直辖市)全面启动"红旅"活动。2019年,第五届大赛"红旅"活动以线上线下相结合形式,吸引了来自全国300余所高校的近40万名师生共同参与启动仪式。2020年,第六届大赛"红旅"活动全面聚焦52个未摘帽贫困县实际需求,用创新创业实践助力精准扶贫脱贫,带动当地经济社会发展,助力走好脱贫攻坚"最后一公里"。一次红色筑梦之旅,一次创新创业大赛,成就一股前行的力量。

从2017年的100多支团队、40余项落地协议,到2020年的20多万支团队、1.9万余项合作协议,"红旅"以立德树人为出发点,呈现出勃勃生机。

教育部高等教育司司长吴岩表示,"红旅"活动把思政教育、专业教育和创新创业教育深度融合,探索了中国高等教育人才培养新模式,走出了一条新路,树立了新的人才培养观和教学质量观。

"双创"+"红旅":一堂精彩的红色筑梦大课

(光明日报 2021年6月11日 记者:刘博超)

"希望你们扎根中国大地了解国情民情,在创新创业中增长智慧才干,在艰苦奋斗中锤炼意志品质,在亿万人民为实现中国梦而进行的伟大奋斗中实现人生价值,用青春书写无愧于时代、无愧于历史的华彩篇章。"2017年8月15日,习近平总书记给第三届中国"互联网+"大学生创新创业大赛"青年红色筑梦之旅"(以下简称"红旅")活动的大学生回信。"大学生创新创业扶贫"的"红旅"活动走入大众视野。

从2017年的100多支团队、40余项落地协议,到2020年的20多万支团队、1.9万余项合作协议,"红旅"活动在全国高校普遍开展,内涵也不断丰富。5年间,300万学子走进革命老区、贫困地区和城乡社区受洗礼、经风雨、长才干。今年是中国共产党成立100周年,"红旅"全国启动仪式回归革命圣地井冈山,与上海、嘉兴、延安、深圳、雄安六地联动,串联起党在各个历史时期带领人民奋斗的光辉历程,带给年轻人一堂精彩的红色筑梦大课。

接触国情实际,感受乡土温度

5年来,全国大学生创新创业团队走进延安、井冈山、西柏坡、古田等革命老区,追寻革命前辈伟大而艰辛的创业史;走进安徽小岗村、黑龙江大庆、宁夏闽宁等地,感受不畏艰辛、敢为人先的奋斗精神。在中国共产党的精神谱系中寻找坐标,在不同历史时期的奋斗历程中感悟初心使命。

井冈山大学"百年好合"项目团队,利用所掌握的百合种植技术助力革命老区脱贫攻坚和乡村振兴,先后在江西革命老区莲花县和井冈山等地因地制宜发展百合产业。项目负责人生物科学专业学生冯校介绍:"我们针对莲花县10.8万亩荒山,制定了'山地百合种植'产业模式,目前有以卷丹百合和龙牙百合为主栽品种的山地百合1.2万亩,将荒山变成了农民的致富幸福之山。"截至去年,百合产业在莲花县共发展了3 500亩,覆盖全县52个行政村、1 568户,年产值超亿元;提供了就业岗位60 000人次,帮助220户贫困户、748名贫困人员实现年均增收5 208元,为当地如期脱贫摘帽作出贡献。

学生们既受到了思想洗礼、提升了社会责任感、创新精神和实践能力,也推动了当地社会经济发展,使"红旅"成为一堂有温度的国情思政大课。

走向田间地头,助力乡村振兴

5年来,"红旅"活动紧扣脱贫攻坚、乡村振兴等国家战略,不断丰富活动的内涵,组织广大青年学生积极开展创新创业实践活动,使"红旅"成为一堂最具成效的乡村振兴大课。

乌蒙山片区干旱缺水、土地贫瘠,当地青年人大多外出务工,当地村民缺乏资金和技术。2015年,云南大学滇池学院"彩云本草"项目负责人工程管理专业学生赵庆早带领一群90后大学生先后走访了乌蒙山区的会泽、罗平、富源等县,与农民同吃同住同劳动。

"彩云本草"项目依托乌蒙山区得天独厚的自然环境,致力于打造基于现代化互联网云端数据库的智能化中药材种植,为人们提供优质、低价的好药材。以现代农业帮助农民返乡创业、就业。自2018年起,团队为1 031户建档立卡贫困户免费投放5 000余窝中华蜂。帮助贫困户代养3年,将产值的40%返给农户,开展养蜂培训教会农户后,将蜜蜂送给贫困户,帮助每户实现增收6 000元,总产值达1.5亿元。

通过建立国家-省-校三级活动机制,大赛广泛动员全国大学生参与活动。通过举行全国对接活动,主动联系城乡社区的科技、农业、文旅等部门,深入调研地方经济结构,征集当地在农产品种植和销售、文化旅游规划等方面的需求,开展项目前期接洽、需求沟通,最终签订落地合作协议,实现大学生创新创业与地方发展需求的精准对接。

教育部高教司司长吴岩表示,"红旅"活动把思政教育、专业教育和创新创业教育深度融合,探索了中国高等教育人才培养新模式,走出了一条新路,树立了新的人才培养观和教学质量观。

红色筑梦之旅　点亮青春人生

——写在第七届中国国际"互联网+"大学生创新创业大赛"青年红色筑梦之旅"启动之际

（中国教育报　2021年6月11日　记者：高毅哲）

"希望你们扎根中国大地了解国情民情，在创新创业中增长智慧才干，在艰苦奋斗中锤炼意志品质，在亿万人民为实现中国梦而进行的伟大奋斗中实现人生价值，用青春书写无愧于时代、无愧于历史的华彩篇章。"2017年8月15日，习近平总书记给第三届中国"互联网+"大学生创新创业大赛"青年红色筑梦之旅"（简称"红旅"）活动的大学生回信，并提出殷切希望。

5年来，全国大学生牢记习近平总书记重要回信精神，300余万名大学生走进革命老区、贫困地区和城乡社区，参与"红旅"活动，接受思想洗礼、加强实践锻炼。"红旅"已成为一堂集党史教育课、国情思政课、创新创业课、乡村振兴课、红色筑梦课为一体的有温度、有深度、有广度、有高度、有气度的中国金课。

在实践中锻造热血青年

旗帜飘扬，红色耀眼。

不久前，在黎平会议纪念馆广场前，数百名青年大学生齐聚，正式启动2021年贵州高校"青年红色筑梦之旅"。

黎平会议是长征开始后的一次关键会议，为遵义会议纠正"左"倾军事冒险主义错误做了重要的准备。在纪念馆前，凯里学院学生伍樱说："作为新时代青年，唯有把青春奋斗融入时代主题，把个人梦想融入实现中国梦的伟大实践中，才能不负时代馈赠，不负人民期望。"

不只是贵州，在宁夏，在广东，在广西……一批批青年学子相继启程，奔赴革命老区，重温红色历程，接受思想洗礼。

党史教育传承，是国家之根、民族之魂。

多年来，"红旅"活动积极探寻和挖掘红色党史，学生们从中受到了思想洗礼，提升了社会责任感、创新精神和实践能力，"红旅"成为一堂鲜红的党史教育大课、一堂最有温度的国情思政大课。

"作为红船旁的大学生，我们一直在思考如何让青年学子对红船精神入脑入心。"2017年，嘉兴学院成立"初心公益"团队，创新传播方式，通过挖掘嘉兴特有的红色文化资源,讲好红船故事。

团队以13位中共一大代表为主要人物,创作了话剧《初心》,并与嘉兴红船干部学院、各级党建培训基地、企业、乡镇、中小学、大学等108家单位签订合作协议,把80分钟的话剧拆分成《五次会议》《转移》《南湖红船》《宣誓》等几个片段,使之适合不同的人群体验。

自公演以来,《初心》已走入52座城市,演出近百场,观众达50万人次,成为嘉兴的一张城市名片。

从"红旅"活动中涌现的众多优秀项目,以"科技中国小分队""健康中国小分队""幸福中国小分队""教育中国小分队""法治中国小分队"等多种形式,生动展现了团队在城乡社区和老少边区的"红旅"实践,书写出了新时代高校学子的使命担当。

在融合中助力乡村振兴

在浙江省台州市黄岩区,同济大学"掌上'智'村——乡村产业振兴一体化智慧服务系统"项目团队已经驻扎多年。

随着乡村振兴上升为国家战略,实现乡村产业的可持续发展成为焦点问题。依托同济大学规划学科的优质平台,该团队在黄岩积累实践经验和调研数据,通过一体化打造案例库、算法库和模式库,形成了乡村产业振兴一体化智慧服务系统,进而解决乡村建设中"干什么""怎么干"和"谁来干"等实际痛点问题。

青年学子的汗水和智慧转化为实实在在的经济效益和社会效益。如今,"掌上'智'村"已与17个县、市政府展开合作,在线下建成36个工作站,间接带动7 000多名返乡大学生、农民工就业。

5年来,"红旅"活动紧扣创新驱动发展、脱贫攻坚、乡村振兴等国家战略,不断丰富活动的内涵,带动一批像"掌上'智'村"团队一样的青年学子将创新创业实践与精准扶贫、乡村振兴战略相融合。

"项目通过金山银山和绿水青山的互换互助,助力建设生态乡村、美丽乡村产业发展。"南昌大学"珍蚌珍美"项目指导教师胡蓓娟介绍,"优质蚌苗在全国已累计推广30万亩,覆盖7个省份,项目治理水面总面积超过一万亩,覆盖30余个村庄,建立了5个项目示范基地。"

主动联系城乡科技、农业、文旅等部门,征集农产品种植和销售、文化旅游规划等方面需求,开展项目前期接洽、需求沟通,最终签订落地合作协议……大赛搭建框架,助力大学生创新创业与地方发展需求精准对接。乡亲们高兴地说:"娃娃们的'金点子'真能变成'真金白银'!"

第六届大赛"红旅"赛道获奖选手、电子科技大学刘沈厅,发挥自身专业特长,搭建四川省首个公益性"数字农业服务平台",整合新媒体矩阵资源,让政府、果农、人才和客商市场主体实现一站式无缝对接。仅2020年8月,平台紧急通过线上直播引流和线下平台对接,帮助农户销售葡萄500万斤,挽回经济损失5 000余万元。

5年来,"红旅"推动高校的智力、技术、文化资源与企业、投资机构的金融、市场、社会资源精准对接,推动了各地经济社会的发展。截至目前,全国累计组织58.3万个创新创业项目参与"红旅"活动,对接农户近150万户、企业4万余家,签订合作协议4万余项,"红旅"成为一堂极具活力的创新创业大课。

在奋斗中成就出彩人生

6月11日,第七届中国国际"互联网+"大学生创新创业大赛"青年红色筑梦之旅"将在江西启动。

本届"红旅"紧扣"建党百年"主题,弘扬跨越时空的伟大的井冈山精神,通过上海、嘉兴、井冈山、延安、深圳、雄安六地联动,串起建党百年的辉煌历史。

来自五湖四海,高举"创新创业旗帜"的青年学子,将激昂的青春梦融入伟大的中国梦,使"红旅"成为一堂最有力量的红色筑梦大课。

回顾参加"红旅"的经历,第五届大赛"红旅"赛道获奖选手陈可说:"在'红旅'的舞台上,大家有着不同的项目模式,但对服务国家有着共同的热情,青春在'红旅'中出彩,成为我们最宝贵的财富。"

陈可是华南理工大学建筑学院城乡规划专业学生,现为广州方略乡创文化有限公司创始人、CEO,华南理工大学建筑学院乡建扶贫志愿者服务队团队负责人。他创新性地建立了规划、设计、建设、运营"一体化"的乡建模式,已在粤北和珠三角地区70余个村庄付诸实践,并于2019年11月被住建部推荐为全国试点示范案例。

"曾经我的理想是离开家乡,去外面的世界看看。毕业后我的理想是回到家乡,推动野生黑枸杞产业化,带动老百姓脱贫致富。"2013年从天津商业大学毕业后,黄俊科回到家乡甘肃,深入挖掘黑枸杞的药用价值,研发黑枸杞深加工系列产品。2018年,在第四届中国"互联网+"大学生创新创业大赛"青年红色筑梦之旅"赛道金奖争夺赛上,"野生黑枸杞全产业链综合扶贫项目"团队夺得金奖。

夺金之旅为黄俊科的事业发展注入"推进剂"。"野生黑枸杞全产业链综合扶贫项目"为当地提供150个工作岗位,当地人均年收入突破4万元。黑枸杞深加工产品的批量生产、防风固沙工程同时铺开,黄俊科的事业越做越宽广。

从2017年的100多支团队、40余项落地协议,到2020年的20多万支团队、1.9万余项合作协议,"红旅"正以立德树人为出发点,呈现出勃勃生机,一堂最有温度的中国金课正在形成。

教育部有关负责人表示,"红旅"活动把思政教育、专业教育和创新创业教育深度融合,探索了中国高等教育人才培养新模式,走出了一条新路,树立了新的人才培养观、新的教学质量观。

筑梦路上　青春昂扬

(人民日报　2021年6月12日　记者：丁雅诵)

"希望你们扎根中国大地了解国情民情，在创新创业中增长智慧才干，在艰苦奋斗中锤炼意志品质，在亿万人民为实现中国梦而进行的伟大奋斗中实现人生价值，用青春书写无愧于时代、无愧于历史的华彩篇章。"2017年8月，习近平总书记给第三届中国"互联网+"大学生创新创业大赛"青年红色筑梦之旅"的大学生回信。

4年来，300余万名大学生参与"青年红色筑梦之旅"活动（以下简称"红旅"活动），他们牢记总书记嘱托，走进革命老区、贫困地区和城乡社区，接受思想教育、加强实践锻炼。从2017年的100多支团队、40余项落地协议，到2020年的20多万支团队、1.9万余项合作协议，"红旅"活动呈现出勃勃生机，一堂融党史教育、国情思政、创新创业、乡村振兴、红色筑梦为一体的"人生大课"正在形成。

一堂党史教育大课、国情思政大课

"作为成长在红船旁的大学生，怎样挖掘嘉兴特有的红色文化资源，讲好红船故事，让红船精神入脑入心，是我们一直在思考、在努力的事情。"2017年，嘉兴学院汉语言文学专业学生王金超与同学们一起参与"红旅"活动，发起成立了"初心公益"团队。

为了丰富红色教育形式，"初心公益"团队创作话剧《初心》，把党的一大的故事搬上舞台，展现出早期中国共产党人矢志不渝的革命精神。"创作话剧的过程，也是我们深入学习党史、接受精神洗礼的过程。"王金超说，"我们的话剧还走进了企业、中小学，我们通过短视频等方式推广传播，取得了很好的效果。目前《初心》已走进52座城市，演出近百场，50万人次参观了演出。"

引导广大青年学生在学党史、悟思想中传承基因、赓续传统、坚定信念、淬炼思想、磨砺本领，"红旅"活动已成为一堂党史教育大课、一堂国情思政大课。全国大学生创新创业团队走进延安、井冈山、西柏坡、古田等革命老区，追寻革命先辈伟大而艰辛的创业史；走进安徽小岗村、黑龙江大庆、宁夏闽宁等地，感受不畏艰辛、敢为人先的奋斗精神……学生们以"科技中国小分队""健康中国小分队""幸福中国小分队""教育中国小分队""法治中国小分队"等形式，书写出新时代高校学子的使命担当。

回忆起参加"红旅"活动的经历，华南理工大学学生、第五届大赛"红旅"赛道获奖选手陈可说："在这个舞台上，大家有不同的项目，但立志服务国家、服务人民的理想与热情是一致的。"正因如此，陈可毕业后选择继续完成项目，建立起规划、设计、运营"一体化"的乡村建设模式,目前已在粤北和珠三角地区70余个村庄付诸实践。

今年,第七届中国国际"互联网+"大学生创新创业大赛"红旅"活动在江西井冈山启动,"人民英雄"国家荣誉称号获得者张伯礼、革命烈士袁文才嫡孙袁建芳等在启动仪式上讲授党史教育课。

一堂乡村振兴大课、创新创业大课

"依托学校规划学科优质平台,我们在浙江台州市黄岩区驻扎8年,探索乡村产业选择和产业发展,打造出乡村产业振兴一体化智慧服务系统。"同济大学"掌上智村——乡村产业振兴一体化智慧服务系统"项目负责人、城乡规划专业学生徐浩文谈起"掌上智村"平台,信心满满,"我们目前已与17个县市展开合作,在线下建成36个工作站。未来,我们将进一步更新案例库,完善运营模式,助力产业振兴。"

"将秸秆等投放到相关设备中,产生的气体类产物经处理可得到天然气,产生的液体产物、固体产物对改良盐碱地有显著效果。"吉林大学"丰粮满仓——液化农业废弃物改良盐碱地打造第二粮仓"项目负责人、化学专业学生翟梦坤一直努力践行把论文写在大地上,"我们利用秸秆液化物进行玉米种植试验,增产率约为15%。"

"针对井冈山林地多且是旅游胜地的特点,我们在发掘野生百合资源的基础上,打造'大百合生态农业+旅游'的产业发展模式,产生了良好的经济效益。"井冈山大学项目团队负责人、生物科学专业学生冯校对于能够为革命老区经济发展作贡献感到十分自豪,"如今,荒山变成了农民致富的幸福之山。"

……

紧扣创新驱动发展、脱贫攻坚、乡村振兴等国家战略,推动高校智力技术资源与社会市场资源精准对接,"红旅"活动已成为一堂乡村振兴大课、一堂创新创业大课。截至目前,全国累计组织58.3万个创新创业项目参与"红旅"活动,对接农户近150万户、企业4万余家,签订合作协议4万余项。

此外,大赛还建立了国家-省-校三级活动机制,广泛动员全国大学生参与。学生们通过对接活动,主动联系科技、农业、文旅等部门,深入调研地方经济结构,征集当地在农产品种植和销售、文化旅游规划等方面的需求,开展项目前期接洽、需求沟通,最终签订落地合作协议,实现大学生创新创业与地方发展需求的精准对接。

教育部高等教育司司长吴岩说,"红旅"活动把思政教育、专业教育和创新创业教育深度融合,探索了中国高等教育人才培养新模式,树立了新的人才培养观、新的教学质量观。

"青年红色筑梦之旅"在井冈山启动

(光明日报 2021年6月12日 记者:刘博超)

第七届中国国际"互联网+"大学生创新创业大赛"青年红色筑梦之旅"活动全国启动仪式今日在江西井冈山举行。教育部党组书记、部长陈宝生出席启动仪式并讲话,党组成员、副部长钟登华为参加"青年红色筑梦之旅"的学生授旗。江西省委书记、省人大常委会主任刘奇,省委常委、秘书长吴浩出席启动仪式,省委副书记叶建春致辞。

陈宝生指出,在习近平总书记给第三届大赛"青年红色筑梦之旅"大学生回信精神指引下,一大批青年学生用智慧和汗水投身脱贫事业,用最美的年华书写了时代华章。活动开展以来,累计300余万名大学生参与了58.3万个创新创业项目,对接农户近150万户、企业4万余家,签订合作协议4万余项,在美丽乡村建设、现代创意农业、医疗健康扶贫、红色文化传播等领域作出了实实在在的贡献。这是当代大学生与新时代同向同行、发出的最有力量的青春宣言。

陈宝生强调,本次活动是教育系统献礼建党百年的系列重要活动之一,同学们要扎扎实实上好这堂思政"金课"、实践大课。要认真学习贯彻习近平新时代中国特色社会主义思想,传承发扬革命传统,坚定执着追理想,实事求是闯新路,艰苦奋斗攻难关,依靠群众求胜利,让井冈山精神放射出新的时代光芒。希望同学们要学好党史,明理增信,在学党史、悟思想的过程中传承基因、赓续传统、坚定信念、淬炼思想、磨砺本领;要扎根实践,服务基层,走进革命老区、偏远山区和城乡社区,将专业知识与创新创业相结合,带动一批乡村创新创业项目,催生出更多小微供应链,激活乡村发展内生动力;要学真本领,堪当大任,把个人理想与党和国家的前途命运紧密结合,以聪明才智为国家做贡献,通过开拓进取服务社会,让青春在为祖国、为民族、为人民、为人类的不懈奋斗中绽放绚丽之花。

叶建春代表江西省委、省政府向启动仪式举办方表示热烈祝贺。他说,井冈山是革命的山、战斗的山,也是英雄的山、光荣的山。这里的一山一水都留下了革命先烈的战斗足迹,一草一木都记载着可歌可泣的信仰故事。在这里举行"青年红色筑梦之旅",就是要牢记习近平总书记殷殷嘱托,大力弘扬井冈山精神,从党的故事、革命的故事、英雄的故事中汲取信仰的力量、初心的力量、奋斗的力量,做党光荣传统和优良作风的忠实传人,奋力走好新时代的长征路。

中国国际"互联网+"大学生创新创业大赛是我国最大的大学生双创赛事。在启动仪式上,人民英雄张伯礼、井冈山革命烈士袁文才后人袁建芳等为青年学生讲授党史教育课。教育部、农业农村部、国家乡村振兴局、江西省、吉安市、井冈山市、南昌大学、井冈山大学、中国建设银行等的相关负责同志和各地师生代表参加了启动仪式。

"青年红色筑梦之旅"开启一堂扎根乡村的思政"金课"

(中国青年报 2021年6月15日 记者:王海涵)

被誉为中国"金课"的课堂教什么?学生能获得什么?

过去5年,全国累计有300万余名大学生走进革命老区、贫困地区和城乡社区,促成58.3万个创新创业项目,对接近150万户农户、4万余家企业,签订合作协议4万余项,围绕美丽乡村建设、现代创意农业、医疗健康扶贫、红色文化传播等主题,共上一堂课。

6月11日上午,第七届中国国际"互联网+"大学生创新创业大赛"青年红色筑梦之旅"(以下简称"红旅")活动在江西井冈山启动。这是我国规模最大的大学生双创赛事。

2017年8月15日,习近平总书记给参与第三届中国"互联网+"大学生创新创业大赛"青年红色筑梦之旅"的大学生回信,勉励同学们扎根中国大地了解国情民情,用青春书写无愧于时代、无愧于历史的华彩篇章。

经过5年实践探索,"红旅"活动已成为一堂融党史教育课、国情思政课、创新创业课、乡村振兴课、红色筑梦课为一体的中国"金课"。

2018年,全国31个省区市全面启动"红旅"活动;2020年,"红旅"活动聚焦未摘帽贫困县的实际需求,当年有60万名青年学生通过电商平台直播带货……本届活动则紧扣"建党百年"主题,贯穿"四史"教育,引导师生服务乡村振兴。

参与"红旅"活动以来,"珍蚌珍美"项目主要负责人、南昌大学水产养殖专业学生邹青青获得感十足。

2019年,读大二的她跟随老师来到江西抚州市东乡区调研,当地没有河流,生活和农业用水均来自水库。然而,受畜禽养殖污水影响,东乡区多处水库富营养化,造成鱼类死亡,百姓赖以生存的农畜业受到重创,许多青壮年离开家乡谋求生计。

邹青青决定,用自己所学进行水污染治理。

当年,团队调研了小象山、樟源、大山塘3座水库的水质情况、地理环境及浮游生物信息。综合分析各项数据后,团队独创"鱼蚌+"生态净水模式,将国家水产新品种池蝶蚌"鄱珠一号"与草鱼、鲫鱼等杂食性鱼类和鳙鱼等滤食性鱼类进行混合、立体养殖。

"珍珠蚌由于其先天净水、洁水的生物学特性和滤食作用,可达到绿色净水的目的,实现生态效益和经济效益的双丰收。"项目指导教师胡蓓娟说。

2019年,团队在小象山水库投入规格为10~13厘米的池蝶蚌1.8万只、0.3~0.5斤的花鲢2000斤,团队每月按时下乡进行水质跟踪。

2020年7月,邹青青等人前往水库验收阶段性科研成果。"我们从水库起获花鲢1.5万斤,经济效益约达4.5万元,珍珠蚌也将在2022年5月成熟。"邹青青说。

目前,项目治理污水总面积超1万亩,并在全国范围推广优质蚌苗。

"百年好合"项目负责人、井冈山大学生命科学学院2017级环境工程专业学生赵延宽认为,"红旅"坚定了自己投身乡村振兴的信念。

2017年秋天,他在革命老区井冈山、莲花县等地参加科技扶贫活动时发现,当地延续一家一户的小农生产模式,大片山坡地被荒置。

赵延宽成立创业团队,深入井冈山和莲花县,利用百合脱毒种苗繁育和种植技术,指导农民发展百合产业。

经过对气候、地理和土壤资源的分析,团队为莲花县10万亩荒山选定"山地百合种植"产业模式,种植卷丹百合和龙牙百合1.2万亩;针对井冈山旅游胜地和林地多的特点,团队提出"百合生态农业＋旅游"的产业模式。

5年间,各地教育部门、高校主动联系科技、农业、文旅等部门,动员"红旅"参赛学生深入调研地方经济结构,征集当地在农产品种植和销售、文化旅游规划等方面的需求,推动高校智力、技术、文化资源精准对接乡村基层。

教育部高等教育司司长吴岩认为,"红旅"活动把思政教育、专业教育和创新创业教育深度融合,探索中国高等教育人才培养新模式,树立了新的人才培养观、新的教学质量观。

"在'红旅'舞台上,大家有着不同的创业模式,但服务国家的目标是相同的。"第五届"红旅"赛道获奖选手、华南理工大学建筑学院城乡规划专业毕业生陈可,已是广州方略乡创文化有限公司创始人、CEO。

在参赛过程中,他谋划、建立"乡建"项目,为乡村量身设计发展模式、人才培训、品牌孵化、环境设施维护等方案,项目已在粤北和珠三角地区70余个村庄付诸实践。

此外,同济大学"掌上'智'村——乡村产业振兴一体化智慧服务系统"团队总结出浙江台州黄岩区的产业选择和发展理论模型,协助村干部建成贡橘园田园综合体;吉林大学"液化农业废弃物改良盐碱地打造'第二粮仓'"团队通过自主研发的近临界水技术液化玉米秸秆和畜禽排泄物,制备出有机肥料,改良吉林通榆县的盐碱地,带来粮食增产。

此外,"红旅"创新创业团队还走进延安、井冈山、西柏坡、古田等革命老区,追寻革命前辈伟大艰辛的创业史;走进安徽小岗村、黑龙江大庆油田、宁夏闽宁等地,感受敢为人先的奋斗精神。

教育部党组书记、部长陈宝生强调,青年学子要扎扎实实上好"红旅"这堂思政"金课"、实践大课,继续扎根实践,服务基层,走进革命老区、偏远山区和城乡社区,将专业知识与创新创业相结合,带动一批乡村创新创业项目,催生出更多小微供应链,激活乡村发展内生动力。

以热情激昂的青春实践勇担时代使命

——写在习近平总书记给第三届中国"互联网+"大学生创新创业大赛"青年红色筑梦之旅"大学生回信四周年之际

(延安日报　2021年8月14日　记者：刘彦)

2017年8月15日,习近平总书记在给第三届中国"互联网+"大学生创新创业大赛"青年红色筑梦之旅"的大学生的回信中说,"延安是革命圣地,你们奔赴延安,追寻革命前辈伟大而艰辛的历史足迹,学习延安精神,坚定理想信念,锤炼意志品质,把激昂的青春梦融入伟大的中国梦,体现了当代中国青年奋发有为的精神风貌。""希望你们扎根中国大地了解国情民情,在创新创业中增长智慧才干,在艰苦奋斗中锤炼意志品质,在亿万人民为实现中国梦而进行的伟大奋斗中实现人生价值,用青春书写无愧于时代、无愧于历史的华彩篇章。"

四年来,延安全面深入贯彻落实习近平总书记回信重要精神,广泛邀请全国高校学子来延开展"红色筑梦之旅",积极强化校地、校企合作,大力推进人才强市战略、发挥高校人才智力优势,助推延安高质量发展。

我市先后举办了2018年"追寻青春足迹·红色筑梦之旅"百所高校进延安暑期实践、2019年"追寻红色足迹·情系圣地发展"全国大学生延安暑期社会实践和2021年"追寻红色足迹·助力圣地发展"全国大学生延安暑期社会实践等活动。

一批又一批高校青年学子从全国各地奔赴延安,走进革命旧址学党史、深入村庄社区看变化、进到学校教室传知识、踏上田间地头做调研,聆听先辈故事、走访群众生活、关爱留守儿童、挖掘创新项目,开展丰富多彩的党史教育、创新创业、乡村振兴、助学支教、特殊关爱等社会实践活动,用延安精神滋养初心、淬炼灵魂、坚定信念、强化使命,以热情激昂的青春实践勇担时代使命。

长安大学计算机科学与技术专业研究生叶润泽今年暑假来到延安参加社会实践活动。他说:"听一百次讲座不如住一次窑洞。只有实地切身感受,才能够深刻体会到当年先辈们的艰辛与伟大,从而更加激发我们的奋斗精神。"叶润泽和他的同学们还走进宝塔区看发展规划,在易地移民搬迁村看脱贫减贫、乡村振兴。"延安的发展变化太大了,老百姓的日子过得很舒心,这是延安精神在当代延安最好的体现。"叶润泽说,作为新时代青年,要始终做延安精神的传播者、践行者和代言人。

和叶润泽一样惊叹于延安发展变化之大之快的还有哈尔滨工程大学物理与光电工程学院的辅导员王语鸽。"昔日的黄土高坡现在已经变成了秀美山川,延安根据自身资源禀赋大力发展山地苹果、文化旅游等特色产业,已经走上了经济社会高质量发展的道路。"王语鸽说,哈尔滨工程大学一直把培养学生"到祖国最需要的地方去"作为重要的思想政治教育,这次带着学生来延安,大家看到了革命老区的巨大变化,深刻地体悟了延安精神,更加坚定了理想信念,厚植了爱国情怀。

近年来,延安与中央团校、武汉大学、北京科技大学、中国海洋大学、厦门大学等全国百余所高校签署了《大学生社会实践基地共建协议》,挂牌设立"大学生社会实践基地",以更加积极、更加开放、更加有效的人才政策和人才环境,探索建立全方位、多元化的校地合作模式,吸引全国更多青年才俊来延安寻梦筑梦圆梦。

与此同时,延安积极开展"红色筑梦、创赢高新"延安市第三届青年创新创业大赛、"宝塔杯"延安市第四届青年创新创业大赛,依托"延安青年"新媒体平台打造"青春梦·中国梦"青年创业专栏,广泛号召延安青年投身三个"青春行动",持续举办"延安青年爱家乡"系列活动,激发延安青年"了解家乡、热爱家乡、宣传家乡、报效家乡"的热情。

习近平总书记在"七一"重要讲话中指出,新时代的中国青年要以实现中华民族伟大复兴为己任,增强做中国人的志气、骨气、底气,不负时代,不负韶华,不负党和人民的殷切期望!

走过百年风华,中国共产党已经开启新的征程,站在"十四五"开局之年,科技创新成为高质量发展的核心驱动。青年学子恰恰是未来科技创新的主力军。

6月11日,第七届中国国际"互联网+"大学生创新创业大赛陕西"青年红色筑梦之旅"活动在延安启动。活动引导高校师生聚焦乡村振兴、产学研用和教育创新,推动科教结合、产教融合、校企合作,促进新理念、新技术、新产品、新业态和新模式的蓬勃兴起,推动高等教育和经济社会高质量发展。来自全省各高校的28个创新创业项目和延安部分单位、农户成功对接并现场签约。

今年,延安还全面启动创新体系建设,以创新驱动高质量发展,为青年学子提供更加广阔的科技舞台。

围绕创新驱动,延安出台了《关于加快创新体系和创新能力建设的实施意见》《关于进一步推进创新驱动发展的实施意见》,主动融入秦创原创新驱动平台建设,推动县(市、区)及重点企业与高校院所的418项科技成果进行匹配。培育121家科技型中小企业,推进13家高新技术企业认定。组建重点实验室、工程技术研究中心等76个市级科技创新平台,获批省科技创新研发平台8个。

通过创新驱动引领,延安积极强化产业特别是制造业项目高质量发展,推动全市产业向高端"智造"迈进。以建设秦创原延安促进中心为引领,延安将聚焦各类创新要素、前沿科技,孵化实施一批含绿量多、含新量高、含金量足的项目,为高质量发展积蓄更强动能,引领更多优秀青年把激昂的青春梦融入新征程新奋斗中,融入伟大的中国梦中。

推动高校创业创新 第七届中国国际"互联网＋"大学生创新创业大赛开展"七个一百"活动

(央广网 2021年10月16日)

为总结推广中国国际"互联网＋"大赛"青年红色筑梦之旅"活动典型经验，展示新时代青年学生奋发有为的精神风貌，深入推动高校创新创业教育改革，中国国际"互联网＋"大学生创新创业大赛组委会委托南昌大学和中国国际"互联网＋"大学生创新创业大赛展示交流中心组织开展"七个一百"系列活动，面向历届大赛"红旅"项目，遴选100所高校的100个优秀项目，组织100名党员创始人和100名项目创业导师，讲述100个助力脱贫攻坚和乡村振兴创业故事，提炼100条支持创新创业的经验，打造100个红色筑梦创新创业案例。

作为一堂融党史教育课、国情思政课、创新创业课、乡村振兴课、红色筑梦课为一体的中国金课，第七届中国国际"互联网＋"大赛"七个一百"系列活动紧扣"建党百年"主题，全面推进课程思政，厚植学生"爱党爱国"情怀，引导师生服务乡村振兴，已在重庆市、福建省、新疆维吾尔自治区、内蒙古自治区、厦门大学、哈尔滨工业大学、天津商业大学、临沂大学、广西大学、北部湾大学、黑龙江八一农垦大学、潍坊职业学院等地及高校成功举办，线上观看人次近百万，在全国引发强烈反响。

中关村软件园联合百度、华胜天成、科大讯飞等园区知名企业，为"红旅"项目提供了技术、资金、人才和产业生态资源支持，邀请创业导师、优秀"红旅"项目创业者为广大师生们分享专业知识、讲述创业故事、传授创业经验，引导师生服务乡村振兴，助力"红旅"项目快速健康发展，为我国稳固脱贫攻坚成果、全面推进乡村振兴贡献了更多力量。

同时，全国数百个高校、"红旅"项目及党员创始人积极参加"七个一百"系列活动，中国国际"互联网＋"大赛组委会与大赛展示交流中心从中遴选出了贵州大学"博士村长——贵州脱贫攻坚的一线战士"、南昌大学"稻渔工程——引领产业扶贫新时代"、西南大学"柑桔扶贫——四川云萃农业科技有限公司"等一批优秀"红旅"项目案例，山东师范大学郑懿、山东财经大学祖力皮卡尔·木合塔尔等一批优秀党员创业者，厦门大学、广西民族大学等一批优秀高校进行双创经验总结，并在中国国际"互联网＋"大赛展示交流中心微信公众号推出"七个一百"系列活动专题报道，部分优秀"红旅"项目案例、党员创业者以及高校双创经验总结已汇编纳入《2021中国国际"互联网＋"大学生创新创业大赛项目成长力报告》。

红色筑梦之旅　书写新时代青春答卷

(重庆大学新闻网　2022年6月17日　作者：王琦)

5年，483万名大学生，98万个创新创业项目，对接农户近255万户、企业6.1万余家……

这是中国国际"互联网+"大学生创新创业大赛"青年红色筑梦之旅"（简称"红旅"）活动5年来交出的沉甸甸的青春答卷。

2017年8月15日，习近平总书记给参加"青年红色筑梦之旅"活动的大学生回信，对"红旅"活动给予高度肯定，并深切勉励青年学子扎根中国大地了解国情民情，在创新创业中增长智慧才干，在艰苦奋斗中锤炼意志品质，在亿万人民为实现中国梦而进行的伟大奋斗中实现人生价值，用青春书写无愧于时代、无愧于历史的华彩篇章。总书记的回信极大鼓舞了全体大学生参加"红旅"、扎根基层创新创业的热情。

经过5年的发展，"红旅"活动把思政教育、专业教育和创新创业教育深度融合，把大学生的创新创业实践与精准扶贫脱贫、乡村振兴紧密结合，已经成为一堂融党史教育课、国情思政课、创新创业课、乡村振兴课、红色筑梦课为一体的中国金课，交出了一份关于教育"培养什么人、怎么培养人、为谁培养人"的厚重答卷。

请党放心，强国有我

视频8

从延安到古田、从井冈山到西柏坡、从小岗村到闽宁镇、从嘉兴南湖到大庆油田……5年来，红色筑梦的旗帜已插遍祖国大地，"红旅"活动已呈星火燎原之势。483万名大学生走进革命老区、贫困地区、城乡社区，传承红色基因，接受思想洗礼，了解国情民情，用专业知识、创新创业成果精准对接基层需求，把个人理想深深融入党和国家的前途命运。

2018年参加"红旅"活动的厦门大学"数字乡建——信息服务平台·振兴美丽乡村"团队，4年来，深入福建、江西、广西、广东的62个村，探寻、挖掘、记录红色文化，形成数字博物馆62处，打造红色文化遗产信息链，既提升了团队成员自己，也为广大青年学生思想政治教育提供了更多内容。

依托"红旅"活动，各地各高校持续组织开展内涵丰富、形式多样的活动，引导广大青年学生从心灵深处感悟、传承红色精神。上海市用好历史红色资源名片，连续举办"汇创青春"——上海大学生文化创意作品展示活动，累计征集60余所上海及其他长三角地区高校九大类创意作品近万件。福建省着力打造"双百三级三创联动"活动模式，以在项目上联建党支部的方式带动百校与百乡、千院与千村、万队与万户融合共创。南宁学院建立了"不惑青春英雄精神体验传承基地"。

井冈山大学生命科学学院环境工程专业学生赵延宽说:"作为新时代青年,我们要从党的故事、革命的故事、英雄的故事中汲取信仰的力量、初心的力量、奋斗的力量,做党光荣传统和优良作风的忠实传人,把青春奋斗融入国家前途命运,把个人梦想融入实现中国梦的伟大实践,奋力走好新时代的长征路。"

"'红旅'牢牢牵住了'立德树人'这个牛鼻子,成为高等教育思政课创新发展的显著标志。"四川大学马克思主义学院院长曹萍说。"红旅"树立起新的人才培养观,正在引领高等教育人才培养理念和实践的深刻变革。

请党放心,振兴有我

视频9

浙江省台州市黄岩区,同济大学"掌上'智'村——乡村产业振兴一体化智慧服务系统"项目团队就驻扎在那里。

2016年,项目团队参加"红旅"活动,依托同济大学优质平台,在黄岩积累实践经验和调研数据,通过打造一体化案例库、算法库和模式库,形成了乡村产业振兴一体化智慧服务系统。如今,"掌上'智'村"已与17个县、市政府展开合作,在线下建成36个工作站,间接带动7 000多名返乡大学生、农民工就业。

我国有98 400余座水库,绝大多数分布于农村,其中30.4%的水库呈现富营养化状态,12 496座水库水质为Ⅳ类及以下,水质不达标。南昌大学"珍蚌珍美"项目团队独创"鱼蚌+"生态净水模式,以珍珠蚌的滤食作用为核心,混养多种鱼类,对富营养化水体进行净化,实现生态效益和经济效益的双丰收。

"盐碱地上丰收难"是我国粮食安全领域的一大现实。吉林大学"丰粮满仓——液化农业废弃物改良盐碱地打造'第二粮仓'"项目团队,通过自主研发的近临界水技术液化玉米秸秆-畜禽排泄物制备有机肥料以改良盐碱地,助力吉林白城市通榆县粮食增收。乡亲们高兴地说:"娃娃们的'金点子'真能变成'真金白银'!"

2020年,第六届大赛"红旅"活动聚焦52个未摘帽贫困县脱贫攻坚,积极开展电商直播扶贫带货等活动,全国60万青年学生通过电商平台直播带货,销售额达2.4亿元。电子科技大学的"红旅"项目"沈厅筑梦家庭农场"助力晚熟柑橘销量逆势大涨,一个月内销售超1 500万斤,销售收入超6 000万元,增加岗位6万人次。

"红旅"活动与创新驱动、脱贫攻坚、乡村振兴等国家战略同频共振,有效促进了高校智力资源特别是大学生创新创业成果在基层精准落地转化。5年来,"红旅"青年学生聚焦学以致用,全国理工、农林、医学、师范、法律、人文社科等各专业大学生组成一批批"科技中国小分队""健康中国小分队""幸福中国小分队""教育中国小分队""法治中国小分队""形象中国小分队""政策宣讲小分队"走进革命老区、贫困地区、城乡社区,在现代农业、美丽乡村建设、弱势群体帮扶等方面作出了实实在在的贡献。5年累计有98万个大学生创新创业项目参与"红旅"活动,对接农户近255万户、企业6.1万余家,签订合作协议7万余项,产生了良好的经济效益和社会效益。

请党放心，未来有我

6月17日，第八届大赛"红旅"活动正式启动。本届"红旅"以"红色青春筑梦创业人生，绿色发展助力乡村振兴"为主题，以新工科、新医科、新农科、新文科助力"新农业、新农村、新农民、新生态"建设，引导广大高校师生扎根基层创新创业，推动乡村振兴取得新进展、农业农村现代化迈出新步伐。

在第七届大赛"红旅"赛道获得金奖的重庆大学"氮先锋"项目负责人宋一嘉说："未来，我们计划在华北和西南地区进一步推广我们的固氮技术，吸引更多青年人才和科学技术加入肥料改革、加入'三农'建设的宏伟事业中，牢记总书记'扎根中国大地'的嘱托，以创新创业助力乡村振兴。"该项目团队通过开发等离子体固氮技术，利用直流辉光放电实现无催化剂空气直接固氮，从原料和工艺两个方面解决生产污染问题，帮助农民改进粮食种植，帮助乡镇企业肥料产品提质增效。

据了解，教育部正在积极推动新工科、新医科、新农科、新文科为"红旅"赋能，促进高校工科教育、人才和科技等资源助力乡村工业发展，促进高校医科教育、人才和医疗等资源助力乡村公共卫生事业发展，促进高校农科教育、人才和科技等资源助力新农业、新农村、新农民、新生态建设，促进高校文科教育、人才等资源助力乡村文化建设，引导广大"红旅"青年争做社会主义核心价值观的坚定信仰者、积极传播者、模范践行者。

"'青年红色筑梦之旅'汇聚磅礴青春力量，培养形成了一支新锐双创大军，推动高校的智力、技术、文化资源紧密对接和助力乡村振兴"，教育部高等教育司司长吴岩表示，将在更大范围、更高层次、更深程度开展"青年红色筑梦之旅"活动，组织全国高校学生上好这堂极具特色和标志意义的中国金课，带动和引导广大青年学生勇当开路先锋、争当事业闯将，在新时代的赛道上跑出最靓丽的一道青春风景线。

"红旅"漫漫，一如红色精神一脉相承、历久弥新，全国百万青年大学生再出征、再进发，一展他们坚定理想信念、敢闯会创永向前的新风貌！

以青春和理想谱写信仰和奋斗之歌

(人民日报　2022年6月18日　记者：丁雅诵)

"希望你们扎根中国大地了解国情民情,在创新创业中增长智慧才干,在艰苦奋斗中锤炼意志品质,在亿万人民为实现中国梦而进行的伟大奋斗中实现人生价值,用青春书写无愧于时代、无愧于历史的华彩篇章。"2017年8月,习近平总书记给第三届中国"互联网＋"大学生创新创业大赛"青年红色筑梦之旅"的大学生回信,勉励他们把激昂的青春梦融入伟大的中国梦。

5年来,全国大学生牢记总书记的嘱托,坚定理想信念,锤炼意志品质,展现出当代中国青年奋发有为的精神风貌:西安电子科技大学"小满良仓"项目利用"互联网＋电商"服务老区人民,提升农产品经济效益;河南科技大学"小康农民讲习所"项目通过各种形式的培训,破解农民"不会种、不会管、不会卖"的难题;贵州大学"博士村长"项目组建茶叶、食用菌等产业技术服务团队,深入乡镇一线,致力乡村振兴……

5年来,全国共有483万名大学生参与"青年红色筑梦之旅"活动,累计有98万个创新创业项目精准对接农户255万余户、企业6.1万余家,签订合作协议7万余项。学生们走进革命老区、贫困地区、城乡社区,用专业知识和创新创业成果,为脱贫攻坚、乡村振兴交出一份沉甸甸的青春答卷。

传承红色基因,筑牢理想根基

依托"青年红色筑梦之旅",各地各高校持续组织开展内涵丰富、形式多样的活动,引导广大青年学生传承红色基因、筑牢理想根基。

2017年,500多名大学生、100多支团队,分两批奔赴延安,开启"青年红色筑梦之旅"。学生们重走长征路、参观纪念馆,实地感受革命先辈伟大而艰辛的创业史,感受不畏艰辛、敢为人先的奋斗精神,并深入延安区、县展开对接考察,精准帮扶老区建设。

乡村振兴要靠产业,产业发展要有特色。面对江西省莲花县10万余亩荒山,井冈山大学"百年好合"项目团队利用专业所学,分析当地气候、地理和土壤资源,因地制宜,提出"山地百合种植"产业模式。目前已开发出以卷丹百合和龙牙百合为主栽品种的山地百合1.2万亩,将荒山变成了农民的致富之山。

"在井冈山,我们从革命的故事、英雄的故事中汲取了更多信仰的力量、奋斗的力量。""百年好合"项目团队负责人、井冈山大学学生赵延宽说:"作为新时代青年,要弘扬党的光荣传统与优良作风,把个人理想融入国家的前途命运,奋力走好我们这代人的长征路。"

江苏省在淮安、南京、盐城、徐州等地开展"青年红色筑梦之旅"启动仪式,弘扬雨花英烈精神、新四军铁军精神、淮海战役精神,厚植青年学生爱党爱国情怀;福建省充分发挥院校智力资源,以在项目上联建党支部的方式,带动百校与百乡、千院与千村、万队与万户融合共创。

"'青年红色筑梦之旅'牢牢抓住了立德树人这个根本任务,是高等教育思政课创新发展的显著标志,也推动了高校人才培养理念的深刻变革。"四川大学马克思主义学院院长曹萍表示。

以聪明才智贡献国家,以开拓进取服务社会

浙江省台州市黄岩区,同济大学"掌上'智'村——乡村产业振兴一体化智慧服务系统"项目团队就驻扎在这里。

学生们深入黄岩区调查走访,积累实践经验和调研数据,同时依托同济大学规划学科的优质平台,通过打造一体化案例库、算法库、模式库,形成了乡村产业振兴一体化智慧服务系统。

目前,"掌上'智'村"已与17个县、市政府展开合作,在线下建成36个工作站,间接带动7 000多名返乡大学生、农民工就业。该项目负责人、同济大学学生徐浩文说:"未来我们将进一步迭代更新案例库,延展业务范围,完善运营模式,助力更大规模的产业振兴。"

5年来,"青年红色筑梦之旅"建立起国家-省-校三级活动机制,全国理工、农林、医学、师范、法律、人文社科等各专业大学生组成一批批"科技中国小分队""健康中国小分队""幸福中国小分队""教育中国小分队""法治中国小分队""形象中国小分队""政策宣讲小分队",走进各自对接的县、乡、村和农户,在现代农业、美丽乡村建设、弱势群体帮扶等方面作出实实在在的贡献。

吉林大学"丰粮满仓——液化农业废弃物改良盐碱地打造'第二粮仓'"项目团队,通过自主研发的近临界水技术液化玉米秸秆-畜禽排泄物制备有机肥料以改良盐碱地,帮助吉林白城市通榆县实现粮食增收。看到盐碱地里长出绿油油的庄稼,乡亲们纷纷竖起大拇指:"娃娃们的金点子真能变成真金白银!"

南昌大学"珍蚌珍美"项目团队开创"鱼蚌+"生态净水模式,以珍珠蚌的滤食作用为核心,混养多种鱼类,对富营养化水体进行净化,实现生态效益和经济效益的双丰收。"我们会不断深入研究,将更多创新成果转化为生产力,推向广袤的祖国大地,继续这份美丽的事业。"队员邱惠敏说。

"'青年红色筑梦之旅'紧扣创新驱动发展、精准扶贫脱贫、乡村振兴等国家战略,引导青年学生以聪明才智为国家做贡献,通过开拓进取服务社会,有效促进了高校智力资源在基层的落地转化。"教育部相关负责人表示。

推动高校的智力、技术、文化资源助力乡村振兴

5年来,"青年红色筑梦之旅"活动汇聚起磅礴的青春力量,培养形成一支创新创业大

军,推动高校的智力、技术、文化资源助力乡村振兴。

四川大学"乡振智疗"项目集合多专业大学生,走进四川8县67乡,详细调查基层医疗痛点,为基层医生量身打造"特设课程""模拟系统""辅诊平台"三位一体的综合线上基层医疗升级方案。在志愿服务队伍不断壮大的同时,项目也为跨学科复合型人才培养、提升乡村医疗水平等积累了宝贵经验。

西安交通大学"零碳科技"项目汇聚航天、能源与动力、化工和管理等学院的力量,研发清洁环保低能耗的空气二氧化碳捕集材料及配套系统,将从空气中捕集的二氧化碳应用于富碳农业,并以公益教学等方式积极推广科学种植理念,既实现了农业增产和农民增收,又提升了学生的科研和创业能力。

6月17日,第八届中国"互联网+"大学生创新创业大赛"青年红色筑梦之旅"活动正式拉开序幕。据了解,此次活动更加注重发挥高校新工科、新医科、新农科、新文科优势,推动高校资源助力乡村产业发展、公共卫生事业发展、文化建设等,引导广大青年在基层一线用脚步丈量祖国大地,在实现中华民族伟大复兴的时代洪流中踔厉奋发、勇毅前进。

"追寻前辈的足迹,用实际行动接过革命的火炬,坚定听党话、跟党走的理想信念";

"扎根基层创新创业,推动乡村振兴取得新进展,新时代青年责无旁贷";

"用所学知识技能服务人民、服务农业现代化,广阔天地,大有可为";

……

广大高校学生立下为祖国、为人民奉献自己的信念和志向,把自己创新创业梦融入伟大中国梦,以青春和理想谱写信仰和奋斗之歌。

在红色筑梦之旅中书写新时代青春答卷

——中国国际"互联网+"大学生创新创业大赛"青年红色筑梦之旅"活动综述

(光明日报 2022年6月18日 记者:王鹏 柯高阳)

98万个创新创业项目,对接农户255万余户、企业6.1万余家……这是中国国际"互联网+"大学生创新创业大赛"青年红色筑梦之旅"(以下简称"红旅")活动5年来交出的答卷。

2017年,在第三届中国"互联网+"大学生创新创业大赛期间,教育部组织开展了首次"红旅"活动。5年来,"红旅"活动把思政教育、专业教育和创新创业教育深度融合,把大学生创新创业实践与精准扶贫脱贫、乡村振兴紧密结合,做到了融党史教育课、国情思政课、创新创业课、乡村振兴课、红色筑梦课为一体。

澎湃青春热血 传承红色精神

深入福建、江西、广西、广东4个省(自治区)62个村,探寻、挖掘、记录红色文化,形成数字博物馆62处,打造红色文化遗产信息链……这是2018年起参加"红旅"活动的厦门大学"数字乡建——信息服务平台·振兴美丽乡村"团队的成绩单。

从延安到井冈山,再到西柏坡……5年来,"红旅"活动推动483万名大学生走进革命老区、贫困地区、城乡社区,用专业知识、创新创业成果精准对接基层需求。

在"红旅"活动带动下,各地各高校持续组织开展形式多样的活动,引导广大青年学生感悟、传承红色精神。

上海市用好红色资源名片,举办"汇创青春"上海大学生文化创意作品展示活动,累计征集60余所上海及长三角地区高校9大类创意作品近万件。

福建着力打造"双百三级三创联动"活动模式,以项目联建党支部的方式带动百校与百乡、千院与千村、万队与万户融合共创。

……

"'红旅'活动牢牢牵住'立德树人'这个牛鼻子,成为高等教育思政课创新发展的显著标志,树立起新的人才培养观。"四川大学马克思主义学院院长曹萍说。

奉献青春力量　回应时代需要

浙江台州市黄岩区，同济大学"掌上'智'村——乡村产业振兴一体化智慧服务系统"项目团队就驻扎在这里。

2016年，项目团队在当地积累实践经验，进行数据调研，通过打造一体化案例库、算法库和模式库，形成乡村产业振兴一体化智慧服务系统。如今，"掌上'智'村"已与17个县、市政府展开合作，间接带动7 000多名返乡大学生和农民工就业。

5年来，"红旅"活动回应时代需要，有效促进高校智力资源，特别是大学生创新创业成果在基层落地转化。

南昌大学"珍蚌珍美"项目团队独创"鱼蚌＋"生态净水模式，以珍珠蚌的滤食作用为核心，混养多种鱼类，对富营养化水体进行净化，实现生态效益和经济效益双丰收。

吉林大学"丰粮满仓——液化农业废弃物改良盐碱地打造'第二粮仓'"项目团队助力吉林白城市通榆县粮食增收。乡亲们夸赞，娃娃们的金点子真能变成真金白银。

重庆大学"氮先锋"项目团队从原料和工艺两方面解决生产污染问题，帮助农民改善粮食种植，帮助乡镇企业肥料产品提质增效……

5年来，青年学生聚焦学以致用，组成一批批"科技中国小分队""健康中国小分队"等，在美丽乡村建设、弱势群体帮扶等方面作出了实实在在的贡献。

砥砺青春奋斗　创造美好未来

6月17日，第八届中国国际"互联网＋"大学生创新创业大赛"青年红色筑梦之旅"活动正式启动。

今年的活动以"红色青春筑梦创业人生，绿色发展助力乡村振兴"为主题，引导高校师生扎根基层创新创业，推动乡村振兴取得新进展、农业农村现代化迈出新步伐。

据悉，教育部正在积极推动新工科、新医科、新农科、新文科为"红旅"赋能，引导广大"红旅"青年争做社会主义核心价值观的坚定信仰者、积极传播者、模范践行者。

"'青年红色筑梦之旅'汇聚磅礴青春力量，培养形成了一支新锐'双创'大军，推动高校的智力、技术、文化资源紧密对接和助力乡村振兴。"教育部高等教育司司长吴岩表示，将在更大范围、更高层次、更深程度开展"青年红色筑梦之旅"活动，带动和引导广大青年学生勇当开路先锋、争当事业闯将，在新时代展现靓丽的青春风采。

"青年红色筑梦之旅"：一堂极具特色和标志意义的中国金课

(中央广电总台国际在线　2022年6月18日　记者：李薇薇　马海君)

"5年，483万名大学生，98万个创新创业项目，对接农户近255万户、企业6.1万余家。"在习近平总书记给第三届中国"互联网＋"大学生创新创业大赛"青年红色筑梦之旅"的大学生回信5周年之际，"红旅"活动交出了一份沉甸甸的青春答卷。

经过5年发展，"红旅"活动将思政教育、专业教育和创新创业教育深度融合，把大学生的创新创业实践与精准扶贫脱贫、乡村振兴紧密结合，已经成为一堂融党史教育课、国情思政课、创新创业课、乡村振兴课、红色筑梦课为一体的中国金课，交出了一份关于教育"培养什么人、怎么培养人、为谁培养人"的厚重答卷。

传承：个人梦融入中国梦

从延安到古田、从井冈山到西柏坡、从小岗村到闽宁镇、从嘉兴南湖到大庆油田……5年来，红色筑梦的旗帜已插遍祖国大地，"红旅"活动已呈星火燎原之势。依托"红旅"活动，各地各高校持续组织开展内涵丰富、形式多样的活动，引导广大青年学生从心灵深处感悟、传承红色精神：上海市用好历史红色资源名片，连续举办"汇创青春"——上海大学生文化创意作品展示活动，累计征集60余所上海及长三角地区高校九大类创意作品近万件；福建省着力打造"双百三级三创联动"活动模式，以在项目上联建党支部的方式带动百校与百乡、千院与千村、万队与万户融合共创；南宁学院建立"不惑青春英雄精神体验传承基地"。

参与"红旅"活动的学生不仅自身获得了成长，也为高校开展广大青年学生思想政治教育提供了更多内容。2018年参加"红旅"活动的厦门大学"数字乡建——信息服务平台·振兴美丽乡村"团队，已深入福建、江西、广西、广东4地的62个村，探寻、挖掘、记录红色文化，形成数字博物馆62处，打造了红色文化遗产信息链。

井冈山大学生命科学学院环境工程专业学生赵延宽从党的故事、革命的故事、英雄的故事中汲取到了信仰的力量、初心的力量、奋斗的力量，通过服务乡村振兴，把青春奋斗融入国家前途命运，把个人梦想融入实现中国梦的伟大实践。

"'红旅'牢牢牵住了'立德树人'这个牛鼻子，成了高等教育思政课创新发展的显著标志。"四川大学马克思主义学院院长曹萍认为，"红旅"树立起新的人才培养观，正在引领高等教育人才培养理念和实践的深刻变革。

创新:"红旅"活动深度服务国家战略

5年来,"红旅"青年学生以"科技中国小分队""健康中国小分队""幸福中国小分队""教育中国小分队""法治中国小分队""形象中国小分队""政策宣讲小分队"形式走进革命老区、贫困地区、城乡社区,在现代农业、美丽乡村建设、弱势群体帮扶等方面作出了实实在在的贡献。

同济大学"掌上'智'村——乡村产业振兴一体化智慧服务系统"项目团队驻扎到了浙江省台州市黄岩区,通过一体化打造案例库、算法库和模式库,形成了乡村产业振兴一体化智慧服务系统。

如今,该项目已与17个县、市政府展开合作,线下建成36个工作站,间接带动7 000多名返乡大学生、农民工就业。

我国共有水库98 400余座,绝大多数分布于农村,其中30.4%的水库呈现富营养化状态,12 496座水库水质为Ⅳ类及以下,水质不达标。南昌大学"珍蚌珍美"项目团队独创"鱼蚌+"生态净水模式,以珍珠蚌的滤食作用为核心,通过混养多种鱼类,对富营养化水体进行净化,实现生态效益和经济效益的双丰收。

"盐碱地上丰收难"是我国粮食安全领域的一大现实。吉林大学"丰粮满仓——液化农业废弃物改良盐碱地 打造'第二粮仓'"项目团队,通过自主研发的近临界水技术液化玉米秸秆-畜禽排泄物制备有机肥料以改良盐碱地,助力吉林白城市通榆县粮食增收。

"娃娃们的'金点子'真能变成'真金白银'。"乡亲们的赞许激励着学生们既往向前。

2020年,脱贫攻坚收官之年,"红旅"活动聚焦52个未摘帽贫困县,积极开展电商直播扶贫带货等活动,全国30万青年学生通过电商平台直播带货,销售额达2.4亿元。

电子科技大学"沈厅筑梦家庭农场"项目助力晚熟柑橘销量逆势大涨,一个月内销售超1 500万斤,销售收入超6 000万元,增加就业岗位6万人次。

"红旅"活动与创新驱动、脱贫攻坚、乡村振兴等国家战略同频共振,5年来累计有98万个大学生创新创业项目参与"红旅"活动,对接农户近255万户、企业6.1万余家,签订合作协议7万余项,有效促进了高校智力资源特别是大学生创新创业成果在基层精准落地转化。

引领:"四新"赋能"红旅"

"通过开发等离子体固氮技术,利用直流辉光放电实现无催化剂空气直接固氮,从原料和工艺两个方面解决生产污染,帮助农民改善粮食种植,帮助乡镇企业肥料产品提质增效。"重庆大学"氮先锋"项目服务乡村振兴的模式,与本届"红旅"以新工科、新医科、新农科、新文科助力"新农业、新农村、新农民、新生态"建设十分契合。

当前,教育部正在积极推动新工科、新医科、新农科、新文科为"红旅"赋能,促进高校工科教育、人才和科技等资源助力乡村工业发展,促进高校医科教育、人才和医疗等资源助力乡村公共卫生事业发展,促进高校农科教育、人才和科技等资源助力新农业、新农村、新农民、新生态建设,促进高校文科教育、人才等资源助力乡村文化建设,引导广大"红旅"青年争做社会主义核心价值观的坚定信仰者、积极传播者、模范践行者。

"'红旅'汇聚磅礴青春力量,培养形成了一支新锐双创大军,推动高校的智力、技术、文化资源紧密对接和助力乡村振兴",教育部高等教育司司长吴岩表示,将在更大范围、更高层次、更深程度开展"红旅"活动,组织全国高校学生上好这堂极具特色和标志意义的中国金课,带动和引导广大青年学生勇当开路先锋、争当事业闯将,在新时代的赛道上跑出最靓丽的一道青春风景线。

汇聚青春力量 培养"双创"大军

——中国国际"互联网+"大学生创新创业大赛 "青年红色筑梦之旅"活动综述

(中国教育报 2022年6月18日 记者:高毅哲)

5年,483万名大学生、98万个创新创业项目,对接农户255万余户、企业6.1万余家……

这是中国国际"互联网+"大学生创新创业大赛"青年红色筑梦之旅"(以下简称"红旅")活动5年来交出的沉甸甸的青春答卷。

2017年8月15日,习近平总书记给参加第三届中国"互联网+"大学生创新创业大赛"青年红色筑梦之旅"的大学生回信,勉励他们扎根中国大地了解国情民情,用青春书写无愧于时代、无愧于历史的华彩篇章。经过5年的发展,"红旅"活动把思政教育、专业教育和创新创业教育深度融合,把大学生的创新创业实践与精准扶贫、乡村振兴紧密结合,交出了一份关于教育"培养什么人、怎样培养人、为谁培养人"的厚重答卷。

传承红色基因,接受思想洗礼

从延安到古田、从井冈山到西柏坡、从小岗村到闽宁镇、从嘉兴南湖到大庆油田……

5年来,"红旅"活动的旗帜已插遍祖国大地,"红旅"活动已呈星火燎原之势。483万名大学生走进革命老区、贫困地区、城乡社区,传承红色基因、接受思想洗礼,了解国情民情,用专业知识、创新创业成果精准对接基层需求,把个人理想追求深深融入党和国家的事业之中。

2018年参加"红旅"活动的厦门大学"数字乡建——信息服务平台·振兴美丽乡村"团队,4年来,深入福建、江西、广西、广东4个省(自治区)的62个村,探寻、挖掘、记录红色文化,形成数字博物馆62处,打造红色文化遗产信息链,既提升了团队成员的能力,也为广大青年学生思想政治教育提供了更多内容。

"盐碱地上丰收难"是我国粮食安全领域的一大现实问题。吉林大学"丰粮满仓——液化农业废弃物改良盐碱地打造'第二粮仓'"项目团队,通过自主研发的近临界水技术液化玉米秸秆-畜禽排泄物制备有机肥料以改良盐碱地,助力吉林白城市通榆县粮食增收。乡亲们高兴地说:"娃娃们的'金点子'真能变成'真金白银'!"

5年来,"红旅"活动积极探寻和挖掘红色党史与精神,既为大学生创新创业送去实际支持,又引导他们提升社会责任感、创新精神和实践能力。"红旅"活动已成为一堂集党史教育课、国情思政课、创新创业课、乡村振兴课、红色筑梦课于一体的有温度、有深度、有广度、有高度、有气度的中国金课。

依托"红旅"活动,各地各高校持续创新载体——主旨论坛、思政微课、创新创业专题报告会、项目路演及签约、红色主题音乐课等活动丰富多彩,引导广大青年学生从心灵深处感悟、传承红色精神。上海市用好历史红色资源名片,连续举办"汇创青春"上海大学生文化创意作品展示活动,累计征集60余所上海及长三角地区高校九大类创意作品近万件。福建省着力打造"双百三级三创联动"活动模式,以通过项目联建党支部的方式带动百校与百乡、千院与千村、万队与万户融合共创。

井冈山大学生命科学学院环境工程专业学生赵延宽说:"'红旅'活动为当代大学生提供了广阔天地,引导我们从党的故事、革命的故事、英雄的故事中汲取信仰和奋斗的力量,把个人梦想融入实现中国梦的伟大实践。"

打造中国金课,谱写育人新篇

创新创业促进青年学子从"学生"向"创业者"转变,对青年学子来说,也是一场从校园到社会职场的加速竞赛。

5年来,"红旅"活动把思政教育、专业教育和创新创业教育深度融合,探索中国高等教育人才培养新模式,走出了一条新路,树立了新的人才培养观、新的教学质量观。

教育部积极推动新工科、新医科、新农科、新文科为"红旅"赋能活动,促进高校工科教育、人才和科技等资源助力乡村工业发展,促进高校医科教育、人才和医疗等资源助力乡村公共卫生事业发展,促进高校农科教育、人才和科技等资源助力新农业、新农村、新农民、新生态建设,促进高校文科教育、人才等资源助力乡村文化建设,引导广大"红旅"青年争做社会主义核心价值观的坚定信仰者、积极传播者、模范践行者。

在广西,广西民族大学投入400万元用于大学生创新创业训练计划项目的训练实践,还设专项基金奖励优秀师生,形成了"设计—孵化—奖励"3个维度的创新创业经费保障体系。南宁师范大学投入80万元建设创新创业导师团队,已形成一支以青年博士为骨干力量的高素质导师队伍……2021年,广西37所本科高校共投入创新创业专项资金7 877.19万元,涉及12个学科门类。

农村学生占比超过70%、家庭经济困难学生超过30%、学生普遍缺少社会实践经历和发展自信……面对复杂生源情况,南京工业职业技术学院构建"创新思维激发—课程思政导入—实践才干历练"培养体系,将人生观、世界观、社会主义核心价值观等思政教育的内涵通过具化的工匠精神、企业家精神、奉献意识等传递给在校学生,实现课程思政与创新能力培养有机融合。

在创新创业教育与实践中,该校学生找到了自信和成长成才的方向,每年申报专利超过500项。该校每年的"红色筑梦之旅"实践项目覆盖全国各省份,不断用创新创业成果服务乡村振兴战略、助力乡村教育发展。

"'红旅'牢牢牵住了'立德树人'这个牛鼻子,成为高等教育创新发展的显著标志。"四川大学马克思主义学院院长曹萍说。"红旅"活动促进高校树立起新的人才培养观,正在引领高等教育人才培养理念和实践的深刻变革。

增长才干本领，追逐青春梦想

"'红旅'是展现自我的舞台，是提升自我的舞台，是年轻人切磋成长的舞台。'红旅'已经成为我们共同的青春记忆。"井冈山大学"百年好合"项目团队负责人赵延宽对"红旅"充满感激。

金灿灿的葵花田，浩瀚明亮的星空，"金盏银盘菊花心"的黄芪散发出甜甜的豆香味……对于内蒙古科技大学的"北疆新农人"大学生创业助农团队来说，新时代的田野充满希望。

首届"红旅"活动的参赛经历赋予这支团队创新的灵感。他们与种植黄芪的专业合作社一拍即合，打通电商和食品深加工链条，帮助乡亲们获得更好收益。

5年来，"红旅"活动紧扣创新驱动发展、脱贫攻坚、乡村振兴等国家战略，不断丰富赛事内涵，带动一批像"北疆新农人"团队一样的青年学子将创新创业实践与精准扶贫、乡村振兴战略相融合，助力年轻人迅速成长。

在火热的社会经济生活面前，青年们的聪明才智被充分激发，从区块链技术、低碳项目到社区公益、乡村美术……注重学科交叉和跨行业创新，大数据、云计算、人工智能等前沿领域的高精尖项目竞相涌现，一大批服务基层的行业项目脱颖而出，广大青年学子在创新创业的赛道上扬帆追赶，奋勇争先。

5年来，"红旅"青年学生聚焦学以致用，来自理工、农林、医学、师范、法律、人文社科等各专业的大学生组成一批批"科技中国小分队""健康中国小分队""幸福中国小分队"等，在现代农业、美丽乡村建设、弱势群体帮扶等方面作出了实实在在的贡献。

"'青年红色筑梦之旅'汇聚磅礴青春力量，培养形成了一支新锐'双创'大军。"教育部高等教育司司长吴岩表示，将在更大范围、更高层次、更深程度开展"青年红色筑梦之旅"活动，组织全国高校学生上好这堂极具特色和标志意义的中国金课，带动和引导广大青年学生勇当开路先锋、争当事业闯将。

第八届中国国际"互联网+"大学生创新创业大赛"青年红色筑梦之旅"活动正式启动

(重庆日报 2022年6月18日 记者:王翔)

6月17日,第八届中国国际"互联网+"大学生创新创业大赛"青年红色筑梦之旅"(简称"红旅")活动全国启动仪式在北京会场、重庆会场同步举行。

教育部党组书记、部长怀进鹏在北京会场出席活动并讲话,重庆市委副书记、市长胡衡华出席重庆会场活动并致辞,教育部副部长钟登华向团队代表授旗,重庆市委副书记李明清,重庆大学党委书记舒立春、校长王树新等出席。

怀进鹏指出,今年是习近平总书记给"青年红色筑梦之旅"活动大学生回信五周年。5年来,各部门、各地各高校认真贯彻落实总书记重要回信精神,办好"互联网+"大学生创新创业大赛,广泛开展"红旅"活动,广大青年学生用创新创业生动实践助力脱贫攻坚和乡村振兴。经过5年发展,"红旅"活动已经成为一堂融党史教育课、国情思政课、创新创业课、乡村振兴课、红色筑梦课为一体的,极具特色和标志意义的中国金课。希望广大青年学生赓续红色基因、筑牢理想信念根基,深入基层一线、增长见识才干,敢闯会创,在创新创业的火热实践中成就一番事业,把青春梦、创新梦、创业梦融入伟大的中国梦,在实现中华民族伟大复兴的道路上奋力奔跑,跑出属于新一代青年人的最好成绩,为推进乡村振兴、促进共同富裕贡献青春力量。

胡衡华代表市委、市政府,代表陈敏尔书记,向活动的启动表示祝贺,向参加大赛的青年朋友表示问候。他说,近年来,重庆深入贯彻落实习近平总书记给"青年红色筑梦之旅"活动大学生重要回信精神,把促进青年创新创业作为一项重要工作来抓,深入实施"优创优帮"名师导航计划和"渝创渝新"创业启航计划,广大青年学生日益成为创新创业的生力军,成为推动高质量发展、创造高品质生活的重要力量。重庆是"红岩精神"的诞生地、发源地。在红岩魂广场启动"红旅"活动,就是要传承和发扬"红岩精神",汲取信仰的力量、奋斗的力量,激励广大青年开拓进取、创新创业。祝愿青年朋友在筑梦之旅各展其长、尽显风采,成长为可堪大用、能担重任的栋梁之才。欢迎全国各地的青年朋友,走进重庆、扎根重庆,书写创新创业创造的青春篇章。

启动活动在雄壮的国歌声中拉开帷幕。北京会场、重庆会场时空连线,共同展示大赛及"红旅"活动的重要成果。历届优秀项目的学生代表生动讲述了参加"红旅"活动的创业体会。北京会场、重庆会场学生共同发出《未来有我》的誓言。

中国国际"互联网+"大学生创新创业大赛是我国最大的大学生双创赛事,本届大赛由教育部等部委（局）、中国科学院、中国工程院、共青团中央与重庆市政府联合主办，重庆大学承办。此次"红旅"活动以"红色青春筑梦创业人生，绿色发展助力乡村振兴"为主题，将思政教育、专业教育和创新创业教育深度融合，传承红色基因，坚定理想信念，涵养青年学生家国情怀，引导高校师生扎根基层创新创业，全面服务乡村振兴，助力实现共同富裕。

国家有关部委负责人在北京会场参加活动，市有关部门、高校、沙坪坝区、建设银行重庆市分行负责人和在渝高校学生代表在重庆会场参加活动，其他省（自治区、直辖市）和新疆生产建设兵团设分会场。

"青年红色筑梦之旅"全国联动 "云"上传承红色基因

(新华网 2022年6月21日 记者:李海岚)

  这是一场别样的青春之旅,全国31个省(自治区、直辖市)、新疆生产建设兵团的大学生在"云端"相遇;这是一场特殊的启动仪式,重庆与北京两个会场汇聚着中国青年的心……6月17日,第八届中国国际"互联网+"大学生创新创业大赛"青年红色筑梦之旅"活动(以下简称"红旅")全国启动仪式在重庆主会场红岩魂广场和北京主会场教育部,以"云端连线联动"的方式同步举行。

  据了解,第八届中国国际"互联网+"大学生创新创业大赛由教育部等9个中央部委(局)、中国科学院、中国工程院、共青团中央和重庆市人民政府共同主办,重庆大学承办。本届大赛"青年红色筑梦之旅"活动以"红色青春筑梦创业人生　绿色发展助力乡村振兴"为主题,围绕迎接党的二十大胜利召开,以新工科、新医科、新农科、新文科助力"新农业、新农村、新农民、新生态"建设,引导全国广大高校师生扎根基层创新创业,推动乡村振兴取得新进展、农业农村现代化迈出新步伐。

  今年是"青年红色筑梦之旅"活动举办五周年。2018年,在陕西省举办的第三届中国国际"互联网+"大学生创新创业大赛,开辟全新实践活动赛道——"青年红色筑梦之旅"。

  5年来,483万"红旅"青年追寻革命前辈伟大而艰辛的奋斗足迹,从心灵深处感悟革命精神,努力成为社会主义核心价值观的坚定信仰者、积极传播者、模范践行者;20余万"红旅"小分队深入城乡社区和老少边区,书写出新时代青年的使命担当;98万个大学生创新创业项目参与"红旅",为实现共同富裕贡献青春智慧;对接农户255万户、企业6.1万多家,签订合作协议7万多项,"红旅"青年交出了一份沉甸甸的时代答卷……敢闯会创的"红旅"青年把激昂的青春梦融入伟大的中国梦,把青春的奋斗写在了广袤的中华大地。

  重庆是国家最年轻的直辖市,也是国家历史文化名城,有3 000多年的文字记载历史,是巴渝文化的发祥地。重庆还是一座英雄的城市,有着光荣的革命传统、丰富的红色文化资源。当天启动仪式所在地红岩魂广场,就承载着伟大的红岩精神。红岩精神体现了中国共产党人坚如磐石的理想信念、和衷共济的爱国情怀、艰苦卓绝的凛然斗志、百折不挠的浩然正气,承载着共产党人的初心和使命,是中国共产党人精神谱系的重要组成部分。

  在重庆共同开启"青年红色筑梦之旅",就是要用好红色资源,发扬红色传统,传承红色基因,赓续共产党人精神血脉,以昂扬的精神状态奋进新征程、建功新时代。"红旅"漫漫,从延安精神到红岩精神,一脉相承、历久弥新,百万青年学子即将再出征、再进发,一展新时代我国高校人才的新风貌!

学习贯彻习近平总书记给"青年红色筑梦之旅"活动大学生重要回信精神五周年座谈会在渝召开

（重庆大学新闻网　2022年8月15日　作者：赵深艳）

8月15日，在习近平总书记给第三届中国"互联网＋"大学生创新创业大赛"青年红色筑梦之旅"（简称"红旅"）大学生回信五周年之际，教育部组织召开专题座谈会深入学习贯彻重要回信精神。会议在第八届中国国际"互联网＋"大学生创新创业大赛主办地重庆举行。

教育部党组成员、副部长钟登华，重庆市人民政府有关领导，及教育部高等教育司、教育部学生服务与素质发展中心、部分省（自治区、直辖市）教育部门、部分高校的负责同志，"红旅"项目指导教师、学生代表、创办企业代表等40余人出席座谈会。座谈会由教育部高等教育司司长吴岩主持。我校党委书记舒立春、校长王树新等出席座谈会。

2017年8月15日，习近平总书记给"青年红色筑梦之旅"大学生回信，对"红旅"活动给予高度肯定，并深切勉励青年学子扎根中国大地了解国情民情，在创新创业中增长智慧才干，在艰苦奋斗中锤炼意志品质，在亿万人民为实现中国梦而进行的伟大奋斗中实现人生价值，用青春书写无愧于时代、无愧于历史的华彩篇章。总书记的回信极大鼓舞了全体大学生参加"红旅"、扎根基层创新创业的热情。

5年来，"红旅"活动有力促进了思政教育、专业教育和创新创业教育的深度融合。从延安、古田、嘉兴、莲花山、井冈山到重庆红岩，483万"红旅"青年追寻革命前辈伟大而艰辛的奋斗足迹，从心灵深处感悟革命精神，努力成为社会主义核心价值观的坚定信仰者、积极传播者、模范践行者；20余万支"红旅"小分队深入城乡社区和老少边区，书写出新时代青年的使命担当；98万个大学生创新创业项目参与"红旅"，促进高校的智力、技术、文化资源和社会资源精准对接，为实现共同富裕贡献青春智慧；49.1万个农业项目、8.8万个林业项目、3.2万个牧业项目、1.9万个渔业项目、35万个城乡社区项目……5年来，敢闯会创的"红旅"青年把激昂的青春梦融入伟大的中国梦，把青春的奋斗写在了广袤的中华大地。

熊雪在致辞中指出，5年来，重庆市共有15万余名师生通过"青年红色筑梦之旅"活动走进革命老区、贫困地区、城乡社区，近4万个创新创业项目精准对接农户8.2万余户、系列合作社2 400余家，为脱贫攻坚和乡村振兴贡献青春力量。

熊雪表示，今天的座谈会既是对习近平总书记重要回信精神的再学习、再部署、再落实，也是对重庆高等教育发展改革的再鼓励、再推动、再叮嘱。重庆市将把本次会议精神学习好、宣传好、落实好，坚决把习近平总书记重要回信精神全面落实在重庆大地上。欢迎广大青年学子进一步了解重庆、走进重庆、选择重庆、创业重庆、扎根重庆，在这片热土上成就人生梦想,书写精彩华章。

在座谈会上,重庆市教委、陕西省教育厅、重庆大学、重庆理工大学等单位主要负责同志分别介绍了学习贯彻落实习近平总书记重要回信精神、开展"红旅"活动的举措和取得的阶段性成效。

舒立春从坚守育人育才"本色",发挥价值塑造引领力;擦亮创新创业"底色",强化平台载体支撑力;提升高质量发展"成色",筑牢事业发展聚合力三个方面介绍了重庆大学5年来认真学习贯彻习近平总书记重要回信精神,推动全校上下在更大范围、更高层次、更深程度开展"青年红色筑梦之旅"活动,培养学生敢闯的素质、提高学生会创的能力,不断提升学校立德树人成效,努力培养德智体美劳全面发展的社会主义建设者和接班人,加快推动"双一流"内涵发展、特色发展、高质量发展。

"在'互联网+'红旅的赛程中,我们愈发意识到自己身上承载着保护、传播中华文明的责任和使命。""作为红旅赛道的见证者、参与者与受益者,我们是幸运的,同时也期待这份'互联网+'创新创业大赛的光芒能够持续引领一代又一代青年大学生的逐梦之路。""'藏粮于地,藏粮于技',我们的目标是为"三农"发展和乡村振兴助力,让土地富起来,让农业强起来。"会上,"红旅"项目指导教师、学生代表、创办企业代表讲述了参加"红旅"活动的感悟和成长故事。

钟登华指出,习近平总书记的重要回信和关于高等教育的重要论述,是关于我们党对高等教育规律、人才培养规律认识的集大成之作、最新成果,系统回答了一系列方向性、全局性、战略性重大问题。要切实提高政治站位,进一步学习领会重要回信"希望寄予青年、红色基因传承、弘扬伟大梦想精神、走好新时代的长征路"的精神内涵,做到常学常新、知行合一。

钟登华强调,要全面总结"红旅"活动5年来的突出成绩和有效经验。5年来,全国高教战线认真贯彻落实总书记重要回信精神,全力办好"互联网+"大学生创新创业大赛,深入开展"青年红色筑梦之旅"活动,"红旅"已经成为一堂融党史教育课、国情思政课、创新创业课、乡村振兴课、红色筑梦课为一体的,极具特色和标志意义的"中国金课"。要继续坚持并不断深化"红旅"经验,始终筑牢理想信念之基,坚持扎根中国大地,注重发挥高校的独特优势。

钟登华要求,要奋力推进"红旅"活动再深化、再出发。要坚守"赓续红色基因、将青春梦融入中国梦"的"红旅"初心,充分发挥思想引领作用,以立德树人为出发点,推进创新创业教育与思想政治教育相融合。要拓展"红旅"内容形式,各地各高校师生要用好国家智慧高教平台这一资源,互相学习借鉴,携手打造一场永不落幕的"红旅"活动。要主动服务乡村振兴,积极引导广大青年学生深入田间地头,通过创新引领创业、创业带动就业,服务乡村振兴。要加大对"红旅"的系统支持,推动"红旅"行稳致远。要深入学习贯彻总书记重要回信精神,加快高等教育高质量发展,着力培养担当民族复兴大任的时代新人,以实际行动迎接党的二十大胜利召开。

将创新创业梦融入伟大中国梦

——"青年红色筑梦之旅"五年成就综述

(中国教育报 2022年8月17日 记者:焦新)

2017年8月15日,习近平总书记给第三届中国"互联网+"大学生创新创业大赛"青年红色筑梦之旅"的大学生回信,深切勉励青年学生。

在习近平总书记指引下,一大批青年学生用智慧和汗水,投身脱贫攻坚与乡村振兴事业,将创新创业的个人理想融入伟大中国梦,融入党和国家的前途命运,用青春年华书写时代华章。

在"红旅"底色上筑梦

"扎根中国大地了解国情民情,在创新创业中增长智慧才干,在艰苦奋斗中锤炼意志品质,在亿万人民为实现中国梦而进行的伟大奋斗中实现人生价值,用青春书写无愧于时代、无愧于历史的华彩篇章。"

5年来,习近平总书记的殷殷嘱托,始终回响。

传承红色基因,接受思想洗礼,了解国情民情,用专业知识、创新创业成果精准对接基层需求,是"红旅"始终不变的底色。

过去5年,累计有483万名大学生参加"红旅"活动。他们走进延安、井冈山、西柏坡、古田等革命老区,追寻革命前辈伟大艰辛的创业史;走进安徽小岗村、黑龙江大庆油田、宁夏闽宁镇等地,感受敢为人先的奋斗精神,使"青年红色筑梦之旅"旗帜遍插祖国大地。

5年间,陕西省"青年红色筑梦之旅"活动启动仪式分别在梁家河、延安革命纪念馆、铜川照金、延安南泥湾及延安宝塔山举行,向广大青年学生呈现不同的红色教育维度,传递不同的红色精神内涵。

甘肃省紧扣"红色筑梦点亮人生 青春领航振兴中华"主题,从红军会师地会宁到南梁革命根据地,大力弘扬"长征精神""南梁精神"。

福建省把开展"红旅"活动作为落实立德树人根本任务的重要举措,深挖八闽红色基因,推动项目团队进革命老区、原中央苏区、偏远山区和城乡社区。

第五届"红旅"赛道获奖选手、华南理工大学建筑学院城乡规划专业毕业生陈可认为:"在'红旅'舞台上,虽然大家有着不同的创业模式,但服务国家的目标是相同的。"

重庆大学"寻荟记"项目团队成员彭争民表示,作为新时代青年,就要展现理想信念,激发自我潜力,把青春奋斗融入国家前途命运,把个人梦想融入实现中国梦的伟人实践,奋力走好新时代的长征路。

在乡村振兴舞台上逐梦

"红旅"与脱贫攻坚、乡村振兴等国家战略同频共振,促进了高校智力资源特别是大学生创新创业成果在基层精准落地转化。

截至目前,已有累计98万个创新创业项目精准对接农户255万余户、企业6.1万余家,签订合作协议7万余项,取得了良好的经济效益和社会效益。

上海交通大学的"国瑞葡"项目,带动当地农民、周边产业增收超30亿元,培养农业科技带头人3000余位。

重庆大学"硅根结蒂"项目团队研发出增产和修复一体化的新型硅藻基硅肥,实现了粮食增产和土壤修复的双重效果。

福州大学"村落传统民居'一站式'守护者项目"团队因地制宜,以"高校＋科研＋公益"的道路,推动古民居、老建筑焕发新生机。

贵州大学"博士村长"团队1000余人,共有90余支实践队伍深入该省30多个乡村,开展服务活动500余次。

鲁东大学"共'桐'富裕——国家战略资源油桐产业的领导者"项目,研究油桐的育种、栽培及产业链延伸开发,成为新时代"新农人"的致富带头人。

徐州工业职业技术学院"山楂树之恋——沂蒙老区山楂精准扶贫"项目,积极开展技术创新,带动产业实现了新突破……

5年来,一大批青年学生来到乡村、留在乡村,成为有文化、懂技术、善经营、会管理的"新农人",他们将专业知识与创新创业相结合,带动一批乡村创新创业项目,催生出更多小微供应链,激活乡村发展内生动力。

教育部高教司负责人表示,"青年红色筑梦之旅"培养形成了一支新锐"双创"大军,推动高校的智力、技术、文化资源紧密对接和助力乡村振兴。

在数字经济背景下圆梦

参赛项目与数字经济、数字技术深度融合,是"红旅"创新特质的一个重要侧面。

浙江大学"文物方舟——科技赋能文物数字化保护领军者"项目,借助计算机技术,融合考古、艺术、设计等多领域知识,让收藏在博物馆里的文物、陈列在广阔大地上的遗产"活"了起来。

华中科技大学"'AI'无界——新冠肺炎AI辅助诊断助力全球抗疫"项目,实现对病人从分类、诊断到重症预测的全流程监控,在提升了诊断速度和能力的同时,减少了交叉感染风险,阻断疫情传播。

北京航空航天大学"(ISET)机器人辅助农业现代化、智能化生产产业链"项目,将智能技术推广到农业生产中,提供农业现代化、智能化生产的机器人产品产业链,打造农业生产智能生产生态圈……

用青春书写新时代华彩篇章

(光明日报 2022年10月3日 记者:殷泽昊)

【践行总书记回信精神 深入实施新时代人才强国战略】

"希望你们扎根中国大地了解国情民情,在创新创业中增长智慧才干,在艰苦奋斗中锤炼意志品质,在亿万人民为实现中国梦而进行的伟大奋斗中实现人生价值,用青春书写无愧于时代、无愧于历史的华彩篇章。"2017年8月,习近平总书记给第三届中国"互联网＋"大学生创新创业大赛(从第六届起,大赛更名为"中国国际'互联网＋'大学生创新创业大赛")"青年红色筑梦之旅"的大学生回信,对青年创新创业群体提出殷切期望。

5年前,参加第三届中国"互联网＋"大学生创新创业大赛"青年红色筑梦之旅"活动的大学生们给总书记写信,汇报了他们的收获和体会。他们表示要像习近平青年时代那样,立下为祖国、为人民奉献自己的信念和志向,把自己创新创业梦融入伟大中国梦。

"中国国际'互联网＋'创新创业大赛'青年红色筑梦之旅'就是要引导广大青年学生昂扬奋发、勇毅前行,积极走进革命老区、偏远山区和城乡社区,追寻并感悟革命精神。"教育部高等教育司司长吴岩表示,总书记的回信情真意切、语重心长,充分体现出对支持青年在创新创业的奋斗人生中出彩圆梦的美好期望,为青年一代成长成才指明了方向。

如今,中国国际"互联网＋"大学生创新创业大赛已举办到第八届。通过以赛促创,多年来,大赛引导各地各高校大学生在创新创业的实践中成长与发展,一批批优秀的青年创新创业人才在比赛中磨炼才干,一个个促发展、惠民生的创新创业项目落地生根。

坚定信念,以创新创业践行红色精神

"当时我正在地里收苹果,手机突然弹出消息,'总书记给我们回信了!'我万分激动。"给总书记写信的执笔人之一、农业电商项目"小满良仓"创始人张旺回忆道。

张旺2017年到革命圣地延安参加"青年红色筑梦之旅"活动,零距离感受延安精神,这给当时正在创业攻坚期的张旺注入了一针"强心剂",使他对创新创业有了全新思考。用户是谁?"全心全意为人民服务",人民是最大的用户。怎么解决困难?"自力更生艰苦奋斗",坚持不懈就没有过不去的坎。如何发展创新?"解放思想实事求是",破除思维定式开辟创新路径。"延安精神代表一种创业精神。"他认为,"相比国外创业理论,延安精神是更值得中国创业者去参悟的精神法则。"

经过几年农业电商的创业实践,张旺发现,农产品销售涉及从种植到仓储、物流到销售的系统性问题,如果仅对某一个环节进行改造,效果微乎其微。由此,"小满良仓"项目应运而生。张旺多点发力,加强农业电商供应链保供、农产品品质提高等方面的工作。自2019年8月起,由"小满良仓"发展而来的满心满行科技有限公司供应链中心已实现品质农产品销售5.3亿元。

从4人到30多人、从110亩到5 000余亩中药材,近两年,另一位致信人赵庆早的创业项目已经从团队发展为公司。"总书记的回信让我更加坚定了服务乡土的信念。"他说,在总书记回信精神的感召下,自己于2018年光荣入党。

从小在乌蒙山区长大,如今经营云南鲜隐谷农业科技有限公司的赵庆早决心用创新创业的方式回馈大山。他说:"看到农户们生活越来越好,我就有满满的自豪感。"

心系他人,用创新创业成就无悔青春

2021年,谷旭阳和团队的视障学生动画疗愈项目获得第七届中国国际"互联网+"大学生创新创业大赛金奖。"作为新时代青年,我们应该积极在创新实践中锻炼、提升自己,用实际行动更好服务他人,为社会作贡献。"从小在盲校长大、母亲和爷爷都是特教老师的谷旭阳,被家人的无私奉献精神深深感染。他想,作为影视专业的学生,可以用动画制作的方式给孩子们带去欢乐。

谷旭阳把对视障孩子的牵挂化为创新实践的动力,成立旭日暖阳社会工作服务中心。自学软件、走访特教、联系专家……他和团队不断总结经验,工作逐渐有了起色。"正如总书记指出的,'艰难困苦,玉汝于成'。我相信困难和挑战是成功的必由之路。"现在,中心制作团队已累计制作300多集无障碍精品动画,与86所特殊教育学校建立了合作关系,帮助近3万名特殊学生享受到动画片带来的欢乐。

"青年红色筑梦之旅"活动同样也激发了周良财的创新创业热情。因3岁时的一场意外致残,他一度意志消沉。2019年,刚开始创业的他参加了"青年红色筑梦之旅"活动。这一次,他感受到了精神力量,找到了努力方向。"老一辈革命家的先进事迹和奋斗精神深深感染了我。我要迎难而上,耐得住寂寞吃得了苦。"红色之旅进一步坚定了他的信心。

创业在基层,创新为基层。2021年,周良财牵头成立陕西信安长隆农牧科技发展有限公司,助力发展陕西羊奶产业。"'扎根中国大地了解国情民情',我们经营农产品,就一定要深入农村、服务农村。"创业过程中,他始终铭记总书记在回信中的殷殷嘱托。他的团队中有残障人士,有来自因病因残致贫家庭的孩子。他坚信:"大家互相鼓励,共同奋斗,一定会创造更美好的未来。"

优化环境,为创新创业搭建圆梦平台

今年2月,我国第一颗由学生研制、设计的微纳卫星"启明星一号"成功发射。参与武汉大学遥感信息工程学院创新创业项目"启明星"的学生们,充分发挥创新潜能,把理论知识运用于实践当中,实现了属于青春的"飞天梦"。

"总书记'把激昂的青春梦融入伟大的中国梦'的重要指示,鼓舞着青年学子勇敢筑梦、追梦、圆梦。当学生们看着自己造的卫星升上太空时,喜悦和激动溢于言表。"武汉大学遥感信息工程大学生创新创业中心主任孟小亮表示,新时代的中国青年,有着优越的创新创业环境和条件,有梦想的青年们应当敢于创新创业,为经济社会发展多作贡献。

从创新想法到具体实践、从创业项目到上市公司,青年创新创业群体的故事正在中华大地上不断书写。全国高校就业创业指导委员会委员曾莉表示:"青年创业者在中国新产业、新业态、新模式的经济中成长。在科技攻关前沿,在乡村振兴一线,他们把人生理想融入国家和民族的事业,为实现中华民族伟大复兴汇聚青年力量。"

随着创新创业环境优化,青年创新创业群体取得越来越多的成就,这离不开全国高校创新创业人才培养范式的深刻变革。目前,全国高校普遍开设有创新创业教育课程,其中专门课程3万余门、在线开放课程1.1万余门。吴岩表示,在当前阶段,要通过不断深化高校创新创业教育改革,引导高校构筑从理念到教法、课程到专业、师资到平台的全方位交叉培养体系,切实增强青年学生的创业意识、创新精神和创造能力。

桐花万里丹山路,雏凤清于老凤声。"今天的中国,越来越多的青年人投身于创新创业的热潮,他们立足现在、放眼未来,为中华民族伟大复兴贡献着青春力量。"吴岩说。

第四篇

青年红色筑梦之旅活动实录

为深入贯彻落实习近平总书记给第三届中国"互联网+"大学生创新创业大赛"青年红色筑梦之旅"大学生重要回信精神,教育部决定自2018年第四届中国"互联网+"大学生创新创业大赛起在全国开展"青年红色筑梦之旅"活动。2018—2022年,"青年红色筑梦之旅"活动分别在福建上杭古田、浙江嘉兴、深圳莲花山、江西井冈山、重庆红岩魂广场举行全国启动仪式,教育部还在福建古田、江西井冈山、陕西延安、山东沂蒙山、河北西柏坡、安徽六安、黑龙江大庆、宁夏闽宁镇等地开展全国对接活动。5年来,全国累计组织98.3万个创新创业团队,483万名大学生走进革命老区、贫困地区、城乡社区,传承红色基因、锤炼意志品质,对接农户近255万户、企业6.1万多家,签订合作协议7万余项。"青年红色筑梦之旅"活动汇聚起磅礴的青春力量,培养形成一支创新创业大军,推动高校的智力、技术、文化资源助力脱贫攻坚和乡村振兴。

第三届中国"互联网+"大学生创新创业大赛同期活动"青年红色筑梦之旅"启动仪式在陕西延安举行

(西安电子科技大学新闻网　2017年7月15日)

视频10

视频11

7月15日,第三届中国"互联网+"大学生创新创业大赛同期实践活动"青年红色筑梦之旅"启动仪式在延安举行。教育部高教司理工处处长吴爱华,陕西省委高教工委副书记李智军,陕西省教育厅副厅长王紫贵,延安市委常委、副市长赵璟,西安电子科技大学党委副书记龙建成,延安市教育局局长兰爱平出席了仪式。仪式由陕西省教育厅高等教育处处长胡海宁主持。启动仪式后,嘉宾们还参加了青年乡村创客市集的活动,现场参观体验了从全国遴选的60余支创新创业团队的项目作品。

启动仪式上,延安市委常委、副市长赵璟代表延安市委对"青年红色筑梦之旅"活动在延安举行表示欢迎,并表示全力为大赛项目在延安的转化落地搭建桥梁。她说,此次大赛实践活动来到陕西、走入延安,主动为革命老区提供服务和帮助,助力延安的建设发展,让老区市民倍感荣幸、充满期待。

西安电子科技大学党委副书记龙建成在讲话中谈到,中央军委长征到达延安后建成的中央军委无线电通信学校是西安电子科技大学前身,"艰苦奋斗、自强不息,求真务实、爱国为民"的西电精神具有非常鲜明的红色基因。他表示,大赛新增"青年红色筑梦之旅"同期实践活动旨在贯彻落实全国高校思政工作会议精神,将创新创业教育与思想政治教育相结合,将创新创业实践与精准扶贫工程相结合,为创业青年提供一次传承延安精神、涵养创业精神、坚定文化自信的精神盛宴。

陕西省教育厅副厅长王紫贵指出,延安精神是中国共产党的传家宝,是中华民族宝贵的精神财富。自力更生、艰苦奋斗的创业精神和理论联系实际、不断开拓的创新精神作为延安精神的重要内容,富含创新创业的时代基因。青年学生要实现自己的梦想,中华民族要实现伟大复兴的中国梦,都要从延安精神中汲取力量。

教育部高教司理工处处长吴爱华在讲话中表示,"互联网+"大赛的举办为青年学生搭建了广阔的创新创业舞台,已经成为激发大学生创新精神、增强大学生创业能力、服务大学生成长成才的一项品牌赛事。大赛对于贯彻落实党中央的战略部署,推动国家发展和社会进步,服务于青年一代更好地成长成才具有积极而深远的意义。

吴爱华同时提出三点希望。一是希望参加实践活动的青年学子珍惜此次相互学习、相互交流的宝贵机会,在书写出自己精彩篇章的同时,服务革命老区经济社会发展。二是希望各地方高校始终坚持大赛的育人宗旨,使大赛成为一次培育创新精神、激发创业热情、结出创新创业硕果的盛会。三是希望各方通过共同努力,发掘培养更多能在老区落地的创新型项目,培育出更多能服务老区经济发展的创业型企业,以实际行动和实际成果为实现中国梦作出积极贡献。

在启动仪式上,青年创客红色筑梦联盟联合发起人、"小满良仓"项目团队负责人张旺代表实践团成员宣读了《筑梦宣言》。李智军为"青年创客红色筑梦联盟"授牌。

在启动仪式结束后,领导嘉宾参观了青年乡村创客市集,为参加市集的项目团队现场提出了指导意见。据了解,现场60余支创新创业团队的项目作品是从报名的全国千余个项目中遴选出来的。西安电子科技大学首届大赛四强项目"蒜泥科技"、南昌航空大学"天宫开悟"——基于VR技术的航空航天科普教育等近20个项目经过前期与相关机构的对接洽谈,在市集现场完成了落地签约。

据悉,全国31个省(自治区、直辖市)、港澳台地区、"一带一路"沿线国家的近百个大赛项目参加了本次大赛同期实践活动。本次"青年红色筑梦之旅"主题实践活动包括红色文化体验,大赛评委、投盟专家闭门特训,"互联网+"青年乡村创客高峰论坛等主要活动。在实践过程中,大赛组委会还安排了大赛参赛项目团队下乡与相关单位、产业园实地对接,以实际行动助力精准扶贫工程,为服务延安经济建设贡献青年双创力量。

第四届中国"互联网+"大学生创新创业大赛"青年红色筑梦之旅"活动全国启动仪式在福建古田举行

(闽西日报 2018年3月31日 记者:黄俊)

视频12

视频13

3月30日上午,由教育部、福建省人民政府主办,厦门大学、龙岩市人民政府承办的第四届中国"互联网+"大学生创新创业大赛"青年红色筑梦之旅"活动启动仪式在龙岩市上杭古田举行。

教育部高教司司长吴岩,全国政协常委、省政协副主席、省教育厅副厅长薛卫民,厦门大学党委书记张彦,市委常委、常务副市长王龙,教育部、中央网信办、农业农村部、国务院扶贫办等国家相关部委和各省(自治区、直辖市)教育主管部门负责人,全国近300支大学生创新创业团队以及来自高校、投资机构、企业和媒体的代表约1300人参会。

启动仪式上,与会人员重温了习近平总书记给中国"互联网+"大学生创新创业大赛"青年红色筑梦之旅"大学生重要回信精神。

吴岩说,大赛自2015年创办以来,已经成为我国覆盖面最大、影响最广的大学生创新创业的盛会,成为国际高等教育改革的一道靓丽风景线。希望青年大学生通过活动锤炼意志品德、增长智慧才干,在创新创业中实现个人价值和理想,成就青春梦;希望青年大学生创新创业团队将高校的智力、技术和资源辐射到广大的农村地区,助力精准扶贫和乡村振兴;希望青年大学生把个人理想与党和国家的前途命运紧密结合,把自己的成长发展与时代的发展紧密结合,以青春梦助力中华民族伟大复兴的中国梦。

薛卫民代表省政府对大家的到来表示欢迎,对活动的顺利举办表示祝贺。他说,希望大家以本次活动为契机,学习继承古田会议精神和苏区精神,推动创新创业教育与思想政治教育相融合,培养大学生家国情怀,培育和践行社会主义核心价值观;在更大范围、更高层次、更多形式上,深入推动创新创业实践与乡村振兴战略、精准扶贫脱贫相结合;希望大学生们在创新创业中增长智慧才干,在艰苦奋斗中锤炼意志品质,为实现中国梦、实现人生价值,用飞扬的青春书写无愧于新时代的华彩篇章。

张彦说,成功从古田开始,胜利从这里走来,我们在这里重温党的光荣历史,宣誓助力脱贫攻坚的坚强决心,展示新时代大学生的责任担当。希望同学们铭记习近平总书记的嘱托,以满腔的热情、深厚的感情投入活动,在服务老区发展中受教育、展才干、做贡献。

王龙介绍了龙岩市市情概况和经济社会发展情况。他表示,真诚期待通过此次活动,更多创新创业成果落地闽西,助力老区加快乡村振兴、助力老区人民脱贫致富奔小康、助力老区加快经济发展。我们将全力为大赛项目在闽西的转化实施搭建平台、提供保障。

3月30日下午,近300支大学生创新创业团队和当地的政府部门、学校、合作社、企业以及农户进行了项目对接交流,并签订了部分合作协议。

第五届中国"互联网+"大学生创新创业大赛"青年红色筑梦之旅"活动全国启动仪式在浙江嘉兴举行

(浙江大学网站 2019年6月14日)

视频14

红船劈波行,精神聚人心。6月14日,第五届中国"互联网+"大学生创新创业大赛"青年红色筑梦之旅"(以下简称"红旅")活动启动仪式在浙江嘉兴举行,与会师生同上一堂"全国最大的思政课"。

教育部副部长钟登华向"青年红色筑梦之旅"团队代表授旗并讲话,浙江省副省长成岳冲,浙江大学党委书记任少波,嘉兴市委书记张兵分别致辞。教育部高教司司长吴岩,浙江省教育厅党委书记、厅长陈根芳等出席。与会嘉宾共同启动了全国"青年红色筑梦之旅"活动。

教育部和各省(自治区、直辖市)教育主管部门负责人,全国500余名大学生红色筑梦之旅团队代表,以及来自高校、投资机构、企业和媒体的代表近800人参会。

钟登华在致辞时指出,要深入贯彻习近平总书记重要回信精神,在更大范围、更高层次、更深程度开展"红旅"活动,上好一堂最大的创新创业课和一堂最大的国情思政课,激励更多青年学生以青春奋斗领航民族振兴。他对大家提出三点期待。一要传承红色基因。青年一代必须勇敢担负起艰巨而光荣的历史使命,用实际行动把红色基因一代代传下去,做对国家、对人民、对社会有用的人。各地各高校要深入推动创新创业教育与思想政治教育紧密结合,以青春梦托起伟大的中国梦。二要扎根祖国大地。高校要充分发挥人才、智力和技术优势,推动新理念、新技术、新产品、新业态和新模式在农村蓬勃兴起。项目团队要深入调研各地实际需求,为乡村振兴注入青春新动能。三要增长智慧才干。同学们要广泛开展创新创业实践活动,练就敢冒风险、敢闯会创的过硬本领和爱拼敢赢的意志品质;要敢于面对挑战,为解决国家"卡脖子"的技术难题贡献青春和智慧。

教育部副部长钟登华表示,创新创业教育需要社会力量共同参与、协同推进。希望企业家、投资人和社会各界共同助力高校深化创新创业教育改革,为大学生创新创业实践提供帮助指导,促进"红旅"活动对接社会资源,形成全社会关心支持大学生创新创业的良好生态。

浙江省副省长成岳冲表示,今年教育部确定"青年红色筑梦之旅"在南湖起航,就是希望当代大学生能够重温革命前辈伟大艰辛的创业史,不忘初心、牢记使命,走好新时代青年的新长征路。这是青春梦、创新创业梦与中国梦的深度融合,也是对当代大学生首创精神、奋斗精神、奉献精神的集中检验。我们将举全省之力做精做好大赛服务保障工作;将创新办赛机制,搭建高频交流平台,更好推动大赛成果转化落地;将大力弘扬"红船精神",全面落实立德树人根本任务,加快推进创新创业教育改革,为实现中华民族伟大复兴的中国梦厚植更多有理想、有本领、有担当的热血青春力量。

浙江大学党委书记任少波表示,"青年红色筑梦之旅"在南湖之畔启程,是一场"不忘初心、牢记使命、永远奋斗"的寻根之旅、溯源之行,必将激励青年学子进一步坚定理想信念、锤炼意志品质。学校将认真做好活动组织和服务保障工作,携手兄弟高校将创新创业教育融入铸魂育人的生动实践,共同上好这堂覆盖全国的"国情思政课"。希望大家以红船为出发点,迈向更广阔的天地,在创新创业的时代浪潮中砥砺奋进、淬炼成钢,让青春在民族复兴的伟大征程中绽放出更加璀璨的光芒。

不忘初心、牢记使命,从梦想启航的地方再出发。当天一早,来自全国各地的"青年红色筑梦之旅"的旗手代表们,参加了从南湖湖心岛红船旁出发的"奔跑吧,红旅筑梦人"启航跑。"红色筑梦点亮人生,青春领航振兴中华"的口号,响彻晨曦中的南湖。

跑至终点南湖革命纪念馆七一广场时,代表们共唱《我和我的祖国》。随后,大家肃立,参加升旗仪式并庄严宣誓。大家纷纷表示要将红旅旗帜插到全国各地,让梦想的种子在祖国大地上扎根、发芽、绽放出最绚烂的青春之花。

当天,与会人员还参观了南湖革命纪念馆,并分别参加了"习近平新时代中国特色社会主义思想"报告会、"青年红色筑梦之旅"主旨论坛。

据了解,"青年红色筑梦之旅"活动旨在引导广大青年学生扎根中国大地了解国情民情,在创新创业中增长智慧才干,在艰苦奋斗中锤炼意志品质,为中国特色社会主义事业培养有理想、有本领、有担当的热血青春力量。今年的"青年红色筑梦之旅"活动将立足红色传承、立足实际需求、立足强国建设,组织百万名大学生以及企业家、投资人、社会工作者等,以"科技中国小分队""健康中国小分队""幸福中国小分队""教育中国小分队""法治中国小分队""形象中国小分队""政策宣讲小分队"或项目团队组团等形式,走进革命老区、贫困地区、城乡社区,从乡村振兴、精准扶贫、社区治理等多个方面开展帮扶工作,为全面建成小康社会、加快推进社会主义现代化建设贡献智慧。

教育部高教司副司长范海林,省政府副秘书长蔡晓春,省教育厅副厅长于永明,浙江大学党委副书记邬小撑,教育部、浙江省教育厅、浙江大学、中国建设银行、嘉兴市有关负责人参加上述活动。

第六届中国国际"互联网+"大学生创新创业大赛"青年红色筑梦之旅"活动全国启动仪式在北京深圳两地举行

(华南理工大学网站　2020年6月30日)

视频15

视频16

青春领航脱贫攻坚,红色筑梦创业人生。6月30日上午,第六届中国国际"互联网+"大学生创新创业大赛"青年红色筑梦之旅"活动全国启动仪式举行。今年的"青年红色筑梦之旅"启动仪式在线上线下同步进行,并在北京、深圳设置了两个会场。

教育部党组成员、副部长钟登华,教育部高等教育司司长吴岩,广东省人民政府副省长覃伟中,广东省人民政府副秘书长陈岸明,深圳市副市长聂新平,广东省教育厅厅长景李虎,广东省科技厅厅长龚国平,华南理工大学党委书记章熙春、校长高松、副校长李正,中国建设银行广东省分行副行长邓波以及农村农业部、国务院扶贫办、广东省农业农村厅、华为公司的有关负责人出席活动。与会嘉宾两地联动,同步点亮脱贫地图,正式启动"青年红色筑梦之"活动。

启动仪式上,教育部副部长钟登华指出,面对突如其来的新冠肺炎疫情,我们在以习近平同志为核心的党中央坚强领导下,众志成城、共克时艰,取得重大战略成果。新时代的青年大学生们,坚决响应党的号召,接受了一场人生大考,坚持停课不停学,积极参加各类志愿服务、参与疫情防控科研攻关,展现了新时代大学生昂扬向上的精神风貌。他强调,要弘扬伟大的改革开放精神,聚焦脱贫攻坚,用创新创业的生动实践贡献源源不断的青春力量。他对青年学生提出三点希望:要深入学习贯彻习近平总书记重要回信精神,牢记嘱托担当作为;要积极投身脱贫攻坚伟大实践,用青春书写华彩篇章;要传承红色基因,坚定理想信念,走好新时代青年的长征路。

广东省副省长覃伟中表示,今年是我国决战决胜脱贫攻坚、全面建成小康社会的收官之年,广大青年学子作为中华民族实现第一个百年奋斗目标的亲历者、见证者,也应当努力贡献自己的一份力量。他号召广大青年学子大力弘扬伟大的改革开放精神,借助"青年红色筑梦之旅"活动,各显其能、各尽其才,用创新创业成果推动经济社会发展,助力打赢脱贫攻坚战;热切期望广大学子毕业后在广东就业创业,施展才华、建功立业,与广东携手并进、创美好未来。

"敢闯、会创"一直是华工人的特质。华南理工大学党委书记章熙春表示,"青年红色筑梦之旅"是传承红色基因,不忘初心、牢记使命的"再学习";是保持奋斗姿态,弘扬改革开放精神的"再深化";更是投身脱贫攻坚,决胜全面建成小康社会、实现"两个一百年"奋斗目标的"再出发"。华南理工大学将举全校之力，与广州、深圳一起做好大赛和活动的筹备工作，与大家携手将这堂最有温度的"国情思政大课"引向深入，努力向教育部和广东省交出一份满意的答卷。

2020年是脱贫攻坚决战决胜之年，"红旅"活动聚焦脱贫攻坚，号召各地各高校大学生深入脱贫攻坚主战场，助力52个未摘帽贫困县。寓意着"敢闯会创，薪火相传"的火种在北京点燃并传向深圳。来自全国的34支队伍挥舞着代表青春与梦想的旗帜，从闯关赛道出发，奋力奔向决战脱贫攻坚的"最后一公里"。

为了号召"红旅"学子深入52个未摘帽贫困县助力当地脱贫，展现"红旅"学子打赢脱贫攻坚战的信心决心，音诗画《红旅青年助力扶贫，广阔天地大有作为》以"视频＋诗朗诵"的形式呈现，奋斗在脱贫攻坚一线的党员干部们送上寄语，现场"红旅"学子代表誓师，一同呐喊"决胜脱贫攻坚，红旅青年再出发"作出回应，展现助力脱贫攻坚的热情与决心。

春天的故事传遍了天涯，新时代的号角中再一次出发……在歌舞《再一次出发》的音乐声中，"红旅"青年们打点好行装，向着民族复兴的美好愿景，再一次出发！

据了解，今年的"青年红色筑梦之旅"活动充分融入深圳经济特区建立40周年、深圳建设中国特色社会主义先行示范区一周年有关活动中，通过打造"红旅日"12小时线上直播以及"淘宝直播带货""话题打榜热搜""移动链式传播"等云覆盖方式，在更大范围、更高层次、更有温度、更深程度上带领广大青年站在改革开放再出发的新的历史起点，"敢闯敢试、敢为天下先"。

"红旅日"直播间设置在莲花山下，分为"一条道路""一声号角""一种力量""一个梦想"四个篇章。在线上12小时的直播中，吴岩携手淘宝主播李响、马丁一起直播带货。同时"青春益行"扶贫纪录片《中国扶贫在路上》、全网首播大赛主题电影《当我们海阔天空》、"脱贫致富青年先行"青年红色筑梦之旅优秀案例汇报会、红旅新闻30分、"辉煌新时代"灯光秀也一一精彩呈现。线下，主办方在认真落实常态化疫情防控要求的情况下，开展了"勇闯脱贫攻坚奋进之路"闯关越野赛、"大潮起珠江"广东改革开放40周年展参访等活动。

因为疫情的关系，主办方为无法来到现场的师生特别打造了12小时不间断直播活动，在新华网、人民网、央视频、人民直播、"全国大学生创业服务网"抖音号、新浪微博、B站、凤凰新闻、钉钉等多平台进行，截至发稿时，近300万师生在线上观看了启动仪式。同时，华南理工大学官方微博设置话题"青年红色筑梦之旅12小时超长直播"，开发了"我是红旅火炬手"H5互动小程序，营造了积极参与热烈讨论的浓烈氛围。

第七届中国国际"互联网＋"大学生创新创业大赛"青年红色筑梦之旅"活动全国启动仪式在江西井冈山举行

（教育部网站　2021年6月11日）

视频17

6月11日,第七届中国国际"互联网＋"大学生创新创业大赛"青年红色筑梦之旅"活动全国启动仪式在江西井冈山举行。教育部党组书记、部长陈宝生出席启动仪式并讲话,党组成员、副部长钟登华为"青年红色筑梦之旅"学生授旗。江西省委书记、省人大常委会主任刘奇,省委常委、秘书长吴浩出席启动仪式,省委副书记叶建春致辞。

视频18

陈宝生指出,在习近平总书记给第三届大赛"青年红色筑梦之旅"大学生回信精神指引下,一大批青年学生用智慧和汗水投身脱贫事业,用最美的年华书写了时代华章。累计300余万大学生、58.3万个创新创业项目对接农户近150万户、企业4万余家,签订合作协议4万余项,在美丽乡村建设、现代创意农业、医疗健康扶贫、红色文化传播等领域作出了实实在在的贡献。这是当代大学生与新时代同向同行、发出的最有力量的青春宣言。

陈宝生强调,本次活动是教育系统献礼建党百年的系列重要活动之一,同学们要扎扎实实上好这堂思政"金课"、实践大课。要认真学习贯彻习近平新时代中国特色社会主义思想,传承发扬革命传统,坚定执着追理想,实事求是闯新路,艰苦奋斗攻难关,依靠群众求胜利,让井冈山精神放射出新的时代光芒。希望同学们要学好党史,明理增信,在学党史、悟思想的过程中传承基因、赓续传统、坚定信念、淬炼思想、磨砺本领;要扎根实践,服务基层,走进革命老区、偏远山区和城乡社区,将专业知识与创新创业相结合,带动一批乡村创新创业项目,催生出更多小微供应链,激活乡村发展内生动力;要学真本领,堪当大任,把个人理想与党和国家的前途命运紧密结合,以聪明才智为国家作贡献,以开拓进取服务社会,让青春在为祖国、为民族、为人民、为人类的不懈奋斗中绽放绚丽之花。

叶建春代表江西省委、省政府向启动仪式的举行表示热烈祝贺,并简要介绍了江西这片充满红色记忆的红土地近年来推动高质量跨越式发展取得的成就。叶建春说,井冈山是革命的山、战斗的山,也是英雄的山、光荣的山。这里的一山一水都留下了革命先烈的战斗足迹,一草一木都记载着可歌可泣的信仰故事。在这里举行"青年红色筑梦之旅",就是要牢记习近平总书记殷殷嘱托,大力弘扬井冈山精神,从党的故事、革命的故事、英雄的故事中汲取信仰的力量、初心的力量、奋斗的力量,做党光荣传统和优良作风的忠实传人,奋力走好新时代的长征路。希望同学们从百年党史中汲取智慧营养、从红色基因中激发奋进力量,把自己的理想同祖国的前途、民族的命运紧密联系在一起,敢于筑梦、勇于追梦、勤于圆梦。热忱欢迎全国的青年学子，进一步认识江西、了解江西，毕业之后选择江西、创业江西，在这片英雄的土地上成就人生梦想、书写精彩华章。

中国国际"互联网＋"大学生创新创业大赛是我国最大的大学生双创赛事。2017年8月15日，习近平总书记给第三届大赛"青年红色筑梦之旅"大学生回信，勉励同学们扎根中国大地了解国情民情，用青春书写无愧于时代无愧于历史的华彩篇章。"青年红色筑梦之旅"活动经过5年的实践探索，现已成为一堂融党史教育课、国情思政课、创新创业课、乡村振兴课、红色筑梦课为一体的有温度、有深度、有广度、有高度、有气度的中国金课。

本届"青年红色筑梦之旅"活动深入贯彻落实习近平总书记给第三届中国"互联网＋"大学生创新创业大赛"青年红色筑梦之旅"大学生的重要回信精神，紧扣"建党百年"主题，贯穿"四史"教育，全面推进课程思政，厚植学生"爱党爱国"情怀，聚焦革命老区，开展公益创业，引导师生服务乡村振兴。

在启动仪式上，人民英雄张伯礼、井冈山革命烈士袁文才嫡孙袁建芳等为青年学生讲授党史教育课。南昌大学、井冈山大学学生代表分享了"红旅"创业体会。

教育部、农业农村部、国家乡村振兴局、江西省、吉安市、井冈山市、南昌大学、井冈山大学、中国建设银行等相关负责同志和31个省（自治区、直辖市）、新疆生产建设兵团的师生代表参加启动仪式。

第八届中国国际"互联网+"大学生创新创业大赛"青年红色筑梦之旅"活动全国启动仪式在北京重庆两地举行

(教育部网站 2022年6月17日)

视频19

视频20

6月17日上午,第八届中国国际"互联网+"大学生创新创业大赛"青年红色筑梦之旅"(简称"红旅")活动全国联线启动。教育部党组书记、部长怀进鹏在北京会场出席仪式并讲话,教育部党组成员、副部长钟登华向团队代表授旗。重庆市委副书记、市长胡衡华出席重庆会场活动并致辞。

怀进鹏指出,今年是习近平总书记给第三届中国"互联网+"大学生创新创业大赛"青年红色筑梦之旅"的大学生回信五周年。5年来,各部门、各地区、各高校认真贯彻落实习近平总书记重要回信精神,办好"互联网+"大学生创新创业大赛,广泛开展"红旅"活动,广大青年学生用创新创业生动实践助力脱贫攻坚和乡村振兴。经过5年发展,"红旅"活动已经成为一堂融党史教育课、国情思政课、创新创业课、乡村振兴课、红色筑梦课为一体的,极具特色和标志意义的中国金课。

怀进鹏希望广大青年学生赓续红色基因、筑牢理想信念根基,深入基层一线、增长见识才干,敢闯会创、在创新创业的火热实践中成就一番事业,把青春梦创新梦创业梦融入伟大的中国梦,在实现中华民族伟大复兴的道路上奋力奔跑,跑出属于新一代青年人的最好成绩,为推进乡村振兴、促进共同富裕贡献青春力量。

胡衡华表示,重庆是一座英雄城市,有着光荣的革命传统,承载着伟大的红岩精神。"青年红色筑梦之旅"全国启动仪式在重庆设主会场,就是要用好红色资源,发扬红色传统,赓续共产党人精神血脉,激励我们以昂扬的精神状态奋进新征程、建功新时代。未来的重庆充满了无限机遇,希望广大青年学子在重庆施展才华、书写精彩华章。

启动仪式通过短片与讲述的形式全面总结"青年红色筑梦之旅"开展5年来取得的重要成果。历届优秀项目代表分享了将个人梦想融入伟大的中国梦,深入广袤乡村、扎根基层创新创业的成长历程,展现了当代中国青年奋发有为的精神风貌。仪式最后,学生代表共同宣誓:请党放心,强国有我!请党放心,振兴有我!请党放心,未来有我!请党放心,中国有我!

"青年红色筑梦之旅"活动把思政教育、专业教育和创新创业教育深度融合。过去5年,全国共有483万名大学生走进革命老区、贫困地区、城乡社区,传承红色基因、锤炼意志品质,用专业知识和创新创业成果为脱贫攻坚和乡村振兴贡献青春力量。累计98万个创新创业项目精准对接农户255万余户、企业6.1万余家,签订合作协议7万余项,取得了良好的经济和社会效益。

据了解,第八届中国国际"互联网+"大学生创新创业大赛由教育部等9个中央部委(局)、中国科学院、中国工程院、共青团中央和重庆市人民政府共同主办,重庆大学承办。自4月8日启动以来,已有281万个项目、1 210万名学生报名参赛,参赛项目数和报名人数均已经超过去年。其中,有57.9万个项目团队、246万名大学生报名参加"青年红色筑梦之旅"活动。本届大赛"红旅"活动,以新工科、新医科、新农科、新文科助力"新农业、新农村、新农民、新生态"建设,引导广大高校师生扎根基层创新创业,推动乡村振兴取得新进展、农业农村现代化迈出新步伐,以实际行动迎接党的二十大。

国家发展改革委、农业农村部、财政部、国家乡村振兴局、中国建设银行等有关部门负责人在主会场参加会议。各省、自治区、直辖市教育厅(教委),新疆生产建设兵团教育局设分会场并在线上参加启动仪式。

第四届中国"互联网＋"大学生创新创业大赛"青年红色筑梦之旅"全国对接活动(山东)成功举办

(全国大学生创业服务网　2018年7月6日)

在庆祝中国共产党建党97周年的欢庆时刻,6月30日至7月1日,第四届中国"互联网＋"大学生创新创业大赛"青年红色筑梦之旅"(以下简称"红旅")活动全国对接活动(山东)在临沂市沂南县沂蒙红嫂纪念教育基地举办。教育部高等教育司二级巡视员吴爱华、山东省教育厅二级巡视员刘欣堂、临沂大学党委书记李喆出席活动并讲话。山东省农业厅二级巡视员姜卫良、省扶贫办行业社会组副组长卢飞、临沂市人民政府副市长张玉兰等有关领导参加活动。

本次全国对接活动旨在全面深入贯彻落实习近平总书记关于沂蒙精神重要讲话、在十三届全国人大一次会议山东代表团审议时的重要讲话和给第三届中国"互联网＋"大学生创新创业大赛"青年红色筑梦之旅"大学生重要回信精神,在更大范围、更高层次、更深程度上开展"青年红色筑梦之旅"活动。活动的主题是:红色筑梦点亮人生,青春领航振兴中华;活动副题是:弘扬沂蒙精神,传承红色基因,服务乡村振兴,助力精准扶贫。

吴爱华在讲话中指出,"互联网＋"大学生创新创业大赛为青年学生搭建了广阔的创新创业舞台,已经成为激发大学生创新精神、增强大学生创业能力、服务大学生成长成才的一项品牌赛事。"青年红色筑梦之旅"以青年为主体,造就一支敢闯会创的胜利队伍;以红色为主题,上好一堂全国最大的高校思政课;以筑梦为主旨,把青春梦融入伟大的中国梦。

刘欣堂指出,近年来,山东教育系统以习近平新时代中国特色社会主义思想和党的十九大精神为指导,全面落实立德树人根本任务,深化教育改革,提高教育质量,推进教育公平。坚持一体化设计大中小学德育体系,加强中华优秀传统文化教育,推动传统文化创造性转化、创新性发展;大力传承红色基因,深度挖掘沂蒙精神、胶东红色文化等丰富的红色资源,全面开展革命文化教育。把深化高校创新创业教育作为服务支持全省创新驱动发展战略、乡村振兴战略和新旧动能转化重大工程的重要措施,全面推动高校深化创新创业教育,全面开展"互联网＋"大学生创新创业大赛。

本次全国对接活动在教育部高等教育司指导下,由山东省教育厅、山东省农业厅、山东省扶贫办和临沂市人民政府主办,临沂大学和沂南县人民政府承办。活动致力于推动创新创业教育工作与思想政治教育工作紧密结合,推动创新创业实践与乡村振兴战略、精准扶贫脱贫相结合,引导青年学生走进革命老区、贫困地区,接受思想洗礼、传承红色基因,贴近"三农"需求，发挥自身优势，重温革命前辈伟大而艰辛的创业史，努力走好新时代青年的新长征路，努力成为富有创新精神、勇于投身实践的创新创业型人才，成为全面发展的合格建设者和可靠接班人。

对接活动安排了主题鲜明、内涵丰富的活动内容，北京大学、山东中医药大学等8个来自全国高校的大学生创业团队开展项目路演，延安大学、山东商业职业技术学院等20支学生团队的代表与沂蒙山区相关村镇现场对接签约，近百支大学生创业团队与临沂当地达成合作意向；举办沂蒙精神主题报告会，组织大学生到沂蒙红嫂纪念馆和孟良崮战役纪念馆的红色教育考察，观看红色电影《沂蒙六姐妹》；举办主题论坛，请专家做乡村振兴规划报告、"红旅"活动与双创教育报告。广大师生在活动中重温了革命前辈伟大而艰辛的创业史，坚定了走好新长征路的理想信念，在活动中接受思想洗礼、学习革命精神、传承红色基因。

全国部分省（自治区、直辖市）教育行政部门领导，来自全国29个省（自治区、直辖市）的大学生创新创业团队和指导教师，临沂市及所属各县领导、相关部门负责人和乡镇村农户代表，老战士、老模范代表，企业家、投资机构人士和媒体代表共600多人参加了活动。

"青年红色筑梦之旅"全国对接活动(江西)在南昌出征

(江西省大学生创新创业网 2018年7月13日)

7月13日,第四届中国"互联网+"大学生创新创业大赛"青年红色筑梦之旅"全国对接活动(江西)出征仪式在南昌举行。省政府副省长孙菊生出席并宣布红色筑梦之旅出征。教育部高教司副司长林东伟出席并讲话,中关村百人会天使投资联盟高校投资委员会主任周洛宏代表投资机构发言。

孙菊生指出,在全省高校贯彻落实习近平总书记同团中央新一届领导班子成员集体谈话时重要讲话之际,"青年红色筑梦之旅"活动在我省开展,既是对红色基因的传承,也是对青年梦想的承载,有助于广大青年深入基层实际,搭建青年学生服务国家、服务社会的广阔平台;有助于将科技含量高,富有创新性、实效性的优质项目送到革命老区、贫困地区,推动科研成果落地转化,建立创新创业团队和农村脱贫需求的长效对接机制。

孙菊生要求,省直有关部门、有关地方,要认真按照活动要求,做好各项对接、联络、服务、保障工作,为项目顺利落地、形成实效创造条件。

林东伟在讲话时代表教育部高教司对承办和支持本次活动的各有关单位表示了感谢!向即将踏上红色筑梦旅程的同学们寄予了最美好祝愿!他说,"青年红色筑梦之旅"不是一次短期活动,要建立创新创业团队和农村脱贫需求的长效对接机制。高校要通过多种形式,推出一批帮扶品牌项目,发挥辐射带动作用;希望企业家、投资人为大学生开展"青年红色筑梦之旅"提供资金技术支持和帮扶指导,助力青年实践创新、建功立业;希望青年学子以扎根中国、心怀天下的使命与担当,勇立时代潮头,书写无愧时代的人生华章。

周洛宏在发言时表示,中关村百人会天使投资联盟作为创业导师将帮助青年创业者们辨别正确的创业方向,厘清技术和业务的难点问题、对接市场、提高供应链能力和抗风险能力;作为投资人,他们还会对那些符合投资人或投资机构投资标准的项目进行投资,帮助其深度孵化,让优秀的创业团队在资本的帮助下实现自己的创业梦想,造福更多的人,帮助更多的革命老区、贫困地区脱贫致富,让城乡更和谐,让社会更和谐!

教育部高等教育司二级巡视员、理工处处长吴爱华、省委教育工委委员、省教育厅副厅长汪立夏、全国高等学校学生信息咨询与就业指导中心、新华社、省扶贫办、省农业厅、建设银行江西省分行、华东交通大学、中关村百人会天使投资联盟、中国高校创新创业孵化器联盟、中国教育创新校企联盟、万学教育等相关单位(部门)负责人及省内外企业家出席出征仪式。

据了解,"青年红色筑梦之旅"活动是第四届中国"互联网+"大学生创新创业大赛的一项同期活动。目的在于推动创新创业教育与思想政治教育相融合,创新创业实践与乡村振兴战略、精准扶贫脱贫相结合,打造一堂全国最大的思政课。启动仪式结束后,来自全国30个省(自治区、直辖市)117所高校的123个创新创业团队将分赴我省革命老区、贫困地区开展为期一周的创新创业项目扶贫对接活动。

第四届中国"互联网+"大学生创新创业大赛"青年红色筑梦之旅"全国对接活动(江西)在吉水、井冈山和瑞金举行

(南昌师范学院网 2018年7月20日)

7月13日至7月17日,第四届中国"互联网+"大学生创新创业大赛"青年红色筑梦之旅"全国对接活动(江西)在吉水、井冈山和瑞金开展实践活动。来自全国30个省(自治区、直辖市)117所高校的123个创新创业团队走进吉水县、井冈山市、瑞金市,把创新创业实践融入乡村振兴和脱贫攻坚,在实践中增长智慧才干,在实干中锤炼意志品质。

据悉,本次活动以"红色筑梦之旅,助力脱贫攻坚"为主题,旨在走进革命老区、贫困地区,让大学生们接受思想洗礼、学习革命精神、传承红色基因,将高校的智力、技术和项目资源辐射到广大乡村地区,开发探索适宜当地的项目,精准对接革命老区产业发展需求,助力乡村振兴,让参加活动的项目团队能充分展现自己的优势来帮扶红色地区,以团队活动等形式培养参与者的红色情怀。

7月13日,第四届中国"互联网+"大学生创新创业大赛"青年红色筑梦之旅"全国对接活动(江西)出征仪式在南昌市八一广场举行。

江西省人民政府副省长孙菊生出席并宣布红色筑梦之旅出征。教育部高教司副司长林东伟出席并讲话,中关村百人会天使投资联盟高校投资委员会主任周洛宏代表投资机构发言,教育部高等教育司二级巡视员、理工处处长吴爱华,省委教育工委委员、省教育厅副厅长汪立夏出席了出征仪式。

在启动仪式后,项目团队分别赴吉水、井冈山和瑞金,开展相关活动。

7月13日下午,"青年红色筑梦之旅"全国对接活动(江西)专场扶贫项目合作洽谈会在吉水县举行,吸引了吉水县政府各有关部门、乡镇及企业代表前去洽谈、寻求合作。我校生物系"一线生鸡,金凤筑梦"项目受到了许多到场领导、嘉宾和其他学校师生团队的关注。项目团队成员在现场向有合作意向者进行了详细的讲解,其中吉水县八都镇政府对本项目给予高度的评价并表达了强烈的合作意愿,经过进一步的洽谈,双方达成了合作意向并在现场进行签约。

7月14日,项目团队一行人赴井冈山举行"祭奠井冈英烈"仪式并在井冈山革命博物馆进行红色文化学习,接受井冈山精神的洗礼和红色革命教育。大家在井冈山革命博物馆瞻仰革命精神,一起宣告"青年红色筑梦之旅,助力乡村脱贫攻坚",声声铿锵有力,振奋人心。在井冈山革命烈士陵园前,大家高举右拳,重温入党誓词。项目团队成员还分组入户调研,

实地考察革命老区村民家庭基本情况,并结合自己团队项目特色向村民进行了解。

7月15日,全国大学生创新创业项目团队代表来到共和国摇篮——瑞金。项目团队参观了中央革命根据地历史博物馆、毛泽东同志旧居、红井、叶坪革命旧址群等地。在这里,大家深刻感受到红军在恶劣的生活条件下所展示出来的崇高理想信念。

7月16日上午,项目团队在中央革命根据地历史博物馆广场举行了全国青年乡村创客市集(江西专场)及签约仪式。

第四届中国"互联网＋"大学生创新创业大赛暨"青年红色筑梦之旅"全国对接活动（安徽）在蚌埠举行

（安徽财经大学网　2018年7月29日）

7月28日，第四届中国"互联网＋"大学生创新创业大赛暨"青年红色筑梦之旅"全国对接活动在蚌埠举行。教育部高等教育司巡视员宋毅，安徽省教育厅副厅长储常连，安徽财经大学党委书记、校长丁忠明，安徽科技学院党委书记蒋德勤、院长李震，蚌埠市人民政府副市长张晓静，安徽科技学院副院长郭亮，凤阳县委书记徐广友等出席启动仪式。

大赛由教育部主办，安徽省教育厅、蚌埠市人民政府承办，安徽财经大学、安徽科技学院、凤阳县人民政府协办，旨在深入学习贯彻习近平新时代中国特色社会主义思想，深入贯彻落实习近平总书记给第三届中国"互联网＋"大学生创新创业大赛"青年红色筑梦之旅"大学生的回信精神，引导更多青年学生扎根中国大地了解国情民情，鼓励他们用创新创业成果服务乡村振兴战略、助力精准扶贫，引导他们走进革命老区和贫困地区，接受思想洗礼、学习革命精神、传承红色基因，为中华民族伟大复兴的中国梦培养有理想、有本领、有担当的青春力量。

在启动仪式上，宋毅代表教育部高教司对承办和支持本次活动的相关单位表示衷心感谢，对即将踏上红色筑梦旅程的同学们寄予美好祝愿。他希望广大参赛学子珍惜机会，牢记习近平总书记的嘱托，做实现中华民族伟大复兴的追梦者和圆梦人，在奋斗中释放青春激情、追逐青春理想，以青春之我、奋斗之我为民族复兴铺路架桥，为祖国建设添砖加瓦。他指出，"青年、红色、筑梦"是本次活动的3个关键词，也是活动的核心要义。本次大赛要以青年为主力，造就一支敢闯会创的生力军；要以"红色"为主题，上好一堂全国最大的高校思政课；要以"筑梦"为主旨，把青春梦融入伟大的中国梦。宋毅强调，"青年红色筑梦之旅"不是短期活动，要建立创新创业团队和农村脱贫的长效对接机制，真正搭建青年服务国家和社会的广阔平台；高校要通过多种形式，推出一批帮扶品牌新项目，发挥辐射带动作用；企业家、投资人要为大学生开展"青年红色筑梦之旅"提供资金技术支持和帮扶指导，助力青年实践创新、建功立业；青年学子要以扎根中国、心怀天下的使命与担当，勇立时代潮头，书写无愧于时代的人生华章。

储常连代表安徽省教育厅向教育部、各省（自治区、直辖市）教育厅、全国各高校和长期以来对安徽高等教育给予关心支持的社会各界表示衷心感谢，向参加对接活动的各位企业家、媒体代表、老师和同学们表示热烈欢迎。他指出，"互联网＋"大学生创新创业大赛是落实党中央、国务院对高校创新创业教育工作的重要部署,也是落实立德树人根本任务的重要载体。大赛对于深化高等教育综合改革、激发大学生的创造力,培养造就"大众创业、万众创新"的生力军,推动高校毕业生更高质量创业、就业起到了重要作用。他表示,本次活动对弘扬小岗精神、宣传改革历史、传承红色基因、服务乡村振兴和助力扶贫脱贫具有非常突出的代表意义,希望蚌埠市和安徽各高校为项目对接创造条件和便利,确保能对得上、接得好。

　　据悉,来自北京大学、东南大学、中南大学、合肥工业大学、安徽财经大学等90所高校的109个创新创业团队代表及企业家代表参加了启动仪式。

第四届中国"互联网+"大学生创新创业大赛"青年红色筑梦之旅"全国对接活动(闽宁专场)在银川市闽宁镇举行

(宁夏大学网 2018年7月30日)

7月28日,第四届中国"互联网+"大学生创新创业大赛"青年红色筑梦之旅"全国对接活动(闽宁专场)在银川市闽宁镇举办。教育部高等教育司司长吴岩、宁夏回族自治区教育厅党组书记、厅长李秋玲,副厅长王春秀出席活动并讲话。来自全国50余所高校的78个创新创业团队共150余人走进宁夏,宁夏大学生及当地政府部门、企业、合作社和农户等进行实地对接交流。开幕式在闽宁镇宁夏生态移民创新创业示范基地举行。

宁回族自治区教育厅党组书记、厅长李秋玲在开幕式致辞中表示,习近平总书记曾勉励第三届大赛"青年红色筑梦之旅"大学生将青春梦融入伟大的中国梦,用青春书写无愧于时代、无愧于历史的华彩篇章。2018年,教育部将推动创新创业教育与思想政治教育相融合,创新创业实践与乡村振兴战略、精准扶贫脱贫相结合。在更大范围、更高层次、更深程度开展"青年红色筑梦之旅"活动。以青春为主力,以红色为主题,以筑梦为主旨,助力创新创业教育改革,引导青年学生扎根宁夏,以青春奋斗领航民族振兴。

宁夏大学创新创业学院副院长常海波向吴岩司长一行就学校创新创业教育发展历程、探索形成的"双三联动"人才培养体系、基本做法和工作成效作了详细介绍;吴岩司长询问了我校互联网+大赛参赛情况,听取了《宁夏六盘山特困地区肉牛全产业链协同发展》项目情况汇报,希望青年学生在活动中培养家国情怀,做有本领、会作为的热血青年。

在闽宁镇举行"青年红色筑梦之旅"全国对接活动,是向全国推广闽宁协作扶贫经验的最好实践。来自全国50余所高校的创新创业的团队硕果,在"青年红色筑梦之旅"全国对接活动(闽宁专场)项目路演现场登台亮相,助力闽宁创新创业合作扶贫项目签约落地。

第四届中国"互联网＋"大学生创新创业大赛"青年红色筑梦之旅"全国对接活动(河北)在西柏坡举行

(河北教育发布　2018年8月14日)

8月9日至8月10日,第四届中国"互联网＋"大学生创新创业大赛"青年红色筑梦之旅"全国对接活动(河北)在平山县西柏坡举行。

此次活动是贯彻落实去年8月15日习近平总书记给第三届大赛"青年红色筑梦之旅"大学生回信精神的重要举措,是推动创新创业教育与思想政治教育相融合,创新创业实践与乡村振兴战略、精准扶贫脱贫相结合的有力抓手。教育部高等教育司二级巡视员吴爱华,省教育厅厅长杨勇、副厅长王廷山以及来自内蒙古、辽宁、黑龙江、福建、江西、西藏等省(自治区、直辖市)教育行政部门负责同志出席活动。全国26个省(自治区、直辖市)76所高校的"青年红色筑梦之旅"大学生创新创业项目代表、企业家、投资人、项目合作意向代表等共计300余人参加活动。

吴爱华在讲话中指出,为深入贯彻总书记重要回信精神,努力造就理想信念坚定、专业知识扎实、具有创新创业能力、德才兼备的有为人才,2018年,教育部在更大范围、更高层次、更深程度开展"青年红色筑梦之旅"活动,推动创新创业教育与思想政治教育相融合,创新创业实践与乡村振兴战略、精准扶贫脱贫相结合,鼓励大学生以青春奋斗领航民族振兴。目前,已经有14万个团队、70余万大学生参加活动并取得了积极成效。希望各高校通过多种形式,推出一批帮扶品牌项目,发挥辐射带动作用。希望企业家、投资人为大学生开展"青年红色筑梦之旅"提供资金技术支持和帮扶指导,助力青年实践创新、建功立业。希望青年学子以扎根中国、心怀天下的使命与担当,勇立时代潮头、书写人生华章,发出新时代青年振兴中华的时代强音。

省教育厅厅长杨勇对教育部和各省(自治区、直辖市)长期以来关心和支持河北高等教育事业发展表示感谢。他指出,此次在平山县西柏坡举行"青年红色筑梦之旅"活动,既是对革命先贤的缅怀,也是对红色基因、革命精神的传承。希望广大青年学子发扬敢于斗争、敢于胜利的开拓进取精神,在人生道路上不畏艰难,披荆斩棘,不断从胜利走向新的胜利;发扬坚持依靠群众、坚持团结统一的民主精神,在人生实践中扎根中国大地,依靠人民群众,了解国情民情,走好新一代年轻人的长征路;发扬戒骄戒躁的谦虚精神、艰苦奋斗的创业精神,在创新创业中以苦为乐,奋发图强,努力成长为中国特色社会主义事业的合格建设者和可靠接班人,以"青春梦"托起中华民族伟大复兴的中国梦。

本次活动同期举行了创新创业项目展、"西柏坡精神"报告会、对接项目签约等活动。全体代表考察了李家庄美丽乡村、鸿润现代农业庄园、红崖谷旅游扶贫项目并赴西柏坡纪念馆参观学习。

第五届中国"互联网+"大学生创新创业大赛山东省"青年红色筑梦之旅"暨全国项目对接活动(山东)启动仪式在威海举行

(山东教育发布　2019年6月19日)

6月18日,第五届中国"互联网+"大学生创新创业大赛山东省"青年红色筑梦之旅"(简称"红旅")暨全国项目对接活动启动仪式在威海职业学院举行。来自17个省(自治区、直辖市)的183所高校的青年学子们相聚在美丽的威海,追忆甲午国殇,重温胶东抗战第一枪,在先烈精神的感召下,共同追寻红色足迹,筑梦乡村振兴,用青春奋斗谱写时代新篇章。

本次活动在教育部高等教育司指导下,由山东省教育厅、山东省农业农村厅、山东省扶贫开发办公室和威海市人民政府主办,威海职业学院承办。教育部高等教育司综合处副处长吴维东,全国高校创新创业投资服务联盟副理事长黄贵洲,山东省委教育工委副书记、省教育厅副厅长黄琦,威海市副市长高书良,威海市教育局局长徐东晖,威海职业学院党委书记吴永刚等出席活动并讲话。山东省农业农村厅、省扶贫开发办、威海市人民政府、中国建设银行山东省分行、省教育厅(委)相关处室负责同志参加活动。

本次活动以"红色筑梦点亮人生,青春领航振兴中华"为主题,旨在全面深入贯彻落实习近平总书记给第三届中国"互联网+"大学生创新创业大赛"青年红色筑梦之旅"大学生重要回信精神以及在十三届全国人大一次会议山东代表团审议时的重要讲话精神,打造中国最大的思政课,组织百万名大学生深入革命老区、贫困地区和城乡社区,接受思想洗礼,助力精准扶贫、乡村振兴和乡村治理,用创新创业的生动实践汇聚起民族复兴的磅礴力量。

吴维东在讲话中指出,中国"互联网+"大学生创新创业大赛是我国创新创业教育改革的生动实践,极大地激发了大学生投身创新创业的热情。"青年红色筑梦之旅"活动以青年为主力,培养造就一支创新创业创造的生力军,支持和服务国家创新发展;以"红色"为主题,上好一堂全国最大的高校思政课,走好新一代年轻人的长征路;以"筑梦"为主旨,把青春梦融入伟大的中国梦,在创新创业中实现个人价值和人生理想,铸就青春梦。

黄琦指出,为确保"红旅"活动持续发展,山东省探索建立了"塑造品牌、服务需求、典型引领、联动推进"的长效机制,将"红旅"活动真正做成品牌、放大带动效应,在推动思政教育持续发酵和服务乡村发展持续闪光等方面持续用力。一是打造"红色筑梦齐鲁行"和"第一思政课堂"两大品牌,传承红色基因,做实做强最大思政课。二是主动对接地方发展战略,引导大学生创业团队主动对接帮扶需求,推动创新创业实践与乡村振兴战略、支农兴农事业紧密结合。三是选树典型扩大效应,加大宣传力度,放大典型引领作用。四是构建省校协同、横向联动的"红旅"活动工作保障机制。

黄琦要求,参加此次活动的同学们要遵照习总书记"爱国、励志、求真、力行"的教导,以知促行、以行求知,学有所思,学有所获,学习"家国情怀、党民同心"的"红色胶东精神",在红色土地传承红色基因,在齐鲁乡村助力乡村振兴,在祖国热土上坚铸理想丰碑。

威海市副市长高书良指出,威海地处山东半岛最东端,三面环海,海岸线近一千公里,是全国第一个国家卫生城市、第一个国家环境保护模范城市群和中国优秀旅游城市群,荣获了中国人居环境奖和联合国人居奖。希望通过这次活动,让更多的朋友们了解威海、关注威海,推动更多的创业创新项目落户威海;也希望通过这次红色教育之旅,使同学们进一步坚定理想信念,锤炼意志品质,从而把激昂的青春梦融入中华民族伟大复兴的中国梦,真正体现出当代中国青年奋发有为的精神风貌。

全国部分省(自治区、直辖市)教育行政部门领导,来自全国17个省(自治区、直辖市)183所高校的230余支大学生创新创业团队和指导教师,威海市及相关区、乡镇、企业负责人和乡镇村农户代表、企业家、投资机构人士、媒体代表、威海职业学院师生4 000余人参加了活动。

第五届中国"互联网+"大学生创新创业大赛黑龙江省"青年红色筑梦之旅"全国对接活动(黑龙江)启动仪式在大庆举行

(全国大学生创业服务网　2019年7月1日)

　　6月27日,第五届中国"互联网+"大学生创新创业大赛黑龙江省"青年红色筑梦之旅"(简称"红旅")暨全国对接活动启动仪式在大庆师范学院隆重举行。在大庆油田发现60周年、大庆建市40周年之际,来自全国20个省(自治区、直辖市)92所高校的青年学子相聚"天然百湖之城、北国温泉之乡、绿色油化之都",传承"大庆精神铁人精神",筑梦乡村振兴,结合"不忘初心、牢记使命"主题教育,共同打造一堂规模宏大、惊艳非凡的红色思政金课。

　　本次活动在教育部高等教育司指导下,由黑龙江省教育厅主办,大庆师范学院承办。教育部高等教育司二级巡视员、综合处处长吴爱华,教育部高等教育司综合处副处长吴维东,黑龙江省教育厅副巡视员丁哲学,黑龙江省教育厅高教处处长蒋鲲,黑龙江省扶贫办法规处处长裴廷尧,团省委宣传部调研员张显卓,大庆市委常委、宣传部部长宫镇江,大庆市委常委、副市长舒寰,大庆油田有限责任公司副总经理史新,大庆师范学院党委书记徐克明,大庆师范学院校长乔志和等领导出席活动。来自天津、河北、陕西、山西、吉林等省(自治区、直辖市)教育主管部门"红旅"活动负责同志,大庆市发改委、教育局、科技局、农业农村局、民政局、生态环境局、文旅局、扶贫办等相关单位负责人,国赛专家评委,新闻媒体记者和红旅项目师生代表千余人参加了启动仪式。

　　舒寰副市长表示,创新是发展的第一动力,人才是发展的第一源泉。青年创新人才更是最宝贵、最珍贵的资源。希望此次大庆之行,成为大家的"初心之旅""圆梦之旅",希望大家在铁人战斗过的地方,通过大庆精神、铁人精神汲取更多的智慧和力量,大庆也将以灵活的体制机制、优越的营商环境、强大的承载能力,竭力为青年朋友们提供更加广阔的"圆梦"舞台,助力你们创业创新,施展才华,放飞梦想。

　　徐克明书记讲到,大庆师范学院因油而生、因油而兴,与大庆油田波澜壮阔的发展历程相伴成长,是石油工业文化的重要组成部分。学校坚持用大庆精神、铁人精神办学育人。独特的办学基因、持续的精神传承孕育形成了学校特有的资源禀赋、鲜明的大学文化和强烈的责任担当。今天,我们在这里充分感受"青年红色筑梦之旅"的温度、分享"互联网+"大学生创新创业大赛的激情,就是在同上社会实践这门大课,也是在共同打造社会实践这门"金课",切实增强思想政治教育的时代感和说服力,努力培养一批批堪当民族复兴大任的时代新人。

黑龙江省教育厅副巡视员丁哲学代表省教育厅致辞，全面总结了黑龙江省高校参加中国"互联网＋"大学生创新创业大赛和"青年红色筑梦之旅"取得的成绩和做法。他指出，黑龙江不仅有丰富独特的资源禀赋、风景如画的北国风光，而且有保障全国人民饭碗的大粮仓、支持全国工业生产的加油站。黑龙江高校将以开展"红旅"活动为契机，紧密结合地方特色，大力推动创新创业教育与思想政治教育相融合，继承发扬东北抗联精神、北大荒精神、大庆精神、铁人精神等龙江优秀精神，为广大创业青年打造一堂聚人气、展朝气、凝心气、接地气的创业思政金课，把高校的智力成果和项目资源送到田间地头，与农业、农村、农民充分结合，推动农产品从"种得好"向"卖得好"转变，打造一批品牌项目、特色服务模式和青年帮扶示范区，用创新创业的生动实践汇聚起民族复兴的磅礴力量，形成对国家重大战略和新时代东北全面振兴、全方位振兴的坚强支撑。他希望更多大学生积极投身"红旅"活动，展现昂扬风貌，以朝气蓬勃的创新活力、敢闯敢创的锐气志气、勇攀高峰的责任担当，勇立时代潮头，争做创业先锋，以实际行动响应习总书记的号召，成长为有理想、有本领、有担当的中华民族"梦之队"。

教育部高教司二级巡视员、综合处处长吴爱华代表教育部和"互联网＋"大赛组委会讲话。他热情洋溢地称赞了黑龙江省"青年红色筑梦之旅"全国对接活动生动感人，发出了青年学生筑梦青春的宣言书，吹响了新时代创新创业教育改革奋进的集结号，让我们近距离感受到"爱国、创业、求实、奉献"的大庆精神、铁人精神，给我们参加"青年红色筑梦之旅"活动增添了强大的精神力量！他特别强调，习总书记非常关注"红旅"活动，先后两次给参加活动的同学们回信，表达亲切问候，为青年学子成长成才指明了方向，把大赛和创新创业教育推向了历史新高度。为深入贯彻总书记重要回信精神，努力造就理想信念坚定、专业知识扎实、具有创新创业能力、德才兼备的有为人才，2019年，教育部将在更大范围、更高层次、更深程度开展"青年红色筑梦之旅"活动，推动创新创业教育与思想政治教育相融合，创新创业实践与乡村振兴战略、精准扶贫脱贫相结合，上好一堂最大的创新创业课、一堂最大的国情思政课，激励更多青年学生以青春之奋斗领航民族之振兴。他指出，这次"红旅"活动的关键词和核心要义：以"青年"为主力，造就一支创新创业创造的生力军；以"红色"为主题，上好一堂全国最大的高校思政课；以"筑梦"为主旨，把青春梦融入伟大的中国梦。今年，全国将有100万大学生参加"青年红色筑梦之旅"活动，高校要通过多种形式，推出一批帮扶品牌项目，发挥辐射带动作用。希望企业家、投资人为大学生开展"青年红色筑梦之旅"提供资金技术支持和帮扶指导，助力青年实践创新。希望青年学子以扎根中国、心怀天下的使命与担当，敢为人先放飞青春梦、勇立潮头建功新时代！

本次启动仪式的主题鲜明、内容丰富、形式创新，生动运用音乐、舞美、绘画、表演等多种艺术创新形式还原历史情境，突出文化创意，将大庆精神、铁人精神外化于行、内化于心，生动诠释了"青年红色筑梦之旅"的丰富内涵，既彰显了红色精神，也讲出了精彩故事，切实提升了活动的吸引力和感染力。活动深深感染了参会师生代表，掌声与泪水成为活动主旋律，刷爆了高校朋友圈，让他们成为主动传播创新创业文化和"青年红色筑梦之旅"精神的星星之火。

习近平总书记两次关于黑龙江省的重要讲话都强调，大庆就是全国的标杆和旗帜，大庆精神激励着工业战线广大干部奋发有为；大庆精神激励了几代人，今天我们仍然要用这些精神来教育广大党员、干部，引导他们发扬优良传统，在全社会带头弘扬新风正气。在大庆油田开发建设的艰苦环境和激情岁月里,铁人吼出的"有条件要上,没条件创造条件也要上"就是最朴实的创新,"宁可少活二十年,拼命也要拿下大油田"就是最伟大的创业,大庆就是一座因创新创业而生的英雄之城!在黑龙江,"红旅"青年们用脚步丈量,用心灵感受,用专业对接,寻有根的油田历史,听有料的思政金课,唱有情的经典红歌,认识"不忘初心、牢记使命"的有种的大庆人,他们以知识为羽翼,以天地为舞台,以山河为课堂,以扎根中国大地了解国情民情的实际行动向英雄的大庆和大庆的英雄们致敬,感受新时代龙江人用工笔画和大写意筑就的北大仓之梦!

第五届中国"互联网+"大学生创新创业大赛"青年红色筑梦之旅"全国对接活动(江西)在上饶举行

(江西广播电视台 2019年7月15日)

7月11日,由教育部主办,江西省教育厅承办,上饶师范学院、江西中医药大学、江西教育电视台协办的第五届中国"互联网+"大学生创新创业大赛"青年红色筑梦之旅"全国对接活动(江西)出征仪式在江西省上饶市集中营广场举行。来自全国各地19个省(自治区、直辖市)66所高校的创新创业团队代表、企业家代表、新闻媒体代表360余人参加了出征仪式。

江西省教育厅副厅长汪立夏致辞并宣布出征。上饶师范学院党委书记朱寅健,党委委员、副校长郑大贵,教育部高教司综合处副处长吴维东,江西省扶贫办、江西省农业农村厅等省直相关单位负责人,企业家、投资人代表出席仪式。

"青年红色筑梦之旅"是一场融大学生创新创业教育与思政教育、乡村振兴和社区治理为一体的活动,活动为期3天。其间,各项目团队深入横峰、万年等地实地考察"大有葛为"葛产业助农项目、"普适科技"乡村生态监测项目,在上饶师范学院开展青年乡村创客市集项目对接、扶贫项目推介签约、"方志敏精神与大学生创新创业"红色教育主题报告会等活动。"青年红色筑梦之旅"鼓励大学生运用创新创业成果服务乡村振兴,助力革命老区精准扶贫、精准脱贫,引导大学生学习和弘扬方志敏革命精神,传承红色基因,重温革命前辈伟大而艰辛的创业史,扎实走好新时代青年长征路。

在出征仪式前,与会代表还参观了上饶集中营革命烈士纪念馆。

第五届中国"互联网+"大学生创新创业大赛暨"青年红色筑梦之旅"全国对接活动(安徽)在金寨县举行

(安徽教育网 2019年7月22日)

7月17日,第五届中国"互联网+"大学生创新创业大赛暨"青年红色筑梦之旅"全国对接活动(安徽)在金寨县举行。教育部高等教育司综合处负责同志、安徽省教育厅副厅长储常连、六安市副市长王岚等出席启动仪式。来自厦门大学、中国科学技术大学等83所高校的164个创新创业团队代表及企业家代表近500人参加了启动仪式。

储常连指出,"青年红色筑梦之旅"在金寨县举行,对于弘扬老区精神,宣传革命传统,传承红色基因,服务乡村振兴,助力脱贫攻坚具有非常重要的意义。安徽省历来高度重视高校创新创业教育改革工作,建立了国家-省-校三级创新创业训练体系,实现所有本科高校大学生创新创业训练计划全覆盖,立项项目数连续7年位居全国前两位。建立了国家-省-校三级竞赛体系,每年举办A、B类学科和技能竞赛,学科和技能大赛也实现了覆盖所有学科专业,覆盖我省所有的普通高等院校。全省高校实施"三起来,一出去"的人才培养改革工程,真正把增强学生社会责任、创新精神、实践能力三者有机结合起来,将学生培养成为德智体美劳全面发展的社会主义建设者和接班人。

王岚表示,省内外83所高校师生相聚在六安这片红色沃土,共上一堂创新创业课和国情思政课,将高校的智力成果和技术资源辐射到农村,为革命老区乡村振兴注入青春新动能。她鼓励广大青年学生在创新创业中增长智慧才干,在艰苦奋斗中锤炼意志品质,奏响青春奋斗的最强音。

在启动仪式结束后,参会领导与各高校师生代表共同参观了金寨红军广场和金寨革命博物馆,深入开展红色革命文化研学。省内外项目团队代表分别参加了"青年红色筑梦之旅"主题报告、《当我们海阔天空》主题观影活动、花石乡大湾村脱贫攻坚实践研修活动、南溪镇大王庙立夏节起义革命旧址实践研修活动。

第六届中国国际"互联网+"大学生创新创业大赛"青年红色筑梦之旅"(江西)线上对接活动在南昌举行

(江西教育网 2020年7月30日)

7月28日上午,第六届中国国际"互联网+"大学生创新创业大赛"青年红色筑梦之旅"(简称"红旅")(江西)线上对接活动在南昌举行。活动采取直播的形式,推出项目帮扶成果汇报、"我为扶贫产品带货"电商直播、"红旅"项目线上签约等专栏,超20余万师生参与并实时互动。教育部高教司司长吴岩,省委教育工委副书记、省教育厅厅长郭杰忠出席对接活动并讲话。

吴岩指出,"互联网+"大学生创新创业大赛"青年红色筑梦之旅"活动举办3年来,170万大学生、24万支团队对接100万个农户,产生的直接经济效益超过100亿元,我们开出了一堂全国最大、最生动的国情大课,全国最大、最有温度的一堂思政大课。今年,全党、全国人民最大的工作任务就是决胜脱贫攻坚,面对"最后一公里"的决战,"青年红色筑梦之旅"活动已经吹响了总攻的冲锋号,希望广大青年学子把激昂的青春梦融入伟大的中国梦。

郭杰忠表示,广大青年学子要坚定理想信念、锤炼意志品质,在创新创业的时代浪潮中砥砺奋进,在民族复兴的伟大征程中绽放出更加璀璨的光芒。各高校要以高校智力资源帮扶革命老区、贫困地区,改"输血"为"造血",实现扶"根源"助"产业"的目标,凸显教育扶贫特色,助力脱贫攻坚。各相关部门要大力配合工作,为项目对接和落地提供必要的支持和帮助,积极引入一批科技含量高,富有创新性、实效性和具有可持续性的优质项目,帮助它们扎根江西革命老区、贫困地区,推动科研成果在革命老区落地转化。

据了解,本次线上对接活动聚焦决战决胜脱贫攻坚,号召各地各高校大学生深入脱贫攻坚主战场,助力52个未摘帽贫困县走好脱贫攻坚"最后一公里",共吸引全国26个省(自治区、直辖市)942个创新创业项目团队齐聚云端,线上观看直播总人数达到21.54万人。

近年来,我省依托红色优势资源,注重凸显红色教育,努力将"青年红色筑梦之旅"活动打造成为具有江西特色的思政教育亮点品牌,引导广大"红旅"青年深入革命老区、偏远山区,深入扶贫点和农户,从质量兴农、绿色兴农、科技兴农、电商兴农、教育兴农等多个方面开展帮扶工作,推动当地经济社会建设,有效助力精准脱贫和乡村振兴。

活动中,井冈山大学会场、宜春会场、赣州会场及华东交通大学、吉林外国语大学等13个分会场同步进行"红旅"扶贫产品电商直播。

第六届中国国际"互联网＋"大学生创新创业大赛"青年红色筑梦之旅"52个未脱贫摘帽贫困县全国线上对接活动成功举办

(兰州交通大学网　2020年9月2日)

8月31日上午,由教育部主办,甘肃省教育厅承办的第六届中国国际"互联网＋"大学生创新创业大赛"青年红色筑梦之旅"甘肃线上对接活动在主会场兰州财经大学举行。我校作为牵头高校之一,针对我省8个未摘帽贫困县设立了活动分会场,举行了针对西和县特色农产品的电商直播带货活动。副校长李宗义出席活动,我校双创学院、扶贫办、校团委,兰州城市学院,兰州交通大学博文学院,兰州资源环境职业技术学院的双创工作负责人以及参加省赛的同学们参加了本次活动。

主会场活动采取线上直播的形式,主要包括扶贫项目对接、扶贫直播带货、扶贫成果汇报等环节。教育部高教司司长吴岩,甘肃省教育厅党组书记、厅长王海燕发表线上讲话。吴岩和王海燕共同提到,发挥智力和人才优势,创新扶贫模式,解决贫困县的实际困难问题,是助推甘肃省贫困县脱贫摘帽、与全国一道迈入小康社会的重要途径,而"互联网＋"大赛的"青年红色筑梦之旅"活动是最好的实践载体。在成果分享环节,我校《新文创时代丝路染缬文旅产品开发》作为甘肃"青年红色筑梦之旅"典型项目团队进行了对接帮扶成果展示和经验分享。

分会场设置在我校丝绸之路染缬艺术博物馆。兰州交通大学作为牵头高校之一,协调了兰州城市学院、兰州交通大学博文学院、陇南师范高等专科学校、兰州资源环境职业技术学院、甘肃钢铁职业技术学院5所院校设置分会场,并对接西和县进行直播带货活动。我校紧密结合甘肃省经济社会发展现状,聚焦西和县实际需求,通过前期调研、需求对接,积极帮助西和县开展直播带货,助力西和县精准扶贫脱贫。在此次直播带货活动中,我校2019级学生付闻静携手西和县小崔蜂蜜创始人崔东辉、西和县土在美旗舰店负责人方向峰,通过兰州交通大学官方抖音平台和淘宝店铺进行了直播,为西和的蜂蜜、粉条、琥珀核桃仁、纯手工颈椎枕、纯手工刺绣扇、纯手工构树皮麻纸等9样农特产品带货"打call",利用电子商务推动农产品销量的优势,打造特色品牌,增强文化自信,帮助创业青年、困难群众销售特色农产品,拓宽增收渠道。直播虽然持续短短1小时,但累计点击数达到4万,销售额近万元,成功帮助西和县推广宣传了该县的特色农产品和文化历史。

在此次活动中,我校充分发挥学科和人才资源优势,推动智力、技术和项目资源在贫困县落地生根,不断增强贫困地区"造血"能力,帮助贫困人口脱贫致富。广大青年学子积极参与互动,用初心坚定信念,用真情锤炼品质,以创新创业成效助力甘肃未摘帽贫困县走好脱贫攻坚"最后一公里",为全面决胜脱贫攻坚注入青春力量!

第六届中国国际"互联网＋"大学生创新创业大赛"青年红色筑梦之旅"10个未摘帽贫困县全国线上对接活动成功举行

(新疆维吾尔自治区教育厅网　2020年9月11日)

9月1日上午,由教育部主办,自治区教育厅承办,各区属高校协办的第六届中国国际"互联网＋"大学生创新创业大赛"青年红色筑梦之旅"10个未摘帽贫困县全国线上对接活动成功举办。活动采取钉钉直播的形式开展,设立7个分会与主会场同步进行,4400余名师生参与并实时互动。自治区教育厅副厅长刘玉光及各高校负责创新创业的分管领导参加了此次线上对接活动。

教育部高度重视此次活动,高等教育司司长吴岩发来视频致辞。吴岩司长指出,"互联网＋"大学生创新创业大赛"青年红色筑梦之旅"活动举办3年来,有170万大学生、24万支团队对接100万个农户,产生的直接经济效益超过100亿元。"青年红色筑梦之旅"活动是一堂全国最大、最生动的国情大课,全国最大、最有温度的一堂思政大课,希望广大青年学子把激昂的青春梦融入伟大的中国梦,助力精准扶贫和乡村振兴。

教育厅副厅长刘玉光表示,2020年是决胜全面建成小康社会、决战脱贫攻坚的收官之年,面对突如其来的新冠肺炎疫情,本届"青年红色筑梦之旅"活动,坚决响应自治区党委工作部署,严格落实疫情防控各项措施,聚焦我区10个未摘帽贫困县实际需求,广泛发动高校大学生项目团队走进贫困地区,采取线上对接形式,建立合作意向,开展线上签约,用创新创业成果服务乡村振兴战略、助力精准扶贫。

新疆大学、新疆农业大学、新疆艺术学院、喀什大学、伊犁师范大学、新疆农业职业技术学院、巴音郭楞职业技术学院7个分会场开展直播带货活动,通过互联网直播电商模式开展特色农产品、文化产品等销售和推广,帮助当地困难群众脱贫致富。截至9月1日,经统计,我区各高校参与直播带货83人次。

本次线上对接活动号召全国高校积极对接我区10个未摘帽贫困县的项目和技术需求,推动高校智力、技术和项目资源在贫困地区落地生根,让全国大学生的创新创业活力在我区10个未摘帽贫困县脱贫攻坚中迸发激情、释放活力,走好脱贫攻坚的"最后一公里"。

第五篇

青年红色筑梦之旅赛道纪事

为积极引导青年学生走进革命老区、贫困地区、城乡社区,用专业知识和创新创业成果为脱贫攻坚和乡村振兴贡献青春力量,在成功举办三届中国"互联网＋"大学生创新创业大赛的基础上,教育部决定自2018年第四届中国"互联网＋"大学生创新创业大赛开始,设立"青年红色筑梦之旅"赛道,设置公益组、创意组、创业组等参赛组别,展示当代大学生奋发有为的精神风貌。"青年红色筑梦之旅"赛道单列奖项,单独制定参赛组别的评审规则,旨在通过大赛进一步激励青年学生深入革命老区、贫困地区、城乡社区,追寻革命前辈伟大而艰辛的历史足迹,学习革命精神,传承红色基因,坚定理想信念,心系"国家事",肩扛"国家责",用脚步丈量祖国大地,用眼睛发现中国精神,用耳朵倾听人民呼声,用内心感应时代脉搏,不负韶华,不负时代,不负人民,在青春的赛道上奋力奔跑,跑出当代青年的最好成绩。

"青年红色筑梦之旅"活动主题和主要目标

自 2017 年第三届中国"互联网+"大学生创新创业大赛开始,"青年红色筑梦之旅"成为中国"互联网+"大学生创新创业大赛同期实践活动。为深入贯彻落实习近平总书记给第三届中国"互联网+"大学生创新创业大赛"青年红色筑梦之旅"大学生重要回信精神,教育部在更大范围、更高层次、更深程度上开展"青年红色筑梦之旅"活动,从 2018 年第四届中国"互联网+"大学生创新创业大赛起,专门制定中国"互联网+"大学生创新创业大赛"青年红色筑梦之旅"活动方案,引导更多青年学生扎根中国大地了解国情民情,在创新创业中增长智慧才干,在艰苦奋斗中锤炼意志品质,助力乡村振兴和精准扶贫。

一、"青年红色筑梦之旅"活动主题

自 2018 年第四届中国"互联网+"大学生创新创业大赛开始,"青年红色筑梦之旅"活动结合时代要求,每年都有明确的活动主题,2018—2022 年"青年红色筑梦之旅"活动的主题具体见表 5-1。

表 5-1　2018—2022 年"青年红色筑梦之旅"活动主题

"青年红色筑梦之旅"届别名称	活动主题
2018 年第四届中国"互联网+"大学生创新创业大赛"青年红色筑梦之旅"	红色筑梦点亮人生　青春领航振兴中华
2019 年第五届中国"互联网+"大学生创新创业大赛"青年红色筑梦之旅"	红色筑梦点亮人生　青春领航振兴中华
2020 年第六届中国国际"互联网+"大学生创新创业大赛"青年红色筑梦之旅"	青春领航脱贫攻坚　红色筑梦创业人生
2021 年第七届中国国际"互联网+"大学生创新创业大赛"青年红色筑梦之旅"	青春领航乡村振兴　红色筑梦创业人生
2022 年第八届中国国际"互联网+"大学生创新创业大赛"青年红色筑梦之旅"	红色青春筑梦创业人生　绿色发展助力乡村振兴

资料来源:根据教育部发布的历届中国"互联网+"大学生创新创业大赛"青年红色筑梦之旅"活动方案整理。

二、"青年红色筑梦之旅"活动主要目标

"青年红色筑梦之旅"活动具有时代性、传承性、融合性、实践性、教育性等鲜明特性。每一届"青年红色筑梦之旅"活动主要目标在具体文字表述上有一定的差别,但在总体上都是突出体现深入贯彻落实习近平总书记给第三届中国"互联网+"大学生创新创业大赛"青年红色筑梦之旅"大学生的重要回信精神,引导青年学生走进革命老区、贫困地区、乡村社区,接受思想洗礼,传承红色基因,大力弘扬开天辟地的"红船精神"、改革开放精神、井冈山精神,围绕迎接党的二十大胜利召开,将思政教育、专业教育与创新创业教育相结合,为中国特色社会主义事业培养更多全面发展的合格建设者和可靠接班人。2018—2022年"青年红色筑梦之旅"活动的主要目标见表5-2。

表5-2 2018—2022年"青年红色筑梦之旅"活动主要目标

"青年红色筑梦之旅"届别名称	主要目标
2018年第四届中国"互联网+"大学生创新创业大赛"青年红色筑梦之旅"	全面贯彻落实习近平总书记回信精神,在更大范围、更高层次、更深程度上开展"青年红色筑梦之旅"活动,鼓励青年用创新创业成果服务乡村振兴战略、助力精准扶贫;推动创新创业教育与思想政治教育相融合,打造中国最大的思政课堂,引导青年走进革命老区、贫困地区,接受思想洗礼、学习革命精神、传承红色基因,重温革命前辈伟大而艰辛的创业史,走好新时代青年的新长征路,为中国特色社会主义事业培养更多全面发展的合格建设者和可靠接班人
2019年第五届中国"互联网+"大学生创新创业大赛"青年红色筑梦之旅"	全面贯彻落实习近平总书记重要回信精神,持续推动形成"延安一把火,全国一片红"的发展态势,弘扬开天辟地的"红船精神",立足红色传承、立足实际需求、立足强国建设,组织百万名大学生参与"青年红色筑梦之旅"活动,深入革命老区、贫困地区和城乡社区,接受思想洗礼,助力精准扶贫、乡村振兴和社区治理,用创新创业的生动实践汇聚起民族复兴的磅礴力量
2020年第六届中国国际"互联网+"大学生创新创业大赛"青年红色筑梦之旅"	深入贯彻落实习近平总书记给第三届中国"互联网+"大学生创新创业大赛"青年红色筑梦之旅"的大学生重要回信精神,大力弘扬伟大改革开放精神,鼓励青年"敢闯敢试、敢为天下先",走进革命老区、偏远山区和城乡社区,聚焦脱贫攻坚,用创新创业的生动实践书写无愧于时代的壮丽篇章
2021年第七届中国国际"互联网+"大学生创新创业大赛"青年红色筑梦之旅"	深入贯彻落实习近平总书记给第三届中国"互联网+"大学生创新创业大赛"青年红色筑梦之旅"大学生回信重要精神,紧扣"建党百年"主题,大力弘扬跨越时空的伟大的井冈山精神,将红色教育、专业教育与创新创业教育相结合,贯穿"四史"教育,全面推进课程思政,厚植学生"爱党爱国"情怀;聚焦革命老区,开展公益创业,引导师生服务乡村振兴,在全国范围内打造一堂主题鲜明的思政大课、实践大课
2022年第八届中国国际"互联网+"大学生创新创业大赛"青年红色筑梦之旅"	深入贯彻落实习近平总书记给"青年红色筑梦之旅"活动大学生重要回信精神,围绕迎接党的二十大胜利召开,将思政教育、专业教育与创新创业教育相结合,传承红色基因,坚定理想信念,全面推进课程思政,涵养青年学生家国情怀;以新工科、新医科、新农科、新文科助力"新农村、新农业、新农民、新生态"建设,引导师生扎根基层创新创业,推动乡村振兴取得新进展、农业农村现代化迈出新步伐

资料来源:根据教育部发布的历届中国"互联网+"大学生创新创业大赛"青年红色筑梦之旅"活动方案整理。

> 拓展阅读

上好"青年红色筑梦之旅"这堂国情思政大课

今年是习近平总书记给中国"互联网+"大学生创新创业大赛"青年红色筑梦之旅"的大学生回信两周年。"希望你们扎根中国大地了解国情民情,在创新创业中增长智慧才干,在艰苦奋斗中锤炼意志品质,在亿万人民为实现中国梦而进行的伟大奋斗中实现人生价值,用青春书写无愧于时代、无愧于历史的华彩篇章……"一语寄托,成为大学生创客勇立创新创业潮头的强大力量,也为这项以大学生创客为先锋、政产学研用创投金结合的大赛明确了定位——这是一堂"有温度的国情思政大课"。

上好"青年红色筑梦之旅"这堂国情思政大课,要明确青年的使命。"时代呼唤担当,民族振兴是青年的责任。"实现"两个一百年"奋斗目标,需要青年大学生将来在各行各业发挥生力军和突击队作用。青年具有知识、观念和创新优势,是最富活力、最具创造性的群体,是推动社会发展进步的重要力量。新时代大学生要"珍惜这个时代、担负时代使命,在担当中历练,在尽责中成长"。

上好"青年红色筑梦之旅"这堂国情思政大课,要坚定"红色"的方向。红色文化是民族之魂。两年来,已有70余万人、14万支团队走进祖国边远的山村,走进革命老区、贫困地区,为传统农业升级转型探索路径,为教育资源稀缺地区线上辅导解决贫困代际传递问题,形成红色文化遗产信息链,了解国情民情,接受思想洗礼,传承红色基因,助力乡村振兴和精准扶贫。我校1个项目《族迹农业:以特色IP农产品助力藏区精准扶贫的执着践行者》也入围大赛复赛。新时代青年只有将个人梦融入中国梦,才能准确定位人生目标和奋斗方向,更好实现人生价值;只有胸怀祖国和人民,扎根大地了解国情民情,积极投身新时代中国特色社会主义的伟大实践,才能成为可堪大用、能担重任的栋梁之材。

上好"青年红色筑梦之旅"这堂国情思政大课,要练就"筑梦"的本领。求真学问、练真本领,是建设社会主义现代化强国对大学生的基本要求。追求梦想、担当使命需要过硬的本领,而练就过硬本领则需要勤奋学习。要把学习作为首要任务,不仅要读"有字之书",更要学"无字之书"。"奋斗是青春最亮丽的底色",要有"锐意创新的勇气、敢为人先的锐气、蓬勃向上的朝气",在了解国情民情的基础上,勇于创业创新创造。在科技、经济和社会发展日新月异的今天,要在面向现代化、面向世界、面向未来的大局中不断提升体能、技能和智能,在感悟新时代、紧跟新时代、引领新时代的新际遇中持续提高素质和能力,主动识变应变求变,审时度势,细察勤思敏行,成为新知识、新观念和新思维的"集成体",推动经济社会发展和进步。

"互联网+"大学生创新创业教育大赛"推出了两堂大课,一个解决的是接班人的问题,就是思政的问题,另一个解决的是建设者的问题,就是创新创业的问题"。这也为高校如何在"青年红色筑梦之旅"大课中培养时代新人提出了要求。

在"青年红色筑梦之旅"国情思政大课中培养时代新人,需要学校切实落实立德树人根本任务。高校要进一步明确"为谁培养人""如何培养人"和"培养什么样的人",引导学生正确认识世界和中国发展大势,正确认识时代责任和历史使命,引导学生把个人理想与国家社会发展需要紧密结合起来。要积极实施"课程思政",用好课堂教学这个主渠道,使各类课程与思想政治理论课形成协同效应，实现价值引领、知识传授和能力达成的统一。要把增强社会责任感、创新精神、实践能力作为工作重点，增强大学生的责任主体意识，构建大学生社会责任感教育体系、实践体系、协作体系和评价体系。创新创业教育要与专业教育深度融合，对接"一带一路"、创新驱动、乡村振兴等国家战略。

在"青年红色筑梦之旅"国情思政大课中培养时代新人，需要学校注重创新人才培养模式。高校要立足当下、瞄准未来、主动变革，通过实施"六卓越一拔尖"计划2.0,实施"双万计划"，推进新工科、新医科、新农科、新文科建设，突出示范领跑，优化专业结构，把学科导向变成产业需求导向，破除学科专业分割壁垒，使不同学科由泾渭分明走向融合共生，由被动适应变成主动支撑引领，提高服务经济社会发展的能力。要转变教师教学思维，从一个教师负责一门课，转变为一个团队负责一门和多门课程，从源头形成学科专业的融合，推动建立跨学科和交叉学科课程。

"青年红色筑梦之旅"不只是活动载体，而且是重要的育人资源。"红旅"中涌现的卓越学子，可以成为高校开展思想政治工作的人才资源，呈现典型榜样的示范性。"红旅"中产生的优秀项目，可以成为高校教育改革中的案例资源，强化"四新"建设的引领性。"红旅"中体现的可贵精神，可以成为高校校园文化建设的精神资源，提升以文化人的时代性。高校应重视"青年红色筑梦之旅"这堂国情思政大课的成果运用。

青年强则国家强。实现中华民族伟大复兴，培养担当民族复兴大任的时代新人，呼唤更多"青年红色筑梦之旅"。

（张颖.上好"青年红色筑梦之旅"这堂国情思政大课[N].绍兴文理学院报，2019-09-25.）

"青年红色筑梦之旅"赛道参赛组别和对象

为积极广泛引导大学生围绕助力精准扶贫、乡村振兴和社区治理等创业项目报名参加比赛,自2018年起中国"互联网+"大学生创新创业大赛设立"青年红色筑梦之旅"专项赛道。根据项目性质和特点,结合实际情况,每届"青年红色筑梦之旅"赛道设置的参赛组别有所差别,但都十分注重"青年红色筑梦之旅"赛道参赛项目的公益性,2018—2022年举办的5届"青年红色筑梦之旅"赛道参赛组别都设有公益组。从公平性参赛的角度出发,2022年第八届中国国际"互联网+"大学生创新创业大赛"青年红色筑梦之旅"赛道取消了"师生共创项目"。2018—2022年"青年红色筑梦之旅"赛道参赛组别和对象具体见表5-3。

表5-3 2018—2022年"青年红色筑梦之旅"赛道参赛组别和对象

"青年红色筑梦之旅"届别名称	参赛组别和对象
2018年第四届中国"互联网+"大学生创新创业大赛"青年红色筑梦之旅"赛道	参与"青年红色筑梦之旅"的项目须为青年创新创业项目,在推进革命老区、贫困地区经济社会发展等方面有创新性、推广性和实效性。参与对象须为普通高等学校在校生(可为本专科生、研究生,不含在职生),或毕业5年以内的毕业生(2013年之后毕业的本专科生、研究生,不含在职生)。参赛者须以团队为单位报名参加活动,允许跨校组建团队,每个团队的成员不少于3人。 项目来源包括: 1. 大赛参赛项目。中国"互联网+"大学生创新创业大赛参赛项目可自主报名参加"青年红色筑梦之旅"活动。 2. 大学生创新创业训练计划项目。鼓励与乡村振兴、扶贫脱贫相关的国家级、省级、校级大学生创新创业训练计划项目参加活动。 3. 其他参与项目。邀请历届大赛获奖项目、符合当地需求的社会项目参加活动
2019年第五届中国"互联网+"大学生创新创业大赛"青年红色筑梦之旅"赛道	根据项目性质和特点,赛道分为公益组、商业组。 1. 公益组。参赛项目以社会价值为导向,是公益服务领域具有较好的创意、产品或服务模式的创业计划和实践,并符合以下条件: (1)参赛申报主体为独立的公益项目或者社会组织,注册或未注册成立公益机构(或社会组织)的项目均可参赛。 (2)参赛申报人须为项目实际负责人,须为普通高等学校在校生(可为本专科生、研究生,不含在职生),或毕业5年以内的毕业生(2014年之后毕业的本专科生、研究生,不含在职生)。在大赛通知发布之日后企业法人代表发生变更的,大赛不予认可。 (3)师生共创的公益项目,若符合"青年红色筑梦之旅"赛道要求,可以参加该组

(续表)

"青年红色筑梦之旅"届别名称	参赛组别和对象
2019年第五届中国"互联网+"大学生创新创业大赛"青年红色筑梦之旅"赛道	2.商业组。参赛项目以商业手段解决农业农村和城乡社区发展的痛点问题、助力精准扶贫和乡村振兴,实现经济价值和社会价值的融合,并符合以下条件: (1)参赛申报人须为项目实际负责人,须为普通高等学校在校生(可为本专科生、研究生,不含在职生),或毕业5年以内的毕业生(2014年之后毕业的本专科生、研究生,不含在职生)。在大赛通知发布之日后企业法人代表发生变更的,大赛不予认可。 (2)注册或未注册成立公司的项目均可参赛。已完成工商登记注册参赛项目的股权结构中,企业法人代表的股权不得少于10%,参赛成员股权合计不得少于1/3。如已注册成立机构或公司,学生须为法人代表。 (3)师生共创的商业组项目只能参加高教主赛道,不能报名参加"青年红色筑梦之旅"赛道
2020年第六届中国国际"互联网+"大学生创新创业大赛"青年红色筑梦之旅"赛道	根据项目性质和特点,赛道分为公益组、商业组。 1.公益组 (1)参赛项目以社会价值为导向,是公益服务领域具有较好的创意、产品或服务模式的创业计划和实践。 (2)参赛申报主体为独立的公益项目或者社会组织,注册或未注册成立公益机构(或社会组织)的项目均可参赛。 (3)师生共创的公益项目,若符合"青年红色筑梦之旅"赛道要求,可以参加该组。 2.商业组 (1)参赛项目以商业手段解决农业农村和城乡社区发展的痛点问题、助力精准扶贫和乡村振兴,实现经济价值和社会价值的融合。 (2)注册或未注册成立公司的项目均可参赛。已完成工商登记注册参赛项目的股权结构中,企业法人代表的股权不得少于10%,参赛成员股权合计不得少于1/3。如已注册成立机构或公司,学生须为法人代表。 (3)师生共创的商业项目不能参加"青年红色筑梦之旅"赛道,可参加高教主赛道
2021年第七届中国国际"互联网+"大学生创新创业大赛"青年红色筑梦之旅"赛道	根据项目性质和特点,赛道分为公益组、创意组、创业组。 1.公益组 (1)参赛项目以社会价值为导向,是公益服务领域具有较好的创意、产品或服务模式的创业计划和实践。 (2)参赛申报主体为独立的公益项目或社会组织,注册或未注册成立公益机构(或社会组织)的项目均可参赛。 (3)师生共创的公益项目,若符合"青年红色筑梦之旅"赛道要求,可以参加本组比赛。 2.创意组 (1)参赛项目以商业手段解决农业农村和城乡社区发展的痛点问题、巩固脱贫攻坚成果,助力乡村振兴,实现经济价值和社会价值的融合。 (2)参赛项目在大赛通知下发之日前尚未完成工商等各类登记注册。 (3)师生共创的商业项目不允许参加"青年红色筑梦之旅"赛道,可参加高教主赛道

(续表)

"青年红色筑梦之旅"届别名称	参赛组别和对象
2021年第七届中国国际"互联网+"大学生创新创业大赛"青年红色筑梦之旅"赛道	3. 创业组 (1) 参赛项目以商业手段解决农业农村和城乡社区发展的痛点问题、巩固脱贫攻坚成果,助力乡村振兴,实现经济价值和社会价值的融合。 (2) 参赛项目在大赛通知下发之日前已完成工商等各类登记注册。在项目的股权结构中,企业法定代表人的股权不得少于10%,参赛成员股权合计不得少于1/3。如已注册成立机构或公司,学生须为法定代表人。 (3) 师生共创的商业项目不允许参加"青年红色筑梦之旅"赛道,可参加高教主赛道
2022年第八届中国国际"互联网+"大学生创新创业大赛"青年红色筑梦之旅"赛道	根据项目性质和特点,赛道分为公益组、创意组、创业组。 1. 公益组 (1) 参赛项目不以营利为目标,积极弘扬公益精神,是公益服务领域具有较好的创意、产品或服务模式的创业计划和实践。 (2) 参赛申报主体为独立的公益项目或社会组织,注册或未注册成立公益机构(或社会组织)的项目均可参赛。 2. 创意组 (1) 参赛项目基于专业和学科背景或相关资源,解决农业农村和城乡社区发展面临的主要问题,助力乡村振兴和社区治理,推动经济价值和社会价值的共同发展。 (2) 参赛项目在大赛通知下发之日前尚未完成工商等各类登记注册。 3. 创业组 (1) 参赛项目以商业手段解决农业农村和城乡社区发展面临的主要问题,助力乡村振兴和社区治理,实现经济价值和社会价值的共同发展,推动共同富裕。 (2) 参赛项目在大赛通知下发之日前已完成工商等各类登记注册,学生须为法定代表人。项目的股权结构中,企业法定代表人的股权不得少于10%,参赛成员股权合计不得少于1/3

资料来源:根据教育部发布的历届中国"互联网+"大学生创新创业大赛"青年红色筑梦之旅"活动方案整理。

"青年红色筑梦之旅"活动组织实施情况和工作要求

一、"青年红色筑梦之旅"活动组织实施情况

"青年红色筑梦之旅"活动,由教育部高等教育司牵头组织,每届承办高校和高校所在地的省级人民政府,负责举办"青年红色筑梦之旅"活动全国启动仪式,各省级教育行政部门负责组织本地的"青年红色筑梦之旅"活动,做好需求对接、培训、宣传及创造项目落地环境等工作,高校要通过大学生创新创业训练计划项目、创新创业专项经费、师生共创、校地协同等多种形式,努力实现项目长期对接,推出一批帮扶品牌项目和帮扶示范区,发挥辐射带动作用。2018—2022年"青年红色筑梦之旅"活动组织实施情况具体见表5-4。

表5-4 2018—2022年"青年红色筑梦之旅"活动组织实施情况

"青年红色筑梦之旅"届别名称	组织实施情况
2018年第四届中国"互联网+"大学生创新创业大赛"青年红色筑梦之旅"	各省(自治区、直辖市)教育厅(教委)负责组织本地的"青年红色筑梦之旅"活动,做好需求对接、培训、宣传等工作。组织理工、农林、医学、师范、法律、人文社科等各专业大学生以及企业家、投资人等,以"科技中国小分队""幸福中国小分队""健康中国小分队""教育中国小分队""法治中国小分队""十九大宣讲小分队"或项目团队组团等形式,走进革命老区、贫困地区,接受思想洗礼、学习革命精神、传承红色基因,将高校的智力、技术和项目资源辐射到广大农村地区。组织团队到各自对接的县、乡、村和农户,从质量兴农、绿色兴农、科技兴农、电商兴农、教育兴农等多个方面开展帮扶工作,推动当地社会经济建设,助力精准扶贫和乡村振兴。 　　高校要通过大学生创新创业训练计划项目、设立创新创业专项经费、师生共创、校地协同等多种形式,努力实现项目长期对接,并推出一批帮扶品牌项目和帮扶示范区,发挥辐射带动作用。要积极争取相关部门、地方政府、社会企业、投资机构等各方支持,通过政策倾斜、项目立项、设立公益基金等方式为活动提供保障
2019年第五届中国"互联网+"大学生创新创业大赛"青年红色筑梦之旅"	各省级教育行政部门负责组织本地的"青年红色筑梦之旅"活动,做好需求对接、培训、宣传等工作。组织理工、农林、医学、师范、法律、人文社科等各专业大学生以及企业家、投资人、社会工作者等,以"科技中国小分队""健康中国小分队""幸福中国小分队""教育中

(续表)

"青年红色筑梦之旅"届别名称	组织实施情况
2019年第五届中国"互联网+"大学生创新创业大赛"青年红色筑梦之旅"	国小分队""法治中国小分队""形象中国小分队""政策宣讲小分队"或项目团队组团等形式,走进革命老区、贫困地区、城乡社区,从乡村振兴、精准扶贫、社区治理等多个方面开展帮扶工作,推动当地经济建设、政治建设、文化建设、社会建设、生态文明建设,为全面建成小康社会、加快推进社会主义现代化建设贡献智慧。 高校要通过大学生创新创业训练计划项目、设立创新创业专项经费、师生共创、校地协同等多种形式,努力实现项目长期对接,并推出一批帮扶品牌项目和帮扶示范区,发挥辐射带动作用。要积极争取相关部门、地方政府、行业企业、公益机构、投资机构等各方支持,通过政策倾斜、资金支持、设立公益基金等方式为活动提供保障
2020年第六届中国国际"互联网+"大学生创新创业大赛"青年红色筑梦之旅"	各省级教育行政部门负责组织本地的"青年红色筑梦之旅"活动,做好需求对接、培训、宣传等工作。特别是根据52个未摘帽贫困县的科技、农业、环保等方面需求,结合各高校大学生项目团队自身的优势,助力脱贫攻坚,支持大学生开展线上创业就业。 高校要通过大学生创新创业训练计划项目、设立创新创业专项经费、师生共创、校地协同等多种形式,努力实现项目长期对接,推出一批帮扶品牌项目和帮扶示范区,发挥辐射带动作用。要积极争取相关部门、地方政府、行业企业、公益机构、投资机构等各方支持,通过政策倾斜、资金支持、设立公益基金等方式为活动提供保障
2021年第七届中国国际"互联网+"大学生创新创业大赛"青年红色筑梦之旅"	各省级教育行政部门在跟踪调研往届"青年红色筑梦之旅"活动项目进展的基础上,负责组织"青年红色筑梦之旅"活动,做好需求对接、培训宣传及创造项目落地环境等工作。重点围绕科技、农业、环保等方面需求,结合高校大学生项目团队的优势,助力乡村振兴,支持大学生开展创业就业。高校通过大学生创新创业训练计划项目、设立创新创业专项经费、师生共创、校地协同等多种形式,努力实现项目长期对接,推出一批帮扶品牌项目和帮扶示范区,发挥辐射带动作用,助力农业农村现代化建设
2022年第八届中国国际"互联网+"大学生创新创业大赛"青年红色筑梦之旅"	各省级教育行政部门在全面总结历届"青年红色筑梦之旅"活动的基础上,负责组织本地"青年红色筑梦之旅"活动,关注农业农村绿色发展,挖掘乡村多元价值,认真做好需求对接、培训宣传及创造项目落地环境等工作。大学生项目团队要积极深入基层,积极利用专业知识开展创新创业,助力乡村振兴。高校要通过大学生创新创业训练计划项目、设立创新创业专项经费、校地协同等多种形式,努力实现项目长期对接,助力农业农村现代化建设

资料来源:根据教育部发布的历届中国"互联网+"大学生创新创业大赛"青年红色筑梦之旅"活动方案整理。

二、"青年红色筑梦之旅"活动工作要求

为广泛、高效、有序开展"青年红色筑梦之旅"活动,教育部发布的每届中国"互联网+"大学生创新创业大赛"青年红色筑梦之旅"活动方案,都提出了"高度重视、精心组织""统筹资源、加强保障""广泛宣传、营造氛围"等工作要求。2018—2022年"青年红色筑梦之旅"活动工作要求具体见表5-5。

表 5-5 "青年红色筑梦之旅"活动工作要求

"青年红色筑梦之旅"届别名称	工作要求
2018年第四届中国"互联网+"大学生创新创业大赛"青年红色筑梦之旅"	1. 高度重视、精心组织。各省(自治区、直辖市)教育厅(教委)要高度重视,成立专项工作组,推动形成政府、企业、社会联动共推的机制,确保各项工作落到实处。 2. 统筹资源、加强保障。各省(自治区、直辖市)教育厅(教委)要主动协调本地区扶贫办和扶贫组织,制定针对创业帮扶团队的优惠政策,整合对方资源,对活动予以支持。大赛组委会成立"青年红色筑梦之旅"奖励基金,对实施效果突出的项目给予支持。 3. 广泛宣传、营造氛围。各省(自治区、直辖市)教育厅(教委)要认真做好活动的宣传工作,通过集中启动、媒体传播,线上线下共同发力,提升活动的社会影响力。大赛组委会拟拍摄《青年筑梦》专题纪录片,全面展示各地各高校青年大学生参与活动的生动实践和良好精神风貌
2019年第五届中国"互联网+"大学生创新创业大赛"青年红色筑梦之旅"	1. 高度重视、精心组织。各省级教育行政部门要高度重视,成立专项工作组,推动形成政府、企业、社会联动共推的机制,确保各项工作落到实处。 2. 统筹资源、加强保障。各省级教育行政部门要主动协调本地区扶贫办和扶贫组织,制定针对创业帮扶团队的优惠政策,整合对方资源,对活动予以支持。大赛组委会成立"青年红色筑梦之旅"奖励基金,对实施效果突出的项目给予支持。 3. 广泛宣传、营造氛围。各省级教育行政部门要认真做好活动的宣传工作,通过集中启动、媒体传播,线上线下共同发力,全面展示各地各高校青年大学生参与活动的生动实践和良好精神风貌
2020年第六届中国国际"互联网+"大学生创新创业大赛"青年红色筑梦之旅"	1. 高度重视、精心组织。各地要成立专项工作组,推动形成政府、企业、社会联动共推的机制,确保各项工作落到实处。 2. 统筹资源、加强保障。各地要主动协调当地政府科技、农业、环保等有关部门,制定针对创业帮扶团队的优惠政策,整合对方资源,对活动予以支持。 3. 广泛宣传、营造氛围。各地应认真做好本次活动的宣传工作,通过提前谋划、集中启动、媒体传播,线上线下共同发力,全面展示各地各高校青年大学生参与活动的生动实践和良好精神风貌。 4. 敢于尝试、积极创新。利用网络直播、短视频等新型传播与销售途径,引导、助力红旅项目团队把握机会,积极创新创业
2021年第七届中国国际"互联网+"大学生创新创业大赛"青年红色筑梦之旅"	1. 高度重视、精心组织。各地要成立专项工作组,推动形成政府、企业、社会联动共推的机制,确保各项工作落到实处。 2. 统筹资源、加强保障。各地要积极协调地方政府有关部门,以及行业企业、公益机构、投资机构等,通过政策倾斜、资金支持、设立公益基金等方式为活动提供保障。 3. 广泛宣传、营造氛围。各地应认真做好本次活动的宣传工作,通过提前谋划、集中启动、媒体传播,线上线下共同发力,全面展示各地各高校青年大学生参与活动的生动实践和良好精神风貌。 4. 敢于尝试、积极创新。利用网络直播、短视频等新型传播与销售途径,引导、助力红旅项目团队把握机会,积极创新创业

(续表)

"青年红色筑梦之旅"届别名称	工作要求
2022年第八届中国国际"互联网+"大学生创新创业大赛"青年红色筑梦之旅"	1. 高度重视、精心组织。各地要成立专项工作组,推动形成政府、企业、社会联动共推的机制,确保各项工作落到实处。 2. 统筹资源、加强保障。各地要积极协调地方政府有关部门,以及行业企业、公益机构、投资机构等,通过政策倾斜、资金支持、设立公益基金等方式为活动提供保障。 3. 广泛宣传、营造氛围。各地应认真做好本次活动的宣传工作,通过提前谋划、集中启动、媒体传播,线上线下共同发力,全面展示各地各高校青年大学生参与活动的生动实践和良好精神风貌。 4. 敢于尝试、积极创新。利用网络直播、短视频等新型传播与销售途径,引导、助力红旅项目团队把握机会,积极创新创业

资料来源:根据教育部发布的历届中国"互联网+"大学生创新创业大赛"青年红色筑梦之旅"活动方案整理。

"青年红色筑梦之旅"赛道奖项设置和实际奖项情况

教育部每年会根据"青年红色筑梦之旅"赛道报名参赛项目数量,设置一定量的金奖、银奖和铜奖,2018—2020年三届"青年红色筑梦之旅"赛道各设金奖、银奖和铜奖200项,2021—2022年两届"青年红色筑梦之旅"赛道各设金奖、银奖和铜奖500项,是前三届的2.5倍。但从实际授予奖项数情况来看,实际授予奖项数与奖项设置数还是有所不同,具体见表5-6。

表5-6 "青年红色筑梦之旅"赛道奖项设置

"青年红色筑梦之旅"届别名称	奖项设置数(项)			实际授予奖项数(项)		
	金奖	银奖	铜奖	金奖	银奖	铜奖
2018年第四届中国"互联网+"大学生创新创业大赛"青年红色筑梦之旅"赛道	10	30	160	18	42	143
2019年第五届中国"互联网+"大学生创新创业大赛"青年红色筑梦之旅"赛道	15	45	140	18	51	134
2020年第六届中国国际"互联网+"大学生创新创业大赛"青年红色筑梦之旅"赛道	15	45	140	23	59	127
2021年第七届中国国际"互联网+"大学生创新创业大赛"青年红色筑梦之旅"赛道	50	100	350	54	103	342
2022年第八届中国国际"互联网+"大学生创新创业大赛"青年红色筑梦之旅"赛道	50	100	350	55	105	349
合计	140	320	1 140	168	360	1 095

资料来源:根据教育部发布的历届"互联网+"大学生创新创业大赛"青年红色筑梦之旅"活动方案和教育部网站2018年、2019年、2020年、2021年教育部关于公布"互联网+"大学生创新创业大赛获奖名单的相关通知和2023年2月20日全国大学生创业服务网发布《关于公示第八届中国国际"互联网+"大学生创新创业大赛总决赛有关赛事获奖名单的通知》整理。

"青年红色筑梦之旅"赛道奖项省、自治区、直辖市分布

从"青年红色筑梦之旅"赛道实际授予奖项数量情况来看,获奖奖项在不同省(自治区、直辖市)的分布存在较大差别。2018—2022年的5届"青年红色筑梦之旅"赛道东、中部省份获奖项目数多些,其中获金奖较多的省份有浙江省29项、江西省11项、江苏省18项、福建省8项、广东省12项、湖北省9项;西部学校陕西省获金奖最多,5届共获金奖12项。"青年红色筑梦之旅"赛道奖项的分布见表5-7至5-11和图5-1至5-10。

表5-7　2018年第四届中国"互联网＋"大学生创新创业大赛"青年红色筑梦之旅"赛道奖项省、自治区、直辖市分布

省、自治区、直辖市	获奖数量(项)		
	金奖	银奖	铜奖
北京市	—	1	5
上海市	—	1	4
天津市	1	—	6
重庆市	—	2	3
福建省	3	6	4
广西壮族自治区	1	—	7
河南省	1	—	7
湖南省	2	—	7
江苏省	2	—	5
江西省	1	4	5
山东省	2	3	3
陕西省	2	1	6
云南省	1	—	5

(续表)

省、自治区、直辖市	获奖数量(项)		
	金奖	银奖	铜奖
浙江省	2	—	4
安徽省	—	1	8
甘肃省	—	2	3
广东省	—	2	7
贵州省	—	1	3
海南省	—	1	2
河北省	—	1	7
黑龙江省	—	3	2
湖北省	—	3	5
吉林省	—	1	4
辽宁省	—	1	4
内蒙古自治区	—	1	5
宁夏回族自治区	—	1	3
青海省	—	1	2
山西省	—	1	5
四川省	—	1	8
西藏自治区	—	1	1
新疆维吾尔自治区	—	1	2
新疆生产建设兵团	—	1	1
合　计	18	42	143

资料来源：根据教育部网站发布的2018年教育部《关于公布第四届中国"互联网＋"大学生创新创业大赛获奖名单的通知》整理。

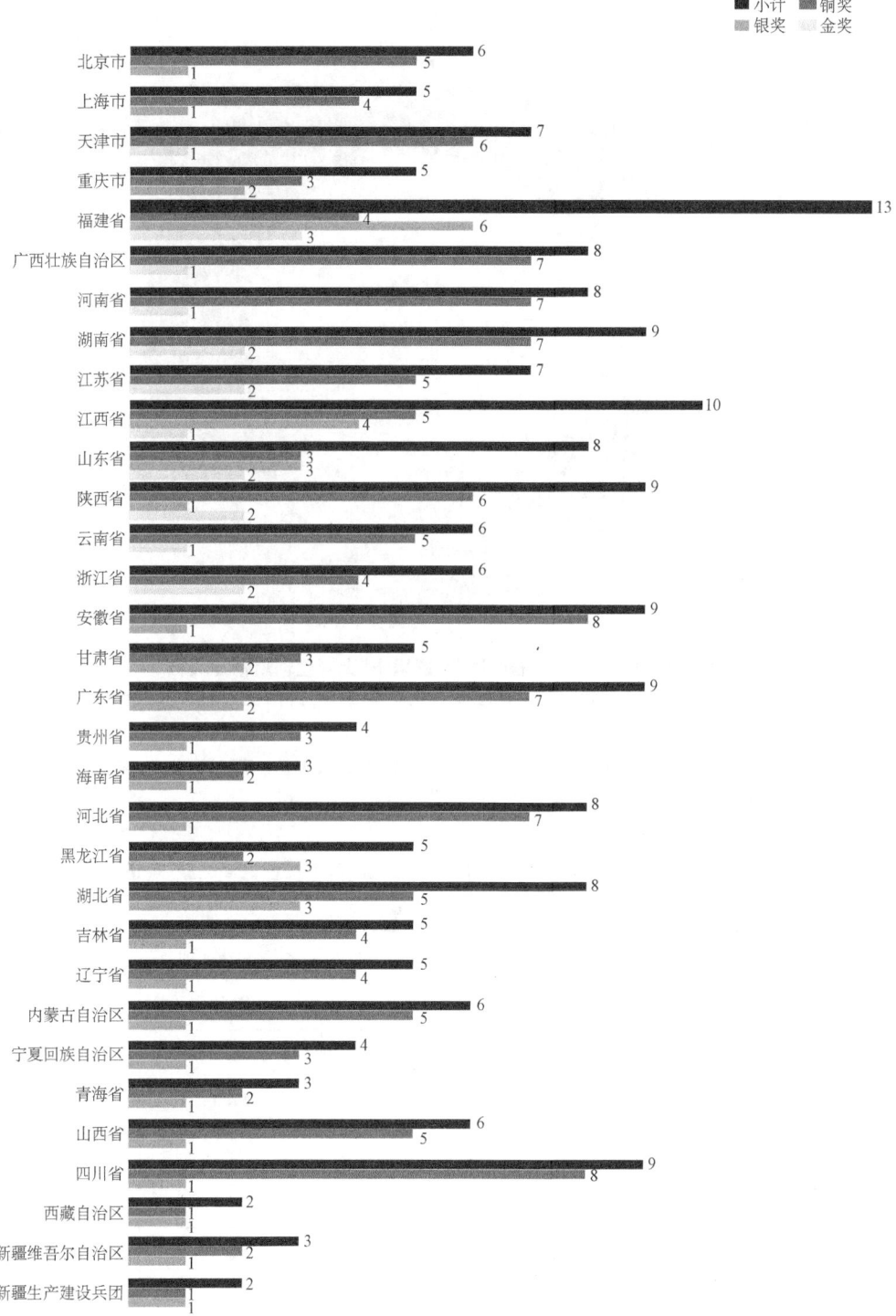

图 5-1 2018 年第四届中国"互联网+"大学生创新创业大赛"青年红色筑梦之旅"赛道奖项省、自治区、直辖市分布

资料来源：根据教育部网站发布的 2018 年教育部《关于公布第四届中国"互联网+"大学生创新创业大赛获奖名单的通知》整理。

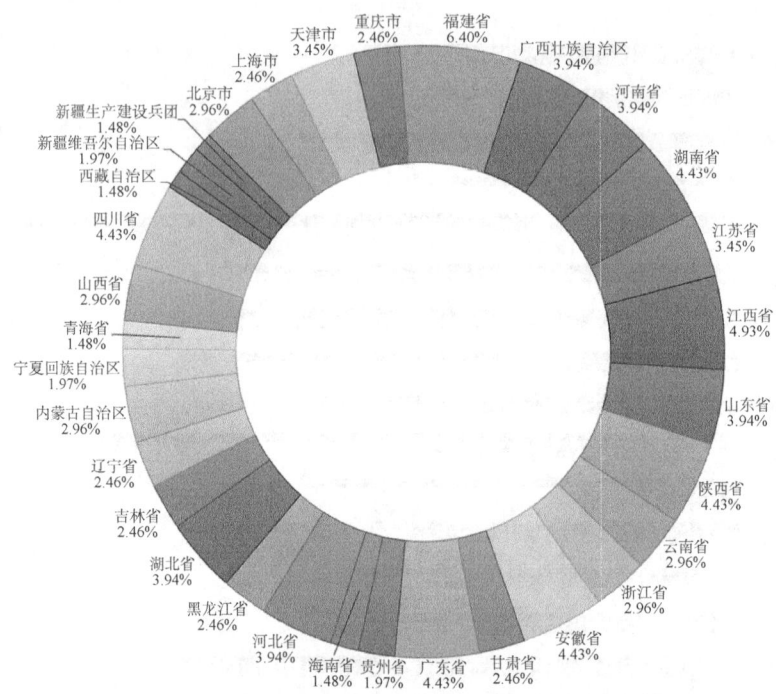

图5-2　2018年第四届中国"互联网+"大学生创新创业大赛"青年红色筑梦之旅"赛道奖项省、自治区、直辖市占比情况

资料来源：根据教育部网站发布的2018年教育部《关于公布第四届中国"互联网+"大学生创新创业大赛获奖名单的通知》整理。

表5-8　2019年第五届中国"互联网+"大学生创新创业大赛"青年红色筑梦之旅"赛道奖项省、自治区、直辖市分布

省、自治区、直辖市	获奖数量（项）		
	金奖	银奖	铜奖
北京市	2	2	1
上海市	2	—	4
天津市	—	2	4
重庆市	—	1	5
福建省	2	3	5
广西壮族自治区	—	3	3
河南省	—	1	6
湖南省	2	1	5
江苏省	2	3	3

(续表)

省、自治区、直辖市	获奖数量(项)		
	金奖	银奖	铜奖
江西省	—	2	7
山东省	—	1	8
陕西省	1	3	3
云南省	1	2	4
浙江省	4	2	3
安徽省	—	2	5
甘肃省	—	1	5
广东省	—	4	3
贵州省	—	1	4
海南省	—	1	4
河北省	—	2	4
黑龙江省	1	—	6
湖北省	1	1	6
吉林省	—	2	4
辽宁省	—	1	5
内蒙古自治区	—	2	4
宁夏回族自治区	—	1	4
青海省	—	1	2
山西省	—	1	5
四川省	—	2	5
西藏自治区	—	1	2
新疆维吾尔自治区	—	1	3
新疆生产建设兵团	—	1	2
合计	18	51	134

资料来源：根据教育部网站发布的2019年教育部《关于公布第五届中国"互联网+"大学生创新创业大赛获奖名单的通知》整理。

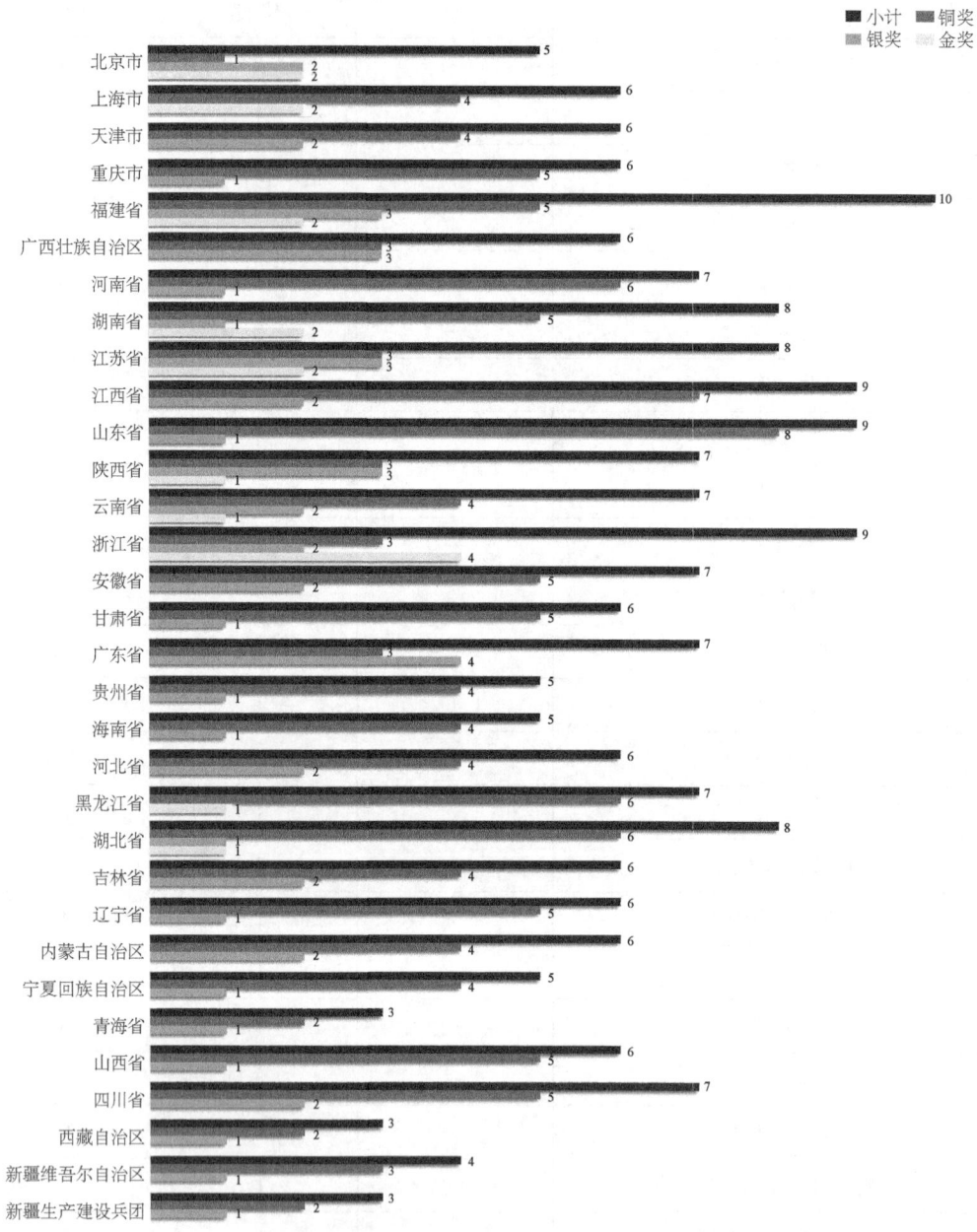

图 5-3　2019 年第五届中国"互联网＋"大学生创新创业大赛
"青年红色筑梦之旅"赛道奖项省、自治区、直辖市分布

资料来源：根据教育部网站发布的 2019 年教育部《关于公布第五届中国"互联网＋"大学生创新创业大赛获奖名单的通知》整理。

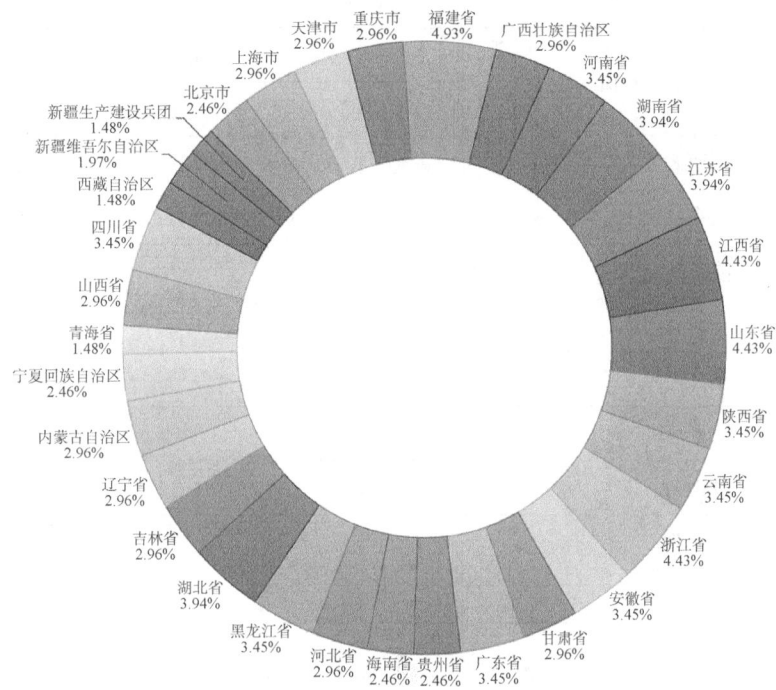

图 5-4　2019 年第五届中国"互联网+"大学生创新创业大赛"青年红色筑梦之旅"赛道奖项省、自治区、直辖市占比情况

资料来源:根据教育部网站发布的 2019 年教育部《关于公布第五届中国"互联网+"大学生创新创业大赛获奖名单的通知》整理。

表 5-9　2020 年第六届中国国际"互联网+"大学生创新创业大赛"青年红色筑梦之旅"赛道奖项省、自治区、直辖市分布

省、自治区、直辖市	获奖数量(项)		
	金奖	银奖	铜奖
北京市	—	3	4
上海市	—	3	3
天津市	1	4	1
重庆市	1	2	2
福建省	—	5	5
广西壮族自治区	1	2	5
河南省	—	1	6
湖南省	1	3	4
江苏省	1	1	6

(续表)

省、自治区、直辖市	获奖数量(项)		
	金奖	银奖	铜奖
江西省	1	1	7
山东省	1	2	6
陕西省	2	2	3
云南省	1	1	5
浙江省	4	—	5
安徽省	—	3	4
甘肃省	1	1	4
广东省	5	1	2
贵州省	1	—	5
海南省	—	1	3
河北省	—	1	6
黑龙江省	—	3	4
湖北省	2	2	4
吉林省	—	1	5
辽宁省	—	1	5
内蒙古自治区	—	1	5
宁夏回族自治区	—	1	4
青海省	—	1	1
山西省	—	2	3
四川省	—	6	4
西藏自治区	—	1	3
新疆维吾尔自治区	—	1	3
新疆生产建设兵团	—	2	—
合计	23	59	127

资料来源:根据教育部网站发布的2020年教育部《关于公布第六届中国国际"互联网+"大学生创新创业大赛获奖名单的通知》整理。

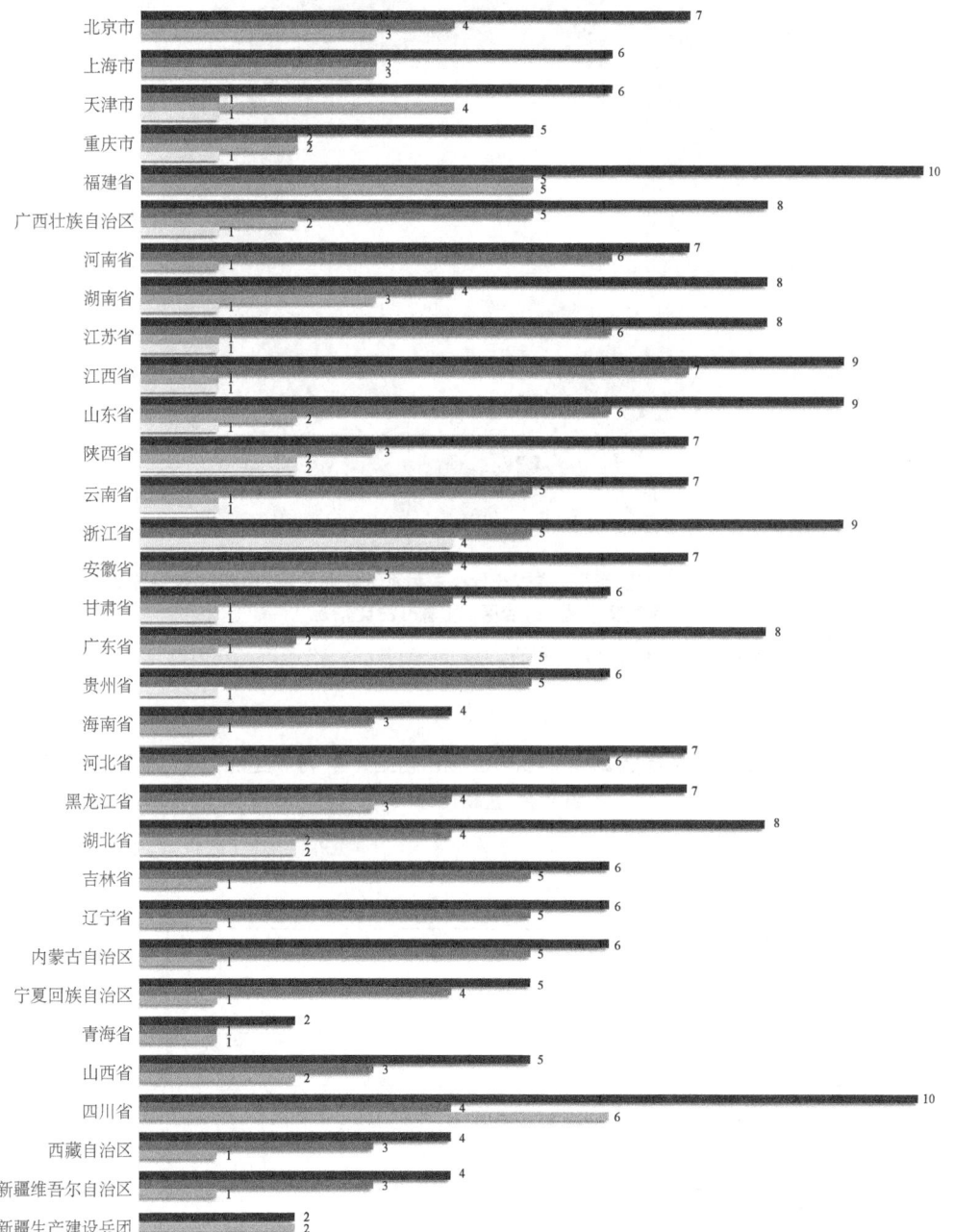

图 5-5　2020 年第六届中国国际"互联网+"大学生创新创业大赛
"青年红色筑梦之旅"赛道奖项省、自治区、直辖市分布

资料来源:根据教育部网站发布的 2020 年教育部《关于公布第六届中国国际"互联网+"大学生创新创业大赛获奖名单的通知》整理。

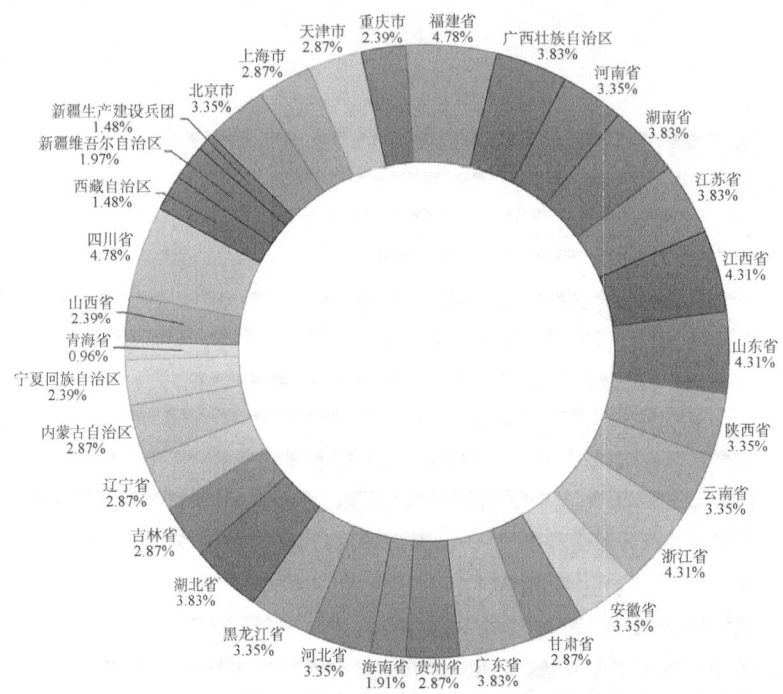

图 5-6　2020 年第六届中国国际"互联网+"大学生创新创业大赛"青年红色筑梦之旅"赛道奖项省、自治区、直辖市占比情况

资料来源：根据教育部网站发布的 2020 年教育部《关于公布第六届中国国际"互联网+"大学生创新创业大赛获奖名单的通知》整理。

表 5-10　2021 年第七届中国国际"互联网+"大学生创新创业大赛"青年红色筑梦之旅"赛道奖项省、自治区、直辖市分布

省、自治区、直辖市	获奖数量（项）		
	金奖	银奖	铜奖
北京市	2	5	10
上海市	3	1	14
天津市	1	1	13
重庆市	3	2	8
福建省	3	6	12
广西壮族自治区	—	5	14
河南省	—	2	15
湖南省	—	5	15
江苏省	4	6	9

(续表)

省、自治区、直辖市	获奖数量(项)		
	金奖	银奖	铜奖
江西省	7	6	10
山东省	1	7	13
陕西省	1	6	13
云南省	2	1	13
浙江省	10	7	4
安徽省	2	2	13
甘肃省	—	2	12
广东省	3	9	8
贵州省	1	2	10
海南省	—	2	6
河北省	1	1	15
黑龙江省	—	3	14
湖北省	2	4	13
吉林省	—	2	11
辽宁省	—	3	12
内蒙古自治区	3	1	10
宁夏回族自治区	—	3	9
青海省	—	2	3
山西省	—	2	10
四川省	4	—	19
西藏自治区	—	2	4
新疆维吾尔自治区	—	2	7
新疆生产建设兵团	1	1	3
合计	54	103	342

资料来源：根据教育部网站发布的2021年教育部《关于公布第七届中国国际"互联网+"大学生创新创业大赛获奖名单的通知》整理。

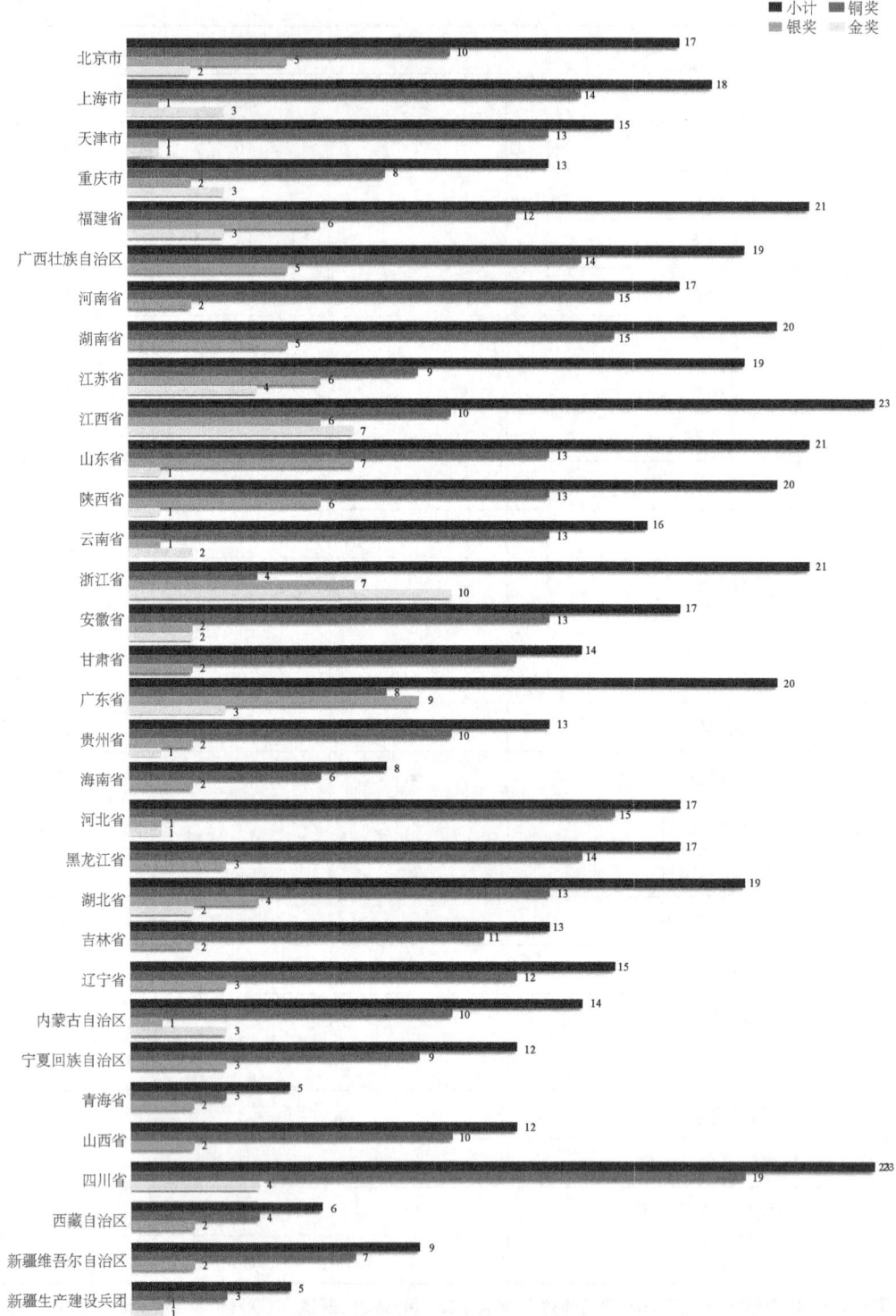

图 5-7 2021 年第七届中国国际"互联网+"大学生创新创业大赛
"青年红色筑梦之旅"赛道奖项省、自治区、直辖市分布

资料来源:根据教育部网站发布的 2021 年教育部《关于公布第七届中国国际"互联网+"大学生创新创业大赛获奖名单的通知》整理。

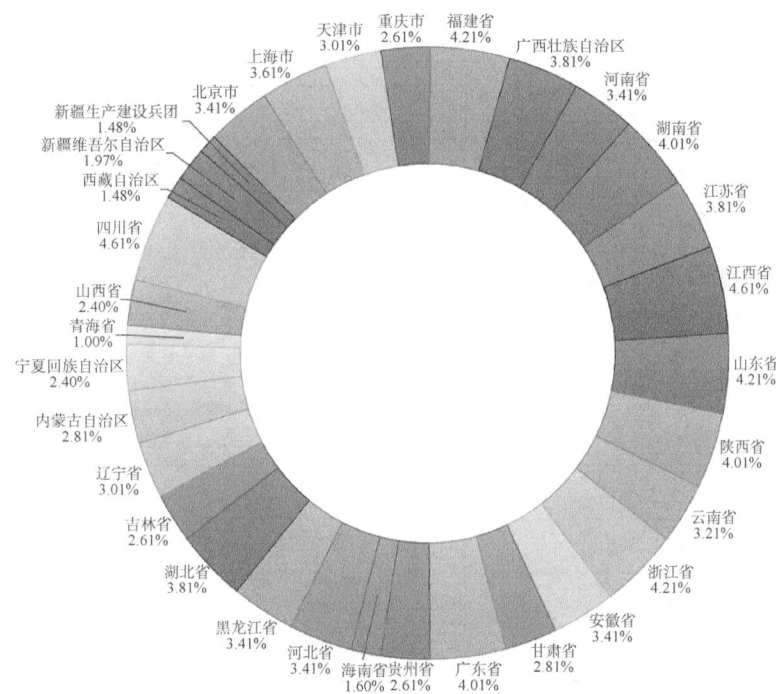

图 5-8　2021 年第七届中国国际"互联网+"大学生创新创业大赛"青年红色筑梦之旅"赛道奖项省、自治区、直辖市占比情况

资料来源：根据教育部网站发布的 2021 年教育部《关于公布第七届中国国际"互联网+"大学生创新创业大赛获奖名单的通知》整理。

表 5-11　2022 年第八届中国国际"互联网+"大学生创新创业大赛"青年红色筑梦之旅"赛道奖项省、自治区、直辖市分布

省、自治区、直辖市	获奖数量（项）		
	金奖	银奖	铜奖
北京市	5	4	8
上海市	1	3	13
天津市	2	—	13
重庆市	4	5	8
福建省	—	9	13
广西壮族自治区	—	2	17
河南省	—	4	13
湖南省	—	4	16
江苏省	9	8	5

(续表)

省、自治区、直辖市	获奖数量（项）		
	金奖	银奖	铜奖
江西省	2	6	16
山东省	3	2	17
陕西省	6	2	12
云南省	—	4	12
浙江省	9	8	9
安徽省	1	1	15
甘肃省	—	2	11
广东省	4	7	10
贵州省	2	—	11
海南省	—	2	6
河北省	—	3	14
黑龙江省	—	2	14
湖北省	4	6	8
吉林省	—	2	10
辽宁省	1	1	13
内蒙古自治区	—	2	12
宁夏回族自治区	—	2	10
青海省	—	2	3
山西省	—	2	10
四川省	2	4	16
西藏自治区	—	2	4
新疆维吾尔自治区	—	2	7
新疆生产建设兵团	—	2	3
合　计	55	105	349

资料来源：根据2023年2月20日全国大学生创业服务网发布的《关于公示第八届中国国际"互联网＋"大学生创新创业大赛总决赛有关赛事获奖名单的通知》整理。

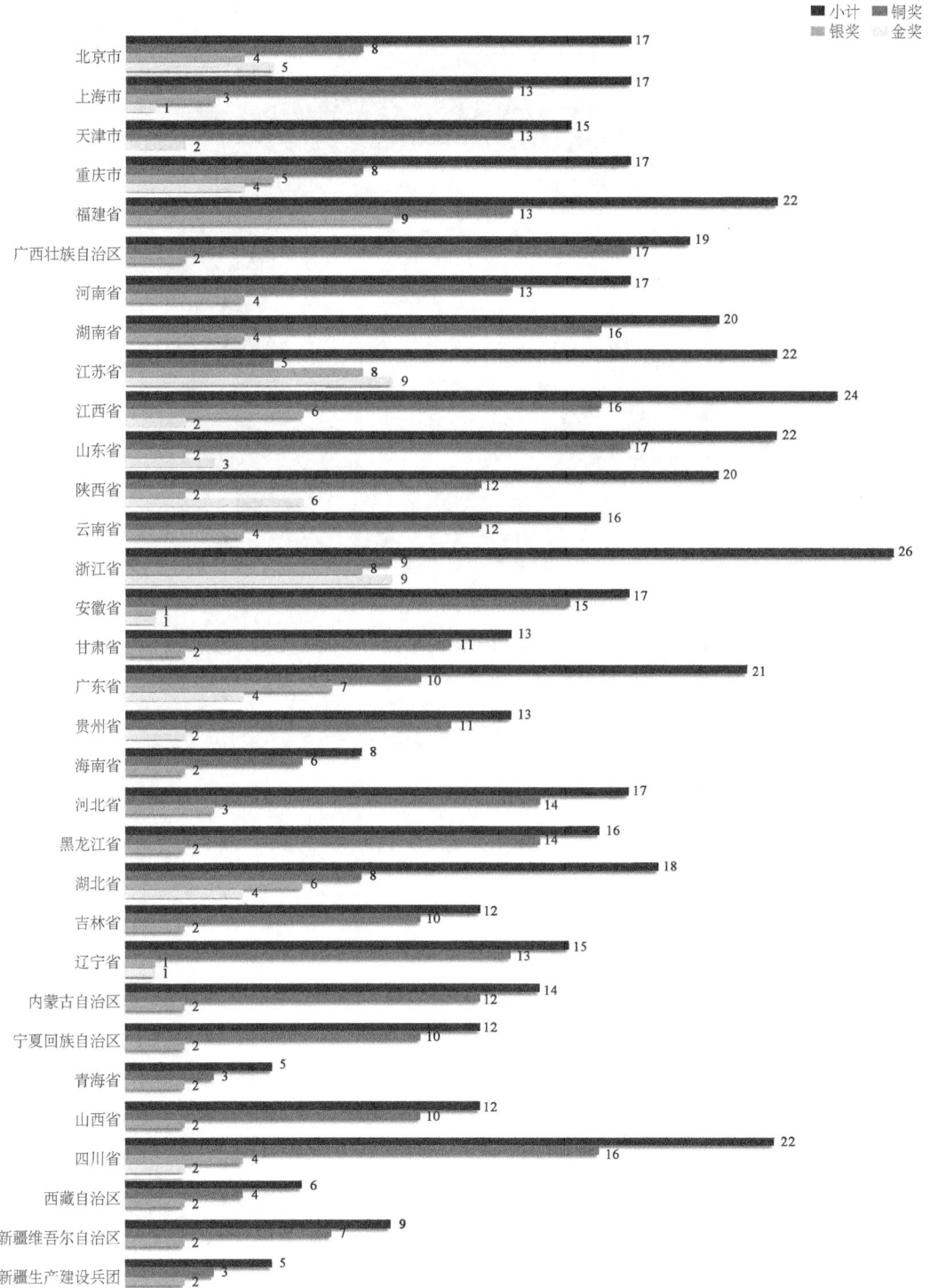

图 5-9 2022 年第八届中国国际"互联网＋"大学生创新创业大赛
"青年红色筑梦之旅"赛道奖项省、自治区、直辖市分布

资料来源：根据 2023 年 2 月 20 日全国大学生创业服务网发布的《关于公示第八届中国国际"互联网＋"大学生创新创业大赛总决赛有关赛事获奖名单的通知》整理。

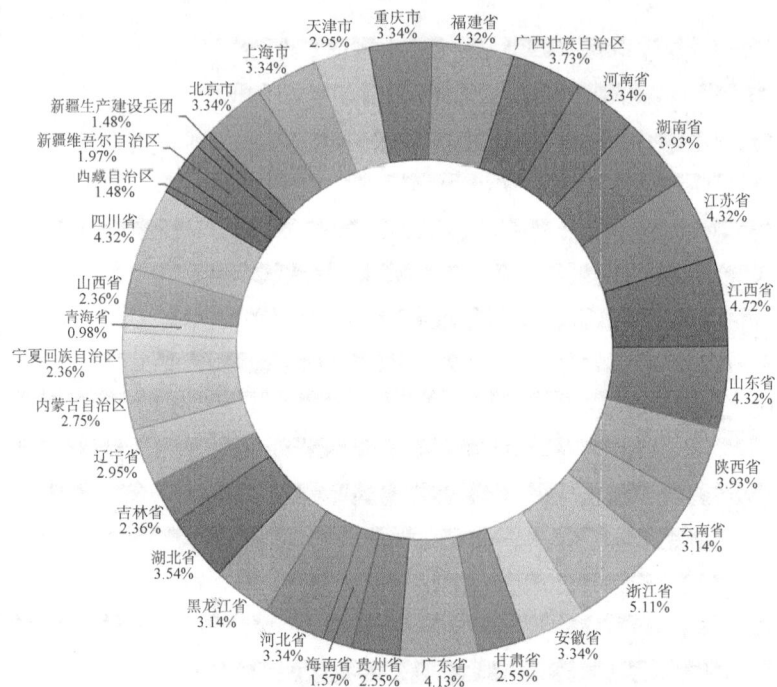

图 5-10 2022 年第八届中国国际"互联网+"大学生创新创业大赛"青年红色筑梦之旅"赛道奖项省(市)、自治区占比情况

资料来源：根据 2023 年 2 月 20 日全国大学生创业服务网发布的《关于公示第八届中国国际"互联网+"大学生创新创业大赛总决赛有关赛事获奖名单的通知》整理。

"青年红色筑梦之旅"赛道奖项高校分布

从"青年红色筑梦之旅"赛道实际授予的奖项数量情况来看,2018年"青年红色筑梦之旅"赛道共有17所高校项目获金奖、41所高校项目获银奖、131所高校项目获铜奖;2019年"青年红色筑梦之旅"赛道共有17所高校项目获金奖、48所高校项目获银奖、123所高校项目获铜奖;2020年"青年红色筑梦之旅"赛道共有20所高校项目获金奖、57所高校项目获银奖、115所高校项目获铜奖;2021年"青年红色筑梦之旅"赛道共有44所高校项目获金奖、92所高校项目获银奖、258所高校项目获铜奖;2022年"青年红色筑梦之旅"赛道共有42所学校的项目获金奖、81所学校的项目获银奖、262所学校的项目获铜奖。获奖高校中既有清华大学、北京大学、复旦大学、上海交通大学、厦门大学、南京大学、四川大学、浙江大学等国家"双一流"高校,也有常州大学、闽江学院、台州学院、合肥学院、运城学院等地方应用型高校,还有江西旅游商贸职业学院、威海海洋职业学院、武汉交通职业学院、安徽财贸职业学院等地方应用技能型高职学院,以及云南大学滇池学院、天津大学仁爱学院、福建师范大学闽南科技学院、广西民族大学相思湖学院等独立学院。具体分布情况见表5-12至5-16。

表5-12 2018年第四届中国"互联网+"大学生创新创业大赛
"青年红色筑梦之旅"赛道奖项高校分布

获奖项目高校分布		
金奖(17所)	银奖(41所)	铜奖(131所)
厦门大学、南京大学、湖南大学、天津商业大学、常州大学、宁波大学、西安交通大学、西安电子科技大学、福建农林大学、山东中医药大学、山东农业大学、河南科技大学、湖南农业大学、广西医科大学、云南大学滇池学院、宁波大学科学技术学院、江西外语外贸职业学院	北京大学、复旦大学、厦门大学、华中科技大学、四川大学、重庆大学、河北农业大学、山西医科大学、内蒙古农业大学、中国医科大学、长春中医药大学、东北农业大学、东北林业大学、黑龙江八一农垦大学、福州大学、福建工程学院、闽江学院、南昌大学、江西师范大学、江西中医药大学、江西科技师范大学、中国海洋大学、山东财经大学、威海	清华大学、北京工业大学、北京科技大学、中央民族大学、中国地质大学(北京)、天津师范大学、天津财经大学、天津美术学院、天津外国语大学滨海外事学院、天津大学仁爱学院、天津现代职业技术学院、河北农业大学、石家庄铁道大学、河北经贸大学、河北政法职业学院、东北大学秦皇岛分校、华北电力大学(保定)、中北大学、晋中学院、运城学院、山西财经大学、晋中职业技术学院、内蒙古大学、内蒙古科技大学、内蒙古师范大学、内蒙古财经大学、呼伦贝尔学院、大连理工大学、锦州医科大学、沈阳师范大学、大连大学、延边大学、长春理工大学、吉林农业大学、吉林艺术学院、哈尔滨工程大学、东北农业大学、复旦大学、上海交通大学、上海师范大学、上海财经大学、南京理工大学、南京工业

(续表)

获奖项目高校分布		
金奖(17所)	银奖(41所)	铜奖(131所)
	海洋职业学院、湖北工业大学、武汉交通职业学院、中国地质大学（武汉）、广州大学、三亚学院、重庆邮电大学、贵州大学、西藏职业技术学院、陕西科技大学、兰州理工大学、陇东学院、青海民族大学、宁夏大学、新疆农业职业技术学院、石河子大学、芜湖职业技术学院	大学、江苏师范大学、盐城师范学院、扬州大学、温州医科大学、嘉兴学院、中国计量大学、浙江传媒学院、合肥工业大学、安徽农业大学、安徽财经大学、安徽科技学院、合肥学院、安徽商贸职业技术学院、华侨大学、福建农林大学、龙岩学院、福建师范大学闽南科技学院、华东交通大学、南昌航空大学、江西科技师范大学、南昌师范学院、曲阜师范大学、鲁东大学、临沂大学、河南工业大学、河南科技大学、河南农业大学、南阳师范学院、洛阳师范学院、河南财经政法大学、黄河科技学院、武汉大学、华中科技大学、武汉理工大学、湖北理工学院、吉首大学、湖南农业大学、湖南工业大学、长沙民政职业技术学院、怀化职业技术学院、湖南工艺美术职业学院、中山大学、华南理工大学、佛山科学技术学院、南方医科大学、吉林大学珠海学院、广东女子职业技术学院、广西艺术学院、南宁学院、钦州学院、贺州学院、广西机电职业技术学院、广西电力职业技术学院、海南大学、海南职业技术学院、重庆文理学院、长江师范学院、重庆水利电力职业技术学院、西南石油大学、西华大学、乐山师范学院、成都医学院、四川水利职业技术学院、成都农业科技职业学院、贵州师范大学、西南林业大学、大理大学、曲靖师范学院、云南大学滇池学院、云南国防工业职业技术学院、西藏大学、西安理工大学、西北农林科技大学、陕西师范大学、延安大学、西安邮电大学、杨凌职业技术学院、兰州理工大学、甘肃农业大学、青海师范大学、西宁城市职业技术学院、宁夏师范学院、北方民族大学、宁夏大学新华学院、新疆大学、新疆农业大学、石河子大学

资料来源：根据教育部网站发布的2018年教育部《关于公布第四届中国"互联网＋"大学生创新创业大赛获奖名单的通知》整理。

表5-13 2019年第五届中国"互联网＋"大学生创新创业大赛
"青年红色筑梦之旅"赛道奖项高校分布

获奖项目高校分布		
金奖(17所)	银奖(48所)	铜奖(123所)
北京邮电大学、东北农业大学、东南大学、福州大学、湖南大学、湖南科技学院、华东师范大学、华中科技大学、南京大学、	安徽财贸职业学院、北部湾大学、北京理工大学、常州大学、大连理工大学、福建农林大学、福建中医药大学、甘肃农业大	安徽科技学院、安徽农业大学、北方民族大学、北华大学、北京工业大学、沈阳农业大学、成都理工大学、大连民族大学、大连医科大学、东北财经大学、东北农业大学、东南大学、佛山科学技术学院、福建师范大学、福州大学、福州外语

(续表)

获奖项目高校分布		
金奖(17所)	银奖(48所)	铜奖(123所)
厦门大学、上海体育学院、温州医科大学、西安交通大学、云南大学、浙江大学、浙江工业大学、中国传媒大学	学、广西师范大学、广州大学、贵州大学、海南大学、合肥师范学院、河北农业大学、湖南工业大学、华南理工大学、吉林农业大学、江西科技师范大学、江西师范大学、南京信息工程大学、南宁学院、内蒙古科技大学、包头师范学院、内蒙古农业大学、宁波工程学院、宁夏医科大学、青海师范大学、三明学院、山东农业大学、山西大学、陕西科技大学、深圳职业技术学院、石河子大学、四川大学、四川农业大学、天津理工大学、天津美术学院、武汉大学、西安电子科技大学、西藏农牧学院、西南林业大学、新疆农业职业技术学院、延边大学、盐城师范学院、云南师范大学、浙江工业大学、郑州大学、中国农业大学、重庆大学	外贸学院、甘肃民族师范学院、广东工业大学、广西机电职业技术学院、广西民族大学、广西师范大学、广州大学、贵州民族大学人文科技学院、贵州盛华职业学院、贵州师范大学、哈尔滨工程大学、哈尔滨医科大学、海南大学、海南经贸职业技术学院、河南财经政法大学、河南科技大学、河南农业大学、河南职业技术学院、黑龙江八一农垦大学、黑龙江大学、湖北工业大学、湖南大学、湖南工艺美术职业学院、华北电力大学(保定)、华东理工大学、华东师范大学、华中科技大学、华中农业大学、淮南师范学院、吉林化工学院、吉林外国语大学、吉林艺术学院、吉首大学、江苏师范大学、江西科技师范大学、江西旅游商贸职业学院、江西师范大学、江西外语外贸职业学院、江西中医药大学、金华职业技术学院、兰州大学、兰州交通大学、兰州理工大学、临沂大学、南昌大学、南昌师范学院、南京工业职业技术学院、南开大学、南阳师范学院、内蒙古大学、内蒙古工业大学、内蒙古科技大学、内蒙古艺术学院、宁夏大学、宁夏大学新华学院、宁夏工商职业技术学院、齐鲁工业大学、青岛大学、青海大学、青海民族大学、琼台师范学院、三明学院、厦门大学、山东财经大学、山东中医药大学、山西财经大学、山西医科大学、上海财经大学、上海师范大学、绍兴文理学院、石河子大学、石河子职业技术学院、四川大学、四川农业大学、台州学院、太原理工大学、唐山师范学院、天津美术学院、天津农学院、天津职业师范大学、芜湖职业技术学院、武汉大学、武汉工程大学、西安科技大学、西安邮电大学、西北农林科技大学、西藏藏医药大学、西藏职业技术学院、西南石油大学、新疆大学、新疆农业大学、新疆农业职业技术学院、烟台大学、燕山大学、云南财经大学、云南大学滇池学院、云南工商学院、云南民族大学、运城学院、长江师范学院、长沙民政职业技术学院、中北大学、中国石油大学(华东)、中国医科大学、中南大学、重庆大学、重庆水利电力职业技术学院、重庆文理学院

资料来源:根据教育部网站发布的2019年教育部《关于公布第五届中国"互联网+"大学生创新创业大赛获奖名单的通知》整理。

表 5-14　2020 年第六届中国国际"互联网+"大学生创新创业大赛
"青年红色筑梦之旅"赛道奖项高校分布

获奖项目高校分布		
金奖（20 所）	银奖（57 所）	铜奖（115 所）
广东工业大学、广东海洋大学、广州大学、贵州大学、贺州学院、华南理工大学、华中科技大学、江西师范大学、兰州大学、南京大学、宁波大学、山东理工大学、天津师范大学、西安交通大学、西北大学、西南大学、云南大学旅游文化学院、浙江大学、浙江师范大学、中南大学	安徽大学、安徽农业大学、安徽信息工程学院、北方民族大学、北京科技大学、北京邮电大学、沈阳农业大学、成都理工大学、电子科技大学、东北农业大学、福建农林大学、福建师范大学、福建中医药大学、甘肃农业大学、广西大学、海南大学、河海大学、河南师范大学、黑龙江八一农垦大学、湖北工业大学、湖南大学、湖南文理学院、华北电力大学（保定）、吉林大学珠海学院、江西师范大学、南开大学、南宁学院、内蒙古师范大学、青海师范大学、厦门大学、厦门大学嘉庚学院、山东畜牧兽医职业学院、山东中医药大学、山西大学、山西医科大学、陕西科技大学、上海交通大学、上海理工大学、石河子大学、四川大学、四川旅游学院、塔里木大学、天津大学、天津工业大学、天津师范大学、同济大学、武汉理工大学、西安建筑科技大学、西藏农牧学院、西南林业大学、西南民族大学、新疆农业职业技术学院、长春中医药大学、中国农业大学、中南大学、重庆大学、重庆电子工程职业学院	安徽财贸职业学院、北京工业大学、北京科技大学、北京邮电大学、沈阳体育学院、成都理工大学、大连交通大学、东北财经大学、东北农业大学、东南大学、福建师范大学、福州大学、广西警察学院、广西民族大学相思湖学院、贵州大学、贵州民族大学、贵州师范大学、贵州师范学院、桂林理工大学、哈尔滨工程大学、哈尔滨师范大学、海口经济学院、合肥工业大学、合肥师范学院、合肥学院、河北农业大学河北师范大学、河南科技学院、河南农业大学、河南师范大学、河南中医药大学、贺州学院黑龙江大学、湖北工业大学、湖南大学、湖南农业大学、华东师范大学怀化职业技术学院、淮阴工学院、吉林大学、吉林化工学院、吉林农业大学、吉首大学、江苏师范大学、江西科技师范大学江西生物科技职业学院、江西外语外贸职业学院、兰州财经大学、兰州理工大学、辽宁大学、陇南师范高等专科学校、漯河医学高等专科学校、南昌大学、南昌师范学院、南京航空航天大学、南京铁道职业技术学院、南开大学、南阳师范学院、内蒙古民族大学、内蒙古农业大学、内蒙古艺术学院、宁夏大学、宁夏大学新华学院、宁夏工商职业技术学院、宁夏警官职业学院、齐鲁工业大学、青海师范大学、清华大学、琼台师范学院、曲阜师范大学、三明学院、三峡大学、三亚学院、厦门大学、山东财经大学、山东建筑大学、山东协和学院、山东中医药大学、山西财经大学、山西医科大学、上海交通大学、上海体育学院、四川旅游学院、唐山师范学院、通化师范学院、温州医科大学、武汉大学、武汉理工大学、西安交通大学、西安石油大学、西北民族大学、西北农林科技大学、西藏大学、西藏农牧学院、西藏职业技术学院、西南石油大学、新疆大学、新疆农业大学、新疆农业职业技术学院、邢台职业技术学院、燕山大学、扬州工业职业技术学院、右江民族医学院、云南大学、云南大学滇池学院、云南大学旅游文化学院、云南农业大学、运城学院、浙江大学、浙江工业大学、浙江师范大学、中山大学、中山火炬职业技术学院、重庆大学、重庆水利电力职业技术学院

资料来源：根据教育部网站发布的 2020 年教育部《关于公布第六届中国国际"互联网+"大学生创新创业大赛获奖名单的通知》整理。

表 5-15　2021 年第七届中国国际"互联网+"大学生创新创业大赛
"青年红色筑梦之旅"赛道奖项分布高校

获奖项目分布高校		
金奖（44 所）	银奖（92 所）	铜奖（258 所）
安徽农业大学、北京邮电大学、福建师范大学、复旦大学、赣南师范大学、广东海洋大学、贵州大学、河北农业大学、华东师范大学、华南理工大学、华中科技大学、集美大学、江苏科技大学、江苏农林职业技术学院、江西师范大学、井冈山大学、鲁东大学、闽江学院、南昌大学、南昌师范学院、南京大学、南京林业大学、南开大学、内蒙古大学、内蒙古农业大学、内蒙古师范大学、宁波大学、上海交通大学、深圳职业技术学院、石河子大学、四川大学、温州大学、温州医科大学、西安交通大学、西南大学、西南石油大学、云南大学、浙大宁波理工学院、浙江大学、浙江工业大学、浙江师范大学、中国地质大学（武汉）、中国农业大学、重庆大学	安徽财贸职业学院、安徽建筑大学、北京交通大学、北京邮电大学、大连理工大学、大连艺术学院、东北农业大学、东莞理工学院、东华理工大学、东南大学、福建中医药大学、福州大学、广东工业大学、广东药科大学、广西大学、广西民族大学、广西师范大学、广州大学、贵州大学、贵州师范学院、桂林理工大学、哈尔滨工业大学、海口经济学院、海南大学、河北科技工程职业技术大学、河南科技大学、黑龙江八一农垦大学、湖南工业大学、湖南科技大学、华南理工大学、华南农业大学、华侨大学、华中科技大学、华中农业大学、吉林农业大学、集美大学、江西理工大学、江西师范大学、江西师范高等专科学校、兰州大学、兰州理工大学、鲁东大学、闽南理工学院、南昌大学、南京理工大学、南京林业大学、南京农业大学、南京邮电大学、南开大学、内蒙古农业大学、宁波卫生职业技术学院、宁夏大学、宁夏大学、新华学院、宁夏工商职业技术学院、青海大学、曲阜师范大学、厦门大学、山东农业大学、山东中医药大学、山西大学、山西农业大学陕西科技大学、上海理工大学、石河子大学、潍坊科技学院、温州大学、温州医科大学、武汉大学、西安交通大学、	安徽财经大学、安徽财贸职业学院、安徽大学、安徽机电职业技术学院、安徽信息工程学院、安徽医科大学、包头职业技术学院、北方民族大学、北京工商大学、北京工业大学、北京化工大学、北京科技大学、北京科技大学天津学院沈阳体育学院、成都锦城学院、成都理工大学、成都农业科技职业学院、成都中医药大学、大连大学、大连理工大学、电子科技大学、东北财经大学、东北大学、东北农业大学、东北石油大学、东华理工大学、东南大学、福建工程学院、福建农业职业技术学院、福建师范大学、福州大学、阜阳师范大学、复旦大学、甘肃农业大学、广东财经大学、广东工业大学、广东海洋大学、广东岭南职业技术学院、广东农工商职业技术学院、广东外语外贸大学、广西财经学院、广西大学、广西民族大学、广西师范大学、贵阳学院、贵州大学、贵州民族大学、贵州商学院、贵州师范大学、贵州师范学院、桂林电子科技大学、桂林理工大学、哈尔滨工业大学、哈尔滨医科大学、海南大学、海南经贸职业学院、海南师范大学、合肥工业大学、合肥学院、合肥职业技术学院、河北大学、河北工业大学、河北科技工程职业技术大学、河北农业大学、河南财经政法大学、河南工业大学、河南科技大学、河南理工大学、河南师范大学、河南职业技术学院、黑龙江八一农垦大学、黑龙江大学、湖北第二师范学院、湖北工业大学、湖北工业大学工程技术学院、湖北汽车工业学院、湖南大学、湖南第一师范学院、湖南工商学院、湖南科技大学、湖南理工学院、湖南农业大学、湖南生物机电职业技术学院、湖南铁路科技职业技术学院、湖南中医药大学、华东交通大学、华南师范大学、华侨大学、华中科技大学、华中农业大学、黄河科技学院、吉林大学、吉林动画学院、吉林化工学院、吉林建筑大学、吉林外国语大学、集美大学、集宁师范学院、暨南大学、佳木斯大学、江苏科技大学、江西电力职业技术学院、江西科技师范大学、江西理工大学、江西旅游商贸职业学院、江西生物科技职业学院、江西外语外贸职业学院、江西中医药大学、锦州医科大学、克拉玛依职业技术学院、昆明理工大学、昆明学院、兰州大学、兰州交通大学、兰州理工大学、廊坊职业技术学院、乐山师范学院、辽宁大学、辽宁中医药大学、陇东学院、漯河医学高等专科学校、绵阳师范学院、闽江学

(续表)

获奖项目分布高校		
金奖(44所)	银奖(92所)	铜奖(258所)
	西北大学、西北农林科技大学、西藏农牧学院、西藏职业技术学院、西南大学、西南林业大学、西宁城市职业技术学院、襄阳职业技术学院、新疆大学、新疆农业大学、扬州大学、长安大学、长春中医药大学、浙江大学、浙江工商大学、浙江师范大学、郑州铁路职业技术学院、中国传媒大学、中国矿业大学(北京)、中国人民大学、中国医科大学、中南大学、重庆文理学院	院、牡丹江师范学院、南昌师范学院、南京林业大学、南京铁道职业技术学院、南京邮电大学、南开大学、南宁师范大学、南宁学院、内蒙古财经大学、内蒙古大学、内蒙古民族大学、内蒙古师范大学、内蒙古艺术学院、宁波工程学院、宁夏大学、宁夏工商职业技术学院、宁夏建设职业技术学院、宁夏警官职业学院、宁夏医科大学、宁夏职业技术学院、黔东南民族职业技术学院、黔南民族职业技术学院、青岛大学、青海民族大学、青海师范大学、琼台师范学院、三明学院、三亚学院、厦门大学、山东财经大学、山东大学(威海)、山东建筑大学、山东交通学院、山东经贸职业学院、山东理工大学、山东农业大学、山东师范大学、山东协和学院、山西财经大学、山西大学、山西工商学院、山西医科大学、陕西师范大学、上海大学、上海对外经贸大学、上海工艺美术职业学院、上海健康医学院、上海交通大学、上海体育学院、上海外国语大学、上海音乐学院、石河子大学、石家庄信息工程职业学院、石家庄学院、四川大学、四川旅游学院、四川农业大学、苏州大学、塔里木大学、太原理工大学、唐山工业职业技术学院、唐山职业技术学院、天津大学、天津工业大学、天津科技大学、天津商业大学、天津师范大学、天津市职业大学、天津医学高等专科学校、通化师范学院、同济大学、皖西卫生职业学院、乌鲁木齐职业大学、武汉大学、武汉理工大学、武夷学院、西安电子科技大学、西安航空职业技术学院、西安建筑科技大学、西安交通大学、西安科技大学、西安理工大学、西安欧亚学院、西安邮电大学、西北工业大学、西北民族大学、西北师范大学、西北师范大学知行学院、西藏藏医药大学、西藏大学、西藏民族大学、西藏农牧学院、西南大学、西南林业大学、西南民族大学、西南石油大学、咸阳职业技术学院、湘潭大学、襄阳职业技术学院、新疆大学、新疆农业职业技术学院、新乡医学院、宣城职业技术学院、延边大学、盐城师范学院、燕山大学、杨凌职业技术学院、云南大学、云南大学滇池学院、云南师范大学、云南艺术学院、云南艺术学院文华学院、运城学院、长春中医药大学、长江师范学院、长沙理工大学、长沙民政职业技术学院、长沙学院、浙江大学、浙江工业大学、浙江师范大学、郑州航空工业管理学院、中国地质大学(北京)、中国科学技术大学、中国农

(续表)

获奖项目分布高校		
金奖（44所）	银奖（92所）	铜奖（258所）
		业大学、中国人民大学、中国医科大学、中央民族大学、中原工学院、重庆大学、重庆工业职业技术学院、重庆交通大学、重庆水利电力职业技术学院、重庆文理学院、重庆医药高等专科学校

资料来源：根据教育部网站发布的2021年教育部《关于公布第七届中国国际"互联网＋"大学生创新创业大赛获奖名单的通知》整理。

表5-16　2022年第八届中国国际"互联网＋"大学生创新创业大赛"青年红色筑梦之旅"赛道获奖项分布高校

获奖项目分布高校		
金奖（42所）	银奖（81所）	铜奖（262所）
安徽农业大学、北京大学、北京科技大学、广东轻工职业技术学院、贵州大学、贵州师范学院、杭州师范大学、华南理工大学、华中科技大学、华中师范大学、暨南大学、江西理工大学、江西农业大学、南京大学、南京理工大学、南京林业大学、南京农业大学、南京师范大学、南开大学、宁波大学、清华大学、山东农业大学、上海交通大学、四川大学、苏州大学、天津大学、温州大学、温州医科大学、西安电子科技大学、西安建筑科技大学、西安交通大学、西北大学、西北工业大学、西南大学、浙江大学、浙江理工大学、中国农业大学、中国医科大学、中山大学、重庆大学、重庆理工大学、重庆文理学院	北京科技大学、北京理工大学、北京邮电大学、成都理工大学、大连理工大学、电子科技大学、东北林业大学、东南大学、福建农林大学、福建师范大学、福州大学、赣南师范大学、广东海洋大学、广西大学、广州大学、国家开放大学青海分部、海南大学、合肥工业大学、河北大学、河北工业大学、河北农业大学、河南工业职业技术学院、河南科技大学、河南农业大学、河南师范大学、黑龙江八一农垦大学、湖北工业大学、湖南大学、湖南工学院、华南理工大学、华南农业大学、华侨大学、吉林大学、吉林农业大学、集美大学、江苏财经职业技术学院、江苏农林职业技术学院、江西理工大学、江西师范大学、兰州大学、闽江学院、南昌大学、南京林业大学、南京农业大学、南宁师范大学、内蒙古大学、宁波大学、宁夏大学、宁夏大学新华学院、青岛科技大学、青海师范大学、厦门	安徽财经大学、安徽财贸职业学院、安徽农业大学、安徽师范大学、安徽医科大学、包头职业技术学院、北方民族大学、北京工业大学、北京航空航天大学、北京科技大学、北京科技大学天津学院、北京联合大学、北京中医药大学、渤海大学、成都大学、成都理工大学、成都中医药大学、大连大学、大连理工大学、东北财经大学、东北大学、东北农业大学、东北石油大学、东莞理工学院、东华理工大学、鄂尔多斯应用技术学院、福建工程学院、福建农林大学、福建商学院、福建师范大学、赣南卫生健康职业学院、广东工业大学、广东石油化工学院、广东药科大学、广西科技大学、广西科技师范学院、广西民族大学、广西师范大学、广州大学、贵阳学院、贵州财经大学、贵州大学、贵州民族大学、贵州师范大学、贵州师范学院、贵州医科大学、桂林航天工业学院、桂林理工大学、桂林信息科技学院、国家开放大学河北分部、国家开放大学青岛分部、国家开放大学山西分部、国家开放大学西安分部、国家开放大学新疆兵团分部、国家开放大学浙江分部、国家开放大学重庆分部、哈尔滨工程大学、哈尔滨工业大学、哈尔滨体育学院、哈尔滨学院、海口经济学院、海南大学、海南经贸职业技术学院、海南师范大学、合肥职业技术学院、河北大学、河北工业大学、河北交通职业技术学院、河北科技工程职业技术大学、河北农业大学、河北女子职业技术学院、河北师范大学、河南城建学院、河南工业大学、河南经贸职业学院、河南科技大学、河南理工大学、河南农业职业学院、河南师范大学、贺州学院、黑龙江八一农垦大学、黑龙江大学、湖北工业大学、湖北理工学院、湖北文理学院、湖南大学、湖南工商大

(续表)

获奖项目分布高校		
金奖(42所)	银奖(81所)	铜奖(262所)
	大学嘉庚学院、厦门理工学院、山东建筑大学、上海交通大学、上海理工大学、韶关学院、石河子大学、太原理工大学、温州医科大学、武汉大学、武汉理工大学、西安交通大学、西北工业大学、西藏大学、西藏职业技术学院、西南大学、西南石油大学、襄阳职业技术学院、新疆大学、云南大学、云南大学滇池学院、云南农业大学、长沙民政职业技术学院、浙江工业大学、浙江经贸职业技术学院、浙江师范大学、中国地质大学(武汉)、中国科学院大学、中南大学、重庆大学	学、湖南工业大学、湖南理工学院、湖南农业大学、湖南农业大学东方科技学院、湖南汽车工程职业学院、湖南生物机电职业技术学院、湖南铁路科技职业技术学院、华北电力大学(保定)、华东交通大学、华东理工大学、华东师范大学、华南理工大学、华中农业大学、华中师范大学、淮北师范大学、吉林财经大学、吉林工程技术师范学院、吉林化工学院、吉林外国语大学、集美大学、佳木斯大学、嘉兴学院、江苏科技大学、江西科技师范大学、江西旅游商贸职业学院、江西农业大学、江西生物科技职业学院、江西外语外贸职业学院、金华职业技术学院、景德镇学院、克拉玛依职业技术学院、昆明理工大学、昆明学院、兰州城市学院、兰州大学、兰州工业学院、兰州交通大学、兰州理工大学、辽宁中医药大学、六安职业技术学院、陇南师范高等专科学校、洛阳理工学院、闽江学院、闽南理工学院、南昌大学、南昌师范学院、南方医科大学、南京大学、南京农业大学、南京邮电大学、南开大学、南宁学院、内蒙古大学、内蒙古科技大学、内蒙古民族幼儿师范高等专科学校、内蒙古农业大学、内蒙古师范大学、内蒙古艺术学院、宁夏财经职业技术学院、宁夏大学、宁夏大学新华学院、宁夏工商职业技术学院、宁夏职业技术学院、攀枝花学院、齐鲁工业大学、青岛大学、青岛理工大学、青海大学、青海师范大学、琼台师范学院、曲靖师范学院、厦门大学、厦门理工学院、山东大学、山东工商学院、山东建筑大学、山东交通学院、山东商业职业技术学院、山东师范大学、山东外国语职业技术大学、山东协和学院、山东中医药大学、山西大学、山西工商学院、山西医科大学、陕西科技大学、陕西师范大学、上海财经大学、上海对外经贸大学、上海交通大学、上海体育学院、上海外国语大学、上海戏剧学院、上海应用技术大学、沈阳工业大学、沈阳药科大学、石河子大学、四川大学、四川工商学院、四川美术学院、四川农业大学、四川轻化工大学、塔里木大学、太原理工大学、太原旅游职业学院、唐山工业职业技术学院、天津城建大学、天津大学、天津科技大学、天津农学院、天津体育学院、天津铁道职业技术学院、天津职业大学、同济大学、皖西学院、温州大学、温州职业技术学院、芜湖职业技术学院、武汉大学、西安建筑科技大学、西安科技大学、西安理工大学、西安外国语大学、西北工业大学、西北农林科技大学、西北师

(续表)

获奖项目分布高校		
金奖(42所)	银奖(81所)	铜奖(262所)
		范大学、西藏藏医药大学、西藏大学、西藏民族大学、西藏农牧学院、西昌学院、西华大学、西南林业大学、西南民族大学、西南石油大学、湘潭大学、新疆大学、新疆农业职业技术学院、新疆师范大学、新乡工程学院、延边大学、扬州大学、阳光学院、宜宾职业技术学院、银川科技学院、榆林学院、云南财经大学、云南大学、云南艺术学院、长安大学、长春工程学院、长春理工大学、长春医学高等专科学校、长江大学、长江师范学院、长沙民政职业技术学院、长沙学院、长治学院、浙江传媒学院、浙江工业大学、浙江理工大学、浙江旅游职业学院、郑州铁路职业技术学院、中北大学、中国传媒大学、中国地质大学(武汉)、中国科学技术大学、中国农业大学、中国医科大学、中南大学、中央民族大学、重庆电子工程职业学院、重庆交通大学、重庆医科大学、重庆邮电大学

资料来源：根据2023年2月20日全国大学生创业服务网发布的《关于公示第八届中国国际"互联网＋"大学生创新创业大赛总决赛有关赛事获奖名单的通知》整理。

第六篇

青年红色筑梦之旅优秀案例概况[①]

[①] 青年红色筑梦之旅优秀案例,是根据西安电子科技大学、山东中医药大学、天津商业大学、湖南大学、宁波大学科学技术学院、山东农业大学、福建农林大学、北京邮电大学、福州大学、贺州学院、西南大学、江西师范大学、贵州大学、宁波大学等高校的官网,齐鲁晚报网,中国教育报,天津日报,光明校园传媒的相关资料整理而得。

中国国际"互联网+"大学生创新创业大赛"青年红色筑梦之旅"赛道紧扣国家精准扶贫和乡村振兴战略,参赛项目在推进革命老区、贫困地区、城乡社区经济社会发展等方面有创新性、实效性和可持续性,聚焦红色文化传播、精准扶贫助农、美丽乡村建设、非物质文化保护、社区治理、社会公益等领域,开展创新创业实践,成为创新创业教育与思想政治教育融合的重要平台。2018—2022年5届"青年红色筑梦之旅"赛道共产生获奖项目1 623项,其中金奖168项、银奖360项、铜奖1 095项,一大批学生的优秀创业项目助力精准扶贫和乡村振兴,充分体现了广大青年学生运用所学服务国家战略的创新能力和责任担当。汲取"青年红色筑梦之旅"赛道优秀案例的成功经验,推进大学生创新创业教育,可以为培养德智体美劳全面发展,有理想、有本领、有担当的社会主义事业合格建设者和可靠接班人提供实践指导。

小满良仓

参赛届别:第四届中国"互联网+"大学生创新创业大赛
参赛高校:西安电子科技大学
参赛队员:张旺、雷旸、何秋霓、李良、刘思雨、杨蕊谦、何文鑫、衣伟航、程冰、隋江华、蔡仕彪
指导老师:朱文凯、夏永林、傅超、刘毅
获得奖项:"青年红色筑梦之旅"赛道金奖、单项奖"精准扶贫奖"

"小满良仓"创始人张旺,牢记习近平总书记教诲,深入革命老区,为老区培训更多电商人才,销售更多质优价廉的农产品。

"小满良仓"青桃云客计划先后与陕西32所高校达成合作协议,组织21 000余人共完成了9万课时的线上线下电商培训,培训学员累计开设网店262个,组织线上线下农产品销售活动124场,累计为乡村培训了2万余名青年电商人才,帮助贫困地区销售农产品5 500余万元。该计划让青年人才深入农村,在创新创业中发挥本领收获成功,为乡村振兴打造一个良性发展的脱贫生态。

1. 敬业的张旺

"半年以来,我们这些乡村项目进行了多次有机的整合,用大学生的力量助力乡村振兴。去年年底,我们和其他团队一起帮助西北的贫困农户销售了累计5 000余万元农产品。"张旺说。

张旺是陕西汉中人,毕业于西安电子科技大学。2015年11月,由他创建的电商平台"小满良仓"开始在咸阳武功落地运营,短短半年,销售额超过了500万元。

他创办的"西电小喇叭""隔壁同学"两款网络平台风靡一时。在大学期间,张旺就展露出了互联网思维及创业才能。

2011—2014年,张旺创建的"西电小喇叭"微信公众号与QQ空间,粉丝量总计达3万人,日均浏览量15 000次,平台覆盖了西电90%以上的在校本科生。2015年年初,张旺又创建了一个名为"隔壁同学"的网络社交微信公众号,采用"一对一"匿名聊天方式,该社交微信公众号迅速在西安各大高校流行开来。该微信公众号覆盖了西安电子科技大学、西安外国语大学、西安交通大学、长安大学、陕西师范大学等高校,拥有10万多名注册用户。

毕业后,张旺将目光锁定在了农产品上,于是"小满良仓"应运而生。与其他初创企业一样,"小满良仓"在运营初期也是困难重重。"当时工业园区很多公司共用一个仓库,其他电商人手多、效率高。有一次其他人都做完了,管理员以为没人了,就锁了仓库门,然而当时我

们还在里面打包发货呢。"提起那段经历,张旺感慨良多。

"小满良仓"初到武功县时,没有资源,没有发展必需的硬件设施,只要单量一大,张旺就带领团队全部上阵,从早到晚不停地打包、发货。虽然没有价格优势,没有充足的资金支持,张旺却将他的策划营销优势发挥得淋漓尽致。"有一次快过年时,我在微信朋友圈里发了一个优惠券,当大家点击'确定'时,就会出现我们的二维码,扫码关注我们即可领取优惠券;当大家点击'取消'时,会出现'虽然你取消了,但我还是想送你这个优惠券',很有趣。"张旺说。在大家的努力下,"小满良仓"创造了上线21天营业额超过100万元的纪录。

2. 把特色农产品卖上网

"农村电商"技术门槛较低、模式成熟、收效快,是大学生创业的首选。"小满良仓"是其中的明星代表。它是2016年由西安电子科技大学创业团队打造的农产品电商品牌。它通过挑选西部特色农产品,并基于电商园区运营,带动农产品产业升级。

2017年,张旺带领团队参加西安电子科技大学组织的"青年红色筑梦之旅"活动,成功与5个农业合作社签约。张旺团队负责帮助农户销售苹果与小米,并通过建设电商物流供应链体系,打通农产品上行通道,为农村创造就业岗位。"我们还开展了青年电商人才培养计划,每年为延安输送千名青年电商人才。"张旺介绍。

3. 打造校园电商孵化器,开拓高校市场

"小满良仓"成立半年多,累积销售额超过500万元,成为业内公认的"新起之秀"。

在公司运营过程中,张旺深知组团发展的重要性。2016年,在武功县县长张小平的倡议下,经武功县电子商务行业协会牵头,"丝路网商联盟"成立。张旺带领他的团队也加入了这个联盟,并成为理事长单位。"这是一个供应链一体化的企业联盟,联盟成员互相协作共同发展。加入这个联盟后,我们的发展增添了不少助力。"张旺说。

以联盟为基础,张旺又发起了"丝路网商-小满计划",在陕西一些高校建立"校园电商孵化器"。"这个计划目的是引导高校学生了解电商,发展电商,促进西北地区电商人才的培养,同时也让助农行为成为商业活动的一个环节。"张旺说。

2017年5月28日,在西安市长安区万科广场,"丝路网商-小满计划"联手陕西师范大学创行团队举办了一场名为"树说爱意——猕猴桃树领养"活动,吸引了数百人参与。截至目前,"丝路网商-小满计划"已经在西安5所高校实施,总参与学生数近两百人,实施中的创业项目有十多个。

4. 还年轻,怕什么!

张旺告诉记者,目前陕西农村电商还处于发展阶段,发展空间很大。他们现在还处于创业初级阶段,大家都很辛苦,经常需要在西安和武功两地跑,每人每月只能从公司领到2 000元的工资。"创业初期需要大量资金,尽管我们的销售额不错,但还是需要储备资金,哪怕自己简朴点。"张旺说,"创业本来就是一个苦活。你遇到的困难一定比想象的多十倍,但是年轻,怕什么!"

"小满良仓"成就了这帮年轻人,为他们拿下"互联网+"金奖,而他们也通过"小满良仓"找到了青春的价值。在延安那片承载着红色血脉的土地上,他们懂得了"全心全意为人民服务"的真正内涵。

"草芝源"金银花精准扶贫：
新品种与种植技术推广

参赛届别：第四届中国"互联网＋"大学生创新创业大赛
参赛高校：山东中医药大学
项目团队：王玲娜、戚莹雪、王蕾、王尧尧、刘震营、张沐欣、宋馨雨
指导老师：张永清、石作荣、齐冬梅、李佳
获得奖项："青年红色筑梦之旅"赛道金奖

1. 功夫不负有心人

"我从2008年起，就开始跟着张永清教授研究金银花。"项目负责人山东中医药大学博士王玲娜说。张永清教授是土生土长的沂蒙人，研究金银花已经32年了，被誉为"国内金银花第一人""金银花界袁隆平"，从1999年起，他就开始用自己的科研成果在老区开展技术扶贫了。

"我们选育出多个金银花新品种，其中，'华金6号'集抗病虫害、直立性强等优点于一身，获得国家植物新品种权，选育方法发明专利，我是第一发明人。"张永清说。和其他品种相比，"华金6号"是唯一一个我们能在花蕾期集中解决金银花采摘难问题的品种。截至参赛时，"华金6号"已经推广了13 950亩，惠及农户3 487户，平均每户每年增收2.3万元，未来计划在全国大面积推广。

王玲娜说："在这过程中，我们也遇到了一群志同道合的小伙伴。"其中有博士研究生、硕士研究生、本科生，他们有着服务老区的相同信念与热情，于是大家齐心合力在2017年成立了草芝源公司。

2. 躬耕于实践，探索成功路

从2008年到2018年，王玲娜跟着老师张永清风餐露宿，也过着田园般的生活。学中药学离不开培植中药，刨地播种浇水，一样都不能少。在炙烤的夏日，他们全副武装，只露出两个眼睛在田间劳作，"这样也免不了被晒黑。"王玲娜笑着说。并且，为了寻找更多的金银花植物标本，他们几乎走遍了大江南北。

别看现在的科研成果喜人，这可是近20年来团队数十名科研人员的心血。学习中药学是一门"苦差事"，刚进团队时作为本科生的她什么也不会，也是从下地"刨土"开始学起的。

"我们学校里有一块药圃，夏天最热的时候我们也经常在地里做实验，把所有的防晒措施都用上了，但时间长了也觉得乐在其中。"王玲娜回忆了一番，他们在夏天跟随老师去山

上、地头普查中医药资源,每名中药学专业的学生都是在地里"摸爬滚打"锻炼出来的。"我们以后还会继续吸纳更优秀、专业知识更扎实的学生加入团队,让项目一直传承下去,始终走在精准扶贫的道路上。"王玲娜说。

金银花花蕾期短、采摘难,如何攻克这一难题?2013年、2014年暑假期间,张永清团队到全国20个省(自治区、直辖市)的金银花种植基地考察,采集金银化样本100多个,坚持不懈地进行金银花种植研究。2015年,项目团队成功选育出金银花新品种"华金6号"。

"华金6号"品种具有花期延迟、花蕾期持续时间长等特性,药效指标成分"绿原酸"和"木犀草苷"远高于国家药典规定,且具有活性成分含量稳定、产量高、易采摘等显著优势。

3. 助力脱贫攻坚战

下一步,他们将研发金银花系列附加产品,如金银花保健品、化妆品等,并获得发明专利。

据介绍,他们在泰安建立了金银花育苗基地,除了继续向全国推广"华金6号"外,他们还将继续进行技术升级,争取选育出更多更优良的金银花新品种。"我们还在研制金银花副产品,包括止痒液、手工皂、茶饮等,让金银花的效用实现最大化。"王玲娜说。

20年来,张永清带领团队制定金银花生产技术体系,通过技术培训、讲座交流、田间指导等形式,免费为农户提供金银花种植技术服务,至今已经培训1.6万人次,惠及12.7万户农户、56个贫困村。

2008年,王玲娜加入张永清扶贫团队,博士毕业后留校任教。团队独创出一整套包含十二大类的金银花生产技术服务体系,实现了五大技术创新,选育出6个金银花新品种。他们免费把技术送到农户身边,指导他们科学种植出高品质金银花,总服务面积已扩大到46万亩。

2017年夏天,王玲娜团队来到山东平邑县郑城镇田间地头指导农户金银花种植技术。"我家承包了10亩地种植金银花,年收入超过10万元,家里盖了两层楼房,还买了一辆小轿车。"郑城镇史家庄村金银花种植户张玉平高兴地说。

如今,"华金6号"在全国许多地区也逐渐得到推广。"大赛金奖并不是终点。"王玲娜说,"我们还将在大面积推广种植'华金6号'的同时,继续进行技术升级,选育更多优良金银花新品种,研制金银花深加工产品,实现效益最大化,进一步促进农民脱贫致富,促进乡村振兴。"

游 鲜 生

——生鲜电商助力精准扶贫

参赛届别:第四届中国"互联网+"大学生创新创业大赛
参赛高校:湖南大学
项目团队:王茜婷、魏啸宇、刘丹阳、曾兆祥、王田锐、杜子璇、王馨、王闻佳、雷冬娣、陶威、潘国霖、胡芮尧
指导老师:汪忠、蔡建国、彭嘉芬
获得奖项:"青年红色筑梦之旅"赛道金奖

游鲜生公司的主营业务是农产品供应链服务,以"为耕者谋利,让食者满意"为理念,牢牢掌握"高效、高品质与超预期体验"的发展策略,致力于成为国内领先的农产品供应链管理公司。核心团队曾受到李克强总理亲自接见,2016年销售额为850万元,2017年营业额为1 874万元。项目将农业供应链与"精准扶贫"理念相融合,整合产地生产资源,为大型电商企业、平台企业、销售企业提供包含采购、加工、运输、营销、售后、资金在内的供应链管理服务,从"商业、技术、公益、产业"四个方面进行全面扶贫。团队共操盘142种水果单品,在全国有85个合作基地,累计服务63家平台,覆盖客户3 600万人,带动1 600户贫困户就业。公司希望通过供应链升级,推进中国农业标准化、品牌化。

1."冷水"浇不灭创业的念头

中学时代的魏啸宇就已经有了创业的想法。"初中卖过肉夹馍,高中开过补课班。"他说自己天生就是个"爱折腾"的人,在这样的"小打小闹"中也常有不顺,"折腾"的劲头却没有消退。

刚进入大学不久,魏啸宇再一次开启了他的创业旅程。2011年,一个偶然的机会,魏啸宇和几个卖文创产品的同学一起创立了"子非鱼"工作室,主要售卖湖南大学手绘地图、明信片等文创产品。他希望将星城之美印在明信片上,做"有温度的"文创产品。

然而,这样的做法却遭到了身边同学和家人的否定。"太累了,好好学习吧!"母亲曾这样劝告。来自家人和同学异样的眼光,对刚起步的魏啸宇无疑形成一种压力,但他没有退缩。

花几万块印的明信片,大半个学期卖了七百元。残酷的现实和压力让魏啸宇意识到,原来命运里不光有火种,还有冷水,让人透心凉的冷水。

2. 借总理光环开拓市场

梦想的火种眼看就要熄灭,旅游旺季的到来让心情沉重的魏啸宇看到了希望。他抓住这个机会,和"子非鱼"的伙伴奔走于岳麓书院、岳麓山等周边景点。到大三结束时,他们累计卖出了一百万张明信片。

"爸,我今天见到总理了,他买了我们的手绘地图和明信片!"魏啸宇在电话中跟爸爸说。2014年7月3日,李克强总理考察湖南大学,参加大学生创新成果展,魏啸宇作为创业代表第一个向总理进行汇报,介绍自己的创业项目。

随后,李克强总理还"明码实价"购买了他和另外一位大学生创业者的文化创意产品,用实际行动支持他们的创业。"在学校你们要做求知的思想者,踏入社会,你们要做创业的实践者。"总理说着,话锋一转,"而我呢? 就来做你们的消费者!"

3. 一颗丑橘子的商机

"我们当时做了一个手绘地图,上面是有农村产品销售信息的。然后我们刚好有个机会和平台合作,平台帮我们卖了一个单品,就是永兴冰糖橙。"魏啸宇告诉记者,一个偶然的机会,他在帮助湖南省永兴县果农售卖冰糖橙的过程中从意外高涨的销售额中发现了商机——又小又丑的冰糖橙却甘甜多汁。在这个注重颜值的时代,魏啸宇和他的伙伴为这些丑丑的冰糖橙"杀出一条血路来"。

冰糖橙启发我抓住了转战水果电商的契机,创业的方向从象牙塔中的小资情怀转向了中国现实社会中广大农村存在的问题——水果滞销。

2016年,魏啸宇和"子非鱼"创业伙伴——中南大学2014级信息安全专业游均安,共同创立了长沙淘鲜帮电子商务有限公司,并创建了水果供应品牌——游鲜生。游鲜生的销售定位是以水果为主的农产品供应商。

公司在成立初期,怎样与果园搭建联系,建立关系网络,怎样从"无"到"有"? 魏啸宇的答案是"勤奋"。刚开始抓住第一个销售平台时,他们到果园地与农户沟通采集水果,与平台匹配做水果供应,在一个平台的销量达到一定量后重新寻找销售平台,再跑果园联系采果供应,如此反复。

4. 执着且真诚的创客

现在的魏啸宇,已经是一家年收入近千万元公司的董事长,但他身上依然体现出少年般的热情和纯真。

"他性格非常真诚,无论是对待合作伙伴、竞争对手或者团队内部成员,都很真诚,平常工作中也是非常谦和的。"淘鲜帮运营总监、湖南大学2016级日语系刘丹阳这样评价魏啸宇。

每次公司开会到深夜,分配好任务后,魏啸宇绝不是那个最早睡觉的人。"他有着超强的执行力,刚来这儿时我也不适应。"公司财务总监王茜婷抿嘴笑道,"只要啸宇哥当晚开会布置了分工任务,当晚就一定要有产出,哪怕你没有全部完成,也必须要有一定成果发在群里。"每天凌晨三四点就寝、六点起床的作息,让魏啸宇时常吐槽自己"发际线不断上升",然而他给人的感觉永远是精神百倍,尤其是当他投入工作的时候。

"魏啸宇他很执着。他前期面临很多困难,但是他一直坚持了下来。"湖南省青少年发展基金会第五届理事会理事、首届中国社会公益创业导师汪忠这样评价魏啸宇。即便指导过许多创业比赛和团队,魏啸宇依然是他最喜爱的学生之一。他更欣赏的是魏啸宇体现出的情怀和为社会创造价值的精神。

"创业这个事情,首先还是得比较真诚。"这是魏啸宇这几年创业经历下来体会最深的一点,"如果只是想赚点钱,想一步登天,那就选做其他事情,因为创业是一件性价比最低的一个事情。"魏啸宇坦言。

木吉农创

——农业爆品操盘"专家"

参赛届别：第四届中国"互联网+"大学生创新创业大赛
参赛高校：宁波大学科学技术学院
项目团队：罗潭蛟、何津娜、褚聪贤、宋梦娇、陈如萍、许向东、陆铭凯、何佳敏、张锡丹
指导老师：赵杰、赵红、王鑫
获得奖项："青年红色筑梦之旅"赛道金奖

  木吉农创致力于打造农产品爆品，用商业的方式进行精准扶贫，同时为农产品定制人格化故事，利用新媒体矩阵来进行推广。木吉农创创始人罗潭蛟联合多位农创圈的资深专家成立了宁波木吉供应链管理公司（简称"木吉农创"）。
  在农产品供应市场，贫困地区的果农存在三大痛点：优质农产品没有销售渠道、农产品市场缺乏品质标杆、品牌打造缺少专业团队。农产品中高端消费者市场也存在找不到好品牌、挑不到好货等问题。
  木吉农创的优势在于利用大数据分析，通过品种、品质、品牌的"三品"策略严格优选，率先制定品类的质量标准，精准定位消费群体，最大限度实现产品价值；不同于传统产品推广方式，木吉农创将定制人格化产品故事，做产品IP等方式强力助推。2017年10月，木吉农创代表农产品"赤焰"石榴通过众筹平台，实现众筹金额半小时突破500万元、3小时突破1 000万元、最终众筹金额3 189万元的营销记录。

1. 用互联网思维帮父亲销售蜜桔

  罗潭蛟的家乡在丽水遂昌县，其父罗锡文培育的龙珠岗蜜桔，一直享有"丽水第一甜"的美誉。
  2013年，罗潭蛟从宁波大学科学技术学院法商学院国贸专业毕业后，依照专业方向，进入一家食品公司做电商运营。
  那一年，罗潭蛟父亲的蜜桔到了成熟期，品质非常高，但很难在短时间内销售出去，面临着积压的风险。罗潭蛟想，为什么不能把蜜桔像电商产品一样创立品牌，通过各种媒体渠道宣传，实现线上预售呢？
  说干就干，他将在学校学到的知识与实践经验充分结合，创立了"龙珠岗蜜桔"品牌，运用互联网帮助父亲销售自家蜜桔。
  由于蜜桔品质高加上有力宣传，罗潭蛟成功地把蜜桔打入了长三角地区，在上海等地甚

至将蜜桔卖出了每公斤36元的高价。

随后几年中,"龙珠岗蜜桔"品牌越来越具有知名度,父亲非常欣慰地把蜜桔销售完全交给了罗潭蛟打理。

2. 一个好的新农人,需要实战能力,更需要情怀

帮助父亲销售蜜桔的经历,让罗潭蛟发现农村电商领域大有可为。他在不断拓展自家产品销路的同时,走访结识浙江诸多"新农人"代表,向他们取经讨教,碰撞思路火花,他逐渐成为实战经验丰富的农产品电商运营者。

谈起电商销售经验,罗潭蛟的总结是:以前的礼品经济中商家销售的产品是大通货,没有区分层次。而电商经营必须反其道而行之,从多层次多领域体现商品价值。"比起传统实体店水果的论斤卖,电商水果消费者会需要一些精神层面的东西,这就要求赋予产品一些故事和内涵。"罗潭蛟说。

2017年,一次偶然的机会,罗潭蛟结识了"赤焰"石榴的创始人吴智。前者有丰富的互联网运营经验,后者能种出品质好的突尼斯软籽石榴,两人一拍即合,决定大干一场。

"他负责把石榴种下去,我负责把品牌立起来。"罗潭蛟如是说。他积极调动身边的资源,与圈中农友互推,并且与易果生鲜、每日优鲜、百果园等线上线下水果连锁渠道合作,建立微信社群……将自己的链接能量发挥得淋漓尽致。除了获得收益,罗潭蛟也希望,能通过打造农产品爆品,用商业方式帮助大凉山农民,实现精准脱贫。

"互联网正是这个时代赋予我们的武器,我们要跳出农业做农业,用农业之外的力量来推动农业发展,让农民有尊严,让他们的日子越过越敞亮。"

2017年10月,罗潭蛟操盘策划的软籽石榴"赤焰"火了。

在众筹平台上,"赤焰"石榴年销量高达300万斤。这成为2017年农业品牌的营销标杆。

运用互联网打造全媒体矩阵,进行全方位推广;巧妙转换商业运作模式……

在"赤焰"石榴产区四川会理,25岁的彝族妈妈安小芳的丈夫原本准备外出打工,现在在管理石榴园,一年净收10余万元,比在外务工挣得还要多。现在他们可以留在老家,让孩子的成长中有父母陪伴。

因为石榴效益好,越来越多的当地人加入"赤焰"大军。当地人原来的土房子变成了小楼房,平整的水泥路代替了原本坑坑洼洼的泥路,一颗颗小小的石榴,让曾经的"深度贫困区"变得越来越好。

3. 与母校密切联系,将创业之路走得更稳

罗潭蛟毕业后,一直与母校宁波大学科学技术学院有着密切联系,他的公司所在地即母校位于镇海创意慧谷的创业园区。

宁波大学科学技术学院历来有"传帮带"的创业之风,拥有优质的创业环境、拥有创业气质的老师们也为罗潭蛟的创业之路提供了许许多多的帮助。

"在创业路上,一个人单打独斗是走不远的,团队支持格外重要。"罗潭蛟说。

公司人手紧缺了,他会找学弟学妹们来兼职帮忙;碰到营销难题了,他知道母校的老师总能给他指点一二。

过去的一年,他与母校师生合作组建"木吉农创"团队,将"赤焰"石榴项目打造为参赛项目,在法商学院院长赵杰老师的指导下,一路过关斩将,斩获全国金奖,进一步在全国打响

"赤焰"石榴品牌。

　　未来,公司将深入资源匮乏的贫困地区,扎根西南部优质产区,挖掘潜力农产品,再打造5个精品品牌项目,帮助农民平均增收7.2万元,产值累计提升5亿元。在有条件的地区建设现代化农产品冷链仓储物流体系,完善当地电子商务发展的基础设施,以产业的优化来带动贫困户增收,振兴贫困地区发展。

一世花开：优质月季切花助力精准扶贫

参赛届别：第四届中国"互联网＋"大学生创新创业大赛
参赛高校：山东农业大学
项目团队：邓应龙、田雪源、时雨婷、周光东、周开开、吴业冰、王禄汀、张明明、蒋雨含、朱翠芳
指导老师：高姗、邢树堂、宋伟、张安涛、李玲、李庆亮
获得奖项："青年红色筑梦之旅"赛道金奖

"蒲汪镇老乡能打赢脱贫攻坚战，离不开小邓引来的优质月季花品种，得益于山东农业大学专家的技术支持。"说到蒲汪镇这几年脱贫攻坚奔小康战役的关键点，蒲汪镇镇长袁俊波很是激动。

袁镇长所说的"小邓"，就是山东农业大学园艺学院毕业生邓应龙——山东农业大学一世花开创业团队负责人。在蒲汪镇老乡眼中，这个"小邓"可不简单。他带领创业团队，把家乡云南的月季鲜切花优质品种带到山东，给贫困村农户提供技术指导，解决农户所有生产和销售问题，实现产销一体化，村民们亲切地称他为"月季王子"。在3年多的时间里，他带动临沂和日照10多个贫困村1 000余人脱贫，农民人均年收入从1 000元提高到25 000元，累计获得政府支持资金380万元。

这个刚毕业的青年大学生，是如何做到的呢？

1. 追寻梦想熬过创业"寒冬"

"我出生在云南农村，对土地和鲜花有天然的情怀，但也深知农民的不易。"说起选择做月季鲜切花创业项目的初衷，邓应龙毫不掩饰自己对农业的热情，"作为一名新时代的农大学生，我们更应该为农民和农业做一些事情。"

2014年9月，邓应龙考入山东农业大学园艺学院果树系。怀着对专业的热爱和做农业的情怀，一入学邓应龙就组建了"一世花开"创业团队。"南果北种"已经屡见不鲜，但是作为高风险、高收入的"南花北引"，因为技术要求高，很少有人涉足，邓应龙看到了这一商机，决定将家乡的鲜花品种带到山东。

"比赛对于我们学生来讲，是一种比较好的验证商业模式的方式，同时我们还能获得一些关注和启动资金。"邓应龙带领团队成员参加了各类创业大赛，不断打磨项目，并成功申报主持了国家级大学生创业训练项目"优质月季鲜切花生产销售与精准扶贫"。

2015年3月，在山东农大园艺学院王晓云老师的推介下，泰安惠万家玫瑰有限公司免费提供给邓应龙团队20亩实习基地。邓应龙硬着头皮从家里凑了两万元，将团队扩大到

64人,还找了学院的邢树堂和王晓云两位老师做专业导师。

万事开头难。第一年,试验田里辛苦引种的切花月季全部冻死了。再次引种后,一场夜间突如其来的冰雹又砸毁了大棚和所有的月季,邓应龙想尽办法,靠外部合作帮助团队熬过了技术、人力和资金链紧张的"寒冬期",继续跌跌撞撞地成长,追寻着创业梦想。

2. 和农民合作要靠真本事

2015年年底,通过了解到的市场信息,邓应龙带着团队几个人来到临沂市沂南县蒲汪镇大于家庄村实地考察。

邓应龙发现,这里气候适宜,有着种植苗木花卉的传统习惯,具有良好的种植基础和技术,是苗木花卉"南花北迁"增加耐寒性和"北花南移"增加抗热性的理想中间站。但专业化水平低,经营管理相对粗放,交易手段落后,产品档次不高,销售服务体系不健全,技术落后是当地面临的主要问题。

村民孟凡好被这个来自山东农业大学的云南小伙儿的专业和热情所感动,拿出自己家的4亩苗圃做邓应龙团队的试验田。

那个寒假,邓应龙回到云南,到国家级花卉工程技术研究中心——昆明杨月季园艺有限责任公司实习,学习新品种的研发、新技术的推广和月季鲜切花的生产及销售技巧。年后,邓应龙把学到的"真本事"都用在了老孟家的花圃里。

2016年6月,正值沂南花农大规模集中采花期,而邓应龙却告诉老孟"再等两个月"。这两个月里,他们要把月季花成片压倒重发,两个月后采摘重发出来的新花。看到同村的人都开始采花卖花挣了钱,老孟的妻子有点坐不住了。

邓应龙坚持听从邢树堂的建议,在花圃里做了一部分不压条的对照实验。8月,老孟家的月季花"火"了!从花瓣到叶片,从外观到品质,老孟的花圃成了全村人争相参观的"胜地"。前期邓应龙进行了市场调研,在网上发布了预售信息,老孟家的月季花从山东卖到了北京、江苏、河南、黑龙江等地。

闻此消息,沂南县蒲汪镇人民政府邀请邓应龙担任顾问,邓应龙又和邢树堂联合申报了临沂市农业科技创新专项——月季鲜切花精准化优质高产栽培技术研究,注册了自己的公司山东一世花开园艺有限公司,与蒲汪镇政府联合打造"江北玫瑰第一镇",并培育了沂南县三源玫瑰种植专业合作社等5家龙头苗木花卉合作组织,带动全县1万多名农户参与花卉种植。

2017年,沂南全县花卉面积发展到近5万亩,年产值达9.622亿元。目前,沂南县已成为江北玫瑰花木信息中心和重要的集散地之一。

3. 贫困户脱贫有了"主心骨"

2017年6月,正在上大三的邓应龙在慕课上听了教师李玲的果树学课,并结合自己的创业经历谈了自己的观点。当时正在日照市五莲县挂职科技副县长的李玲对其刮目相看,决定引进邓应龙的月季鲜切花优质高产栽培技术研究项目,将其作为五莲科技扶贫创新专项,带动五莲县3个贫困村种植月季鲜切花。

没技术、没经验、怕风险,产业扶贫往往在发展过程中面临上述难题。邓应龙认为,企业最终还是要靠品质开展竞争。由于专注于品质,邓应龙指导生产的产品均价比市场平均价格高出10%到20%,但在市场上仍然供不应求。

邓应龙始终坚持为农户提供好的产品和技术支持、健全的售后服务,以及成熟的种植技术研发、销售渠道等,培训更多的农大学生掌握核心技术,去指导花农生产,团队成员阶梯层次明显,让贫困户没有后顾之忧,充满干劲。

在短短一两年的时间里,邓应龙这个会种花更会卖花的大学生为临沂、日照等10多个贫困村的花农们搭建起了品种引进、技术转化、信息交流和人才培养的平台,让贫困户有了主心骨。

4. 知行合一,献身农业

虽然积极创业,邓应龙却没有因此耽误学习,大学四年中他的成绩名列前茅,获得学校一等优秀学生奖学金和省政府奖学金。他认为课堂的理论知识可以指导实践,而实践也可以促进他对理论知识的掌握。

邓应龙的父母来自农村,只因种地收入太低,没法养活他和妹妹,而不得已离开土地。在中国,这样的家庭还有千千万万,他们背井离乡,艰难地在城市的底层打拼,所以,邓应龙立志想做一些事情去帮助农民,提高他们的收入,让农民不必再背井离乡,不用再为供养孩子上学而发愁。作为一名新时代的青年人,他觉得更应该肩负起自己身上的责任,为农民和农业做一些事情,为国家的农业精准扶贫做出力所能及的努力。

引凤计划

——全国领先的乡村人才振兴服务机构

参赛届别：第四届中国"互联网+"大学生创新创业大赛
参赛高校：福建农林大学
项目团队：裴锦泽、凌誉、蒋常河、王欣、黄俊容、黄亚清、郑洺滢、张滟、许艺琳、田迎香、赖晓梅
指导老师：朱朝枝、杨小浪
获得奖项："青年红色筑梦之旅"赛道金奖

裴锦泽，福建农林大学2017届农村与区域发展专业硕士毕业生，福建省引凤扶贫服务中心理事长，"引凤计划，打造返乡创业一站式服务机构"项目（简称"引凤"项目）发起人、负责人。

他所致力开展的"引凤"项目，以为乡村引入人才为目标，把促进乡村发展的人才分为：创新创业领军人才（金凤）、乡村创新创业人才（玉凤）、在校大中专生人才（雏凤）三大类。通过"引凤"乡村振兴工作站，将"金凤"的项目、资源、技术对接给"玉凤"，带动"玉凤"发展，从而培养一批致力于乡村创新创业的"雏凤"，为乡村发展储备人才，并为人才提供政策、技术、培训等服务。坚持公益助农7年的裴锦泽，走出了一条公益、创业相结合的乡村振兴服务道路。

1. 心怀"三农"梦，"引凤"解农愁

和立志投身大城市的年轻人不同，裴锦泽选择了一条带着泥土的返乡创业之路，一干便是7年。

对于来自山区农民家庭的裴锦泽来说，贫苦的农家生活让他在上大学前便思考："我能为父母做点什么？能为农民们做点什么？"

2011年，读大一的裴锦泽成立了福建农林大学"三农"爱心社，组织同学利用周末及寒暑假服务留守儿童，关爱留守老人，既帮助农户做技术服务，也在农忙时下地劳作。

然而，在一次与农户的交谈中他发现：如何把好产品卖出好价格，是摆在农户面前的一道难题。

"继续这样的助农方式，解决不了农民的根本性困难。"裴锦泽开始冷静思考未来应该做的事，在公益助农的道路上，他逐渐意识到，只有更多的人才回到乡村，才能带动贫困农户的发展，乡村振兴才有希望。

秉承着这颗"让人才返乡,让人才带动乡村发展"的初心,裴锦泽萌发了关于"引凤"项目的初步构想。

2. 躬耕于实践,探索助农路

"'引凤'的'引'包含两层含义——引导人才返乡,引导大学生关注乡村。"裴锦泽坦言,鉴于初期个人能力有限,项目实施先从引导部分大学生开始。

2014年5月,依托福建农林大学"三下乡"活动,裴锦泽带领一批大学生志愿者下乡服务农村,提供农业生产、农业技术、农业政策等服务。

2015年暑期,裴锦泽发起"福建省大学生返乡创业行动",带领5支大学生队伍奔赴闽清、长泰、邵武等地开展实践探索,总结出适合不同类型大学生的返乡创业模式,这些探索为培养新型职业农民奠定了基础。

2015年9月,裴锦泽回到福建农林大学攻读农村与区域发展专业研究生,之后又迅速投身返乡服务,组建了"三农爱心行"社会实践团队,奔赴莆田秀屿区、龙岩长汀县、泉州永春县等地,开展支教活动、农村电商指导、美丽乡村建设,常态化开展公益助农活动。

2016年春节,裴锦泽带队开展"寻访农村青年致富带头人专项行动",对52支大学生返乡队伍进行培训指导。活动期间,他组织大学生到返乡创业基地调研,聆听乡村精英创业故事,收集乡村农业发展信息,实地感受家乡变化,激发了大学生们热爱家乡、服务家乡的意识,还帮助寒潮中受灾企业众筹建设资金30余万元。

2016年暑期,裴锦泽联合三明市驻村蹲点干部,策划发起"引凤计划"助力精准扶贫志愿行动,从闽籍各高校学子中遴选84名优秀青年作为扶贫志愿者,分成9支团队奔赴建宁、宁化、泰宁、大田等贫困县开展扶贫。9支团队根据地方需求探索出产业扶贫、电商扶贫、文化扶贫、旅游扶贫等形式,在激活乡村资源上起到了一定促进作用,也吸引了更广泛的社会力量投入到扶贫工作中来。

3. 坚定理想路,发展加速度

"创业初期遇到的最大困难,是社会的认可度很低。"裴锦泽回忆,当时全国还未掀起"大众创业 万众创新""乡村振兴"的浪潮,不能立竿见影的乡村志愿服务面临很多不理解和质疑。

但是,心存信念的他明白自己要努力的方向——"最大的成功不应是我个人的成功,而是我服务的对象的成功"。

深知返乡创业艰辛的裴锦泽,开始致力于为返乡创业青年牵线搭桥。2017年5月,裴锦泽在省民政厅注册成立福建省引凤扶贫服务中心,专注乡村人才服务工作,在乡村振兴战略中先试先行。

2017年10月18日,党的十九大报告提出"乡村振兴战略"。裴锦泽带领团队积极响应,重点瞄准战略中的人才振兴环节,就如何引导人才返乡、如何在县域开展人才服务等方面内容,梳理形成完整的商业计划书。在此基础上,裴锦泽的乡村人才服务体系逐步建立,他将该计划书命名为《引凤计划,打造返乡创业一站式服务机构》。

当时,闽清县正筹建运营众创空间,计划建立三农服务超市,但是缺人手、缺团队。这一模式和裴锦泽的"引凤"想法不谋而合,经过多次洽谈,在闽清县委县政府的大力扶持下,2018年2月4日,裴锦泽建立了第一个"引凤"乡村振兴工作站——闽清县三农服务超市。在800平方米的综合服务大厅里,设有农业大数据中心、政策技术咨询、电商服务、金融对接、销售对接等6个模块,服务涵盖人才培育、信息交流、技术创新、成果转化、农产品展示、农产品交易、农产品体验等农业生产全部要素。同时,"引凤"乡村振兴工作站实施高校毕业生基层成长计划,培育农业新型经营主体,组建农业单品产销联合体。

乡村振兴工作站的成立让"引凤"项目有了实施阵地。成立同日,国务院发布2018年中央一号文件——《中共中央 国务院关于实施乡村振兴战略的意见》。

迎着政策的春风,"引凤"项目开启了加速度,在福建省先后建立8个乡村振兴工作站,为乡村搭建起全方位、系统性的公益服务平台。

2018年5月,在福建省引进人才服务中心的指导支持下,"引凤"项目打通"创新创业领军人才"(金凤)这一环,将"金凤"的成熟项目向乡村深入推进。

2018年11月28日,在福建省首届"师带徒"人才项目、资本、产业对接会上,裴锦泽与福建红旅创业投资有限公司签约建立长期合作,旨在帮助人才项目找资金,为产业找效益。当天,新一批乡村振兴工作站落地泉州德化、漳州平和、宁德古田等地。在活动现场,"引凤"项目还与漳平市拱桥镇上界村对接,通过共建乡村振兴工作站,开展民宿人才培养、当地产业孵化,以及引导人才返乡就业创业等。

4. 返乡有奔头,乡村有希望

乡村振兴工作站扩展速度之快,超出原本预期,裴锦泽计划将闽清模式进行总结、复制和推广。

乡村振兴工作站为闽清县引入了以温铁军为代表的乡建专家,专家们在乡村建立工作室,承接参与闽清县乡村振兴规划;引入了以张艳璇为代表的"百人计划"专家,专家们通过高精尖技术项目与当地创业青年进行"师带徒"结对,落地闽清。

乡村振兴工作站还为闽清县小农户搭建与现代农业的有效链接,帮助当地注册300多家农业新型经营主体。"这样有助于提高农民的综合素质,规范推出符合市场需求的农产品,真正打开消费者市场。"裴锦泽说。

在"雏凤"方面,乡村振兴工作站将福建农林大学的实践基地、就业基地、创业孵化基地、教学课堂建在闽清县,同时引入清华大学建筑学院团队,在闽清县设立工作站,为当地筹资修复古建筑……

未来,裴锦泽希望将乡村振兴工作站打造成为"线上人才智库,线下人才工作站"模式,让人才匹配更加精准,让人才返乡更有保障。"在乡村干事创业一样有前景,一样很精彩,我希望营造这样的氛围,引导更多的人才来到乡村。"裴锦泽说。

服务"三农"的目标任重而道远。这条乡村振兴的人才服务之路,裴锦泽和他的团队将继续前行。

野生黑枸杞全产业链综合扶贫项目

参赛届别:第四届中国"互联网+"大学生创新创业大赛
参赛高校:天津商业大学
项目团队:黄俊科、杨佳、高成毅、刘杨
指导老师:李建颖、梁强
获得奖项:"青年红色筑梦之旅"赛道金奖

1. 黑枸杞与创业梦

"野生黑枸杞全产业链综合扶贫项目"起源于2013年的国家级大学生创新创业训练计划项目。创始人为天津商业大学艺术设计2013届毕业生黄俊科,他在学校努力学习科技知识,毕业后返回家乡甘肃省民勤县创业,成立了甘肃集创生态农林科技有限公司,带领乡亲们致富。在学校领导的直接关心下,在指导教师的陪伴下,黄俊科带领核心团队经过5年多时间的奋斗,实现黑枸杞全产业链贯通,拥有7项国家发明专利,3项产业化突破技术,培育了2个人工种植品种。

黄俊科探索出以就业直接扶贫、基地共建扶贫、生态联动扶贫为主要内容的三级扶贫模式,建设产业扶贫车间12 600 m²,提供就业岗位83个;带动416户农户年增收3倍以上;压沙3 000余亩,种植38.4万株梭梭树,未来可减少碳排放约687吨,带动和保护肉苁蓉、锁阳、红枣等7个涉农产业的蓬勃发展。他还是甘肃省青年致富带头人、甘肃省青联委员、民勤县第九届政协委员、民勤县工商联执行委员。他创立了民勤县大学生返乡创业协会、吸纳大学生会员企业32个,涉及6个产业,经过大家共同努力,民勤县获批省级返乡创业示范县。

2. 让荒漠"野果"变成致富"金果"

黄俊科的家乡在甘肃省民勤县,那里三面被沙漠包围,荒漠占土地总面积的94.5%以上。在这个年均降水量还不足蒸发量1/20的地方,30万人民该如何致富脱贫?黄俊科说,每每站立在这片土地上,他都迫切想为家乡做点什么,他希望能用自己学到的知识改变家乡贫穷的面貌。

"记得那是2013年寒假,一个偶然的机会,我发现售价几千元一斤的黑枸杞,竟是我们家乡长在戈壁滩上、像野草一样的'紫果'。"黄俊科回忆说,向老师求教后,他惊喜地发现,黑枸杞是花青素含量最高且活性最强的植物,它的热度、经济价值、药用价值都很高。经过多渠道研究,他发现该产业刚起步,国内商家不超过5家,而且市场规模非常大,在2013年就已经超过100亿元;更重要的是,黑枸杞是他家乡的原生植物,民勤县的农业劣势正好是黑枸杞生长的优势。种黑枸杞不但能节水,还能有效利用盐碱沙地,改善生态环境。"踏破铁鞋无觅处,原来能改变家乡面貌的,正是我们家乡最常见的'野果'。"黄俊科说。

2013年毕业后,黄俊科回家乡创业,成立甘肃集创生态农林科技有限公司,致力于野生黑枸杞全产业链开发,带领乡亲们致富。

人工种植本就是一个漫长的过程,要经过反复实验、调整方案、研究更换方案,因此这个项目很难在短时间看到成效。此外,民勤县恶劣的自然环境也成了黄俊科的"拦路虎"。每年春种时,民勤县时有沙尘暴发生,黄俊科开展人工种植实验那年,沙尘暴的肆虐程度比往年更甚,他们辛苦栽培的枸杞刚发出嫩芽,就被一场沙尘暴吹得所剩无几。看着往日付出化为泡影,黄俊科依旧坚定地说:"克服困难的办法只有一个,就是坚持,只有永不放弃,才能看到成功。"

黄俊科的坚持没有让他失望。黑枸杞深加工方向的第一大突破使他们的企业最早拥有了核心技术,因学校提供的科研保障,又促使社会资源向集创公司靠拢。在母校的帮助下,从2013年起,黄俊科带领核心团队经过5年多奋斗,将集黑枸杞的人工驯化、品种繁育、人工种植、生产加工为一体的全产业链贯通成功,获得7项国家发明专利、3项产业化突破技术,建成万亩野生黑枸杞保护基地并成功培育出耐旱耐盐碱的"漠杞1号"和"漠杞2号"两个人工种植品种。黄俊科的团队攻克了稳定黑枸杞中游离态花青素的难题,使他的公司成为国内屈指可数的可以稳定黑枸杞中游离态花青素的企业,并将这种稳定后的"野生黑枸杞"命名为"漠兰杞",完成了漠兰杞泡腾片、漠兰杞珍、黑枸杞提取物、超临界脱水原果等4项黑枸杞深加产品的批量生产。在开发黑枸杞产业价值的同时,他们也在不断探索其生态价值,顺利建成8 000余亩生态种植基地和沙漠种植示范区,可以用来进行防风固沙探索实践。

在别人看来,黄俊科的创业经历很成功,可在他看来,每天都有新的挑战。水滴石穿,黄俊科告诉记者,此次获得大赛金奖,更加坚定了他将"漠兰杞"加速推向全国、推向世界的信心,真正使家乡的"野果"变成父老乡亲致富的"金果",尽自己所能,为创业学生打造成长平台,为振兴家乡经济注入强劲新动能。

夕 阳 再 晨

——全国最大的青年社区治理公益组织

参赛届别:第五届中国"互联网+"大学生创新创业大赛
参赛高校:北京邮电大学
项目团队:张佳鑫、罗旭、何绍森、隋明哲、罗志钊、陈安娜、于荣、程实、黄来恩、杨溢、钱锦、陈心怡、苏浩凡、张东、张望、刘印成
指导老师:刘丹
获得奖项:"青年红色筑梦之旅"赛道金奖

  养老问题事关社会稳定与和谐,在社区中,独居、失独、高龄老人的精神养老问题尤为突出。以北京为例,一方面,由于城市化进程过快,传统的社交方式日渐缩减,老年人的闲暇生活单一,精神文化缺乏;另一方面,社区老人知识水平相对较高,且具有强烈的学习意愿。因此,社区参与、社区交往对于社区老年人而言,是至关重要的。

  2011年,夕阳再晨创始人张佳鑫正值大四,有一天他恰好在楼下宿舍宣传栏里看到了一张希望工程激励行动的海报——上面写着"寻找改变世界的种子"。当时他就想:"改变世界这个目标对我们来说太大了,但是当个种子我们可以啊。"这时他想到自己是北京邮电大学的学生,会信息通信技术,再加上来到北京上学后与家人的联系越来越不方便,张佳鑫和小伙伴们决定教老人学习电脑。就这样,张佳鑫给这个项目起了个好听的名字叫"夕阳再晨"。想法的落地总是在一瞬间,张佳鑫从希望工程开始,建立了北京邮电大学的"桑榆守望者"团队,并发起"夕阳再晨老年人科普计划",组织志愿者向老年人传授科普知识和电脑技术,帮助他们更好地融入数字信息时代。正是最初灵感的迸发,才有了现在的"夕阳再晨"。

  "在过去的20年中,中国加速步入老龄化社会。在同样的20年中,我们也经历了从2G到5G的信息化变革,数字鸿沟带来的巨大的社会治理问题,造成老人与家庭、社会、时代脱节。'自助服务''网络抢票''拒收现金',面对这些银发苍苍的老人,这些新中国的建设者,我们这个奔跑的智能时代应该为他们留下一点时间,让他们慢慢赶上我们的脚步。"张佳鑫说。

  近年来,中央出台了一系列政策文件,大力发展为老志愿服务,开展助老服务已经成为时代呼唤,但助老服务却面临服务力量不足、活动形式单一、课程内容匮乏的问题。青年大学生数量庞大,拥有专业知识和服务热情,如何组织青年大学生志愿者走进社区服务老年人成为重要的时代课题。

1. 创新服务模式:为高校青年志愿者赋能

夕阳再晨搭建青年助老志愿服务的新公益平台,突破传统的单点、个案式的服务模式,开创一套新的全流程、全链条、全生态的超大规模社区志愿服务工作方法,通过完善的孵化体系、教学体系、课程体系和管理体系,为高校青年志愿者赋能,将中国最大规模的青年志愿服务力量引入志愿服务需求最旺盛的社区,服务最需要照顾的老年人。

夕阳再晨通过"孵化体系"建立专业的助老高校青年志愿服务队伍;通过"教学体系"探索高效多元化的青年助老教学方法;通过"课程体系"打造精准专业课程内容;通过"管理体系"对夕阳再晨高校服务队进行大数据信息化管理。夕阳再晨通过四大体系相结合为中国青年社区助老服务力量赋能,帮助老年人回归家庭、回归社会、回归时代。

2. 孵化体系:孵化专业的青年社区助老服务队伍,解决谁来服务的问题

夕阳再晨独创助老志愿服务 3 级孵化体系,通过"联络机制、服务保障、活动流程、动员方法、岗位设置、服务实操、培训督导、表彰激励、团队管理、讲师培育"10 大孵化环节,为上百所高校提供全流程孵化服务,设立项目管理师、服务规划师、卓越讲师和团建督导师进行队伍岗位标准化建设。目前已经孵化上百支高校服务队,每年在超过 200 个社区开展超过 2 300 场社区助老服务活动。

3. 教学体系:以多样化的教学模式满足老年人的学习需求,解决谁来服务的问题

在线下,夕阳再晨结合高校志愿者专业优势,通过选拔建立了拥有 385 位讲师的优质卓越讲师队伍,结合标准化的讲义及 PPT 开展线下课程;在课程的基础上,开发由教材、口袋书及课程包组成的配套教辅材料,便于老年人随时随地查阅使用。

在线上,夕阳再晨打造夕阳再晨云课堂小程序,开发超过 300 节的课程内容,覆盖科技生活、养生健康、文化艺术等多个方面,为超过 100 万老人提供全方位的科技生活学习资料。

4. 内容体系:通过不断迭代教学体系适应老人不同时段的需求,解决服务什么的问题

夕阳再晨通过不断迭代的教学体系适应老人不同时段的需求,解决课程与时代的匹配问题。随着课程的推进提出不同的教学版本。在 1.0 时代,夕阳再晨设计了包括电脑开关机、PPT 使用、发送邮件等超过 75 种实用场景教学;在 2.0 时代,夕阳再晨开设了全品类手机和智能硬件等基础操作及使用课程,覆盖市面上 90% 的智能设备;在现在的 3.0 时代,夕阳再晨打造了预防诈骗、识别谣言、购物陷阱、养生健康等超过 100 节精品课程。

5. 管理体系:利用线上大数据平台解决规模化发展的问题

夕阳再晨通过规范优化管理体系实现规模化管理以及对高校的实时服务督导。在"互联网+服务信息化、系统化应用"方面,夕阳再晨建立了大数据志愿服务平台,实现志愿服务领域跨地区数据共享与应用。夕阳再晨对全国的高校服务队都通过线上平台进行大数据信息化管理,可以实现服务数据实时上传、实时更新,高校活力指数实时变动,以及数据采集、分析、归类、研判及动态实时展示、排名等全平台功能。夕阳再晨通过大数据平台实现管理高校的服务情况、有效制定服务培训及督导建议等高效操作。

6. 实施成效显著

目前,夕阳再晨已在北京、上海、广东、陕西、南京、河南、四川、湖南等 19 个省(自治区、直辖市)的 100 余所高校建立了志愿服务队伍,参与志愿者人数累计超过 10 万人,覆盖全国 500 余个社区,帮助了上百万老人。

夕阳再晨助老服务取得了实效,研究显示,夕阳再晨服务可将老人媒介素养方面的

16项能力指标提升96.1%,这也促进了居民融入社区,提升了他们参与决策和议事协商的水平,促进社区和谐稳定。项目自身也完成了从科技助老到社区助老,再到社区治理的演进,通过引入外部志愿服务力量激活社区内生力量实现关系重塑和社区复兴,实现了真正意义上的本土化、可复制。

夕阳再晨在服务过程中扎根中国大地,传承红色基因,利用所学专业关注并解决社区治理问题。夕阳再晨所代表的中国青年的精神与文化自信还影响和带动了更多世界青年,围绕实现人类命运共同体的伟大愿景,向世界输出中国的公益模式,放飞青春梦想,成为可堪大任的时代新人。

夕阳再晨荣获"全国敬老文明号"、中国青年志愿服务项目大赛金奖、中国国际"互联网+"大学生创新创业大赛全国金奖、GSVC全球社会企业创业大赛中国区最具影响力奖、重阳盛典福寿中国"福寿之鹿"奖、北京市第四届社会组织公益服务品牌"金奖"、北京市最美慈善义工榜样团体等多个奖项,同时被新闻联播、人民日报、CCTV新闻频道、中国教育电视台、北京晚报等多家媒体报道。

夕阳再晨在公益领域树立了良好的公益品牌,同时也成为"互联网+"公益创业的实践先锋和综合性专业社会服务机构的行业先锋。夕阳再晨已从最初的青年社区助老专业志愿组织发展成为对标城市社区治理的社会工作服务机构和公益组织,为中国公益事业探索了新模式、新方向。

博艾兴农

——荒地变金山，艾草助增收

参赛届别：第五届中国"互联网+"大学生创新创业大赛
参赛高校：福州大学
项目团队：高浪钦、黄坤毅、潘小青、黄晓璇、黄子熠、谢海妮、肖俨航、沈崇杰
指导老师：彭琳、陈德铭、牛秋月、权斌
获得奖项："青年红色筑梦之旅"赛道金奖

项目负责人高浪钦是福州大学建筑学专业2014届本科生。他来自大山，从小劳作让其深知农民增收的不易；他入党10年，创业9年，始终希望有机会能将创业与助农相结合，为农民增收作出贡献；他争做一名合格共产党员，先后获得"全国农村创新创业优秀带头人""福建省首届大学生创业之星""福建省乡村青年追梦人"等荣誉称号。

2020年年初，新冠肺炎疫情突然来袭，艾灸在防止重症发生率和提高治愈率方面发挥了重要作用，被药圣李时珍称为"医草"的艾草再一次被大家所熟知，高浪钦的艾草行业也迎来了新的发展机遇。

1. 情系家乡，扎根农村筑梦青春

"这里是我去年开始种植的艾草地，除去买肥料的钱，每亩到手还有两千多元，真没想到原来荒地也能变成增收宝地，现在日子越来越好了。"看着眼前长势喜人的艾草地，上杭县茶地镇高屋村村民高林贤脸上洋溢着喜悦。

高屋村位于福建省上杭县，曾经是上杭县贫困村，从村里到镇上6.3公里的路有81个弯，由于地处偏远、耕作条件艰苦、产业结构单一等原因，村民们长期收入微薄、增收困难。

高浪钦就来自这个小山村。2014年从福州大学毕业后，他去了上海一家设计院，成了建筑师。从小参加劳作，让他深知农民增收的不易。随着村里外出务工人数的增加，村里剩下的年轻人越来越少，具有劳动力的人也大多在50岁以上，村里撂荒土地逐年增多。

看着满眼的撂荒土地无人种植和村民终日辛勤劳作却收入微薄，高浪钦总想着做点什么。通过查阅文献、搜索资料、田间走访以及跟村民深入交谈，他了解到要想在农村发展一个好产业，应该具备几个要素：劳动强度低、种植周期短、旱地可种植、腐损小风险低、好掌握易推广。

对标以上痛点，高浪钦发现艾草生命力旺盛、旱地可种植、劳动强度低、存活率高、经济效益好。为了验证想法的可行性，他驱车900公里到江西学习考察，前后40余次往返湖北、

河南等地了解艾草行业发展现状,发放上万张问卷调研艾草产品消费市场。此外,高浪钦为了自己更专业还考取了高级艾灸师证。

在充分了解市场后,2017年,他从设计院离职,并以此为契机,与几个志同道合的朋友一起返乡创业,扎根农村,创建了福建闽艾堂生物科技有限公司。通过向种植户或合作社提供优质艾草种苗,并与其签订种植包收购协议,建立艾草加工厂、艾草产品展销中心及艾灸理疗馆,实现种、产、销一体化。

2. 用心耕耘,助力项目快速成长

项目要在农村落地推广,首先要得到农民的认可,特别是有关新的产业或者新事物的项目,在成效和收益没有得到农民验证前,想发动村民一起参与是很困难的。因此,高浪钦与团队一起带头建立艾草种植示范基地,中央红军村——三明建宁的水尾村成了首批艾草种植示范推广点之一。除了种植示范,高浪钦还结合水尾村丰厚的文化内涵与红色遗址,帮其开发了如艾草红军茶、红色卡通艾绒抱枕等一系列红色文创艾草伴手礼十余款,建立红军超市三家。

在项目示范基地种植成功后,水尾村还购置了艾叶压饼机、卷条机等一些易掌握、上手快的加工设备,村民可以利用农闲到加工点压艾叶饼和卷制艾条,让水尾村的艾叶实现了自产自销。

2019年12月,高浪钦与他的项目在茶地镇福州同乡联谊会上,受到茶地镇政府与会领导们的高度认可与支持。项目于2020年1月正式在茶地镇签约落地,经过茶地镇农技站与扶贫办等相关部门的对接引荐,高浪钦与茶地镇27户一般农户和35户贫困户签订了艾草种植包收购协议,同时他还在调和村、久泰村及高屋村建立了艾草种植示范基地3个,一期在茶地镇种植艾草面积400亩。同年5月,高浪钦还与蓝溪镇扶贫办对接成功,与蓝溪镇33户贫困户签订种植包收购协议,种植艾草200亩。

在短短3年多的时间里,经过高浪钦与团队的用心经营,他们在福建、江西两省的5县27个村建立了艾草种植基地2 800亩。除了前期自己建立艾草种植示范基地,他们还与种植大户、合作社及村两委探讨了多种合作模式。每一个新基地都倾注了高浪钦与团队的大量精力,从前期选地、整地起垄、种植管护到收割晾晒,他们都对农户进行细心指导,确保种植效益。

3. 科技创新,为艾草行业革新注入新活力

除了在种植方面下足功夫,高浪钦与团队联合农科院专家对行业内认可度较高的30余个品种进行了引种栽培和抗病虫害测试,最终选育出了精油含量高、出绒率高和抗病虫害能力强的品种"博艾一号"。

同时,他们与福州大学天然产物与中药现代化研究所合作,对艾草的催陈化技术进行改良。正常艾草陈化需要3年,仓储和管理成本较高。高浪钦与团队通过研发出新的催陈化工艺,使艾草陈化时间缩短50%,综合管理成本减少40%,极大提高了艾草原材料的周转率和生产效率。

在艾草精油提取工艺方面,高浪钦与团队也进行了大胆革新,公司依托福州大学生物工程学院国家重点实验室平台,通过改进精油提取工艺和研发新的萃取剂配比,使艾草精油提取率提高17倍,能耗减少20%,并可实现规模化量产。

4. 精准对接，助力国家乡村振兴

截至 2021 年 7 月底，高浪钦已经和 517 户农户签订了种植包收购协议，其中含已脱贫贫困户 93 户，这些贫困户人均增收 1.3 万元，带动村民实现总增收 1 565 万元。

同时，他们在扶贫惠农方面的努力也得到了社会各界的关注与认可，高浪钦与团队的创业事迹曾先后 3 次登上学习强国平台，新华网、福建日报、福建教育电视台等 20 余家媒体也先后对项目进行了宣传报道。

5. 不忘初心，做健康中国的传"艾"大使

目前，"博艾兴农"团队已开发出各类艾草产品 38 款，以满足不同客户群体需求。此外，他们还在种植基地旁，配套建立了艾草文创园、艾草扶贫车间、艾文化研学基地、艾草美食农家乐和艾灸理疗馆等主题场所，发展各类销售代理 76 个，推动艾草产业三产融合和多渠道实现产业升级！

高浪钦与他的"博艾兴农"团队，立志于成为健康中国的传"艾"大使，坚守初心，为客户提供高品质艾草及艾产品，充分发挥党员的先锋模范带头作用，用行动助力农民增收创收与乡村振兴事业，汇集八方力量，共同助力我国中医药产业走向伟大复兴！

扶瑶织梦

——瑶族扶贫之路的先行者

参赛届别：第六届中国国际"互联网+"大学生创新创业大赛
参赛高校：贺州学院
项目团队：潘水珍、仇广政、叶嘉乐、叶于桢、覃开狼、常天慧、郝铭扬、时辰靖、周越、王纪伟、雷蕾、陈金华、徐之龙、高凡、汪健
指导老师：卢念念、江浩、朱晓佳、吴德峰、孔祥翔、莫涛、马小骅
获得奖项："青年红色筑梦之旅"赛道金奖

  广西是瑶族主要聚居区，广西瑶族人口占全国瑶族总人口54%以上，达149.4万人，位居全国首位。其中，贺州瑶族人口约30万，占广西瑶族总人口的1/5。由于当地土地资源匮乏，瑶族人民长期以来居住在穷乡僻壤，基础设施条件差，交通闭塞，生产生活、文化教育相对滞后，社会发展缓慢。瑶族聚居的深度贫困村是广西深贫地区的典型。

  同时，瑶族文化传播的发展状况也不容乐观，存在手工刺绣时间久、效率低，优秀的传统手工技艺封存在深山无法传播，传统高尖帽与现代审美标准不兼容，绣娘投入多回报少等诸多痛点。为推动瑶族地区经济发展及文化产业发展，留住瑶族的传统魅力，"扶瑶织梦"团队应运而生。

  作为一个以设计为核心的团队，"扶瑶织梦"团队从瑶族文化传承与创新入手，打造了"全国唯一瑶族元素IP库+非遗手工艺合作社+N个绣娘"的"1+1+N"扶贫模式。

  目前，团队已建立全国唯一瑶族元素IP库，归类整理了1 854类不同支系的瑶族元素纹样，并建立了国内最大的瑶族服饰传习馆，馆藏963件原生态的瑶族服饰与饰品，以实物、影音、图像、书刊等形式详尽记录瑶族历史文化，传承非物质文化遗产；开设非遗手工艺合作社，统一回收绣娘绣品并建立计件付费制度，推动绣品回收实现产业化；对绣娘进行培训，整理出国内唯一全面的瑶绣教材，工作室培养了技艺精湛且绣工匀整的绣娘637位，占贺州绣娘总人数的19%，带动绣娘每年人均增收15 000元。

  同时，"扶瑶织梦"团队以实际行动积极落实广西教育厅高教处关于脱贫攻坚工作的部署，深入2020年全国52个未摘帽贫困县之一、广西8个未摘帽贫困县之一的都安瑶族自治县的脱贫攻坚工作，与都安瑶族自治县签订文化扶贫协议，把成功的文化扶贫模式带到这里，充分发挥团队学科专业优势和大学生创新创业项目团队的作用，持续开展"红色筑梦青春路，脱贫攻坚都安行"活动，在都安建立了"扶瑶织梦非遗+文创"产学研基地和非物质文

化遗产项目"密洛陀"传承基地,把临时党支部建立在创新团队中,持续开展非遗进课堂、文创产品开发、电商直播带货、支教扶贫、文化传承与创新等工作,团队的公益直播带货累计观看量突破66万人次,累计带动1.2万人增产增收。

2020年8月21日,团队前往扶贫搬迁移民小学——城北小学进行"非遗进校园"教学帮扶工作,辅导建档立卡贫困户子女时,得到当时在都安指导扶贫工作的教育部副部长钟登华的充分肯定。对于团队负责人、贺州学院2018级瑶族学生潘水珍的成长事迹,2020年10月9日,人民日报以《筑梦路上 脚步不停》为题进行了专题报道。

此外,项目还入选了联合国开发计划署可持续旅游发展实施单位、广西民族博物馆伴手礼指定供应商等,与国家旅游商品研发中心共同建立国家旅游产品联合研发基地,在第六届中国国际"互联网+"大学生创新创业大赛"青年红色筑梦之旅"赛道中斩获全国金奖及"社区治理奖"!

如今,团队成立的贺州市汇友文化传媒有限公司已实现快速发展,年收入过千万元,并连续3年保持收入高速增长。面向未来发展,公司有着清晰的规划。2021年,公司将继续拓宽国内市场,扩大业务范围,在都安设立分公司,预计引入绣娘100人,实现区域联动,预计年收入达2 000万元;2022年,公司计划销售额达到4 000万元,并开始拓展海外业务;2023年,公司计划实现收入6 000万元,带动绣娘1 200人人均每年收入增长达25 000元。

青春由磨砺而出彩,人生因奋斗而升华。"扶瑶织梦"团队敢闯、会创,以青春之我、奋斗之我建功立业!未来,团队将继续保持一颗脚踏实地的心,心系瑶族同胞的福祉,在瑶族非遗传承和保护的道路上继续勇往直前!

柑橘扶贫：四川云萃农业科技有限公司

参赛届别：第六届中国国际"互联网+"大学生创新创业大赛
参赛高校：西南大学
项目团队：陈志友、万媛媛、马晋齐、赵樱、马岩岩、王珍
指导老师：江东、李加纳、曲存民、许莹竹
获得奖项："青年红色筑梦之旅"赛道金奖

育种周期长，新品种小苗种植见成效慢，大量老品种成为鸡肋阻碍新品种推广；种植技术要求相对较高，投资风险较大，地方政府乏正确引导……柑橘种植行业目前存在诸多痛点，正确把控品种走向、把握市场形势变得尤为重要。而多数种植户在品种把控和市场形势的分析方面缺少相关的专业知识，急需专业机构和专业人才进行引导。

为响应国家号召，贯彻落实精准扶贫精准脱贫战略，助力乡村振兴，推动四川内江市及周边地区柑橘产业发展，提高当地农户经济效益，第六届中国国际"互联网+"大学生创新创业大赛"青年红色筑梦之旅"赛道金奖项目——西南大学"柑橘扶贫：四川云萃农业科技有限公司"项目结合四川省内江市柑橘产业实情、农村土地资源及高校技术资源等，通过"党建引导+公司+科研院校+基地"模式，以高产优质新品种产业带动绿色农业和观光旅游业发展，建设了一个集"产-学-研-销"于一体的新品种示范基地，由西南大学行业顶尖专家教授领衔的专家团队进行新品种选育，培育出的新品种正不断助力地方产业发展并逐渐推向全国。

1. 起航阶段：想法萌芽

陈志友创业的想法源于他多年从事柑桔研究。一次偶然的机会，从事柑桔研究多年的陈志友博士去湖南省古丈县这个国家深度贫困县进行考察调研时发现，尽管柑桔漫山挂果，但村民的腰包比土地还要贫瘠，因为柑桔品种老、口感差，5毛钱一斤都无人问津。一旦遇到病虫害，红艳艳的柑桔只能零落土里，农户们只好痛心掩埋。

作为一名农科学子，这一景象深深地触动了他，他随即陷入了沉思：学农人不就是要利用自己所学的知识带农民们走上脱贫致富的道路吗？那我是不是可以凭借我多年柑桔研究的专业优势，将优良的柑桔品种引进到这个贫困县，并且利用先进的栽培管理技术，在保证柑桔品质的同时，缩短其育种年限，尽快带领当地农户脱贫呢？

2. 探索阶段：艰难中窥见光亮

陈志友提出想法后，团队迅速付诸实践。要创业，人才是重要的资源，创始人便马上联

系到了曾经与自己并肩创业的团队成员:拥有多年柑桔育种经验并且是创始人硕导的江东副教授;创始人从西南大学内组织了十余位品学兼优的同学共同创业;而在读博期间,他又邀请来了执行力和组织能力超强的学妹马晋齐和万媛媛。

2016年10月,为了有更完整的工作和思考时间,团队在校外租了一间办公室,连续通宵两周,撰写了20万字的策划书,共计200多页,前后共修订策划书20余稿。

与此同时,市场调研工作也在稳步推进。市场负责人万媛媛率领自己组建的调研队伍,充分利用星期六、星期日和其他课余时间,奔赴重庆市及四川省的各个贫困县进行市场调研,调研队伍的足迹几乎遍布重庆市周边所有贫困县的每一个村落。为节约调研成本,团队每一次去调研都乘坐大巴,来往穿梭于不同村落之间。他们的目标只有一个,就是通过大量的调研数据验证柑桔品种老化以及栽培技术落后这一行业痛点是存在的,农户们渴求更新品种的需求是存在的,这个项目是有希望和未来的。

经过一段时间的调研和策划,项目思路越来越清晰,内容越来越完善,大家开始集思广益,这个项目,到底应该叫什么呢?团队成员反复考量和商议后,最终确定项目名称为"云萃农业",这一名称的理念是:无量的精华和人才聚集于此,只为助力脱贫攻坚,建设美丽乡村。

2017年4月,云萃团队将湖南省古丈县作为柑桔更新品种的试运营基地。团队的工作稳步推进,一方面,对柑桔市场进行大量的调研和反复测试,另一方面,制订了"利用新一套嫁接技术更新品种"的计划。2017年6月,云萃农业项目策划书已经修订了60余稿,曾经第1版的200多页也浓缩为30余页。同时,在当地政府的扶持下,团队也说服古丈县30多户农户尝试新品种,1 000余亩的柑桔地也已经完成了柑桔的品种更新。另外,由于育种的科研时间紧,市场及农户调研任务重,团队又吸纳了一批擅长市场调研的人才,扩大了当前的团队规模。而在一切欣欣向荣的情况下,云萃的第一次重大危机正在悄然来临。

3. 危机阶段:波折中寻觅前路

2018年2月,团队与湖南古丈县且茶村进行品种更新的对接。在柑桔新品种研发过程中,团队经历了选种、育种的一次次失败,最终确定推广被誉为柑橘之王的"明日见"。好不容易引种到村,村书记却率先反对,甚至对想尝试的年轻人大泼冷水。为了调研柑桔产区所面临的问题,团队顶着烈日往返于公司、基地和农户之间,当了解到由于管理不善使柑橘容易发生开裂,因而村民排斥新品种时,团队打造了"栽培技术推广及园区全托管"的云萃科技扶贫新模式,这是前所未有的全流程创新。

4. 重生阶段:资源整合综合发力

经历推广过程遇到的这一问题,团队意识到需要一个完善的体系,以支撑从育种到栽培,再到推广销售的全流程服务。所以云萃团队急需成立公司,从团队向公司进行转变。紧接着,公司进入正式注册的备战期,在此阶段无疑需要整合多方资源。团队第一时间向学校西南大学求助。团队需要与投资人交流,就在西南大学创新创业学院的陪伴下四处路演;需要专业导师,西南大学农学与生物科技学院的教授、博导就亲自挂帅,为团队悉心指点;需要宣传,柑橘研究所和农学与生物科技学院推荐了多家媒体关注团队;需要办公场地,学校就四处奔波,不仅为团队联系了科创园区的办公场地,还为团队争取到重庆市北碚区当地的街道支持。

2018年9月,云萃农业科技有限公司正式注册成立。团队各方运作趋于制度化和规范化,并制定了相关制度和行为规范。团队运作离不开资金的支持,项目创始人多方寻求融资,多次奔赴全国各地商谈融资事宜,作为初创企业,公司在成立仅一个月的情况下成功拿到种子轮30万元的融资。

如今,公司已建立起了完整的"产+学+研+销"模式,打通了全产业链;和农学与生物科技学院、中国柑桔研究所等重要科研部门深度合作,支撑新品种研发;建立地方果园示范基地以及母本园,收集保存大量柑橘种质资源用于杂交选育新品种及优势品种推广;提供大树移栽更换技术、柑橘种苗培育等服务;打造了"线上+线下"销售方式解决终端果品销路。

公司成立短短几年,已经完成了47项订单,总金额达到2 310万元。截至2020年年底,公司累计在四川、湖南等地推广柑橘新品种3.5万余亩,每年产值超过7亿元。公司已带动10 000余人实现再就业,每户增收达5.4万元,共计增收超1.2亿元,为脱贫攻坚及乡村振兴不断"添砖加瓦"。

云萃团队各项工作稳步推进,在多方面取得可观成绩,品种专利申请、积极融资、申请新品种保护、市场拓展……新一步战略即将实施,新的征程正扬帆起航。

洪　宇

——涉罪未成年人一站式帮教服务助力社会治理

参赛届别：第六届中国国际"互联网＋"大学生创新创业大赛
参赛高校：江西师范大学
项目团队：何东、徐骏峰、张媛媛、岳姣、郑丽匀、胡文燕、程羽萌、谢熙坤、王甲秀、张珂、董文高、顾卿源、马浩哲、杨雨涵、杨岚
指导老师：周琴、王钠、饶乐、颜三忠、刘小峰、林欢欢
获得奖项："青年红色筑梦之旅"赛道金奖

江西洪宇社会工作服务社是成立于2010年的民办非企业单位，也是江西省第一家民办社工专业机构。洪宇秉持"用生命影响生命，用青春护航青春"的核心理念，创新涉罪未成年人一站式帮教服务——"1943"模式，形成了一套帮助未成年人回归社会的涉罪未成年人帮教标准流程和整体服务方案，有效提供司法社会工作一体化全程跟进服务，降低未成年人犯罪率，助力社会治理。

1. 模式不断完善

1即1套资源体系，洪宇搭建起"1＋2＋N"资源体系，在全国率先形成了"洪宇（社会组织）＋检察机关、共青团＋企业、基金会等"的"1＋2＋N"资源体系，整合政府、社会资源，获得了从中央到地方完整的资源保障，为开展未成年人服务保驾护航。

9即9项主要服务内容，包括社会调查服务、涉罪未成年人帮教服务、合适成年人服务、刑事和解服务、被害未成年人救助、心理测评及健康管理服务、亲职教育服务、临界预防服务、就业培训。

4即4维帮教方法，指从个人、家庭、学校和社会这四个维度提供专业社工服务，对影响未成年人犯罪的内因和外因进行两手抓，标本兼治，助力帮教效果高效、稳定、持续。

3即3重育人机制，包括一个基地、一套课程、一支队伍。洪宇依托高校建设教学实践基地，搭建培训课程体系，编著专业教材，形成稳定的"专职＋兼职＋志愿者"的人才结构。

2. 团队稳步扩大

洪宇社会工作服务社历经多年风雨，从最初发不起工资，到后来逐渐获得社会各界认可，融合越来越多的社会资源，荣获全国"青少年维权岗"等称号，洪宇社会工作服务社一步一个脚印地发展壮大，离不开项目团队的咬牙坚持和不懈努力。

洪宇团队成员有着不同的专业背景，拥有极高的专业素养与业务能力，更为重要的是，

每个人心怀对涉罪未成年人的理解和同情之心,希望引导他们走向正途,重新扣好"人生的扣子"。同时,洪宇拥有一个强大的专家智囊团队,为帮教工作的顺利开展保驾护航。

洪宇社会工作服务社拥有一套集"领导、管理、监督、研发、执行"功能为一体的组织架构,各部门通力协作,其分工和职能有机结合,使社会服务工作的开展有序而高效。

洪宇依托江西师范大学链接各个高校资源,为广大高校学生提供"将理论知识运用于实践"的平台,高校也不断地向洪宇输送新鲜血液,越来越多的大学生毕业后加入洪宇的涉罪未成年人帮教工作中,洪宇社会工作服务社的规模由此不断扩大。

3. 核心优势支撑

自2013年以来,洪宇同江西师范大学一同申请两个专利(光伏供电的心理干预防护方舱和问题行为纠正装置),三大软件("交互式"互动问答软件和青少年核心心理健康素质测评系统),以及三角形构网教学平台和多个心理治疗技术(箱庭疗法、电生理疗法、眼动疗法、EEG疗法和VR疗法)。

为保证司法社会工作的专业性,洪宇社会工作服务社集合了多学科的高质量人才,得到了江西师范大学思想政治、法学、社会学、心理学等多个优势学科的专业支持。

同时,洪宇社会工作服务社也已经成为司法社会工作人才培养和实践的成熟平台。一方面,洪宇社会工作服务社的具体工作受到了江西师范大学多个学院专家智库的理论指导;另一方面,洪宇将实践经验反馈到高校教育系统,形成理论与实践、机构与高校的双重良性循环。

除了专业优势与人才优势,洪宇社会工作服务社更加注重资源的整合。在帮教工作中,洪宇社会工作服务社积极与政府机构对话,推进了司法系统与社会工作的一体化进程,连接起检察院、共青团、民政组织、教育部门、公安机关、法院等多方单位,形成了强大的政府资源阵列,构建了学校教育、家庭监护、政府矫治、司法惩戒等多方位的联合帮教机制。

由此,四大优势为帮教精准化打下了坚实基础,并不断推动洪宇社会工作服务社作为专业力量介入司法系统一体化探索,洪宇社会工作服务社逐步完善并最终形成一站式帮教服务标准流程和整体解决方案。

4. 自我造血功能增强

江西洪宇社会工作服务社主要有三大客户对象。一是检察机关、公安、团委等政府部门。洪宇为检察机关等部门提供科学专业的社会调查,厘清涉罪未成年人偏差的行为习惯,全面、客观、公正地反映未成年犯罪嫌疑人的个性特征、家庭环境、成长经历、学校环境,深入细致地分析越轨青少年作案的主客观原因。二是社工机构。洪宇与省内外社工机构达成合作,对其开展培训督导等服务,助推洪宇模式复制推广至全国。三是其他社会组织,如律师事务所,洪宇主要向其提供专业的司法社会调查等服务。

洪宇依托江西师范大学学科资源,整合"1+2+N"资源体系,搭建人才培养机制和服务培训体系,确保司法社工人才供给不断,保障司法社工服务专业提升,为青少年共建良好的成长环境。为保障公益创业模式可持续发展,成本结构合理,收入来源多元广泛。一站式帮教作为江西洪宇社会工作服务社涉罪帮教未成年人的关键业务,统筹人才资源和社会资源,力争使涉罪未成年人能够在青春时光再出发。

洪宇的收入来源主要为政府补助、社会捐赠、提供服务收入3大板块。目前,江西洪宇社会工作服务社最终形成了以帮教为核心,培训督导为辅的业务格局。平均每份社会调查报告形成收入750元,帮教一名涉罪未成年人形成2 200元的收入。洪宇的项目成本主要为业务活动成本、管理费用、其他费用等开支。其中,业务活动成本占比80%,主要包括职工薪酬、志愿者补贴、走访调查费等;管理费用占比20%,主要包括差旅费、人员培训费、课程技术开发费等。

5. 洪宇引领教育

洪宇社会工作服务社联合高校开设4门专业课程,共建教学实践基地,培育了大量的社工人才,编著了《涉罪未成年人社会调查和帮教服务指南》《社工参与未检工作服务套表》《优秀案例选编》《未成年人犯罪的原因分析》《司法矫正的理论与实务》《司法社工的伦理原则》等17本专业教材,开设了180多门线上课程,助力司法社会工作形成行业规范,得到了广泛认可和推广,吸引省内外多家公益组织前来学习交流并签订合作合同。

洪宇的工作也为社会工作和少年司法工作的推进贡献了巨大力量。2013年,洪宇创新构建"洪宇(社会组织)＋检察机关、共青团＋企业、基金会等"的"1＋2＋N"资源体系,得到了江西省检察机关和社工行业机构的认可和推广;2015年,江西团省委向全省推广了洪宇经验;2016年,最高人民检察院在全国社会治安综合治理创新工作会议上向全国推广了洪宇经验;2018年,洪宇推动最高检和团中央共同签署了《关于构建未成年人检察工作社会支持体系合作框架协议》;2019年,洪宇社会工作服务社被最高检确立为全国首批共同推进未成年人检察工作社会支持体系建设试点单位,作为全国仅40家获此殊荣的单位,洪宇的帮教模式从此在全国范围内进行试点推广。

6. 普法宣讲开展

洪宇社会工作服务社从成立至2019年年底,累计开展家庭教育宣传650余场、家庭教育培训1 080余场、家庭教育咨询6 700余人次、家庭关系修复4 800余个;累计开展送法进校园活动30 000余场,覆盖5 000余所中小学,受众人数达到2 000万;组织防欺凌、防性侵等自护教育活动800余场;组织欺凌、盗窃等不良行为帮教矫正(2 370余人);组织班主任培训1 200余场;组织学干培训3 200余场;组织教管老师培训670余场,培训维权老师18 300余人。

在更为广阔的社会层面,洪宇通过法律知识宣传、政策建议、法律咨询等多种形式开展工作。

7. 帮教成效显著

10年坚守,洪宇直接挽救涉罪未成年人5 318人,其间接帮扶工作使31余万人受益。洪宇用创新有效的"1943"模式做好了涉罪未成年人岔路口上的引路人。在洪宇的帮教对象中,有3 082个帮教对象重返校园,其中100余人考上大学。反哺帮教的有198人,他们以志愿者身份或捐赠资金、物资等助力帮教工作。有1 503人实现就业或自主创业,仅2019年创造的社会经济价值便超过1亿元。

为提升帮教对象回归社会的质量,洪宇将就业帮扶分为提供就业信息、提供就业岗位和创业指导三大板块。洪宇主动对接的中国人寿保险、太平洋保险、中铁建业养老集团、江西慈孝竹居家养老服务有限公司等百余个合作单位,每年为空档期的青年稳定提供500多个就业岗位。同时,洪宇社会工作服务社线上线下为服务对象提供就业帮扶4 800余人次,将涉罪未成年人拉出"群管无人管"的尴尬境地,为有意创业的服务对象提供创业指导和技能培训,做好了帮教工作的收尾环节,有始有终,保质保量。

博士村长

——贵州脱贫攻坚的一线战士

参赛届别:第六届中国国际"互联网+"大学生创新创业大赛
参赛高校:贵州大学
项目团队:王倩、高磊、李锦谊、张明华、王运、仇志浪、申修贤、纪达、莫飞旭、张丘丘、李亚东、
　　　　张建、刘娜、周慎卿、齐普应
指导老师:宋宝安、金林红、张万萍、罗勇、黎应飞、邱利军
获得奖项:"青年红色筑梦之旅"赛道金奖

习近平同志2011年在贵州大学发表"5·9"重要讲话时勉励贵大学子自强不息,做中华民族的脊梁。2017年10月18日,党的十九大报告指出,农业、农村、农民问题是关系国计民生的根本性问题,必须始终把解决好"三农"问题作为全党工作重中之重,实施乡村振兴战略。贵州省发展不平衡不充分的问题还比较突出,面临的挑战还比较多。

在贵州省教育厅的支持下,贵州大学博士村长团聚全校优势力量组建生态渔业、生态畜禽、精品水果、蔬菜和茶叶等十二产业团队作为贵州大学"博士村长"计划中坚力量,组织300余支"博士村长"队伍,深入贵州省300多个贫困农村开展农村贫困现状调研、农业技术指导、技术培训、政策宣讲、农村小学支教和文化上墙等相关工作,同时也成为教育厅的智库项目。"博士村长"助推科教兴农工作成效显著,惠及贵州省特贫特困农村,极大地促进了贫困农村产业可持续发展,为全省贫困村镇促产增收,促进了乡村文化建设及生态文明建设,为贵州省全面打赢脱贫攻坚战贡献了贵州大学力量。

1. 博士村长初露头角

在贵州省教育厅的支持下,贵州大学"博士村长"计划由贵州大学第二届博士生会成员提出,后于2017年11月正式启动实施。该计划的目的是有效帮助贵州省解决农村产业发展的技术难题,推广农业基础知识,促进乡村文化发展,加快乡村振兴建设。项目中博士研究生占主导地位,博士研究生带领农、林、食品、艺术等相关专业的硕士研究生和本科生,以贵州省贫困县和贫困村为主要扶贫对象,实施乡村产业扶贫计划、精准教育扶贫计划和乡村文旅产业扶贫计划,并结合导师的科研项目开展现代农业技术推广、新型环保技术培训、基层治理知识普及和乡村振兴战略研究等。"博士村长"团队结合贵州大学农业科研研究的综合性学科优势,依托贵州大学博硕导师为指导,以博士研究生为主,硕士研究生为辅,兼顾本科生,聚全校优势力量组建生态渔业、生态畜禽、精品水果、蔬菜和茶叶等十二特色农业产业

团队作为贵州中坚力量,组织 300 余支"博士村长"队伍,"带技术,带人才,带项目"服务于平塘、贞丰、赫章、正安和普定等 46 县和 300 多个贫困乡镇,为科技产业下乡帮助贫困乡村脱贫致富贡献力量。同时"博士村长"团队配有教育、卫生、法治扶贫队伍,组织支教队、医疗实践队、乡村文化建设及法治宣传队促进乡村文明发展。

2. 深入贵州实地调研

贵州多数地区属中亚热带和北亚热带气候,地形以山地为主,昼夜温差较大,环境优良,土壤肥沃,可以种植发展绿色、环保、具有经济效益的农作物。因此,贵州依托良好的环境资源和生态资源,发展具备良好经济效益的茶叶、蔬菜、食用菌、中药材、精品水果、石斛、生态家畜、生态渔业等十二特色农业产业。十二特色农业产业的种植面积、产值及收益都呈现稳步提升的喜人态势,说明十二产业具有广阔发展前景与深远发展潜力。仅从水果产业来看,果园种植面积快速增加,水果产量稳健增产,其产业带来的收益甚巨。据人民网报道,仅 2018 年,省果园面积已达 708 万亩,产量 330 万吨,产值达 168 亿元,带动贫困人口 49.9 万人脱贫。贵州十二特色农业产业具有良好的发展潜力和经济效益,农业产品的质量积累了良好的口碑,赢得了消费者的信赖。贵州拥有得天独厚的生态环境为农作物的健康绿色保驾护航。如何让低收入农户实现创收,让经济困难村摆脱贫困,一直是社会各界关注的重点和难点。贵州大学"博士村长"结合贵州省十二特色农业产业情况,开辟了贵州"博士村长"十二特色农业产业扶贫队伍,实现精准扶贫、科技扶贫与产业振兴。

3. 创新机制,助力农业模式转型

项目以"博士村长"志愿实践活动、"博士村长"技术下乡、"博士村长"校企农结合、"博士村长"品牌建设四种模式为主导进行。"博士村长"志愿实践活动主要围绕产业扶贫、科技服务等方面开展相关行动。"博士村长"技术下乡是以生态渔业、生态畜禽、精品水果、蔬菜和茶叶等贵州省十二特色农业产业为突破口,聚全校硕博优势力量作为贵州大学"博士村长"计划中坚力量。同常规的单一产业援助不同,"博士村长"团队的成员们需要同时考虑十二特色农业产业,范围更广,内容更杂。面对挑战,"博士村长"团队创新性地将"自上而下"和"自下而上"两种模式相结合,采用"上下层双管齐下"的技术下乡模式,在针对上层管理运营和生产环境等进行指导的同时,对基层农户们做现场技术培训和投放研发产品等,达到上下层双向技术援助的目的。针对上层,团队成员着手利用所学计算机知识对蔬菜种植进行分类,梳理出科学的种植流程,对当地驻农技站工作人员及干部做讲解,发放编制的产业技术手册,丰富管理层种植知识,由管理层再长期对基层农户做知识普及。此外,在顶层设计上,团队成员还为产业做了规划,进行品牌建设、延伸产业链等,如贵州大学"博士村长"团队赴息烽县西山镇胜利村开展稻田生态渔业实用技术培训。"博士村长"校企农结合以贵州大学重点支持的十二特色农业产业为抓手,以"学校+企业+农户"为主导,建立了"产业+专家+基地+博士村长"的可持续发展模式。"博士村长"校农结合扶贫模式是指博士村长通过和企业与学校的合作促进农产品产销、农业产业基地建设、产业发展、镇校帮扶合作等,是加速广大群众增收致富,推动农村农业转型升级的一项有力创举。"博士村长"联系学校,学校优先采购贫困地区贫困户农产品,贵州大学也因此开通了贵州省内首家高校"校农结合扶贫农产品直销点",使贫困户的"菜园子"直通学校食堂"菜盘子"。"校农结合"2.0 升级版创建了"校农结合农产品直销点",销售贫困农户的蔬菜、稻米、肉蛋奶制品等农产品。以博士村长重点扶贫的平塘县为例,经过两年多的探索尝试,平塘县结合实际,致力于以"三强、三建、三联、三转"四个"三模式"深化拓展"校农结合"扶贫模式,打造"乡厂校店"升级版,促进产业向规模化、标准化、市场化发展。通过"博士村长"的联系,贵州建立起了企业、学校和平塘县合作共赢的模式。

4. 科技下乡,助推产业扶贫

田间劳作,产业扶贫。例如,生态渔业产业团队采用企业+合作社+贫困户或企业+贫困户、直接服务于贫困户三种模式,通过因地制宜拟定养殖方案、效益预算、传授养殖技术、鱼病防治、建立微信群线上全程跟踪等带动养殖户脱贫,向平塘县胜安村无偿赠送草鱼、鲤鱼共 2 000 斤,帮助该村建成村级休闲渔业池塘。蔬菜产业团队于 2020 年 3 月 23 日—3 月 29 日,组建 200 人的"贵州大学沿河扶贫作战队",开展了"贵州大学百人团队,培训沿河县万名群众活动","博士村长"蔬菜团队发放 5 万张技术明白卡,队员们走到田间地头,开展田间培训,和老师们一起圆满完成万名群众培训任务;2020 年 4 月 13 日,该团队组建"威宁扶贫作战队",开展"贵州大学支持威宁春耕冲刺黄金周活动",带领团队和"博士村长"进田间,抢抓春耕战脱贫。

扎根农村,科技扶贫。2018 年 4 月至 8 月,安顺市普定县绿源茶叶茶毛虫危害严重,茶园 50% 以上茶叶均遭到不同程度的损害。来自贵州大学精细化工研究开发中心的"博士村长"成员利用自己专业知识,对茶叶病虫害采取了生物、药物等多种防治方法,包括:采取活体生物药剂,人工释放赤眼蜂控制茶毛虫虫卵的措施;采取甘蓝夜蛾核型多角体病毒 500 倍液大面积喷雾方式控制虫害的措施;在茶叶恢复期采用氨基寡糖素水剂 800 倍液大面积静电喷雾,提高茶叶的抗病抗逆能力,以解决茶园病虫害问题,保障茶叶质量。

农村调研,教育扶贫。贵州大学"博士村长"团队坚持科教并重。在 2019 年暑期,开展了教育扶贫和科技扶贫相关工作。在教育方面,开展了主题为"大塘学子贵大行,八一建军强国梦"的贵州大学 2019 暑期夏令营,并在大塘镇进行村民走访(科技扶贫)、辅导补课、探望留守儿童,给胜安村村民送温暖,和村民及孩子结下友谊。"博士村长"医疗实践队全队 50 人前往贞丰县沙坪镇进行教育扶志、健康脱贫帮扶活动,对当地医疗卫生情况进行调研。2019 年 8 月 3 日,实践队员共同前往校少年宫参加建设银行与贵州大学医学院联合举办的教育物资捐赠仪式;8 月 4 日,医学院众师生集合中小学生及其家长共 1 000 余人开展教育宣讲大会,并以初中生为主要对象开展"人人知晓健康"的系列科普推广活动;8 月 5 日,实践队将自身专业与沙坪镇实际困难相结合,组织开展了 6 人次医生业务能力提升培训。

5. 助力脱贫攻坚,发展农业经济

"博士村长"项目成效显著,该项目依靠学校学科优势,建立"产业+专家+基地+博士村长"的扶贫工作模式,把产业带到农村,把管用的知识技术交给农民,建立可持续发展产业模式,解决贫困人口就业难题,促进老百姓有活干、会干活、有收入,让老百姓工作可持续,从根源上解决贫困问题,让科技、产业、教育真正惠及农村。贵州大学"博士村长"助推科教兴农,极大促进当地百姓增产增收,经济效益显著提升,各产业团队累计为全省经济创收合计多达数亿。例如,生态畜禽团队通过发展稻蛙复合种养产业使稻米质量显著提升,稻蛙两项产值合计 1 万元/亩,目前已在全省 20 余县推广示范。同时,该团队在大塘镇采用"高校+公司+贫困户"的产业帮扶模式,由贵州大学动物科学学院向贫困户提供农户启动的鹅苗、草种及部分饲料,并进行牧草种植和养殖技术指导。第一批鹅苗预计依三批次累计发放共 5 000 只,按照鹅养殖周期 90 天,每只鹅可卖 75~120 元,去掉成本,一年预计将为贫困户增收 30 万元以上。该模式可作为投资少、周期短、见效快的生态畜牧业项目推广发展。贵州大学精细化工研究开发中心的"博士村长"成员利用自己专业知识,进行茶叶病虫害绿色防控技术推广,据统计,安顺市普定县绿源茶叶茶园病虫害受害面积 500 多亩,通过病虫害防治,每亩减轻损失 1 200 元,共计减少损失 60 万元。同时,该技术带动周边 40 余名贫困户增收,每亩增收 240 元,总计约 12 万元。

6. 将科研、论文落实到扶贫事业中

"把论文写在黔中大地上"是"博士村长"计划中的重要理念,也是对科研人员参与扶贫工作的重要指导性理念。对于博士生而言,实验室里面的实验数据固然重要,资料库中的资料也不可或缺,在扶贫工作的过程中,团队会找到有价值的课题与研究方向。实践出真知,走出校园、走向社会、投身扶贫的过程中,博士生们将扶贫工作当作一个更为广阔的科研平台,在扶贫工作中积极检验自己的科研成果,让自己的科研成果在扶贫这一社会实践中得到检视与修正。除此之外,博士生导师也需要指导博士生在扶贫工作中探寻有价值的、事关保障民生的课题,使贵州地区扶贫工作经验的优势在科研、论文当中得以发挥。

海蟹富盐碱

——全球首创内陆盐碱地海洋牧场开拓者

参赛届别:第六届中国国际"互联网＋"大学生创新创业大赛
参赛高校:宁波大学
项目团队:秦康翔、张元博、章晶晶、孙振南、麻晓蝶、陈益、崔家源、姚宏志、李幸、魏芸、柳童、曾土明、张宇鹏、杨东杰、李思雨
指导老师:王欢、王春琳、母昌考
获得奖项:"青年红色筑梦之旅"赛道金奖

宁波大学"海蟹富盐碱"团队成功攻克了盐碱地青蟹养殖的技术难题,构建了以苗种淡化、中间培育、运输、水质调控等技术为主的内陆盐碱地青蟹养殖技术体系。团队的研究成果已在河南、宁夏、内蒙古多家农民养殖户进行推广示范,为当地养殖户提供全方位、多层次的拟穴青蟹养殖技术指导与服务,项目成果得到专家、政府、蟹农的一致好评,被中央电视台等多家官方媒体争相报道。在养殖过程中,团队一方面助力河南省诸多农户成功脱贫,带动当地经济发展;另一方面通过青蟹养殖成功利用盐碱地环境,变废为宝。

1. 陆上行蟹,想法萌芽

"海蟹富盐碱"团队成员的家乡河南具有大量的盐碱地。据统计,河南拥有高达150万亩的盐碱地,阻碍了当地农民耕种,为当地农户带来困扰。多年来,人们在盐碱地尝试过多种种植和养殖模式,均未能取得满意的经济效益。

青蟹是一种名贵的海产品,营养丰富,口感极佳,深受广大消费者喜爱,但我国能够用于青蟹养殖的海域面积较小,开发远海养殖区的成本又过于高昂,因此,青蟹供求矛盾尖锐,价格不断飙升。

对比分析结果显示,盐碱地与海水都具有盐碱性,但是其盐碱离子组成不同。专攻甲壳类水产养殖研究的团队成员由此想到:能否利用这一共性,变废为宝,在内陆盐碱地上进行高价值青蟹的养殖,从而帮助当地农户脱贫致富呢?这个设想得到了学校、政府的大力支持,由此,这个科技助农团队应运而生。

2. 南蟹北养,技术攻关

在盐碱地上进行青蟹养殖有着若干得天独厚的优势:与沿海地区相比,在河南盐碱地养殖青蟹的生产成本大大降低。第一,当地地租廉价,劳动力成本低。第二,独特的地质构造使盐碱地成为天然的沙滤池,能够有效地控制致病微生物的爆发。

但是实现青蟹陆养所要解决的技术难关像一座座大山,挡住了团队成员的道路。在真正实验的时候,团队成员发现难度超乎想象。

但办法总比困难多,团队付出4年心血,逐一攻克了三大难关。

第一关是适应盐碱环境的分子机制研究。团队从生理生化、基因水平、代谢水平三方面进行分析,证实碳酸酐酶、Na^+/K^+-ATP酶、牛磺酸转运体基因及牛磺酸能够发挥关键作用。首次系统揭示了青蟹适应低盐盐碱地的分子机制,掌握让青蟹移植盐碱地的"金钥匙",团队以此为基础进行大量的苗种适应内陆低盐研究实验,分析获得青蟹适应盐碱的关键核心机制。

第二关是盐碱地蟹苗高效淡化技术的开发。团队对苗种驯化的发育史进行了探索,深入探索苗种驯化的最佳理化条件,首次开发出盐控驯化梯度流程,确定水质调节指标及关键诱导剂成分配比,育成具备耐低盐盐碱水环境的优质蟹苗。目前,团队可以在54小时内将蟹苗的海水盐度直接淡化到1/1 000,并有效提高驯化成活率至98.31%,这是现今全球海蟹驯化领域的最好成绩。该技术解决了苗种的供应问题。

第三关是离子调控和水质调节技术的开发。盐碱地水土调节是一个老大难问题,团队选取具有代表性的河南兰考盐碱地作为突破口,确定盐碱地青蟹正常生长的关键离子比例和需求量,最终制定出性价比最高的水土改良方案,发明阶段性底质改良剂,精准调控Ca^{2+}、Mg^{2+}、K^+等关键蜕壳影响离子,促使青蟹养成率获得大幅度提升,与沿海地区持平。以低成本实现盐碱地的高效改良,使原本无人问津的盐碱荒地成为高价值的蟹塘。

除了三大核心技术,项目还有三个创新点。第一点是首次揭示了拟穴青蟹对内陆盐碱地的适应机制,为海产品的内陆移植打开了一条理论通道。第二点是率先构建了青蟹在盐碱地的淡化技术体系,为稳定批量在盐碱地生产投放的苗种提供技术支撑。第三点是发明了低成本广适性盐碱地水利用与改良方案,为盐碱地乡村振兴提供新的发展思路。

截至2020年11月,团队发表SCI论文9篇,共获得了5项专利。

3. 北蟹南售,新的征程

技术生产成功后,农户的积极性被充分调动,各地养殖企业和散户被吸引加入。

三分养,七分售。在生产落地后,团队转战销售。市场向团队提出了疑问:品质怎样?供给如何?盐碱地青蟹安全、口感好,营养丰富,受到业内专家与消费者一致好评。

更关键的是,低成本的盐碱地带来巨大的生产盈利空间,青蟹耐运输的特性带来贯通南北市场的可能,团队逐步打通南北两地产销市场,一条南蟹北养、北蟹南售的青蟹扶贫产业链蔚然成形,实现了科技扶贫初心。

现在,团队可以很自信地说,只要有盐碱的地方,团队就能养活青蟹。目前团队的青蟹养殖已经推广至宁夏、内蒙古、山东等地区的盐碱地上。在未来,黄河沿岸的盐碱地都有望在团队这样的新型农业项目中得到开发治理。

由于海蟹内养是一件前所未有的创举,团队获得了社会各界人士的广泛关注和认可。河南省农业农村厅、兰考县政府、延津县政府等都对团队的助农行动予以高度肯定。

团队不仅为农户带来看得见的利益,也为水土改良、乡村振兴开创了一条科技新路,人民日报、光明日报、学习强国等各大权威媒体对项目集中报道100余次,对项目科学价值予以肯定。中央电视台更是三度报道,认为项目可以帮助"全国4.5亿亩盐碱地变成致富田"。

从科研到实践再到创业,团队就像青蟹一样,一次次蜕壳,每一次蜕壳都面临一次疼痛。但团队永远都是迎难而上,越挫越勇、越脱越坚。海蟹富盐碱,沧海助桑田。"海蟹富盐碱"团队以科技创新助力农业农村现代化,让盐碱荒地变为致富良田。在科技扶贫与乡村振兴之路上,团队将会一直坚持下去。

附 录

国务院办公厅关于深化高等学校创新创业教育改革的实施意见

国办发〔2015〕36号

各省、自治区、直辖市人民政府,国务院各部委、各直属机构:

深化高等学校创新创业教育改革,是国家实施创新驱动发展战略、促进经济提质增效升级的迫切需要,是推进高等教育综合改革、促进高校毕业生更高质量创业就业的重要举措。党的十八大对创新创业人才培养作出重要部署,国务院对加强创新创业教育提出明确要求。近年来,高校创新创业教育不断加强,取得了积极进展,对提高高等教育质量、促进学生全面发展、推动毕业生创业就业、服务国家现代化建设发挥了重要作用。但也存在一些不容忽视的突出问题,主要是一些地方和高校重视不够,创新创业教育理念滞后,与专业教育结合不紧,与实践脱节;教师开展创新创业教育的意识和能力欠缺,教学方式方法单一,针对性实效性不强;实践平台短缺,指导帮扶不到位,创新创业教育体系亟待健全。为了进一步推动大众创业、万众创新,经国务院同意,现就深化高校创新创业教育改革提出如下实施意见。

一、总体要求

(一) 指导思想。

全面贯彻党的教育方针,落实立德树人根本任务,坚持创新引领创业、创业带动就业,主动适应经济发展新常态,以推进素质教育为主题,以提高人才培养质量为核心,以创新人才培养机制为重点,以完善条件和政策保障为支撑,促进高等教育与科技、经济、社会紧密结合,加快培养规模宏大、富有创新精神、勇于投身实践的创新创业人才队伍,不断提高高等教育对稳增长促改革调结构惠民生的贡献度,为建设创新型国家、实现"两个一百年"奋斗目标和中华民族伟大复兴的中国梦提供强大的人才智力支撑。

(二) 基本原则。

坚持育人为本,提高培养质量。 把深化高校创新创业教育改革作为推进高等教育综合改革的突破口,树立先进的创新创业教育理念,面向全体、分类施教、结合专业、强化实践,促进学生全面发展,提升人力资本素质,努力造就大众创业、万众创新的生力军。

坚持问题导向,补齐培养短板。 把解决高校创新创业教育存在的突出问题作为深化高校创新创业教育改革的着力点,融入人才培养体系,丰富课程、创新教法、强化师资、改进帮扶,推进教学、科研、实践紧密结合,突破人才培养薄弱环节,增强学生的创新精神、创业意识和创新创业能力。

坚持协同推进,汇聚培养合力。把完善高校创新创业教育体制机制作为深化高校创新创业教育改革的支撑点,集聚创新创业教育要素与资源,统一领导、齐抓共管、开放合作、全员参与,形成全社会关心支持创新创业教育和学生创新创业的良好生态环境。

(三)总体目标。

2015年起全面深化高校创新创业教育改革。2017年取得重要进展,形成科学先进、广泛认同、具有中国特色的创新创业教育理念,形成一批可复制可推广的制度成果,普及创新创业教育,实现新一轮大学生创业引领计划预期目标。到2020年建立健全课堂教学、自主学习、结合实践、指导帮扶、文化引领融为一体的高校创新创业教育体系,人才培养质量显著提升,学生的创新精神、创业意识和创新创业能力明显增强,投身创业实践的学生显著增加。

二、主要任务和措施

(一)完善人才培养质量标准。

制订实施本科专业类教学质量国家标准,修订实施高职高专专业教学标准和博士、硕士学位基本要求,明确本科、高职高专、研究生创新创业教育目标要求,使创新精神、创业意识和创新创业能力成为评价人才培养质量的重要指标。相关部门、科研院所、行业企业要制修订专业人才评价标准,细化创新创业素质能力要求。不同层次、类型、区域高校要结合办学定位、服务面向和创新创业教育目标要求,制订专业教学质量标准,修订人才培养方案。

(二)创新人才培养机制。

实施高校毕业生就业和重点产业人才供需年度报告制度,完善学科专业预警、退出管理办法,探索建立需求导向的学科专业结构和创业就业导向的人才培养类型结构调整新机制,促进人才培养与经济社会发展、创业就业需求紧密对接。深入实施系列"卓越计划"、科教结合协同育人行动计划等,多形式举办创新创业教育实验班,探索建立校校、校企、校地、校所以及国际合作的协同育人新机制,积极吸引社会资源和国外优质教育资源投入创新创业人才培养。高校要打通一级学科或专业类下相近学科专业的基础课程,开设跨学科专业的交叉课程,探索建立跨院系、跨学科、跨专业交叉培养创新创业人才的新机制,促进人才培养由学科专业单一型向多学科融合型转变。

(三)健全创新创业教育课程体系。

各高校要根据人才培养定位和创新创业教育目标要求,促进专业教育与创新创业教育有机融合,调整专业课程设置,挖掘和充实各类专业课程的创新创业教育资源,在传授专业知识过程中加强创新创业教育。面向全体学生开发开设研究方法、学科前沿、创业基础、就业创业指导等方面的必修课和选修课,纳入学分管理,建设依次递进、有机衔接、科学合理的创新创业教育专门课程群。各地区、各高校要加快创新创业教育优质课程信息化建设,推出一批资源共享的慕课、视频公开课等在线开放课程。建立在线开放课程学习认证和学分认定制度。组织学科带头人、行业企业优秀人才,联合编写具有科学性、先进性、适用性的创新创业教育重点教材。

(四)改革教学方法和考核方式。

各高校要广泛开展启发式、讨论式、参与式教学,扩大小班化教学覆盖面,推动教师把国际前沿学术发展、最新研究成果和实践经验融入课堂教学,注重培养学生的批判性和创造性思维,激发创新创业灵感。运用大数据技术,掌握不同学生学习需求和规律,为学生自主学习提供更加丰富多样的教育资源。改革考试考核内容和方式,注重考查学生运用知识分析、解决问题的能力,探索非标准答案考试,破除"高分低能"积弊。

(五)强化创新创业实践。

各高校要加强专业实验室、虚拟仿真实验室、创业实验室和训练中心建设,促进实验教学平台共享。各地区、各高校科技创新资源原则上向全体在校学生开放,开放情况纳入各类研究基地、重点实验室、科技园评估标准。鼓励各地区、各高校充分利用各种资源建设大学科技园、大学生创业园、创业孵化基地和小微企业创业基地,作为创业教育实践平台,建好一批大学生校外实践教育基地、创业示范基地、科技创业实习基地和职业院校实训基地。完善国家、地方、高校三级创新创业实训教学体系,深入实施大学生创新创业训练计划,扩大覆盖面,促进项目落地转化。举办全国大学生创新创业大赛,办好全国职业院校技能大赛,支持举办各类科技创新、创意设计、创业计划等专题竞赛。支持高校学生成立创新创业协会、创业俱乐部等社团,举办创新创业讲座论坛,开展创新创业实践。

(六)改革教学和学籍管理制度。

各高校要设置合理的创新创业学分,建立创新创业学分积累与转换制度,探索将学生开展创新实验、发表论文、获得专利和自主创业等情况折算为学分,将学生参与课题研究、项目实验等活动认定为课堂学习。为有意愿有潜质的学生制定创新创业能力培养计划,建立创新创业档案和成绩单,客观记录并量化评价学生开展创新创业活动情况。优先支持参与创新创业的学生转入相关专业学习。实施弹性学制,放宽学生修业年限,允许调整学业进程、保留学籍休学创新创业。设立创新创业奖学金,并在现有相关评优评先项目中拿出一定比例用于表彰优秀创新创业的学生。

(七)加强教师创新创业教育教学能力建设。

各地区、各高校要明确全体教师创新创业教育责任,完善专业技术职务评聘和绩效考核标准,加强创新创业教育的考核评价。配齐配强创新创业教育与创业就业指导专职教师队伍,并建立定期考核、淘汰制度。聘请知名科学家、创业成功者、企业家、风险投资人等各行各业优秀人才,担任专业课、创新创业课授课或指导教师,并制定兼职教师管理规范,形成全国万名优秀创新创业导师人才库。将提高高校教师创新创业教育的意识和能力作为岗前培训、课程轮训、骨干研修的重要内容,建立相关专业教师、创新创业教育专职教师到行业企业挂职锻炼制度。加快完善高校科技成果处置和收益分配机制,支持教师以对外转让、合作转化、作价入股、自主创业等形式将科技成果产业化,并鼓励带领学生创新创业。

(八)改进学生创业指导服务。

各地区、各高校要建立健全学生创业指导服务专门机构,做到"机构、人员、场地、经费"四到位,对自主创业学生实行持续帮扶、全程指导、一站式服务。健全持续化信息服务制度,完善全国大学生创业服务网功能,建立地方、高校两级信息服务平台,为学生实时提供国家政策、市场动向等信息,并做好创业项目对接、知识产权交易等服务。各地区、各有关部门要积极落实高校学生创业培训政策,研发适合学生特点的创业培训课程,建设网络培训平台。鼓励高校自主编制专项培训计划,或与有条件的教育培训机构、行业协会、群团组织、企业联合开发创业培训项目。各地区和具备条件的行业协会要针对区域需求、行业发展,发布创业项目指南,引导高校学生识别创业机会、捕捉创业商机。

(九)完善创新创业资金支持和政策保障体系。

各地区、各有关部门要整合发展财政和社会资金,支持高校学生创新创业活动。各高校要优化经费支出结构,多渠道统筹安排资金,支持创新创业教育教学,资助学生创新创业项目。部委属高校应按规定使用中央高校基本科研业务费,积极支持品学兼优且具有较强科研潜质的在校学生开展创新科研工作。中国教育发展基金会设立大学生创新创业教育奖励基金,用于奖励对创新创业教育作出贡献的单位。鼓励社会组织、公益团体、企事业单位和个人设立大学生创业风险基金,以多种形式向自主创业大学生提供资金支持,提高扶持资金使用效益。深入实施新一轮大学生创业引领计划,落实各项扶持政策和服务措施,重点支持大学生到新兴产业创业。有关部门要加快制定有利于互联网创业的扶持政策。

三、加强组织领导

(一)健全体制机制。

各地区、各高校要把深化高校创新创业教育改革作为"培养什么人,怎样培养人"的重要任务摆在突出位置,加强指导管理与监督评价,统筹推进本地本校创新创业教育工作。各地区要成立创新创业教育专家指导委员会,开展高校创新创业教育的研究、咨询、指导和服务。各高校要落实创新创业教育主体责任,把创新创业教育纳入改革发展重要议事日程,成立由校长任组长、分管校领导任副组长、有关部门负责人参加的创新创业教育工作领导小组,建立教务部门牵头,学生工作、团委等部门齐抓共管的创新创业教育工作机制。

(二)细化实施方案。

各地区、各高校要结合实际制定深化本地本校创新创业教育改革的实施方案,明确责任分工。教育部属高校需将实施方案报教育部备案,其他高校需报学校所在地省级教育部门和主管部门备案,备案后向社会公布。

（三）强化督导落实。

教育部门要把创新创业教育质量作为衡量办学水平、考核领导班子的重要指标，纳入高校教育教学评估指标体系和学科评估指标体系，引入第三方评估。把创新创业教育相关情况列入本科、高职高专、研究生教学质量年度报告和毕业生就业质量年度报告重点内容，接受社会监督。

（四）加强宣传引导。

各地区、各有关部门以及各高校要大力宣传加强高校创新创业教育的必要性、紧迫性、重要性，使创新创业成为管理者办学、教师教学、学生求学的理性认知与行动自觉。及时总结推广各地各高校的好经验好做法，选树学生创新创业成功典型，丰富宣传形式，培育创客文化，努力营造敢为人先、敢冒风险、宽容失败的氛围环境。

国务院办公厅

2015年5月4日

国务院关于推动创新创业高质量发展打造"双创"升级版的意见

国发〔2018〕32号

各省、自治区、直辖市人民政府,国务院各部委、各直属机构:

创新是引领发展的第一动力,是建设现代化经济体系的战略支撑。近年来,大众创业万众创新持续向更大范围、更高层次和更深程度推进,创新创业与经济社会发展深度融合,对推动新旧动能转换和经济结构升级、扩大就业和改善民生、实现机会公平和社会纵向流动发挥了重要作用,为促进经济增长提供了有力支撑。当前,我国经济已由高速增长阶段转向高质量发展阶段,对推动大众创业万众创新提出了新的更高要求。为深入实施创新驱动发展战略,进一步激发市场活力和社会创造力,现就推动创新创业高质量发展、打造"双创"升级版提出以下意见。

一、总体要求

推进大众创业万众创新是深入实施创新驱动发展战略的重要支撑、深入推进供给侧结构性改革的重要途径。随着大众创业万众创新蓬勃发展,创新创业环境持续改善,创新创业主体日益多元,各类支撑平台不断丰富,创新创业社会氛围更加浓厚,创新创业理念日益深入人心,取得显著成效。但同时,还存在创新创业生态不够完善、科技成果转化机制尚不健全、大中小企业融通发展还不充分、创新创业国际合作不够深入以及部分政策落实不到位等问题。打造"双创"升级版,推动创新创业高质量发展,有利于进一步增强创业带动就业能力,有利于提升科技创新和产业发展活力,有利于创造优质供给和扩大有效需求,对增强经济发展内生动力具有重要意义。

(一)指导思想。

以习近平新时代中国特色社会主义思想为指导,全面贯彻党的十九大和十九届二中、三中全会精神,坚持新发展理念,坚持以供给侧结构性改革为主线,按照高质量发展要求,深入实施创新驱动发展战略,通过打造"双创"升级版,进一步优化创新创业环境,大幅降低创新创业成本,提升创业带动就业能力,增强科技创新引领作用,提升支撑平台服务能力,推动形成线上线下结合、产学研用协同、大中小企业融合的创新创业格局,为加快培育发展新动能、实现更充分就业和经济高质量发展提供坚实保障。

（二）主要目标。

——**创新创业服务全面升级**。创新创业资源共享平台更加完善，市场化、专业化众创空间功能不断拓展，创新创业服务平台能力显著提升，创业投资持续增长并更加关注早中期科技型企业，新兴创新创业服务业态日趋成熟。

——**创业带动就业能力明显提升**。培育更多充满活力、持续稳定经营的市场主体，直接创造更多就业岗位，带动关联产业就业岗位增加，促进就业机会公平和社会纵向流动，实现创新、创业、就业的良性循环。

——**科技成果转化应用能力显著增强**。科技型创业加快发展，产学研用更加协同，科技创新与传统产业转型升级结合更加紧密，形成多层次科技创新和产业发展主体，支撑战略性新兴产业加快发展。

——**高质量创新创业集聚区不断涌现**。"双创"示范基地建设扎实推进，一批可复制的制度性成果加快推广。有效发挥国家级新区、国家自主创新示范区等各类功能区优势，打造一批创新创业新高地。

——**大中小企业创新创业价值链有机融合**。一批高端科技人才、优秀企业家、专业投资人成为创新创业主力军，大企业、科研院所、中小企业之间创新资源要素自由畅通流动，内部外部、线上线下、大中小企业融通发展水平不断提升。

——**国际国内创新创业资源深度融汇**。拓展创新创业国际交流合作，深度融入全球创新创业浪潮，推动形成一批国际化创新创业集聚地，将"双创"打造成为我国与包括"一带一路"相关国家在内的世界各国合作的亮丽名片。

二、着力促进创新创业环境升级

（三）简政放权释放创新创业活力。 进一步提升企业开办便利度，全面推进企业简易注销登记改革。积极推广"区域评估"，由政府组织力量对一定区域内地质灾害、水土保持等进行统一评估。推进审查事项、办事流程、数据交换等标准化建设，稳步推动公共数据资源开放，加快推进政务数据资源、社会数据资源、互联网数据资源建设。清理废除妨碍统一市场和公平竞争的规定和做法，加快发布全国统一的市场准入负面清单，建立清单动态调整机制。（市场监管总局、自然资源部、水利部、发展改革委等按职责分工负责）

（四）放管结合营造公平市场环境。 加强社会信用体系建设，构建信用承诺、信息公示、信用分级分类、信用联合奖惩等全流程信用监管机制。修订生物制造、新材料等领域审查参考标准，激发高技术领域创新活力。引导和规范共享经济良性健康发展，推动共享经济平台企业切实履行主体责任。建立完善对"互联网+教育""互联网+医疗"等新业态新模式的高效监管机制，严守安全质量和社会稳定底线。（发展改革委、市场监管总局、工业和信息化部、教育部、卫生健康委等按职责分工负责）

（五）优化服务便利创新创业。 加快建立全国一体化政务服务平台，建立完善国家数据共享交换平台体系，推行数据共享责任清单制度，推动数据共享应用典型案例经验复制推广。在市县一级建立农村创新创业信息服务窗口。完善适应新就业形态的用工和社会保险制度，加快建设"网上社保"。积极落实产业用地政策，深入推进城镇低效用地再开发，健全建设用地"增存挂钩"机制,优化用地结构,盘活存量、闲置土地用于创新创业。(国务院办公厅、发展改革委、市场监管总局、农业农村部、人力资源社会保障部、自然资源部等按职责分工负责)

三、加快推动创新创业发展动力升级

(六)加大财税政策支持力度。聚焦减税降费,研究适当降低社保费率,确保总体上不增加企业负担,激发市场活力。将企业研发费用加计扣除比例提高到75%的政策由科技型中小企业扩大至所有企业。对个人在二级市场买卖新三板股票比照上市公司股票,对差价收入免征个人所得税。将国家级科技企业孵化器和大学科技园享受的免征房产税、增值税等优惠政策范围扩大至省级,符合条件的众创空间也可享受。(财政部、税务总局等按职责分工负责)

(七)完善创新创业产品和服务政府采购等政策措施。完善支持创新和中小企业的政府采购政策。发挥采购政策功能,加大对重大创新产品和服务、核心关键技术的采购力度,扩大首购、订购等非招标方式的应用。(发展改革委、财政部、工业和信息化部、科技部等和各地方人民政府按职责分工负责)

(八)加快推进首台(套)重大技术装备示范应用。充分发挥市场机制作用,推动重大技术装备研发创新、检测评定、示范应用体系建设。编制重大技术装备创新目录、众创研发指引,制定首台(套)评定办法。依托大型科技企业集团、重点研发机构,设立重大技术装备创新研究院。建立首台(套)示范应用基地和示范应用联盟。加快军民两用技术产品发展和推广应用。发挥众创、众筹、众包和虚拟创新创业社区等多种创新创业模式的作用,引导中小企业等创新主体参与重大技术装备研发,加强众创成果与市场有效对接。(发展改革委、科技部、工业和信息化部、财政部、国资委、卫生健康委、市场监管总局、能源局等按职责分工负责)

(九)建立完善知识产权管理服务体系。建立完善知识产权评估和风险控制体系,鼓励金融机构探索开展知识产权质押融资。完善知识产权运营公共服务平台,逐步建立全国统一的知识产权交易市场。鼓励和支持创新主体加强关键前沿技术知识产权创造,形成一批战略性高价值专利组合。聚焦重点领域和关键环节开展知识产权"雷霆"专项行动,进行集中检查、集中整治,全面加强知识产权执法维权工作力度。积极运用在线识别、实时监测、源头追溯等"互联网+"技术强化知识产权保护。(知识产权局、财政部、银保监会、人民银行等按职责分工负责)

四、持续推进创业带动就业能力升级

(十)鼓励和支持科研人员积极投身科技创业。对科教类事业单位实施差异化分类指导,出台鼓励和支持科研人员离岗创业实施细则,完善创新型岗位管理实施细则。健全科研人员评价机制,将科研人员在科技成果转化过程中取得的成绩和参与创业项目的情况作为职称评审、岗位竞聘、绩效考核、收入分配、续签合同等的重要依据。建立完善科研人员校企、院企共建双聘机制。(科技部、教育部、人力资源社会保障部等按职责分工负责)

(十一)强化大学生创新创业教育培训。在全国高校推广创业导师制,把创新创业教育

和实践课程纳入高校必修课体系,允许大学生用创业成果申请学位论文答辩。支持高校、职业院校(含技工院校)深化产教融合,引入企业开展生产性实习实训。(教育部、人力资源社会保障部、共青团中央等按职责分工负责)

(十二)**健全农民工返乡创业服务体系**。深入推进农民工返乡创业试点工作,推出一批农民工返乡创业示范县和农村创新创业典型县。进一步发挥创业担保贷款政策的作用,鼓励金融机构按照市场化、商业可持续原则对农村"双创"园区(基地)和公共服务平台等提供金融服务。安排一定比例年度土地利用计划,专项支持农村新产业新业态和产业融合发展。(人力资源社会保障部、农业农村部、发展改革委、人民银行、银保监会、财政部、自然资源部、共青团中央等按职责分工负责)

(十三)**完善退役军人自主创业支持政策和服务体系**。加大退役军人培训力度,依托院校、职业培训机构、创业培训中心等机构,开展创业意识教育、创业素质培养、创业项目指导、开业指导、企业经营管理等培训。大力扶持退役军人就业创业,落实好现有税收优惠政策,根据个体特点引导退役军人向科技服务业等新业态转移。推动退役军人创业平台不断完善,支持退役军人参加创新创业大会和比赛。(退役军人部、教育部、人力资源社会保障部、税务总局、财政部等按职责分工负责)

(十四)**提升归国和外籍人才创新创业便利化水平**。深入实施留学人员回国创新创业启动支持计划,遴选资助一批高层次人才回国创新创业项目。健全留学回国人才和外籍高层次人才服务机制,在签证、出入境、社会保险、知识产权保护、落户、永久居留、子女入学等方面进一步加大支持力度。(人力资源社会保障部、外交部、公安部、移民局、知识产权局等和各地方人民政府按职责分工负责)

(十五)**推动更多群体投身创新创业**。深入推进创新创业巾帼行动,鼓励支持更多女性投身创新创业实践。制定完善香港、澳门居民在内地发展便利性政策措施,鼓励支持港澳青年在内地创新创业。扩大两岸经济文化交流合作,为台湾同胞在大陆创新创业提供便利。积极引导侨资侨智参与创新创业,支持建设华侨华人创新创业基地和华侨大数据中心。探索国际柔性引才机制,持续推进海外人才离岸创新创业基地建设。启动少数民族地区创新创业专项行动,支持西藏、新疆等地区创新创业加快发展。推行终身职业技能培训制度,将有创业意愿和培训需求的劳动者全部纳入培训范围。(全国妇联、港澳办、台办、侨办、人力资源社会保障部、中国科协、发展改革委、国家民委等按职责分工负责)

五、深入推动科技创新支撑能力升级

(十六)**增强创新型企业引领带动作用**。在重点领域和关键环节加快建设一批国家产业创新中心、国家技术创新中心等创新平台,充分发挥创新平台资源集聚优势。建设由大中型科技企业牵头,中小企业、科技社团、高校院所等共同参与的科技联合体。加大对"专精特新"中小企业的支持力度,鼓励中小企业参与产业关键共性技术研究开发,持续提升企业创新能力,培育一批具有创新能力的制造业单项冠军企业,壮大制造业创新集群。健全企业家参与涉企创新创业政策制定机制。(发展改革委、科技部、中国科协、工业和信息化部等按职责分工负责)

(十七)**推动高校科研院所创新创业深度融合**。健全科技资源开放共享机制,鼓励科研人员面向企业开展技术开发、技术咨询、技术服务、技术培训等,促进科技创新与创业深度融合。推动高校、科研院所与企业共同建立概念验证、孵化育成等面向基础研究成果转化的服务平台。(科技部、教育部等按职责分工负责)

(十八)健全科技成果转化的体制机制。纵深推进全面创新改革试验,深化以科技创新为核心的全面创新。完善国家财政资金资助的科技成果信息共享机制,畅通科技成果与市场对接渠道。试点开展赋予科研人员职务科技成果所有权或长期使用权。加速高校科技成果转化和技术转移,促进科技、产业、投资融合对接。加强国家技术转移体系建设,鼓励高校、科研院所建设专业化技术转移机构。鼓励有条件的地方按技术合同实际成交额的一定比例对技术转移服务机构、技术合同登记机构和技术经纪人(技术经理人)给予奖补。(发展改革委、科技部、教育部、财政部等按职责分工负责)

六、大力促进创新创业平台服务升级

(十九)提升孵化机构和众创空间服务水平。建立众创空间质量管理、优胜劣汰的健康发展机制,引导众创空间向专业化、精细化方向升级,鼓励具备一定科研基础的市场主体建立专业化众创空间。推动中央企业、科研院所、高校和相关公共服务机构建设具有独立法人资格的孵化机构,为初创期、早中期企业提供公共技术、检验检测、财税会计、法律政策、教育培训、管理咨询等服务。继续推进全国创业孵化示范基地建设。鼓励生产制造类企业建立工匠工作室,通过技术攻关、破解生产难题、固化创新成果等塑造工匠品牌。加快发展孵化机构联盟,加强与国外孵化机构对接合作,吸引海外人才到国内创新创业。研究支持符合条件的孵化机构享受高新技术企业相关人才激励政策,落实孵化机构税收优惠政策。(科技部、国资委、教育部、人力资源社会保障部、工业和信息化部、财政部、税务总局等按职责分工负责)

(二十)搭建大中小企业融通发展平台。实施大中小企业融通发展专项行动计划,加快培育一批基于互联网的大企业创新创业平台、国家中小企业公共服务示范平台。推进国家小型微型企业创业创新示范基地建设,支持建设一批制造业"双创"技术转移中心和制造业"双创"服务平台。推进供应链创新与应用,加快形成大中小企业专业化分工协作的产业供应链体系。鼓励大中型企业开展内部创业,鼓励有条件的企业依法合规发起或参与设立公益性创业基金,鼓励企业参股、投资内部创业项目。鼓励国有企业探索以子公司等形式设立创新创业平台,促进混合所有制改革与创新创业深度融合。(工业和信息化部、商务部、财政部、国资委等按职责分工负责)

(二十一)深入推进工业互联网创新发展。更好发挥市场力量,加快发展工业互联网,与智能制造、电子商务等有机结合、互促共进。实施工业互联网三年行动计划,强化财税政策导向作用,持续利用工业转型升级资金支持工业互联网发展。推进工业互联网平台建设,形成多层次、系统性工业互联网平台体系,引导企业上云上平台,加快发展工业软件,培育工业互联网应用创新生态。推动产学研用合作建设工业互联网创新中心,建立工业互联网产业示范基地,开展工业互联网创新应用示范。加强专业人才支撑,公布一批工业互联网相关二级学科,鼓励搭建工业互联网学科引智平台。(工业和信息化部、发展改革委、教育部、科技部、财政部、人力资源社会保障部等按职责分工负责)

(二十二)完善"互联网+"创新创业服务体系。推进"国家创新创业政策信息服务网"建设,及时发布创新创业先进经验和典型做法,进一步降低各类创新创业主体的政策信息获取门槛和时间成本。鼓励建设"互联网+"创新创业平台,积极利用互联网等信息技术支持创新创业活动,进一步降低创新创业主体与资本、技术对接的门槛。推动"互联网+公共服务",使更多优质资源惠及群众。(发展改革委、科技部、工业和信息化部等按职责分工负责)

(二十三)打造创新创业重点展示品牌。继续扎实开展各类创新创业赛事活动,办好全国大众创业万众创新活动周,拓展"创响中国"系列活动范围,充分发挥"互联网+"大学生创新创业大赛、中国创新创业大赛、"创客中国"创新创业大赛、"中国创翼"创业创新大赛、全国农村创业创新项目创意大赛、中央企业熠星创新创意大赛、"创青春"中国青年创新创业大赛、中国妇女创新创业大赛等品牌赛事活动作用。对各类赛事活动中涌现的优秀创新创业项目加强后续跟踪支持。(发展改革委、中国科协、教育部、科技部、工业和信息化部、人力资源社会保障部、农业农村部、国资委、共青团中央、全国妇联等按职责分工负责)

七、进一步完善创新创业金融服务

(二十四)引导金融机构有效服务创新创业融资需求。加快城市商业银行转型,回归服务小微企业等实体的本源,提高风险识别和定价能力,运用科技化等手段,为本地创新创业提供有针对性的金融产品和差异化服务。加快推进村镇银行本地化、民营化和专业化发展,支持民间资本参与农村中小金融机构充实资本、完善治理的改革,重点服务发展农村电商等新业态新模式。推进落实大中型商业银行设立普惠金融事业部,支持有条件的银行设立科技信贷专营事业部,提高服务创新创业企业的专业化水平。支持银行业金融机构积极稳妥开展并购贷款业务,提高对创业企业兼并重组的金融服务水平。(银保监会、人民银行等按职责分工负责)

(二十五)充分发挥创业投资支持创新创业作用。进一步健全适应创业投资行业特点的差异化监管体制,按照不溯及既往、确保总体税负不增的原则,抓紧完善进一步支持创业投资基金发展的税收政策,营造透明、可预期的政策环境。规范发展市场化运作、专业化管理的创业投资母基金。充分发挥国家新兴产业创业投资引导基金、国家中小企业发展基金等引导基金的作用,支持初创期、早中期创新型企业发展。加快发展天使投资,鼓励有条件的地方出台促进天使投资发展的政策措施,培育和壮大天使投资人群体。完善政府出资产业投资基金信用信息登记,开展政府出资产业投资基金绩效评价和公共信用综合评价。(发展改革委、证监会、税务总局、财政部、工业和信息化部、科技部、人民银行、银保监会等按职责分工负责)

(二十六)拓宽创新创业直接融资渠道。支持发展潜力好但尚未盈利的创新型企业上市或在新三板、区域性股权市场挂牌。推动科技型中小企业和创业投资企业发债融资,稳步扩大创新创业债试点规模,支持符合条件的企业发行"双创"专项债务融资工具。规范发展互联网股权融资,拓宽小微企业和创新创业者的融资渠道。推动完善公司法等法律法规和资本市场相关规则,允许科技企业实行"同股不同权"治理结构。(证监会、发展改革委、科技部、人民银行、财政部、司法部等按职责分工负责)

(二十七)完善创新创业差异化金融支持政策。依托国家融资担保基金,采取股权投资、再担保等方式推进地方有序开展融资担保业务,构建全国统一的担保行业体系。支持保险公司为科技型中小企业知识产权融资提供保证保险服务。完善定向降准、信贷政策支持再贷款等结构性货币政策工具,引导资金更多投向创新型企业和小微企业。研究开展科技成果转化贷款风险补偿试点。实施战略性新兴产业重点项目信息合作机制,为战略性新兴产业提供更具针对性和适应性的金融产品和服务。(财政部、银保监会、科技部、知识产权局、人民银行、工业和信息化部、发展改革委、证监会等按职责分工负责)

八、加快构筑创新创业发展高地

(二十八)**打造具有全球影响力的科技创新策源地**。进一步夯实北京、上海科技创新中心的创新基础,加快建设一批重大科技基础设施集群、世界一流学科集群。加快推进粤港澳大湾区国际科技创新中心建设,探索建立健全国际化的创新创业合作新机制。(有关地方人民政府牵头负责)

(二十九)**培育创新创业集聚区**。支持符合条件的经济技术开发区打造大中小企业融通型、科技资源支撑型等不同类型的创新创业特色载体。鼓励国家级新区探索通用航空、体育休闲、养老服务、安全等产业与城市融合发展的新机制和新模式。推进雄安新区创新发展,打造体制机制新高地和京津冀协同创新重要平台。推动承接产业转移示范区、高新技术开发区聚焦战略性新兴产业构建园区配套及服务体系,充分发挥创新创业集群效应。支持有条件的省市建设综合性国家产业创新中心,提升关键核心技术创新能力。依托中心城市和都市圈,探索打造跨区域协同创新平台。(财政部、工业和信息化部、科技部、发展改革委等和各地方人民政府按职责分工负责)

(三十)**发挥"双创"示范基地引导示范作用**。将全面创新改革试验的相关改革举措在"双创"示范基地推广,为示范基地内的项目或企业开通总体规划环评等绿色通道。充分发挥长三角示范基地联盟作用,推动建立京津冀、西部等区域示范基地联盟,促进各类基地融通发展。开展"双创"示范基地十强百佳工程,鼓励示范基地在科技成果转化、财政金融、人才培养等方面积极探索。(发展改革委、生态环境部、银保监会、科技部、财政部、工业和信息化部、人力资源社会保障部等和有关地方人民政府及大众创业万众创新示范基地按职责分工负责)

(三十一)**推进创新创业国际合作**。发挥中国—东盟信息港、中阿网上丝绸之路等国际化平台作用,支持与"一带一路"相关国家开展创新创业合作。推动建立政府间创新创业多双边合作机制。充分利用各类国际合作论坛等重要载体,推动创新创业领域民间务实合作。鼓励有条件的地方建立创新创业国际合作基金,促进务实国际合作项目有效落地。(发展改革委、科技部、工业和信息化部等和有关地方人民政府按职责分工负责)

九、切实打通政策落实"最后一公里"

(三十二)**强化创新创业政策统筹**。完善创新创业信息通报制度,加强沟通联动。发挥推进大众创业万众创新部际联席会议统筹作用,建立部门之间、部门与地方之间的高效协同机制。鼓励各地方先行先试、大胆探索并建立容错免责机制。促进科技、金融、财税、人才等支持创新创业政策措施有效衔接。建立健全"双创"发展统计指标体系,做好创新创业统计监测工作。(发展改革委、统计局等和各地方人民政府按职责分工负责)

(三十三)细化关键政策落实措施。开展"双创"示范基地年度评估,根据评估结果进行动态调整。定期梳理制约创新创业的痛点堵点问题,开展创新创业痛点堵点疏解行动,督促相关部门和地方限期解决。对知识产权保护、税收优惠、成果转移转化、科技金融、军民融合、人才引进等支持创新创业政策措施落实情况定期开展专项督查和评估。(发展改革委、中国科协等和各地方人民政府按职责分工负责)

(三十四)做好创新创业经验推广。建立定期发布创新创业政策信息的制度,做好政策宣讲和落实工作。支持各地积极举办经验交流会和现场观摩会等,加强先进经验和典型做法的推广应用。加强创新创业政策和经验宣传,营造良好舆论氛围。(各部门、各地方人民政府按职责分工负责)

各地区、各部门要充分认识推动创新创业高质量发展、打造"双创"升级版对于深入实施创新驱动发展战略的重要意义,把思想、认识和行动统一到党中央、国务院决策部署上来,认真落实本意见各项要求,细化政策措施,加强督查,及时总结,确保各项政策措施落到实处,进一步增强创业带动就业能力和科技创新能力,加快培育发展新动能,充分激发市场活力和社会创造力,推动我国经济高质量发展。

国务院
2018 年 9 月 18 日

国务院办公厅关于进一步支持大学生创新创业的指导意见

国办发〔2021〕35 号

各省、自治区、直辖市人民政府，国务院各部委、各直属机构：

纵深推进大众创业万众创新是深入实施创新驱动发展战略的重要支撑，大学生是大众创业万众创新的生力军，支持大学生创新创业具有重要意义。近年来，越来越多的大学生投身创新创业实践，但也面临融资难、经验少、服务不到位等问题。为提升大学生创新创业能力、增强创新活力，进一步支持大学生创新创业，经国务院同意，现提出以下意见。

一、总体要求

以习近平新时代中国特色社会主义思想为指导，深入贯彻落实党的十九大和十九届二中、三中、四中、五中全会精神，全面贯彻党的教育方针，落实立德树人根本任务，立足新发展阶段、贯彻新发展理念、构建新发展格局，坚持创新引领创业、创业带动就业，支持在校大学生提升创新创业能力，支持高校毕业生创业就业，提升人力资源素质，促进大学生全面发展，实现大学生更加充分更高质量就业。

二、提升大学生创新创业能力

（一）将创新创业教育贯穿人才培养全过程。深化高校创新创业教育改革，健全课堂教学、自主学习、结合实践、指导帮扶、文化引领融为一体的高校创新创业教育体系，增强大学生的创新精神、创业意识和创新创业能力。建立以创新创业为导向的新型人才培养模式，健全校校、校企、校地、校所协同的创新创业人才培养机制，打造一批创新创业教育特色示范课程。（教育部牵头，人力资源社会保障部等按职责分工负责）

（二）提升教师创新创业教育教学能力。强化高校教师创新创业教育教学能力和素养培训，改革教学方法和考核方式，推动教师把国际前沿学术发展、最新研究成果和实践经验融入课堂教学。完善高校双创指导教师到行业企业挂职锻炼的保障激励政策。实施高校双创校外导师专项人才计划，探索实施驻校企业家制度，吸引更多各行各业优秀人才担任双创导师。支持建设一批双创导师培训基地，定期开展培训。（教育部牵头，人力资源社会保障部等按职责分工负责）

（三）**加强大学生创新创业培训**。打造一批高校创新创业培训活动品牌，创新培训模式，面向大学生开展高质量、有针对性的创新创业培训，提升大学生创新创业能力。组织双创导师深入校园举办创业大讲堂，进行创业政策解读、经验分享、实践指导等。支持各类创新创业大赛对大学生创业者给予倾斜。（人力资源社会保障部、教育部等按职责分工负责）

三、优化大学生创新创业环境

（四）**降低大学生创新创业门槛**。持续提升企业开办服务能力，为大学生创业提供高效便捷的登记服务。推动众创空间、孵化器、加速器、产业园全链条发展，鼓励各类孵化器面向大学生创新创业团队开放一定比例的免费孵化空间，并将开放情况纳入国家级科技企业孵化器考核评价，降低大学生创新创业团队入驻条件。政府投资开发的孵化器等创业载体应安排30%左右的场地，免费提供给高校毕业生。有条件的地方可对高校毕业生到孵化器创业给予租金补贴。（科技部、教育部、市场监管总局等和地方各级人民政府按职责分工负责）

（五）**便利化服务大学生创新创业**。完善科技创新资源开放共享平台，强化对大学生的技术创新服务。各地区、各高校和科研院所的实验室以及科研仪器、设施等科技创新资源可以面向大学生开放共享，提供低价、优质的专业服务，支持大学生创新创业。支持行业企业面向大学生发布企业需求清单，引导大学生精准创新创业。鼓励国有大中型企业面向高校和大学生发布技术创新需求，开展"揭榜挂帅"。（科技部、发展改革委、教育部、国资委等按职责分工负责）

（六）**落实大学生创新创业保障政策**。落实大学生创业帮扶政策，加大对创业失败大学生的扶持力度，按规定提供就业服务、就业援助和社会救助。加强政府支持引导，发挥市场主渠道作用，鼓励有条件的地方探索建立大学生创业风险救助机制，可采取创业风险补贴、商业险保费补助等方式予以支持，积极研究更加精准、有效的帮扶措施，及时总结经验，适时推广。毕业后创业的大学生可按规定缴纳"五险一金"，减少大学生创业的后顾之忧。（人力资源社会保障部、教育部、财政部、民政部、医保局等和地方各级人民政府按职责分工负责）

四、加强大学生创新创业服务平台建设

（七）**建强高校创新创业实践平台**。充分发挥大学科技园、大学生创业园、大学生创客空间等校内创新创业实践平台作用，面向在校大学生免费开放，开展专业化孵化服务。结合学校学科专业特色优势，联合有关行业企业建设一批校外大学生双创实践教学基地，深入实施大学生创新创业训练计划。（教育部、科技部、人力资源社会保障部等按职责分工负责）

（八）**提升大众创业万众创新示范基地带动作用**。加强双创示范基地建设，深入实施创业就业"校企行"专项行动，推动企业示范基地和高校示范基地结对共建，建立稳定合作关系。指导高校示范基地所在城市主动规划和布局高校周边产业，积极承接大学生创新成果和人才等要素，打造"城校共生"的创新创业生态。推动中央企业、科研院所和相关公共服务机构利用自身技术、人才、场地、资本等优势，为大学生建设集研发、孵化、投资等于一体的创业创新培育中心、互联网双创平台、孵化器和科技产业园区。（发展改革委、教育部、科技部、国资委等按职责分工负责）

五、推动落实大学生创新创业财税扶持政策

（九）**继续加大对高校创新创业教育的支持力度**。在现有基础上，加大教育部中央彩票公益金大学生创新创业教育发展资金支持力度。加大中央高校教育教学改革专项资金支持力度，将创新创业教育和大学生创新创业情况作为资金分配重要因素。（财政部、教育部等按职责分工负责）

（十）**落实落细减税降费政策**。高校毕业生在毕业年度内从事个体经营，符合规定条件的，在3年内按一定限额依次扣减其当年实际应缴纳的增值税、城市维护建设税、教育费附加、地方教育附加和个人所得税；对月销售额15万元以下的小规模纳税人免征增值税，对小微企业和个体工商户按规定减免所得税。对创业投资企业、天使投资人投资于未上市的中小高新技术企业以及种子期、初创期科技型企业的投资额，按规定抵扣所得税应纳税所得额。对国家级、省级科技企业孵化器和大学科技园以及国家备案众创空间按规定免征增值税、房产税、城镇土地使用税。做好纳税服务，建立对接机制，强化精准支持。（财政部、税务总局等按职责分工负责）

六、加强对大学生创新创业的金融政策支持

（十一）**落实普惠金融政策**。鼓励金融机构按照市场化、商业可持续原则对大学生创业项目提供金融服务，解决大学生创业融资难题。落实创业担保贷款政策及贴息政策，将高校毕业生个人最高贷款额度提高至20万元，对10万元以下贷款、获得设区的市级以上荣誉的高校毕业生创业者免除反担保要求；对高校毕业生设立的符合条件的小微企业，最高贷款额度提高至300万元；降低贷款利率，简化贷款申报审核流程，提高贷款便利性，支持符合条件的高校毕业生创业就业。鼓励和引导金融机构加快产品和服务创新，为符合条件的大学生创业项目提供金融服务。（财政部、人力资源社会保障部、人民银行、银保监会等按职责分工负责）

（十二）**引导社会资本支持大学生创新创业**。充分发挥社会资本作用，以市场化机制促进社会资源与大学生创新创业需求更好对接，引导创新创业平台投资基金和社会资本参与大学生创业项目早期投资与投智，助力大学生创新创业项目健康成长。加快发展天使投资，培育一批天使投资人和创业投资机构。发挥财政政策作用，落实税收政策，支持天使投资、创业投资发展，推动大学生创新创业。（发展改革委、财政部、税务总局、证监会等按职责分工负责）

七、促进大学生创新创业成果转化

（十三）**完善成果转化机制**。研究设立大学生创新创业成果转化服务机构，建立相关成果与行业产业对接长效机制，促进大学生创新创业成果在有关行业企业推广应用。做好大学生创新项目的知识产权确权、保护等工作，强化激励导向，加快落实以增加知识价值为导向的分配政策，落实成果转化奖励和收益分配办法。加强面向大学生的科技成果转化培训课程建设。（科技部、教育部、知识产权局等按职责分工负责）

（十四）强化成果转化服务。推动地方、企业和大学生创新创业团队加强合作对接,拓宽成果转化渠道,为创新成果转化和创业项目落地提供帮助。鼓励国有大中型企业和产教融合型企业利用孵化器、产业园等平台,支持高校科技成果转化,促进高校科技成果和大学生创新创业项目落地发展。汇集政府、企业、高校及社会资源,加强对中国国际"互联网＋"大学生创新创业大赛中涌现的优秀创新创业项目的后续跟踪支持,落实科技成果转化相关税收优惠政策,推动一批大赛优秀项目落地,支持获奖项目成果转化,形成大学生创新创业示范效应。(教育部、科技部、发展改革委、财政部、国资委、税务总局等按职责分工负责)

八、办好中国国际"互联网＋"大学生创新创业大赛

（十五）完善大赛可持续发展机制。鼓励省级人民政府积极承办大赛,压实主办职责,进一步加强组织领导和综合协调,落实配套支持政策和条件保障。坚持政府引导、公益支持,支持行业企业深化赛事合作,拓宽办赛资金筹措渠道,适当增加大赛冠名赞助经费额度。充分利用市场化方式,研究推动中央企业、社会资本发起成立中国国际"互联网＋"大学生创新创业大赛项目专项发展基金。(教育部、国资委、证监会、建设银行等按职责分工负责)

（十六）打造创新创业大赛品牌。强化大赛创新创业教育实践平台作用,鼓励各学段学生积极参赛。坚持以赛促教、以赛促学、以赛促创,丰富竞赛形式和内容。建立健全中国国际"互联网＋"大学生创新创业大赛与各级各类创新创业比赛联动机制,推进大赛国际化进程,搭建全球性创新创业竞赛平台,深化创新创业教育国际交流合作。(教育部等按职责分工负责)

九、加强大学生创新创业信息服务

（十七）建立大学生创新创业信息服务平台。汇集创新创业帮扶政策、产业激励政策和全国创新创业教育优质资源,加强信息资源整合,做好国家和地方的政策发布、解读等工作。及时收集国家、区域、行业需求,为大学生精准推送行业和市场动向等信息。加强对创新创业大学生和项目的跟踪、服务,畅通供需对接渠道,支持各地积极举办大学生创新创业项目需求与投融资对接会。(教育部、发展改革委、人力资源社会保障部等按职责分工负责)

（十八）加强宣传引导。大力宣传加强高校创新创业教育、促进大学生创新创业的必要性、重要性。及时总结推广各地区、各高校的好经验好做法,选树大学生创新创业成功典型,丰富宣传形式,培育创客文化,营造敢为人先、宽容失败的环境,形成支持大学生创新创业的社会氛围。做好政策宣传宣讲,推动大学生用足用好税费减免、企业登记等支持政策。(教育部、中央宣传部牵头,地方各级人民政府、各有关部门按职责分工负责)

各地区、各有关部门要认真贯彻落实党中央、国务院决策部署,抓好本意见的贯彻落实。教育部要会同有关部门加强协调指导,督促支持大学生创新创业各项政策的落实,加强经验交流和推广。地方各级人民政府要加强组织领导,深入了解情况,优化创新创业环境,积极研究制定和落实支持大学生创新创业的政策措施,及时帮助大学生解决实际问题。

国务院办公厅
2021 年 9 月 22 日

主要参考文献

[1] 本书编写组.中国国际互联网＋大学生创新创业大赛指南(2021)[M].北京:高等教育出版社,2021.

[2] 陈群,徐德锋,陈秀竹.青春的力量:全国"青年红色筑梦之旅"优秀案例[M].武汉:华中科技大学出版社,2021.

[3] 应小陆,密波锋.青年红色筑梦之旅的背景和意义[M]//中国互联网＋大学生创新创业赛事参考(第1辑).南昌:江西人民出版社,2018:105-110.

[4] 严耀燕,冯健秋.大学生参加"青年红色筑梦之旅"的价值探究——以玉林师范学院"四点半课堂"为例[J].现代职业教育,2020:23.

[5] 梁齐伟.乡村振兴战略背景下青年志愿服务的深化与扩展——以"青年红色筑梦之旅"活动为视角[J].中国商贸,2020:14.

[6] 教育部.第四届中国"互联网＋"大学生创新创业大赛"青年红色筑梦之旅"活动方案[EB/OL].http://www.moe.gov.cn/srcsite/A08/s5672/201803/t20180309_329447.html.

[7] 教育部.第五届中国"互联网＋"大学生创新创业大赛"青年红色筑梦之旅"活动方案[EB/OL].http://www.moe.gov.cn/srcsite/A08/s5672/201904/t20190408_376995.html.

[8] 教育部.第六届中国国际"互联网＋"大学生创新创业大赛"青年红色筑梦之旅"活动方案[EB/OL].http://www.moe.gov.cn/srcsite/A08/s5672/202006/t20200604_462707.html.

[9] 教育部.第七届中国国际"互联网＋"大学生创新创业大赛"青年红色筑梦之旅"活动方案[EB/OL].http://www.moe.gov.cn/srcsite/A08/s5672/202104/t20210419_527107.html.

[10] 教育部.第八届中国国际"互联网＋"大学生创新创业大赛"青年红色筑梦之旅"活动方案[EB/OL].http://www.moe.gov.cn/srcsite/A08/s5672/202204/t20220412_616047.html.

[11] 教育部.关于公布第四届中国"互联网＋"大学生创新创业大赛获奖名单的通知[EB/OL].http://www.moe.gov.cn/srcsite/A08/s5672/201901/t20190110_366515.html.

[12] 教育部.关于公布第五届中国"互联网＋"大学生创新创业大赛获奖名单的通知[EB/

OL]. http://www. moe. gov. cn/srcsite/A08/s5672/202001/t20200102_414284. html.

[13] 教育部. 关于公布第六届中国国际"互联网+"大学生创新创业大赛获奖名单的通知[EB/OL]. http://www. moe. gov. cn/srcsite/A08/s5672/202101/t20210115_509932. html.

[14] 教育部. 关于公布第七届中国国际"互联网+"大学生创新创业大赛获奖名单的通知[EB/OL]. http://www. moe. gov. cn/srcsite/A08/s5672/202202/t20220222_601209. html.